Hermann von Witzleben
Ilka von Vignau

DIE HERZÖGE IN BAYERN

Von der Pfalz zum
Tegernsee

———

PRESTEL

Die Herzöge in Bayern

Von der Pfalz zum Tegernsee

© Prestel-Verlag München 1976
Druck von Passavia Druckerei AG Passau
ISBN 3 7913 0394 5

INHALT

Vorwort 9

1 EINFÜHRUNG 11

Die pfälzischen Residenzen 11

*Zweibrücken 12 – Birkenfeld 13 – Bischweiler 14 – Mannheim 16
Gelnhausen 17 – Kurzer historischer Überblick 18*

Die Voreltern 22

*Wolfgang I. 22 – Karl I. von Birkenfeld 25
Christian I. von Birkenfeld 29*

Blick nach Bayern 31

*Unter Kurfürst Ferdinand Maria 31
Max Emanuel und seine Zeit 33*

2 DIE WIEGE DER HERZÖGE IN BAYERN 38

In der Pfalz 38

*Die Brüder Christian II. von Birkenfeld-Bischweiler
und Johann Karl von Birkenfeld-Gelnhausen 38*

In Thüringen 45

Die Witzleben 46 – Am Hofe Herzog Heinrichs I. von Römhild 50

Ein Prozeß und seine Folgen 59

*Johann Karls erste Ehe 59 – Seine zweite Ehe mit Esther Maria
von Witzleben 59 – Der große Streit um Erbe und Anerkennung 62*

3 DIE ERSTE GENERATION UND IHRE ZEIT 92

Die Kinder der Esther Maria aus ihrer Ehe mit Johann Karl 92

*Friedrich Bernhard 92
Johannes von Birkenfeld-Gelnhausen 94 – Die Töchter 98*

Die pfälzische Verwandtschaft 103
Zweibrücken 103 – Von Christian III. zu Max Joseph 113

In Bayern 115
*Karl Albrecht und sein Kaisertum 115
Max III. Joseph, der letzte altbayrische Kurfürst 117*

4 HERZOG WILHELM IN BAYERN 121

Unter Kurfürst Karl Theodor 121
*Jugendjahre 121 – Heirat 126 – Politischer Ehrgeiz 130
Familienverträge 131*

Unter Kurfürst und König Max Joseph 139
*Wilhelms Rolle bei der Übernahme der Regierung durch Max Joseph 140
Der Vertrag von Gatschina 151 – Der Zweite Koalitionskrieg 153
Nach dem Frieden von Lunéville 154
Erste Differenzen mit Montgelas 156 – Die Episode von Berg 162
Intrigen um den Dritten Koalitionskrieg 167 – Die Rolle Montgelas' 168
Vergebliche Bemühungen um eine territoriale Entschädigung 185
Marschall Berthier, der Schwiegersohn 188
Bamberg und Banz 190 – Familiäre Sorgen 193
Resignation und Tod 202*

5 HERZOG MAX IN BAYERN 208

Jugend und Heirat 210
*Erziehung in München 210
Entstehung der Ludwigstraße und Bau seines Palais 217
»Die Titulatur des Herzogs Max betreffend« 234 – Heirat 236*

Reisen 238
Die frühen Reisen 238 – Aus dem Tagebuch der Orientfahrt 240

Gesellschaftliches Leben 255
*Mittelpunkt fröhlicher Feste 255
Der Zirkus 256 – Zitherspieler, Komponist und Dichter 258
›Alt-England‹ 264 – Die Tafelrunde 270*

Heiratspolitik 274
*Habsburg 275 – Thurn und Taxis 277 – Neapel-Sizilien 278
Die geplatzte Verlobung mit König Ludwig II. 284 – Alençon 292*

INHALT

Letzte Jahre 294

Goldene Hochzeit 299 – Tod 300

6 HERZOG KARL THEODOR IN BAYERN 302

Der Weg zur Berufung 302

Jugend in Possenhofen 302 – Erste Repräsentationspflichten 303
Freundschaft mit Ludwig II. 305 – Tod seiner ersten Frau 306
Teilnahme an den Feldzügen 1866 und 1870/71 307
Beginn des Studiums 307
400-Jahrfeier der Ludwig-Maximilian-Universität 309
Doctor medicinae 310 – Zweite Heirat 311
Ein Königliches Bankett 312

Die Erbschaft Tegernsee 316

Rückblick auf die Geschichte des Klosters 316
Nach der Säkularisation unter Max I. Joseph 316 – Kaltenbrunn 319
Festliche Feuerwerke zu Ehren hoher Gäste 319
Simmenthaler Vieh auf dem Wege nach Sankt Petersburg 322
Wildbad Kreuth 323

Der Arzt 324

Ehrenmitglied des deutschen Ärzte- und Natur-
wissenschaftlichen Verbandes 326 – Fortsetzung der Studien 327
Erkrankung 327 – Aufenthalte an der Riviera 328
Spezialisierung auf Augenheilkunde 328 – Staatsexamen 329
Arbeit bei Professor Horner in Zürich 329 – Bei Billroth in Wien 330
Besuch bei Robert Koch in Berlin 332
Kaiser Wilhelm II. konsultiert den Herzog 333
Patienten in Mentone und Meran 334 – Die Klinik in München 335
Mit Frau und Töchtern in Biskra 336
Verlobung der ältesten Tochter 338 – Schicksale seiner Schwestern 339
Des Herzogs Kinder 340 – Erkrankung und Ende in Kreuth 345
Hildebrands Grabdenkmal 346

7 DIE LETZTE GENERATION 347

Die Söhne Max Emanuels 347

Siegfried 347 – Christoph 348
Luitpold 348 – Luitpolds Lebenswerk auf dem Ringberg 349
Biederstein, der väterliche Besitz 350

INHALT

Herzog Ludwig Wilhelm in Bayern 351
Der begeisterte Jäger 351 – Auf der Schanz 351
Der Mäzen 359 – Förderer Kiem Paulis 359

8 DIE EINSTIGEN BESITZUNGEN HEUTE 363

Die frühen Residenzen 363
Die pfälzischen Residenzen 363
Wilhelms Wohnsitze 364
Landshut 364 – Banz 364 – Bamberg 366 – Seehof 366
München 367 – Düsseldorf 368

Die Erwerbungen des Herzogs Max 368
Possenhofen und Garatshausen 368 – Unterwittelsbach und Kühbach 369
Propstei Holzkirchen 370
Herzogpark und Biederstein in München 370

Im Tegernseer Tal 371
Tegernsee – Schloß Ringberg 371 – Wildbad Kreuth 372

Nachwort 375

Anhang
Stammtafeln 378-384
Verzeichnis und Nachweis der Abbildungen 385
Quellen- und Literaturverzeichnis 390
Übersichtskarte 398-399
Register 400

VORWORT

In Mannheim richtete die Kurfürstin Elisabeth [die Frau Karl Theodors] zu Beginn des Jahres 1780 die Hochzeit des Pfalzgrafen Wilhelm von Birkenfeld-Gelnhausen mit der Pfalzgräfin Maria Anna von Birkenfeld-Zweibrücken aus, die erste von den drei direkten Verbindungen zwischen den jetzt [1967] noch bestehenden beiden Wittelsbacher Linien – der königlichen und der herzoglichen. Ursprünglich gab es eine Linie Birkenfeld, bis sich im 17. Jahrhundert zwei Brüder trennten.

Dieser Satz, der die Trennung der Wittelsbacher in die später königliche und die herzogliche Linie andeutet, findet sich in dem liebenswerten Buch des Prinzen Adalbert von Bayern ›Als die Residenz noch Residenz war‹. Wir stellen ihn in unseren Ausführungen deshalb voran, weil er uns die Anregung zu der den Ausgangspunkt unserer Erzählung bildenden Erforschung der Schicksale dieser beiden Brüder gab. Die Geschichte ihrer ›Trennung‹ war eine recht ärgerliche Sache, die viel Staub aufwirbelte und ihre Wellen selbst bis in das kaiserliche Wien und den Reichshofrat trug. Viel Papier wurde vollgeschrieben, und kaiserliche Kommissionen hatten jahrelang mit ihr zu tun.

Die Fülle des Materials, das wir bei unseren Forschungen fanden, führte uns aber auch zu den Voreltern und Nachkommen dieser beiden Wittelsbacher und schien uns einer sinnvollen Zusammenstellung wert. Dabei haben wir uns bemüht, aus den gegebenen Fakten jeweils die Charakterzüge der einzelnen Persönlichkeiten herauszulesen, sowie – wenigstens andeutungsweise und soweit es uns zum besseren und lebendigeren Verständnis der Zusammenhänge dienlich schien – den Hintergrund der großen historischen Bühne, auf der sich ihre Lebensschicksale vollzogen, nicht außer acht zu lassen.

I
EINFÜHRUNG

Die pfälzischen Residenzen

Der erste Schauplatz unserer Geschichte, die Pfalz, ist die Wiege der pfälzischen Linie des uralten Herrschergeschlechts der Wittelsbacher gewesen, dem sich wie kaum einem anderen durch gute und böse Zeiten eine Tradition aufprägte, die noch heute als wirksam, ja man möchte sagen, als beispielhaft empfunden wird.

Es scheint uns darum von Interesse, zur Pfalz, die heute nicht mehr zu Bayern gehört, die Fäden einstiger Verbundenheit wieder zu knüpfen und die Orte aufzusuchen, in denen die verschiedenen Linien der pfälzischen Wittelsbacher lebten, vor allem die Residenzen jener Fürsten, von denen später die Rede sein wird.

Auf dieser Fahrt durch die pfälzischen Lande wollen wir versuchen, uns vorzustellen, wie es dort in der uns zunächst interessierenden Zeit des 17. und 18. Jahrhunderts ausgesehen hat. Wir wollen einen Blick werfen auf die alten Stammsitze und das Leben auf den Straßen, die damals die Verbindung zwischen diesen Residenzen herstellten. Die pfälzischen Fürstentümer waren bei aller Zerrissenheit, bei aller bis aufs äußerste beobachteten Souveränität von Postverbindungen erschlossen, die für die damaligen Verkehrsverhältnisse beachtlich waren.

Zunächst kommen wir auf einer der alten Straßen, die natürlich noch keine Straßen im heutigen Sinn waren und auch den alten römischen Staatsstraßen nicht gleichkamen, von Mainz über Alzey hinunter nach Kaiserslautern und besuchen das für uns wichtige Zweibrücken. Im ausgehenden 18. Jahrhundert war der Verkehr vergleichsweise lebhaft. Reitende und fahrende Posten, dazwischen auch sogenannte private Landesposten begegnen uns, dann herrschaftliche Landkutschen, die Planwagen der Händler und Wagenzüge der Kaufleute. Sie brachten im Hin und Her vor allem den Wein von Mainz her nach Kaiserslautern und Zweibrücken, im Gegenverkehr alles das, was die Gärten und Felder in den Tälern der Rotalbe bei Zweibrücken und der Lauter bei Kaiserslautern im Alzeyer Tal in reicher Fülle hervorbrachten. Westlich dieser Straße breitet sich das weit gegliederte nordpfälzische Bergland aus, das im fast 700 Meter hohen Donnersberg seinen höchsten Gipfel erreicht.

Es war in erster Linie der Wein, der von alters her hier in immer besser werdender Pflege angebaut wurde. Brot und Wein waren ja von jeher die Elemente, in die das menschliche Verhalten und Leben mündete, in denen der Mensch seine göttliche Abkunft zu verstehen versuchte. In keinem Lande des alten, langsam dahinsiechenden Heiligen Römischen Reiches Deutscher Nation wurde das früher und klarer und damit natürlich auch lebensnaher verstanden als hier im ganzen pfälzischen Lande, dem gesegneten Garten Gottes.

Zweibrücken, die Stadt und Residenz im Talkessel, den der Schwarzbach bei der Einmündung des Hornbachs bildet, ist uralt, wie alle pfälzischen Städte. Eine alte Chronik berichtet:

Einige gedenken hiernechst zu behaupten, daß schon Drusus, des Kaysers Augusti Stief-Sohn, allda gegen verschiedene Teutsche Völker ein Castell aufgerichtet, woraus mit der Zeit eine Stadt entstanden.

Wie dem auch sei, jedenfalls spielte Zweibrücken schon um 1000 eine Rolle, als die Grafen von Zweibrücken hier eine Burg bauten, in deren Schutz allmählich eine kleine Siedlung entstand. Sie ging mit ihrer Burg dann bei den die Pfalz so sehr belästigenden Erbteilungen der Fürsten, Grafen und des Adels von einer Hand in die andere, wuchs aber trotzdem in ihrer Bedeutung so, daß sie schließlich die Residenz des Herzogtums Pfalz-Zweibrücken wurde. Über das prächtige Schloß, das Pfalzgraf Gustav Samuel 1723 dort errichten ließ, und den ›Lust-Ort‹ Schuhflick des Königs Stanislaus von Polen werden wir später noch hören. Zweibrücken hat für uns deshalb besondere Bedeutung, weil Pfalzgraf Wolfgang von Zweibrük-

ken der Stammvater der pfälzischen Linie Birkenfeld war, um die es uns in der Hauptsache geht, und das Herzogtum Zweibrücken im 18. Jahrhundert auch an die Birkenfelder fiel.

Von hier begeben wir uns zurück nach Homburg und von dort aus dann nordwärts durch das waldreiche Tal der Glan zunächst nach Kusel. Auf der Weiterfahrt nach dem für uns so wichtigen, etwa fünfundzwanzig Kilometer nordwestlich von Kusel an der oberen Nahe gelegenen Birkenfeld überschreiten wir bei Lichtenberg die alte Grenze der Kurpfalz. Der Hochwald und der Idarwald, die bereits den Hunsrück südlich begrenzen, bestimmen weitgehend das Landschaftsbild. Auf den Höhen dieser sich fast 800 Meter erhebenden Bergzüge ist es rauh, der Idarkopf ist weithin der bestimmende Punkt vor dem zur Mosel langsam abfallenden Hunsrück. Stille und Ruhe herrschen in den ausgedehnten Laubwäldern. Um so unruhiger war es fast jahrhundertelang in und um dieses schöne Land. Grafen und Fürsten, schließlich auch Frankreich, waren die Gewalten, die hier wie überall in der Pfalz das Land zwischen dauernden Erbauseinandersetzungen und Machtkämpfen nur hin und wieder zu einer lediglich scheinbaren Ruhe kommen ließen. Dazu zwangen die nicht endenwollenden kirchlichen Auseinandersetzungen zwischen Katholiken, Lutheranern und Calvinisten der Bevölkerung in ewiger Unrast ein schweres Leben auf.

Birkenfeld war einst pfalzgräfliche Residenz mit einem weit über die Bedeutung der Stadt hinausragenden Schloß. Die alte,

1293 zum erstenmal urkundlich erwähnte Burg, einen Kilometer von der Stadt entfernt auf einem Berg gelegen, wurde vergrößert und im Stil der damaligen Zeit ausgebaut, als Karl I. aus der Linie Pfalz-Zweibrücken sie 1584 zu seiner Residenz erkor und damit zum Stifter der Linie Birkenfeld wurde. Auf einem Stich in Merians ›Topographia Rheni‹ aus dem Jahre 1645 sehen wir das Schloß als einen ausgedehnten, wehrhaften Gebäudekomplex. Mit seiner landschaftlich wunderschönen Lage und dem zu ihm gehörenden Gebiet, das im Streubesitz bis über die Mosel bei Traben-Trarbach hinaufreichte, war es eine Herrschaft, deren sich Karl I. wohl erfreuen konnte. Von ihm und den Schicksalen seiner Nachkommen ist später ausführlich zu sprechen, nur wollen wir hier schon festhalten, daß seinem Urenkel Christian III. 1717 das Herzogtum Zweibrükken als Erbe zufiel.

Der Chronologie der für uns wesentlichen pfälzischen Wittelsbacher folgend müssen wir nun eine Fahrt nach dem unweit Hagenau im Elsaß, etwa 125 Kilometer südöstlich von Birkenfeld ganz außerhalb der Pfalz gelegenen Bischweiler in Kauf nehmen. Durch den dort residierenden jüngsten Sohn Karls I. von Birkenfeld, Christian I. von Birkenfeld-Bischweiler, wurde es ein für Bayern historisch wichtiger Ort, letzten Endes die Geburtsstätte der Linien der späteren Könige von Bayern und Herzöge in Bayern. Wir haben also allen Grund es aufzusuchen.

Im Gegensatz zu den schön gelegenen Residenzen der Pfälzer Fürsten wäre die Situation von *Bischweiler,* man möchte sagen, etwas langweilig mitten in der oberrheinischen Tiefebene, wenn nicht die Waldgebirge der Vogesen im Westen und die Höhen des Schwarzwaldes nach Südosten hinüber dem Ganzen einen freundlichen Rahmen verleihen würden. Aus einem Meierhof der Straßburger Bischöfe hervorgegangen, kam die kleine Herrschaft als französisches Lehen an Zweibrücken und 1630 als Mitgift der dreiundzwanzigjährigen Magdalena Katharina von Zweibrücken an Christian I. Sein Schwiegervater, Pfalzgraf Johann II. von Zweibrücken, hatte aus Frankreich vertriebene Hugenotten in Bischweiler angesie-

Schloß Bischweiler

delt; zu Anfang des 16. Jahrhunderts war eine sich schnell ausbreitende Tuchmacherei dort begründet worden. Nach den Zerstörungen des Dreißigjährigen Krieges, denen auch die alte Burg zum Opfer gefallen war, begann Christian I. seine Residenz in großzügiger Weise wieder aufzubauen, als er sich mit seiner jungen Frau 1634 nach der Schlacht von Nördlingen dort niederließ. Sein Sohn und Nachfolger, Christian II., errichtete Mauern und Festungswerke. Es hat sich trotzdem nie halten lassen. 1705 besetzten es die Österreicher, ein Jahr später die Franzosen. Unter Napoleon I. kam es dann endgültig unter französische Herrschaft.

Christian I., der in der von ihm erbauten Fürstengruft in der Pfarrkirche zu Bischweiler seine letzte Ruhe gefunden hat, und seine Nachkommen – die Söhne Christian II. und Johann Karl sowie den Enkel Christian III. – müssen wir besonders im Gedächtnis behalten, werden sie doch immer wieder in den Vordergrund der so sehr verwickelten Geschichte treten, um die es uns zunächst geht.

Kehren wir nun von Bischweiler zurück nach Norden, so kommen wir auf der Fahrt zu unserem nächsten Ziel, Mannheim, besonders bei und nördlich von Hagenau in eine rechte Hopfengegend, die so gar nicht in den Charakter des Weinlandes Pfalz, das wir bei Weißenburg wieder betreten, hineinzupassen scheint. Indessen – man trank viel Bier in Straßburg.

Auf der alten Handels- und Poststraße gelangen wir dann alsbald in die reine Weinlandschaft zurück. Landau, dem wir uns nun nähern, mag das südliche Ende der Gegend sein, die entlang des fast bis zu 700 Meter ansteigenden Haardt-Gebirges auf fast fünfzig Kilometer die sicherlich besten Weine der Pfalz hervorbrachte und hervorbringt. Auf der Weiterfahrt nach Mannheim, die durch eine unendlich kultivierte, reich mit Weingärten besetzte Landschaft führt, könnte uns vielleicht nur stören, daß das herrliche Wald- und Berggebiet einer platten Ebene weicht, die sich zum Rhein langsam hinabsenkt. Aber da sich nun die Waldberge des sagenumwitterten Odenwaldes immer mehr nähern, bleibt das Auge immer noch von schönen Landschaftsbildern gefangen.

Wenn wir uns in die Zeit zu Beginn des 17. Jahrhunderts zurückversetzen, so war *Mannheim* damals ein sehr bescheidenes kleines Dorf. Es mag sein, daß seine Lage an dem hier mit dem Neckar zusammenfließenden Rhein ein vorerst strategisches Interesse für den in Heidelberg residierenden Kurfürsten Friedrich v. von der Pfalz gehabt hat. Jedenfalls wurde 1606 mit dem Ausbau von Festungswerken begonnen. Ein starker Zuzug von Auswanderern, namentlich Holländern, setzte ein, und schon 1607 verlieh der Kurfürst dem Ort Stadtrechte. Im Dreißigjährigen Krieg kam es um Mannheim zu heftigen Kämpfen – ein Beweis für die wichtige strategische Lage der Stadt. Die Kaiserlichen Truppen unter Tilly nahmen sie 1622 im Sturm, Bernhard von Weimar, auf evangelischer Seite stehend, bemächtigte sich ihrer 1631. 1635 kamen die Kaiserlichen plündernd und raubend zurück, bis schließlich 1644 die Franzosen eingriffen.

Zu Anfang des 18. Jahrhunderts wurde die Stadt dann in genau eingehaltenem Rastersystem mit rechtwinkelig sich kreuzenden Straßen innerhalb eines annähernd kreuzförmigen Umrisses angelegt. Am Südsektor dieses Runds entstand an der Stelle der alten Zitadelle Friedrichsburg das Residenzschloß im Stil Ludwigs xiv. in nahezu ungeheuerlichen Ausmaßen, nachdem der Bauherr, Kurfürst Karl Philipp, 1720 seine Residenz von Heidelberg nach Mannheim verlegt hatte. Seine Glanzzeit erlebte Mannheim aber wohl erst unter dem Kurfürsten Karl Theodor, der später die Erbfolge in den bayerischen Stammlanden antrat und damit Pfalz und Bayern wieder vereinte.

Von Mannheim wenden wir uns nun nach Norden, in Richtung Mainz. Es ist eine interessante Straße, die uns über Worms an den letzten westlichen Ausläufern des nordpfälzischen Berglandes mitten durch weitläufige Rebgärten zunächst nach Oppenheim führt. Hier kommt uns der nun schon sehr breite Rhein, ungetrübt und sauber in jener Zeit, wieder näher. Er hatte, bald nach Worms, eine große Schleife nach Osten gemacht. Der Blick kann sich nur schwer von dem schöngelegenen Oppenheim lösen, aber wir wollen nun die Kurpfalz verlassen und zunächst dem Tal des Mains über Frankfurt bis Hanau folgen, um in der terrassenförmig am rebenbepflanzten Dietrichsberg an der Kinzig gelegenen und im Hinblick auf unsere Geschichte so wichtigen ehemaligen Freien Reichsstadt *Gelnhausen* unsere Rundreise zu beschließen. 1180 fand dort ein großer Reichstag statt, auf dem Heinrich dem Löwen Sachsen aberkannt wurde, ein zweiter 1195. Mehrere Kaiser hielten in Gelnhausen Hof, doch nachdem die Stadt 1349 von Karl IV. an die Grafen von Schwarzburg-Hohnstein verpfändet worden war, verfiel die alte, von Friedrich I. Barbarossa erbaute Kaiserpfalz, und der letzte kaiserliche Gast, Maximilian I., wohnte auf dem Untermarkt. 1435 kauften die Pfalzgrafen bei Rhein und die Grafen von Hanau von den Grafen von Schwarzburg die Pfandschaft. Der spätere ›Fürstenhof‹, in der Fürstenhofstraße an und auf der inneren Stadtmauer gelegen, wird zum erstenmal 1549 urkundlich erwähnt. Er wurde Sitz des pfandherrlichen Amtmannes und Absteigequartier der Pfandherren. Diesen Fürstenhof kaufte im Jahre 1669 der jüngere Bruder des Pfalzgrafen Christian II., Johann Karl,

Fürstenhof zu Gelnhausen

während die Grafen von Hanau bis zu ihrem Aussterben 1736 weiter Pfandherren von Gelnhausen blieben, die im übrigen die Reichsfreiheit der Stadt bestritten. Johann Karl nahm seinen Wohnsitz im Fürstenhof und nannte sich Pfalzgraf von Birkenfeld-Gelnhausen. Damit wurde er zum Gründer dieser Linie, die uns in der Hauptsache beschäftigen wird.

Die kleinen Fürstentümer der Pfalz, von denen bisher die Rede war, sind nur ein geringer Teil der großen Zahl der Herzogtümer und Pfalzgrafschaften, die mit der Zeit das einst geschlossen in der Hand des Kurfürsten befindliche Land immer mehr aufsplitterten.

Die Pfalzgrafschaft bei (am) Rhein ist im 12. Jahrhundert aus der lothringischen Pfalzgrafschaft und den rheinisch-fränkischen Hausgütern der salischen Kaiser entstanden. 1214 kam sie an die wittelsbachischen Herzöge von Bayern, bis sie 1329 von Kaiser Ludwig dem Bayern zusammen mit einem Teil des Bayerischen Nordgaus (Oberpfalz) im Hausvertrag von Pavia den Söhnen seines Bruders Rudolf überlassen wurde. Seitdem gab es eine bayerische und eine pfälzische Wittelsbacher Linie. Die Kurwürde sollte zwischen Bayern und der Pfalz wechseln, auch sollte nach den Bestimmungen des Vertrags von Pavia beim Aussterben einer Linie die andere in die Erbfolge eintreten, was dann auch – wie schon kurz erwähnt – im Jahre 1777 geschah, als der letzte bayerische Kurfürst Max III. Joseph kinderlos starb und der kurpfälzische Karl Theodor sein Nachfolger wurde.

In der Pfalz versuchte schon Rupprecht II. (Kurfürst 1390-1398) den drohenden Erbauseinandersetzungen und -teilungen vorzubeugen, indem er 1395 die sogenannte ›Rupertinische Konstitution‹ verordnete, nach welcher die Pfalz »stets ungeteilt« dem ältesten Sohn zufallen sollte. Doch von seinen Enkeln wurde diese Bestimmung bereits umgangen. Die vier Brüder teilten die väterlichen Lande unter sich und gründeten vier Linien, deren Lande nach äußerst spitzfindigen Bestimmungen allerdings beim Erlöschen einer Linie an den jeweils nächsten Agnaten fallen sollten. Als Ältester erhielt Ludwig III.

neben der Kurwürde die Kurpfalz, das wichtigste und flächenmäßig größte der pfälzischen Gebiete, hauptsächlich auf dem linken Rheinufer gelegen, mit Heidelberg als Hauptstadt, dazu die acht oberpfälzischen Ämter Amberg, Helfenberg, Heinzberg, Kemnath, Meerach, Nabburg, Rieden und Waldeck; der zweite, Johann, erhielt die übrigen oberpfälzischen Gebiete und die Statthalterschaft der Oberpfalz mit Neuburg als Residenz; der dritte, Stephan, Zweibrücken und Simmern, das sich nördlich von Zweibrücken bis an den südlich der Mosel sich hinziehenden Hunsrück ausdehnte. Der vierte schließlich, Otto, erhielt das Oberamt Mosbach am mittleren Neckar, das bereits im 13. Jahrhundert an die Pfalz gekommen war.

In der Folge spalteten sich diese Linien immer weiter oder fielen nach Aussterben der einen an eine andere – es ist für uns relativ uninteressant und würde zu weit führen, diese komplizierten Verzweigungen im einzelnen zu entwirren. Jedenfalls bot die Pfalz vom 15. bis zum 18. Jahrhundert ein klassisches Beispiel für die Zersplitterung eines an sich einheitlichen Territoriums und homogenen Volkes durch ununterbrochene Erbteilungen und damit verbundene Grenzverschiebungen. Zu Anfang des 17. Jahrhunderts gab es nicht weniger als elf pfälzische Wittelsbacher Linien! Ähnlich wie Schwaben und Franken war auch die Pfalz zu einer Art ›Fleckerlteppich‹ geworden. Dazu kamen erbitterte Religionskämpfe und ununterbrochene Kriege. In dieser von religiösen Wirren und unendlichem kirchlichen Hader verdunkelten Zeit war vieles fragwürdig geworden, zumal die religiösen Probleme vielfach mit machtpolitischen und höchst egoistischen Bestrebungen engstens verbunden waren. Auch die Fürsten und ihre Räte konnten sehr wahrscheinlich die rastlosen Intrigen und spitzfindigen Polemiken der Theologen und Prädikanten und deren blinden Fanatismus kaum immer durchschauen. Nachdem Anfang des 16. Jahrhunderts die Reformation Eingang in die Pfalz gefunden hatte, gewannen abwechselnd die Calvinisten und die Lutheraner die Oberhand, und es begann im ganzen Land eine schauderhafte Jagd nach den jeweiligen Gegnern. Beamte, Lehrer, Prediger wurden – sofern sie den Konfessionswechsel aus Gewissensgründen und sonstigen Rücksichten nicht mitmachten – erbarmungslos vertrieben, das Volk unter Androhung von Strafen und Repressalien zum Bekenntnis des Landesherrn gezwungen. Nicht weniger als viermal hatte sich so der Glaubenswechsel vollzogen, bis 1608 unter der Führung des pfälzischen Kurfürsten Friedrich IV. die protestantische Union geschlossen wurde. Sein Sohn Friedrich V., der berühmte Winterkönig, verlor 1619 wegen der Annahme der ihm von Böhmen angebotenen Königskrone sein Land und die Kurwürde, die Kaiser Ferdinand II. dann 1623 auf Herzog Maximilian von Bayern übertrug, nachdem sie 1355 von Kaiser Karl IV. allein der Rheinpfalz zugesprochen worden war. Die Schrekken des Dreißigjährigen Krieges brachen über die Pfalz herein; spanische, schwedische und kaiserliche Heere verwüsteten sie. Nach der Schlacht am Weißen Berge 1620 erhielt Bayern die Oberpfalz, allerdings ohne Neuburg und Sulzbach, vom Kaiser zunächst 1621 zugesagt, dann 1623 als Pfandschaft übertragen und schließlich 1628 endgültig als Entschädigung für die Kriegskosten überlassen. Für die Pfalz wurde eine achte Kurwürde geschaffen. Unter der Regierung des toleranten Karl I. Ludwig (1632-1680), des Sohnes des unglücklichen Winterkönigs Friedrich V., trat für kurze Zeit Ruhe ein, doch schon 1674 brach neues Unheil über die Pfalz herein, als Karl I. Ludwig in den Krieg zwischen dem Reich und Ludwig XIV. von Frankreich hineingezogen wurde. Nachdem er vergeblich versucht hatte neutral zu bleiben, begab er sich in kaiserlichen Schutz, und nun wurde die Pfalz erneut ausgeplündert, diesmal von französischen Truppen. Die Drangsale nahmen kein Ende. Der Tod von Karl Ludwigs einzigem Sohn Karl II. (1680-1685) gab Ludwig XIV. Anlaß, die Pfalz für sich zu beanspruchen, da Karl Ludwigs Tochter, die bekannte Liselotte von der Pfalz, mit seinem Bruder, dem Herzog von Orléans, verheiratet war. Darüber brach der Pfälzische Erbfolgekrieg aus. Heidelberg und Mannheim wurden zerstört, die Réunionskammern trieben ihr Unwesen bis zum Frieden von Rijswijk 1697. Inzwischen waren nach dem Erlöschen der evangelischen Kurlinie und dem Regierungsantritt des Pfalzgrafen Johann Wilhelm aus der katholischen Neuburger Linie (1690-1716) auch die Glaubenskämpfe neu aufgeflammt, und auch in den Spanischen Erbfolgekrieg (1701-1714) war die Pfalz verwickelt, später in die Napoleonischen Kriege. Neben allen diesen Machtkämpfen der großen europäischen Politik trugen die zahlreichen pfälzischen Kleinfürsten auch noch ihre diversen kleinen Erbstreitigkeiten auf dem Rücken ihrer unglücklichen Untertanen aus.

Dies war in großen Zügen die eigenartige Bühne, auf der sich die Einzelschicksale vollzogen, denen wir uns nun zuwenden wollen. Menschliche Größe, aber auch tragisches menschliches Versagen, wie es auch großen Herrscherhäusern nie erspart blieb, Ringen nach Macht, nach Einfluß, nach Bedeutung mitten in einer Atmosphäre sich abzeichnender schwerer politischer, wirtschaftlicher und sozialer Umwälzungen zeichnen den Weg der Wittelsbacher vom leichtlebigen Land des Weines in das schwerblütige des Bieres. Die Pfalz, aus der sie kamen, der Kurfürst, die Könige von Bayern und die Herzöge in Bayern, nachdem der altbayerische Stamm der Wittelsbacher ausgestorben war, dieses grüne Herz des Deutschen Reiches, wie es schon seit alters hieß, war die Wurzel ihrer Schicksale, sie prägte ihre Wesensart. Und da man sagt, der Wein schenke den Menschen dieses Landes ihr natürliches, frohes und lebensnahes Temperament, dürfen wir annehmen – und viele ihrer Lebensäußerungen beweisen es –, daß die Wesensart dieser pfälzischen Wittelsbacher eine heitere, dem Leben und seinen Genüssen zugewandte war. Doch das Schicksal hat oft hart zugepackt, sie konnten schwer zueinander finden, die Pfälzer und die Bayern. Mißverständnisse entstanden, die kaum überbrückt werden konnten, Familienkonflikte verbogen die Charaktere, die verworrenen Zeiten taten das ihrige dazu. So ist manches dieser Schicksale zu einer menschlichen Tragödie geworden, und der ursprüngliche Lebensquell kam erst in späteren Generationen wieder zum Durchbruch.

Die Voreltern

Es liegt dieses Zweybrücken in dem Vogesischen Gebürge, und grentzet gegen Westen an Lothringen und die Graffschaft Saarbrück, gegen Süden aber an das Elsaß, gegen Osten und Norden hingegen an die Unter-Pfalz. Die Hauptstadt gleichen Namens liegt in dem sogenannten Wasgau, welches ein bergigter Strich Landes ist, der die Unter-Pfaltz von dem Hertzogthum Lothringen unterscheidet.

In diesen zweibrückischen Landen, zu denen noch ansehnlicher Streubesitz gehörte, regierte von 1532 bis 1569 Wolfgang I., der direkte Nachkomme des oben erwähnten Rupprecht II. und – wie wir gehört haben – Stammvater der Birkenfelder Linie. Unprätentiös, fürsorglich dem Wohle seiner Untertanen und der Förderung der Wissenschaften gewidmet war sein Leben, getreu seiner Devise ›Vive memor lethi‹ – ›Lebe eingedenk des Todes‹ galt sein Bemühen der Erhaltung und Mehrung des Bestehenden, der Vorsorge für die Zukunft. Er gründete in Hornbach ein Gymnasium, ließ durch den Mathematiker und Geographen Tilmann Stella eine topographische Beschreibung der Ämter Kirkel und Zweibrücken anfertigen und sorgte dafür, daß dabei auch alle Altertümer aufgezeichnet wurden. Zu seinen zweibrückischen Besitzungen war 1559 durch verwickelte Erbschaftsverträge die halbe hintere Grafschaft Sponheim (Birkenfeld) gekommen, dazu hatte er bereits 1557 das Fürstentum Neuburg erhalten, nachdem er schon 1551-56 zum Statthalter der Oberpfalz ernannt worden war. Im Jahre 1568 setzte er sein Testament auf, das späterhin bei allen Erbverträgen eine große Rolle spielen sollte, und schließlich auch die Grundlage für den Erbvertrag in der ›Wittelsbachischen Hausunion‹ von 1766/71 zwischen dem pfälzischen und dem bayerischen Kurfürsten wurde. Dieser Vertrag sicherte den pfälzischen Wittelsbachern die Erbfolge in den bayerischen Landen bei Aussterben der bayerischen Linie.

Wolfgang war eine tiefreligiöse Natur; auf seinen Thalern stand der Spruch: ›Gebet dem Kaiser, was des Kaisers ist, und Gott, was Gottes ist.‹ Auch dieser Devise getreu kämpfte er 1566 mit seinem Sohn Philipp Ludwig unter Kaiser Maximilian II. gegen die Türken. 1546 hatte er den Besuch Kaiser Karls V. in Zweibrücken empfangen, war aber, ohne Mitglied des Schmalkaldischen Bundes zu sein, zeitlebens ein überzeugter Lutheraner. 1565 rief er den streitbaren Professor der Theologie Tilemann Hesshunius als Hofprediger nach Zweibrücken, setzte sich dann für die ihn begeisternden Belange der französischen Protestanten ein und zog 1569 zur Unterstützung der Hugenotten in den Krieg nach Frankreich, wo er am 11. Juni 1569 in Nessun bei Limoges verstarb. Er wurde zunächst in der Pfarrkirche zu Angoulême beigesetzt, später in Cognac, dann in Rochelle. Schließlich wurde sein Leichnam unter großen Beschwerden, als Salzgut verfrachtet, von Rochelle aus zur See befördert und kam endlich am 23. September

Pfalzgraf Wolfgang I. (1532-1569),
Stammvater der Birkenfelder Linie

1571 zu Meisenheim an. Die Beisetzungsfeierlichkeit schilderte der damalige Bürgermeister so:

Ist die gantz Burgerschaft samt weibern in Traurigkeit hinauß an die untern Pforten mit ihren Trauerkleider gangen und den Corpus hinein in die Statt in einer großer prozession helfen geleiten, und ist ein so groß Volk geweßen, daß die ersten im Glidt in der Kirch' geweßen, sind die letzten noch uff der Brück gestanden, also daß die Kirch allhir so voller Leuth geweßen, daß sich schier keiner vor dem andern regen können. Die Leich wurde herrlich begleitet und getragen von 12 Persohnen von Adel, dann man sagt die pahr sei uff 8 oder 9 Zentner schwer geweßen, dann er in einem bleyern sark gelegen und um den Sark ein eichern Kasten verborgen außwendig und innen. Darnach außwendig mit großen eisernen Banden beschlagen an allen den Enden und der mitte. Darnach lagen an der Kißt drey große mahl [Vorleg] schloß so groß wie eine halbmäßigte Kann[t]. Es gingen vor der Leich drei große schöne Roß mit schwarzen lindischen Tuch durchaus überzogen, daß man kein Haar ahn einem pferd sehen kunte. Die [Huf-] Eisen waren abgebrochen und waren mit Filz beschlagen. Es gingen drey vom Adel vor der Leich, trugen 3 Fahnen, so noch in der Kirch im Chor henken. Die Kirch, die stühle, die Kanzel war alles mit schwarzem Tuch überzogen. Es ist der Corpus mit der beschlagenen Lad ins Gewölb in das kleine Chor gestellt worden, in welchem Gewölb ich gewesen und den Hern helffen an das ort zur rechten Hand hinstellen, steht in keinem Erdreich, sondern uff einer Diele. Es hat Her Johann Krez, Pfarrer, die Leichtpredigt kethan dazumahl.

Aus Wolfgangs Ehe mit der hessischen Prinzessin Anna waren fünf Söhne hervorgegangen, auf die er in seinem Testament seine Länder verteilt hatte mit der Bestimmung, daß »in Erledigungsfällen« immer ein jüngerer Bruder den vorhergehenden beerben bzw. einer nach dem anderen in Neuburg, Zweibrücken und so weiter vorrücken sollte. Es solle, so hieß es ausdrücklich, »keine Teilung, Zersplitterung, Veräußerung oder Verpfändung« mehr geben. Damit führte er die sich auf die ›Rupertinische Konstitution‹ stützende ›Lineal-Erbfolge‹ ein.

Von seinen Söhnen folgte ihm der älteste, Philipp Ludwig, in Neuburg an der Donau; der zweite Sohn, Johann 1., erhielt Zweibrücken; der dritte, Otto Heinrich, Sulzbach in der Oberpfalz; der vierte, Friedrich, Parkstein und Hilpoltstein in der Oberpfalz; und schließlich der jüngste, Karl, die halbe hintere Grafschaft Sponheim mit der Residenz Birkenfeld. Sulzbach, Parkstein und Hilpoltstein verblieben aber unter der Oberhoheit von Neuburg, Birkenfeld unter derjenigen von Zweibrükken. Für diese untergeordneten Fürstentümer wurden Erträgnisse von je 6000 Gulden angesetzt.

Karl, der jüngste von Wolfgangs Söhnen, war der Gründer der Birkenfelder Linie, um die es uns ja vor allem geht.

Er besaß zwischen Mosel und Nahe am Hunsrück Anno 1584 das kleinste pfälzische Land mit einer sehr geringen Jahresrente von 6000 Gulden. Trarbach an der Mosel, Allenbach, Winterburg und schließlich Birkenfeld waren damals die wesentlichen Städtchen und Schlösser. Karl nahm Birkenfeld zur Residenz, vergrößerte das dortige Schloß und wurde fortan der ›Birkenfelder‹ genannt. Am 4. September 1560 in Neuburg geboren, wurde er bereits mit zwanzig Jahren Rector magnificus der Universität Heidelberg. Er muß seinem Vater sehr ähnlich gewesen sein, heißt es doch von ihm, daß er sich als ein *überaus kluger und weiser Regent* bezeigt habe, *dahero viel andere Printzen sich öffters eines guten Raths bey ihm erholten. Er war auch sonst ein sehr gottesfürchtiger und freundlicher Herr, auch nach Möglichkeit dahin bedacht, die Evangelische Religion zu erhalten, und auf geziemende Weise mehr und mehr auszubreiten. Nur Schade war es demnach, daß er sein Leben nicht höher brachte. Denn 1600, den 6. December muste er dasselbe bereits beschließen, worauf er zu Meyssenheim gebührend beerdiget wurde.*

Vier kleine Kinder und seine Gemahlin Dorothea von Braunschweig-Lüneburg, eine Enkelin König Christians III. von Dänemark, trauerten um ihn. Dorothea war am kursächsischen Hof in Dresden bei ihrer Tante, der Kurfürstin Anna, aufgewachsen, und dort hatte sie in jugendlichem Alter ihren späteren Gemahl kennengelernt. Denn der früh vaterlos gewordene Karl war ebenfalls in Dresden mit dem Kurprinzen Christian erzogen worden. Nachdem er noch einige Jahre in Heidelberg bei den kurpfälzischen Verwandten verlebt und 1584 die Regierung seines kleinen Landes übernommen hatte, fand die Hochzeit am 23. Februar 1586 in Celle statt. Karl war als Bräutigam mit 64 Pferden dort eingeritten, und in prächtigem Zug führte er seine junge Frau über Kassel und Marburg heim in seine Residenzstadt Birkenfeld. Es war eine glückliche Ehe; Dorothea wird als fromme, schlichte und treubesorgte Frau geschildert, die ihrem Gemahl aufs innigste durch das Band des gemeinsamen lutherischen Glaubens verbunden war.

Das junge Paar übersiedelte 1590 für einige Jahre nach Ansbach in das zu einem Fürstensitz umgestaltete Kloster Heilsbrück, um dort für Karls Schwager, den Markgrafen Georg Friedrich von Brandenburg-Ansbach, der »schweren Leibes gewesen«, die Regierungsgeschäfte zu übernehmen. 1594 nach Birkenfeld zurückgekehrt, blieben nur noch wenige glückliche Jahre, bis Dorothea bereits mit dreißig Jahren Witwe wurde. Sie trug von da an nur noch schwarze Gewänder und führte ein stilles, zurückgezogenes Leben, ganz der Fürsorge für ihre Kinder und Untertanen gewidmet. Überall half sie mit Rat und Tat. Aus ihrer eigenen Hausapotheke, für die sie jedes Jahr eine stattliche Summe aufwandte, gab sie an Alte und Kranke unentgeltlich Hilfe und hatte für jeden, der ihren Rat begehrte, ein geduldiges und freundliches, hilfsbereites Ohr.

Karl hatte ein Testament hinterlassen, nach welchem ihr als Witwensitz ein Teil des Birkenfelder Schlosses, anscheinend das sogenannte ›Frauenzimmerhaus‹, überlassen wurde; aus den Einkünften des Amtes Birkenfeld und der Kellerei Trarbach hatte sie jährlich 2000 Taler zu verzehren, und – was für uns später von besonderem Interesse sein wird – aus der Kellerei Trarbach standen ihr zwanzig Fuder Wein zu, »nicht vom besten, aber auch nicht vom geringsten«. Auf ausdrücklichen Wunsch Karls wurden die beiden älteren Söhne Georg Wilhelm und Friedrich bei den wohlhabenderen Verwandten am Hofe seines ältesten, gut lutherischen Bruders Philipp

Ludwig in Neuburg an der Donau erzogen, der kleine, erst zweijährige Christian (der spätere Christian I.) zunächst bei Karls Schwester, der Gräfin Elisabeth von Leiningen, später ebenfalls in Neuburg.

Wie einfach das Leben Dorotheas war, geht aus den rührenden Briefen an ihre Söhne hervor. So schreibt sie einmal, daß sie »auß eingefallenen verhinderungen und sonnderlich annderer Unns obgelegener vilfalltiger Ausgaben halben« das übliche Neujahrsgeschenk ausfallen lassen müsse, dagegen im folgenden Jahr, »da der liebe Gott unns so lanng diss zeitliche Leben fristen würde, jedem Ein Duzet [Dutzend] Silberne Löffel gewiß machen« werde. Noch köstlicher zeigte sich ihr sparsamer, haushälterischer Sinn, als ihr Ältester, der vierzehnjährige Georg Wilhelm, sie in jugendlicher Eitelkeit um seidene Kniestrümpfe gebeten hatte. Sie ließ ihm drei Paar von der Frankfurter Ostermesse mit vielen guten Ermahnungen übermitteln. Als sich im folgenden Jahr jedoch dieser Wunsch wiederholte, diesmal auch für den jüngeren Bruder Friedrich, bewilligte sie jedem nur ein Paar mit der Ermahnung, weil solche Strümpfe sehr teuer und nicht so leicht zu kaufen seien, sie zu schonen und für täglichen Gebrauch dort oben etliche Paar wollene Strümpfe zu kaufen, da in Birkenfeld die Wolle zu grob sei.

Liebes Kindt. Seidt ir mit einander from undt lerndt undt bett ir fleißich. So werdt der liebe gott mich undt euch fein fhordt helfen und glück geben.

Dieses einfache Gottvertrauen, das den Menschen damals eine Quelle der Kraft war, bewährte sich in den Schrecken des Dreißigjährigen Krieges, von denen auch Birkenfeld nicht verschont blieb.

Dann das war Ihro F.Gn. Brauch: Wo ein traurig Bottschafft kommen, lieffen si zu ihrem Bet- und Gesangbuch und verließ sich einig und allein in der größten Gefahr auff ihren lieben Gott, schreibt ihr Biograph Corvinus.

Sie verlor den Mut nicht, als die Bemühungen ihres ältesten Sohnes Georg Wilhelm, sich und sein Land durch Neutralität aus den Kriegswirren herauszuhalten, wenig erfolgreich waren. Birkenfeld wurde von spanisch-niederländischen Truppen besetzt, der fürstlichen Familie waren alle Gefälle gesperrt, das Land von Einquartierungen, Kontributionen, Plünderung und Gewalttat heimgesucht. Besonders schwierig wurde Georg Wilhelms Lage dadurch, daß seine beiden Brüder auf antikaiserlicher Seite fochten. Da war es Dorothea, die energisch und tatkräftig eingriff, die ihren auf kaiserlicher Seite stehenden Bruder Christian für die Interessen ihres Hauses in Anspruch zu nehmen wußte. Sie nahm mit der Statthalterin der Niederlande, Isabella, Verbindung auf und erreichte es, daß sie 1623 wieder in ihre Rechte eingesetzt wurde. Nicht zuletzt bestärkte sie ihren Sohn immer wieder in seinem Kampf für den schwerbedrängten Glauben zum Widerstand gegen die spanischen Machthaber. Die Schweden befreiten Birkenfeld, doch nach der unglücklichen Schlacht bei Nördlingen 1634 kamen schlimmere Zeiten als je zuvor über das Land. Es verarmte völlig, und obwohl Dorothea bereits ihren Schmuck verkauft und selbst Schulden hatte, erklärte sie sich zur Streichung der rückständigen Wittumsgefälle bereit, als die Birkenfelder Amtsvorsteher ihr die durch den Krieg verursachte traurige Lage des Landes schilderten.

Ein in seiner einfachen und starken Gläubigkeit, in seiner selbstverständlichen mütterlichen Fürsorge nicht nur für die eigenen Kinder, sondern nicht minder für die Landeskinder heute – in der Zeit genormter ›Sozialhilfe‹ – kaum noch vorstellbares Leben ging am 14. August 1649 zu Ende. Ihre letzten Worte waren: »Was mein Gott will, das gescheh allzeit, sein Will, der ist der beste.« Beinahe achtzig Jahre alt war sie geworden und hatte bis zuletzt in völliger geistiger Frische an Freud und Leid ihrer Umgebung teilgenommen.

Kurz vor ihrem Tode erlebte Dorothea noch die Freude, daß ihr ältester, ihr besonders nahestehender Sohn Georg Wilhelm noch ein drittes Eheglück an der Seite der Anna Elisabethe von Oettingen fand. Seine erste Frau, die Gräfin Dorothea von Solms-Sonnewalde, war jung gestorben, seine zweite Ehe mit einer Gräfin Dhaun kurz nach der Heirat geschieden worden. Es war auch Anna Elisabethes dritte Ehe. Sie war zweimal verwitwet. Nach dem Tod ihres ersten Mannes, des bekannten Reiterführers Gottfried Heinrich von Pappenheim, der in der Schlacht bei Lützen gefallen war, hatte sie in zweiter Ehe den Grafen Johann Philipp II. von Leiningen geheiratet.

Ihren jüngsten Sohn Christian, das ›Chreistlin‹, wie sie ihn in ihren Briefen nennt, wußte Dorothea gut versorgt. Wie schon erwähnt, hatte er bereits 1630, mitten im Dreißigjährigen Krieg, die damals dreiundzwanzigjährige einzige Tochter Magdalena Katharina seines Vetters Johann II. von Zweibrükken geheiratet, die mütterlicherseits von den Vicomtes de Rohan-Fontenay abstammte. Sie brachte französisches Blut in die Birkenfelder Linie, aber auch als Mitgift, wie wir bereits wissen, die Herrschaft Bischweiler. Christian wurde damit zum Gründer der Linie Birkenfeld-Bischweiler. Nach dem Tode seiner Frau am 20. Januar 1648 heiratete Christian am 20. Oktober 1648 Maria Johanna, die Tochter des Grafen Rudolph von Helfenstein.

Nachdem Christian am Leiningischen und Neuburgischen Hof eine weltmännische Erziehung genossen und der Sitte der Zeit gemäß Reisen nach Frankreich, England und in die Niederlande gemacht hatte, war er überall dabei gewesen, wo Kriegslorbeer zu gewinnen war. Seine militärische Laufbahn hatte er 1619 mit siebzehn Jahren wahrscheinlich zunächst in kurfürstlich pfälzischen Diensten begonnen. 1626 war er als Oberst über ein Kavallerie-Regiment im Niedersächsischen Krieg in Ungarn, dann in Dänemark, wo ihm der König den Sankt-Georgs-Ritterorden verlieh, den er dann ständig trug. Im Jahre 1631 übergab ihm der schwedische König Gustav Adolf das Kommando über die Kavallerie und gleichzeitig das Kommando über die Truppen am Rhein. Doch war seines Bleibens dort nicht lange, denn Gustav Adolf beorderte schließlich alle verfügbaren Truppen in Richtung Nürnberg, um gegen die dort verschanzten Kaiserlichen eine Entscheidungsschlacht herbeizuführen. Die Kaiserlichen unter Wallenstein wichen jedoch nach Sachsen aus, wo es Gustav Adolf gelang, sie bei Lützen entscheidend zu schlagen. Dabei fand er aber selbst den Tod. Christian hatte an dieser Schlacht bei

*Pfalzgraf Christian I. (1630-1654),
Gründer der Linie Zweibrücken-Birkenfeld-Bischweiler*

Lützen nicht teilgenommen; er war mit seinen Truppen von Nürnberg an den Rhein zurückgekehrt.

Nach dem Sieg bei Lützen und dem Tod Gustav Adolfs wurde der schwedische General Horn Oberbefehlshaber der schwedischen Armeen. Aber bereits am 6. September 1634 geriet General Horn in der Schlacht bei Nördlingen, in der die Schweden unterlagen, in Gefangenschaft. Nur Herzog Bernhard von Weimar oder Pfalzgraf Christian kamen nach schwedischer Ansicht für eine Nachfolge in Frage. Zunächst wurde versucht, den beiden abwechselnd das Kommando zu übertragen. Dagegen erhob Christian Einspruch, zumal eine erhebliche Rivalität zwischen ihm und Bernhard von Weimar schon während der Operationen am Rhein bestanden hatte, die die Kräfte zersplitterte und die Kriegsführung schwer beeinträchtigte. Schließlich wurde Bernhard von Weimar zum alleinigen Befehlshaber aller Truppen ernannt, worauf Christian seine militärische Laufbahn aufgab und sich nach Bischweiler zurückzog. Es gab dort genug zu tun, um die schweren Kriegsschäden einigermaßen zu beheben und die allgemeine Not zu lindern.

Im Schloß zu Bischweiler wurden am 22. Juni 1637 Christian, der spätere Christian II., und am 17. Oktober 1638 sein Bruder Johann Karl geboren: damit sind wir bei den beiden Brüdern angelangt, »die sich trennten«, wie Prinz Adalbert von Bayern schrieb.

Blick nach Bayern

Die Lebensschicksale der Nachkommen Christians II. und Johann Karls, von denen später zu sprechen sein wird, wurden von Bayern geprägt. Es dürfte daher von Interesse sein, wenn wir uns jetzt kurz vergegenwärtigen, wie es in den bayerischen Landen während der Lebensepoche der beiden Brüder ausgesehen hat.

Als der Pfälzer Christian I. am 27. August 1654 starb, regierte in München Ferdinand Maria ›der Friedliebende‹, welchen Beinamen man nach gerade beendetem Dreißigjährigen Krieg füglich verstehen kann. Zwei Jahre vor Christians I. Tod hatte Ferdinand Maria am 25. Juni 1652 in München die ihm bis dahin unbekannte Henriette Adelaide von Savoyen, eine nahe Verwandte Ludwigs XIV. von Frankreich, geheiratet. Sein Vater Maximilian I. war kurz zuvor, am 27. September 1651, in Ingolstadt verstorben. Mit Ferdinand Marias Heirat kam auch in die bayerische Linie der Wittelsbacher italienisch-französisches Blut. Beide Brautleute waren bei ihrer Trauung in der Hofkapelle der Münchner Residenz gerade sechzehn Jahre alt. So führte denn die sehr energische Mutter Ferdinand Marias vorerst die Regentschaft und das Regiment in der jungen Ehe, was ihrer Schwiegertochter verständlicherweise wenig paßte. Sie vertrug sich deshalb auch nicht mit ihrer strengen und außerordentlich schwierigen Schwiegermutter Maria Anna, einer ziemlich bigotten Habsburgerin. Bigott war die junge Adelheid gewiß nicht, sie war Italienerin mit französischem Blut, und der etwas schwerfällige nordische Rhythmus Münchens lag ihr nicht. Sicher war sie fromm, aber doch von einer gewissen Liberalität, und so holte sie – sich entschieden gegen die bislang allmächtigen Jesuiten stellend – den Orden der Theatiner nach München, denen sie von 1663 an die großartige Theatinerkirche Sankt Kajetan und das daran anschließende Kloster (heute Kultusministerium) erbaute. Das hing nicht nur mit der Geburt des langersehnten Thronerben, sondern auch damit zusammen, daß ihr italienischer Schutzpatron, der Graf Kajetan von Thiene aus Vicenza und Gründer des Theatiner-Ordens, von Rom seliggesprochen worden war. Alles in allem war Adelheid eine energische und bewußt im Leben stehende Persönlichkeit mit vielen künstlerischen Interessen, ihrem Manne, dem schwerblütigen Ferdinand Maria, wohl überlegen, wenngleich sie auf dessen Politik kaum Einfluß gewann. Sicherlich hatte zu ihrer Charakterentwicklung der Widerstand gegen ihre Schwiegermutter beigetragen. Erst am 17. November 1660 wurde ihr erstes Kind, eine Tochter, und endlich am 11. Juli 1662 der ersehnte Kurprinz Max Emanuel in der Münchner Residenz geboren.

Natürlich war die Hofhaltung in dem großen Kurfürstentum Bayern erheblich aufwendiger als drüben in der Pfalz, wo alle die Kleinfürsten, zu denen ja auch Christian 1., Pfalzgraf von Birkenfeld-Bischweiler, und seine Söhne gehörten, nicht wesentlich anders lebten, als die uradligen Familien etwa in Thüringen, deren Besitzungen und Lehen bis ins 12. Jahrhundert zurückgingen und zeitweise denen dieser Pfalzgrafen gleichkamen. Es gab aufwendige Feste am Münchner Hof, während sich die politischen Verhältnisse drüben in der Pfalz von Tag zu Tag verschlechterten. Wir erinnern uns hier des

Kurpfälzers Karl Ludwig und seiner fünfzehn Jahre nach Max Emanuels Geburt klar ausgesprochenen Einstellung gegen das Frankreich Ludwigs XIV. und der darauf folgenden Verwüstung der Pfalz durch die Franzosen. Politisch herrschten allerdings auch in Bayern etwas unklare Verhältnisse. Im Mai 1674 erklärte Kaiser Leopold I. – wie es heißt: zur Wahrung seiner Stellung im Reich, in dem Ludwig XIV. wiederholt nach der Kaiserkrone zu greifen versuchte – diesem den Krieg. In München war man seit 1670 mit Frankreich verbündet, so daß die Situation für Bayern schwierig wurde. Doch lavierte Ferdinand Maria, der die Annahme der Kaiserkrone wohlweislich abgelehnt hatte, mit einer Art bewaffneter Neutralität durch diese Zeit und vermochte trotz der Zerstörung der Pfalz wenigstens für das Kurfürstentum Bayern den Frieden zu erhalten.

Ab 1664 hatte man vor den Toren Münchens begonnen, das Sommerschloß Nymphenburg zu bauen, das im Stil italienischer Landvillen gehalten war und den barocken Schloßbau in Bayern initiierte. Zwanzig Jahre später brannten drüben in der Pfalz die Städte und Dörfer und das Heidelberger Schloß, während in München 1674 zwar die prächtige Residenz durch die Unaufmerksamkeit einer Hofdame halb abbrannte, aber doch bald wieder hergestellt werden konnte. Der Ausbau Nymphenburgs ging weiter. Die Savoyer Adelheid hatte gewiß unter dem verheerenden Brand der Münchner Residenz ebenso gelitten wie unter den sehr unruhigen politischen Zeiten. Sie starb bereits am 18. März 1676 mit vierzig Jahren in der Residenz, deren Wiederaufbau Ferdinand Maria noch drei Jahre fortsetzen konnte, bis auch er mit nur zweiundvierzig Jahren im alten Schleißheimer Schloß verstarb.

Drüben in der Pfalz regierte zu dieser Zeit Christian II. in Birkenfeld und Bischweiler, und genau zehn Jahre vorher hatte sein jüngerer Bruder Johann Karl in der alten Reichsstadt Gelnhausen seine ›Residenz‹ genommen.

Der bereits erwähnte Kurprinz Max Emanuel folgte seinem am 26. Mai 1679 verstorbenen Vater mit siebzehn Jahren nach. Die Regierung übernahm bis zu seiner Volljährigkeit der Onkel Maximilian Philipp, unter dessen Regentschaft sich wieder eine Annäherung an Habsburg anzubahnen begann. Diese Politik fand ihre Bestätigung durch die Heirat Max Emanuels mit Maria Antonia, der Tochter Kaiser Leopolds I., die zugleich die Anwartschaft auf den spanischen Thron in Aussicht stellte. Maria Antonia hatte berechtigte Hoffnung, nach dem Ableben des kinderlosen Königs Karl II. von Spanien, mit dem die spanische Linie der Habsburger ausstarb, dessen Lande zu erben. Ihre Mutter, eine Tochter Philipps IV. von Spanien, hatte bei ihrer Heirat mit Leopold I. im Gegensatz zu ihrer älteren Schwester, die Ludwig XIV. von Frankreich geheiratet hatte, nicht auf ihre spanischen Erbansprüche verzichtet. So hatte der Kaiser vorerst Max Emanuel auf seiner Seite. Voller Tatendrang zog er in den Türkenkrieg, entsetzte zusammen mit dem König von Polen, Johann Sobieski, Wien, erstürmte Belgrad und zeichnete sich in anderen Kampagnen gegen die Türken aus. Dazwischen, während seiner kurzen Aufenthalte in München, gab es Jagden, Turniere, Feste die Fülle; der Um- und Neubau von Schlössern begann. Max Emanuels junge Frau, Maria Antonia, stand dem außerordentlich beweglichen Kurfürsten in keiner Weise nahe, zumal sie in ihrer jungen Ehe oft allein in der Münchner Residenz war. Ihr Mann tobte sein Temperament in den Türkenkriegen aus, und es ist wahrscheinlich, daß er schon bald – vor allem in dem von ihm geliebten Venedig – seine eigenen Wege ging, was in jener Zeit, vor allem bei den Fürsten, ja üblich war.

Inzwischen begann Frankreich um Max Emanuel zu werben, worauf im Gegenzug Wien ihm die Statthalterschaft in den spanischen Niederlanden gewährte. Sein Regierungssitz wurde nun Brüssel. Für Bayern war er wieder einmal verloren, wie er denn überhaupt während seiner langen ›Regierungszeit‹ sich vergleichsweise wenig in Bayern aufgehalten hat.

Am 28œ Oktober 1692 brachte Maria Antonia in Wien, wo sie bei Ihrem Vater weilte, den Erbprinzen Joseph Ferdinand zur Welt, starb aber kurz darauf im Alter von nur dreiundzwanzig Jahren in Wien. Das Kind, das kostbare Pfand, auf das sich nun die spanischen Erbansprüche stützten, wurde alsbald mit großen Zeremonien nach München gebracht, wo es in der

Residenz sehr sorgsam aufgezogen wurde, während sein Vater in Brüssel als Generalstatthalter residierte. Sein in erster Linie durch berechnende Familienpolitik bestimmtes Handeln schien Erfolg zu haben: Karl II. erklärte Max Emanuels kleinen Sohn Joseph Ferdinand zum Erben des spanischen Thrones. Doch bald darauf zerstob der spanische Traum, als der Kurprinz 1699, erst sieben Jahre alt, plötzlich in Brüssel verstarb. Spaniens Erbe sollte nun ein Enkel Ludwigs XIV. und eben jener Tochter Philipps IV. von Spanien, Marie Therese, sein, die seinerzeit bei ihrer Heirat auf ihre Erbansprüche verzichtet hatte. Das paßte Wien natürlich nicht, wo Kaiser Leopold I. den spanischen Thron nun für seinen jüngeren Sohn Karl beanspruchte. So kam es zum Spanischen Erbfolgekrieg, der Ende 1702 ausbrach. Max Emanuel kehrte nach München zurück, zunächst wohl nicht in der Absicht, in diesem Krieg sofort eine verbindliche Stellungnahme zu beziehen, aber mit der Entschlossenheit, wenn es sein mußte, mit dem höchstmöglichen Einsatz um das zu kämpfen, wovon er träumte: eine Königskrone. Dazu baute er 1702 an Schloß Nymphenburg weiter und begann vor allem in Schleißheim den Bau eines neuen Schlosses, das einem König angemessen sein sollte.

Doch das Tauziehen um Bayern begann alsbald von neuem, und Max Emanuel konnte oder wollte sich ihm nicht entziehen. Wien hatte nicht mehr viel zu bieten, das Frankreich Ludwigs XIV. schien ihm persönlich reizvoller, und so scheute er sich als deutscher Kurfürst nicht, 1702 endgültig auf die französische Seite zu treten.

Während Frankreich längst zu einer nationalen Einheit verschmolzen war, regierten im ›Heiligen Römischen Reich Deutscher Nation‹ die vielen deutschen Kleinfürsten größtenteils nach eigenen machtpolitischen Gesichtspunkten oder fielen, wie in der Pfalz, dem Hegemoniestreben Frankreichs zum Opfer. Max Emanuel erwies seinem Land Bayern mit seiner Entscheidung für Frankreich einen schlechten Dienst. Frankreich lag erheblich weiter von München entfernt als Wien und so trat nach spektakulären Anfangserfolgen das ein, was ganz folgerichtig kommen mußte: Österreich marschierte in Bayern ein. Von den Truppen des Kaisers Leopold I. und der mit ihm alliierten Holländer und Engländer in der denkwürdigen Schlacht bei Höchstädt 1704 schwer geschlagen, mußte Max Emanuel mit den Resten seines Heeres zuerst nach Brüssel und dann nach Paris zu Ludwig XIV. fliehen, wo er nach Berichten der Liselotte von der Pfalz, Herzogin von Orléans, unter gräflichem Namen lebte. Bayern überließ er der Regentschaft seiner zweiten Frau Therese Kunigunde Karoline, einer Tochter seines Waffenkameraden aus den Türkenkriegen, Johann Sobieski von Polen, die zunächst in München blieb und auch nach der Kapitulation und Besetzung des Landes das Rentamt München behalten durfte. Als aber nach dem Tode Leopolds I. der persönlich mit Max Emanuel verfeindete Joseph I. die Nachfolge antrat, benutzte er die vorübergehende Abwesenheit der Kurfürstin von München im Februar 1705 dazu, auch in München einzumarschieren. Die Österreicher, erbittert über die Haltung Max Emanuels und schließlich bestärkt durch den bei Sendling und Aidenbach blutig niedergeschlagenen Bauernaufstand 1705/06, gingen nun in Bayern rücksichtslos vor. Im April 1706 wurde über Max Emanuel von Joseph I. die Reichsacht verhängt, was den Verlust seines Kurfürstentums bedeutete. 1706 wurden seine vier ältesten Söhne, die elternlos in der Münchner Residenz lebten, nach Graz verbracht, wo sie – zu Grafen von Wittelsbach ›degradiert‹ – angemessen erzogen wurden.

Das Schicksal Max Emanuels nahm jedoch eine ungeahnte Wendung, als 1711 Joseph I., der schärfste Gegner Max Emanuels, unerwartet früh starb und die Kaiserkrone in die Hände seines Bruders Karl überging, der als Karl VI. den Habsburger Thron bestieg. Dieser Karl, um den der Spanische Erbfolgekrieg je letzten Endes entstanden war, verzichtete nun auf seine spanischen Ansprüche, nachdem seine Verbündeten, England und die Niederlande, mit Frankreich einen Waffenstillstand eingegangen waren. In der Folge wurde am 6. und 7. März 1714 der Frieden von Rastatt und Baden geschlossen. Damit änderte sich schlagartig das Schicksal Max Emanuels und Bayerns. Die Reichsacht wurde aufgehoben und das Kurfürstentum Bayern wiederhergestellt. Anfang 1715 war es dann so weit, daß der Kurfürst nach München zurückkehren konnte. Karl VI. zog seine Truppen aus Bayern zurück und die Münchner, die zu all den trüben Zuständen ja nichts zu sagen gehabt hatten, begrüßten ihren zweifellos politisch leichtfertigen Herrn, wie es heißt, »mit Jubel und Freude«.

Nach elfjähriger Abwesenheit begann Max Emanuel nun alsbald wieder mit Eifer zu bauen, Feste zu feiern und vor allem sich seiner Lieblingsbeschäftigung, der Jagd, zu widmen. »Es war ein Leben in Rausch und Taumel.« 1726 starb er unter Hinterlassung von dreißig Millionen Schulden mit vierundsechzig Jahren. Es ist nicht verwunderlich, daß er beim Volk nicht so beliebt war, wie das loyale Geschichtsschreiber glauben machen wollen.

Nach dem erwähnten Rastatter Frieden hatte Max Emanuel zwar gemäß Artikel 15 des Friedensvertrags die völlige Wiedereinsetzung in seine kurfürstliche Würde erhalten, aber der Artikel 18 lautet doch etwas merkwürdig. Da steht:

Seine christliche Majestät legt kein Hindernis in den Weg, wenn das Haus Bayern nach seiner gänzlichen Wiederherstellung für gut finden sollte, ein oder anderes seiner Länder in andere zu vertauschen oder zu verwechseln.

Kurfürst Max Emanuel, der froh sein durfte, sein angestammtes Land wieder erhalten zu haben, hatte also trotzdem die aussichtslose Hoffnung nicht aufgegeben, eines Tages sein Bayern gegen glanzvollere Besitzungen und vor allem die immer wieder ersehnte Königskrone zu vertauschen. Für diesen Fall hegte zweifellos auch Wien den Plan, sich das bayerische Kurfürstentum oder zum mindesten Teile davon einzuverleiben – ein Plan, der unter einem der Nachfolger Max Emanuels, Karl Theodor, hart an der Grenze der Verwirklichung stand, wie wir noch hören werden. Max Emanuel sollte wohl gegebenenfalls doch wieder mit den spanischen Niederlanden abgefunden werden, die Habsburg in dem erwähnten Friedensvertrag behalten hatte. So einfach schienen diplomatische Lösungen in jenen Zeiten des absolutistischen Regimes, die einer Diktatur in nichts nachstanden.

2

DIE WIEGE DER HERZÖGE IN BAYERN

In der Pfalz

Während dieser Ereignisse in Bayern wurden die beiden Brüder Christian und Johann Karl zunächst in Bischweiler, später – in den Jahren 1654 bis 1656 – in Straßburg, das unweit Bischweiler lag, von dem in Rappoltsweiler geborenen reformierten Philipp Jakob Spener, dem Stifter des Pietismus, erzogen. Sie waren also praktisch Kalvinisten, blieben auch später mit Spener, der in Straßburg Freiprediger und Doktor der Theologie war, verbunden. Christian machte, wie das damals zur allgemeinen Bildung gehörte, Reisen nach Frankreich, England und Holland. In Schweden ernannte ihn sein Vetter, König Karl X. Gustav – ihre Großväter waren Brüder gewesen – zum Obersten eines Infanterie-Regiments, mit dem er gegen Dänemark kämpfte. Nach seiner Rückkehr beteiligte er sich als Oberst eines schwäbischen Kreisregiments an dem Krieg gegen die Türken, ging dann aber in französische Militärdienste. Am französischen Hof erwarb er sich die Gunst Ludwigs XIV., wodurch das freundschaftliche Verhältnis eingeleitet wurde, das während der folgenden eineinhalb Jahrhunderte die Birkenfelder mit Frankreich eng verband.

Diese Sympathie der Birkenfelder Prinzen für Frankreich wird in einem vor den Freunden der Kunst Straßburgs am 15. November 1932 gehaltenen Vortrag von Gustave Moeder ›Les Princes Palatin de Birkenfeld et des Deux Ponts en Alsace‹ wie folgt charakterisiert:

Des princes allemands? De sang oui, de coeur non! ... Heldenmütige Offiziere, gute Prinzen und vollendete Kavaliere, Menschen des 18. Jahrhunderts in des Wortes voller Bedeutung, mit allen Fehlern, aber auch mit allen Vorzügen ihrer Zeit. Aus den an der Grenze des Elsaß gelegenen benachbarten Ländern Birkenfeld und Zweibrücken kamen diese Prinzen zu uns, nicht etwa, um hier auf ihren Besitzungen zu jagen oder um an prächtigen Festen teilzunehmen, sondern um hier zu residieren und Hof zu halten. Pfälzer, die damals vollkommen unter dem Einfluß Frankreichs standen, Freunde und Verbündete unserer Könige...

In Anerkennung seiner Verdienste auf französischen Schlachtfeldern wurde Christian von Ludwig XIV. zum Generalleutnant der französischen Armee ernannt, eine außerordentliche Auszeichnung für einen evangelischen Prinzen. Außerdem protegierte Ludwig XIV. Christians Heirat mit der Erbin einer der reichsten Herrschaften Frankreichs, der Tochter des letzten Grafen von Rappoltstein, Katharina Agatha. Die Hochzeit fand am 5. September 1667 in Rappoltsweiler statt. Nur zwei Jahre zuvor wurde weiter im Osten, in Römhild, am 28. Juni 1665, jene Frau geboren, die späterhin einen ausschlaggebenden Einfluß auf die Geschicke der Birkenfelder Pfalzgrafen ausüben sollte: Esther Maria von Witzleben aus dem Thüringer Hause Elgersburg, deren Ahnen sich bis 1115 zurückführen ließen.

Von Christian II. kann man wohl sagen, daß sein Charakterbild, von der Parteien Gunst und Haß verwirrt, sehr stark schwankt. Eines ist gewiß: er war ein Mehrer seiner Lande. Nachdem er 1654 nach dem Tode seines Vaters die Regierung in Bischweiler übernommen hatte, fiel ihm 1671, als Georg Wilhelms einziger Sohn kinderlos gestorben war, die pfälzische Hälfte der Grafschaft Sponheim zu. In seinen neuen Landen wurde ihm ein feierlicher Empfang bereitet. Christian II. ritt am 21. August 1671 mit seinem Bruder Johann Karl und Gefolge in Birkenfeld ein. Man war am 18. August morgens um vier Uhr aufgebrochen und war über Obersteinbach, Pirmasens, Zweibrücken und Ottweiler, wo man kurzen Aufenthalt bei der verwandten Fürstenfamilie genommen hatte, nach Birkenfeld gekommen. Einer Begrüßungsansprache des dortigen Schultheissen Daniel Storr schloß sich am anderen Tag die Huldigung der Amtleute der drei Ämter Birkenfeld, Herrstein und Allenbach sowie der Pfarrer an. Es folgte eine festliche Mittagstafel im Rittersaal des Schlosses für die Fürstlichkeiten, das Gefolge, die Beamten und Geistlichen. In ähnlicher Weise verliefen die Huldigungen in den Ämtern Trarbach, Castellaun und Winterburg. Nach einer Besichtigung der Schlösser Herrstein, Grevenburg und Starkenburg war man am 31. August wieder in Birkenfeld und kehrte kurz darauf nach Bischweiler zurück.

Die durch seine Heirat erworbene Anwartschaft auf Rappoltsweiler und Hoheneck wurde Christian 1673 nach dem Tode seines Schwiegervaters von einem Prinzen von Waldeck strittig gemacht. Dieser war mit einer Kusine von Christians Frau verheiratet und versuchte nun, die Erbansprüche seiner Gemahlin geltend zu machen. Aber Christian saß durch seine Freundschaft mit Ludwig XIV. am längeren Hebel. Trotz der Proteste des Prinzen von Waldeck erhielt Christian endgültig die Herrschaft Rappoltsweiler mit Hoheneck von Ludwig XIV. als Lehen mit der Verpflichtung für alle Lehensträger, der französischen Krone den Treueid zu leisten. Zu Rappoltsweiler gehörte ein ausgedehntes Territorium mit acht Amtsbezirken und drei Schlössern. Die Grafen von Rappoltstein hatten jedoch zuletzt ein viertes Schloß in Rappoltsweiler selbst bewohnt, das, Ende des 15. Jahrhunderts errichtet, von Christian umgebaut und verschönert worden war.

Während des Raubkrieges Ludwigs XIV. in Holland, als das Deutsche Reich 1674 Frankreich den Krieg erklärte, hatte Christian II. durch den Bischof von Eichstätt die kaiserliche Aufforderung erhalten, als deutscher Reichsfürst für die Dauer des Krieges aus seinen französischen militärischen Ämtern auszuscheiden, was er jedoch ablehnte in der Hoffnung, damit seine elsässischen Besitzungen ebenso wie sein Fürstentum Birkenfeld vor den Übergriffen Frankreichs schützen zu können. Trotzdem bemächtigte sich der französische Staat ab 1680 auf Grund der Beschlüsse der französischen Réunionskammern nicht nur der alten Reichsstadt Straßburg, sondern auch der kurpfälzischen Staaten und Birkenfelds.

Als bezeichnendes Beispiel für die damalige Situation sei hier aus einem Artikel von Leonhard Winkler ›Das französische Infanterie-Regiment deutscher Abstammung ALSACE und die Regimentsinhaber desselben aus dem Hause Wittelsbach‹ die Stelle zitiert, in der von dem Einsatz dieses Regiments, dessen Inhaber Pfalzgraf Christian II. 1667 geworden war, 1691 in Italien während des Pfälzischen Erbfolgekriegs die Rede ist:

Im Feldzugsjahr 1691 entfaltete das Regiment seine Fahnen in Italien, wo es, der französischen Alpenarmee unter General Catinat angehörig, bei der Eroberung von Villafranca, Nizza und Montmelian sowie bei der Unterwerfung von Avigliano und Carmagnola beteiligt war.

Letztere Festung hatte das Regiment Alsace vom 1. bis 9. Oktober mit anderen Regimentern gegen die Kaiserlichen und Kurbayern, Spanier und Savoyer, welche unter Führung des Kurfürsten Max Emanuel die Belagerungstruppen bildeten, zu verteidigen. Carmagnola mußte am 9. Oktober kapitulieren.

Und aus einer anderen Schrift des Verfassers dieses Aufsatzes, ›Der Anteil der bayerischen Armee an den Feldzügen in Piemont 1691 bis 1696‹, wissen wir, daß beim Ausmarsch der französischen Besatzung aus der Festung vom Regiment ›Elsaß‹ mehrere Soldaten zur kurfürstlichen Infanterie übergelaufen sind. Wenn Pfalzgraf Christian II. von Birkenfeld als Füh-

Blick über einen Teil der Oberstadt Rappoltsweiler mit dem fürstlichen Schloß und den vier Burgen

rer des Regiments Alsace in der Festung lag – die Wahrscheinlichkeit seiner Anwesenheit liegt nahe –, so ist hier der merkwürdige Fall gegeben, daß zwei Fürsten aus dem Hause Wittelsbach sich als Belagerer und Verteidiger gegenüberstanden. Aus diesem und ähnlichen, zu damaliger Zeit nicht seltenen Fällen, daß Blutsverwandte sich als Feinde entgegentraten, erklärt sich die vom militärischen Standpunkt unbegreifliche, oft übergroße Courtoisie der Führer feindlicher Armeen, welche öfters an Unvorsichtigkeit und Lässigkeit grenzte.

In diesen Jahren, und auch als Birkenfeld nach dem Frieden von Rijswijck 1697 wieder frei geworden war, kam Christian II. nur selten dorthin. Er wohnte meist in Straßburg oder Bischweiler. Es heißt, er habe 1702 zur Sanierung seiner durch das aufwendige französische Hof- und Lagerleben sehr angespannten Finanzlage die Absicht gehabt, seine pfälzische Hälfte der Hinteren Grafschaft Sponheim seinem Mitgemeinsherrn, dem Markgrafen Ludwig Wilhelm von Baden, gegen eine Summe von 100000 Gulden zu überlassen. Dies sei aber durch Einspruch seines Sohnes Christian (des späteren Christian III.) und seines Bruders Johann Karl verhindert worden, da es ein grober Verstoß gegen das Testament des Herzogs Wolfgang gewesen wäre. Als Christian II. dann 1705, nachdem im Verlauf des Spanischen Erbfolgekrieges Bischweiler ausgeplündert worden war, in Birkenfeld seine Zuflucht fand, war ihm jedes Mittel recht, um sich Gelder für den Ausbau und die Ausstattung seiner nunmehrigen Residenz zu beschaffen, in der er die letzten zwölf Jahre seines Lebens wohnte. Wir wollen im einzelnen nicht darauf eingehen, jedenfalls aber heißt es, er habe am Ende seines Lebens vor dem finanziellen Ruin gestanden und seinem Sohn eine Gesamtschuld von einer dreiviertel Million hinterlassen. Uns interessiert in der endlosen Liste seiner Gläubiger der Herzog von Hollstein-Norburg mit einer Forderung von 24479 Talern und der Wiener Agent von Praun mit einer solchen von 300 Talern; beiden werden wir bei der Schilderung des großen Prozesses um das Testament Johann Karls wieder begegnen. Sicher ist auch in dieser Geldklemme mit ein wesentlicher Grund für die erbitterte Hartnäckigkeit zu sehen, mit der Pfalzgraf Christian II. den Kindern seines Bruders deren Erbe streitig zu machen bestrebt war.

Während all dieser Wirren hatte es Christian II. verstanden, zu seinen Besitzungen noch die an Rappoltstein grenzende Herrschaft Bergheim im Jahre 1679 durch Kauf zu erwerben und 1699 Lützelstein und die Gemeinherrschaft Guttenberg mit Minsold, vorerst unter französischer Oberhoheit, zu erhalten, während er es mit Geschick verstand, seinem Bruder Johann Karl jeden Landbesitz vorzuenthalten und ihn mit knappen und infolge zahlreicher Erbstreitigkeiten zwischen verschiedenen pfälzischen Linien zudem sehr unsicheren Renten abzufinden.

Johann Karl war zusammen mit seinem Bruder in Frankreich, England und Holland gewesen, hatte so wie dieser die ersten Beweise seiner Kriegskenntnisse und seines Mutes im Kriege gegen Dänemark abgelegt und war Oberst einer schwedischen Reiterschar geworden. Als Freiwilliger nahm er darauf an dem Feldzug gegen die Türken in Ungarn teil. Und da es überall im damaligen Europa brannte, beschloß er, in holländische Dienste zu gehen, wo er sich in der Schlacht bei Seneff auszeichnete, wenn diese auch am 11. August 1674 vom Prinzen Condé gegen Wilhelm von Oranien entschieden wurde.

Nachdem beide Brüder nach ihrer Volljährigkeit dreizehn Jahre in »unzertheilter Gemeinschaft aller ihrer Renthen und Vermögen« gelebt hatten, schlossen sie 1668 einen Interims-Vergleich, welcher wahrscheinlich Johann Karl in die Lage versetzte, 1669 den sogenannten ›Fürstenhof‹ in Gelnhausen zu kaufen, der bis dahin das Absteigequartier der Hanauer Grafen als Pfandherren von Gelnhausen gewesen war. Eine endgültige Regelung der ihm zukommenden Einkünfte und Vermögen verlangte Johann Karl erst, als den Brüdern nach dem Tod des Pfalzgrafen Karl Otto 1671 die Hintere Grafschaft Sponheim pfälzischen Teils, also Birkenfeld, zugefallen war. Es kam zu dem ›Brüderlichen Theilungs-Receß‹ vom 14. April 1673, der später eine große Rolle spielen wird. Johann Karl, nun endlich von seinem Bruder unabhängig, hatte keinen Ehrgeiz, weitere kriegerische Lorbeeren zu ernten.

Er beendete seine militärische Laufbahn und schlug seine ›Residenz‹ in Gelnhausen auf. Doch reichten seine Mittel zur Gründung einer Familie anscheinend noch nicht aus, denn erst 1684 heiratete er, nachdem Christian II. ihm 1681 beziehungsweise 1683 in weiteren Verträgen seinen Anteil an den jährlichen Neuburger Deputat-Geldern überlassen hatte, so daß Johann Karl zu den ihm durch den Vertrag von 1673 zustehenden 3000 Gulden weitere 3000 Gulden erhielt. Dieses Neuburger Deputat, das bisher der Linie Zweibrücken-Landsberg zustand, beanspruchten nach deren Erlöschen im Jahre 1681 die beiden Brüder Christian II. und Johann Karl. Ihre Forderung stützten sie auf die Bestimmung des Testaments Wolfgangs I. Allerdings setzte sich Johann Karl mit diesem Neuburger Deputat gründlich in die Nesseln; es wurde ihm – wie es heißt – infolge der oben erwähnten und anderer äußerst verwickelter Sukzessionsstreitigkeiten, auf die näher einzugehen relativ uninteressant wäre, ab 1694 bereits wieder vorenthalten, abgesehen davon, daß seine Nachkommen jahrelang darum zu kämpfen hatten. Ein durch andere Erbfälle entstandener Anspruch auf weitere 6000 Gulden wurde erst 1773 durch einen Familienvertrag geregelt.

Es ist leider nicht mehr zu ermitteln, welche Gründe Johann Karl veranlaßt haben mögen, ausgerechnet in dem ganz außerhalb des Birkenfeldschen Territoriums gelegenen Gelnhausen seinen Wohnsitz zu nehmen. Seine jüngere Schwester Anna Magdalena hatte 1659 den Grafen Johann Reinhard II. von Hanau-Lichtenberg geheiratet. Nun waren, wie wir gehört haben, die Grafen von Hanau Pfandherren von Gelnhausen. Es ist daher anzunehmen, daß Johann Karls Entschluß durch diese verwandtschaftliche Beziehung beeinflußt worden ist. Die älteste Tochter Christians II., Magdalena Klaudia, ehelichte zudem 1689 ihren Vetter, den Grafen und nachmaligen Fürsten Philipp Reinhard von Hanau-Lichtenberg, der sich das prachtvolle Schloß Philippsruhe bei Hanau baute.

Gelnhausen hatte, wie schon erwähnt, eine große Vergangenheit, doch der Dreißigjährige Krieg hinterließ schwerste Schäden. Wie es dort nach der Besetzung durch Spanier,

Schweden, nach Überfällen der Kroaten Isolanis, abermals der Schweden und schließlich kaiserlicher Truppen ausgesehen hat, erfahren wir durch den aus Gelnhausen stammenden Jakob Christoph von Grimmelshausen, der in seinem ›Simplicius Simplicissimus‹ darüber berichtet:

Als es tagte ... begab ich mich auf dem nächsten Wege nach Gelnhausen und fand dort die Tore offen, zum Teil verbrannt und noch zur Hälfte mit Mist verschanzt. Ich ging hinein, gewahrte aber keinen lebendigen Menschen. Die Gassen lagen hier und da mit Toten bestreut, von denen einige ganz, andere bis aufs Hemd ausgezogen waren ... ich erfuhr bald darauf, daß die kaiserlichen Völker etliche Weimarische dort überrumpelt hätten.

Im Gefolge dieser Schrecken wüteten Pest und Hunger und dezimierten die Bevölkerung auf ein Zehntel der etwa 1500 Einwohner vor dem Kriege. Von diesen Verwüstungen konnte sich Gelnhausen nie erholen, und obwohl man nach dem Friedensschluß von 1648 den Wiederaufbau begonnen hatte, war es zur Zeit, als Johann Karl sich dort niederließ, zu völliger Bedeutungslosigkeit herabgesunken. Zudem haben die endlosen Reibereien zwischen der Stadt und den Pfandherren das Leben in Gelnhausen sicherlich nicht gerade sehr angenehm gemacht: Zum Beispiel ließen die Grafen von Hanau im Jahre 1702 die Feldfrüchte vernichten und 1708 die Stadt mehrere Tage einschließen, um sie zum Verzicht auf ihre Reichsunmittelbarkeit zu zwingen.

In Thüringen

Unterdessen war in den Vordergrund der Lebensgeschichte der beiden Brüder, »die sich trennten«, Christians II. von Birkenfeld-Bischweiler und Johann Karls von Birkenfeld-Gelnhausen, Esther Maria von Witzleben getreten. Während alle die bisher geschilderten Ereignisse sich in der Kur- und Rheinpfalz sowie im Kurfürstentum Bayern vollzogen, war es in ihrer Heimat Thüringen ein wenig geräuschloser zugegangen. Wenn auch die zahlreichen thüringischen Kleinfürsten – nicht anders als in den pfälzischen Landen – gegeneinander haderten und ihre jeweiligen Landesgrenzen durch dauernde Erbteilungen hin und her schoben, lebten sie, abgesehen von der Zeit des Dreißigjährigen Krieges – in einer ruhigeren Atmosphäre.

Das thüringische Geschlecht der Witzleben leitet seinen Namen von dem gleichnamigen Stammhause bei Stadtilm her. Es erscheint urkundlich bereits 1133 mit Adelherus et Berbato de Wiceleibe im Gefolge des Grafen Ludwig III. von Thüringen. Schon früh, im 13. Jahrhundert, haben sich mehrere noch heute bestehende Linien herausgebildet. Eine erste nennt Christian von Witzleben zu Barchfeld 1290 ff., eine zweite Friedrich von Witzleben zu Elgersburg 1288 ff., eine dritte Ritter Herbord 1288 ff. ihren Stammherrn. Andere Linien und Äste sind im Laufe der Zeiten wieder erloschen. Über zahlreiche Besitzungen hat das Geschlecht im Wandel der Jahrhunderte verfügt, zum Beispiel über Angelroda, Berka, Bösleben, Elgersburg, Großliebringen, Liebenstein, Marlishausen, Molschleben, Neuroda, Oberellen, Wartenburg, Wendelstein, Witzleben, Wolmirstedt. Alle Besitzungen, die in der heutigen DDR lagen, sind, soweit sie die Schlösser anbetrifft, gesprengt, dem Erdboden gleichgemacht, die restlichen in Kolchosen umgewandelt worden.

Wie bei den Fürsten, waren in früheren Zeiten Güterteilungen auch beim thüringischen Uradel an der Tagesordnung. Zu Anfang des 17. Jahrhunderts waren es zwei Brüder Witzleben, die sich im gemeinsamen Besitz ihrer alten Stammburg, der bei Ilmenau im Bereich des Herzogs von Weimar gelegenen Elgersburg, befanden. Beide Brüder hatten so viele Söhne, daß ein Zusammenleben selbst auf dem sehr ausgedehnten Besitz nicht mehr tragbar war. Jedenfalls zog einer der beiden Brüder, Ering Friedrich, auf Güter um, die in großem Umfang in und um den Ort Bösleben bei Berka lagen.

Ering Friedrich, 1595 geboren, heiratete etwa 1627 die am 19. Juli 1601 geborene Anna Agnes von Erffa. Ihr Vater, auf den wir noch zu sprechen kommen, war der sächsisch-coburgische Rat, Hof-Gerichtsassessor und schließlich Kommandant der Festung Coburg, Georg Friedrich Hartmann von Erffa, der 1570 geboren war und am 7. Mai 1639 starb.

Aus der Ehe Ering Friedrichs mit Anna Agnes von Erffa stammte der im Jahre 1639 in Bösleben geborene Georg Friedrich von Witzleben. Nach einer sehr sorgfältigen Erziehung vor allem in Weimar wird er am Hofe des weimarischen Herzogs Wilhelm mit zwanzig Jahren Jagdjunker und verliebt sich alsbald so in die weiten Waldungen um Weimar, daß er vom Walde und dem damals am Hofe eine große Rolle spielenden Waidwerk nicht mehr loskommt. indessen war in Weimar bald kein rechter Platz mehr für ihn, da der Hof schon damals für die Jungen aus thüringischem Adel eine große Anziehungskraft hatte. Der ihm wohlgesinnte Herzog Wilhelm bemühte sich daher um eine den Fähigkeiten Georg Friedrichs angemessene Position an einem der verwandten Höfe.

Nun waren die Herrschaftsverhältnisse bald nach dem Dreißigjährigen Krieg im so gesegneten grünen Herzen Deutschlands so überaus verworren, daß man eine Karte aus jener Zeit nur als einen Narrenmantel bezeichnen kann. So ist es auch für uns unerheblich, diesen völlig verwirrenden Besitzverhältnissen und ewig wechselnden Regierungen nachzuspüren. Einer Herrschaft müssen wir uns aber zuwenden, den Gebieten um Coburg und Römhild, wenn sie auch jenseits oder am Rande des zentralen Thüringer Waldes lagen. Während Coburg durch einen glücklichen Entschluß seiner damaligen Regierung 1919 zu Bayern kam und nach 1945 auch bei Bayern blieb, blieb Römhild thüringisch. Ob das alte Schloß Römhild, auf das wir nun zu sprechen kommen und das heute innerhalb der Fünf-Kilometer-Sperrzone liegt, heute noch existiert, ist uns nicht zu ermitteln gelungen.

Es war im Jahr 1639, also mitten in den Wirren des Dreißigjährigen Krieges, als ein Herzog Friedrich Wilhelm II. alleiniger Herr der weit in Ostthüringen gelegenen Altenburger Lande wurde. 1640 kam er durch Erbschaft auch in den Besitz von Coburg und Römhild. Diese altenburgische Herrschaft über die Gebiete um Coburg und Römhild erlosch 1672; Römhild kam an Ernst den Frommen, den Stifter der Linie Gotha. Nach seinem Tod im Jahre 1675 begründeten seine sieben Söhne 1680 nicht weniger als sieben Linien, die einzeln

Bad Elgersburg in Thüringen mit dem

loß der Linie Witzlebe-Elgersburg

aufzuführen den Rahmen unserer Geschichte sprengen und für sie auch völlig bedeutungslos sein würde. Uns interessiert nur einer der Söhne, Heinrich, der 1680 Herzog von Römhild unter Oberhoheit seines Bruders Friedrich von Gotha wurde. Zu seinem bescheidenen Herzogtum gehörten die Städte und Ämter Königsberg, Themar mit Behrungen und der Hof Milz.

Römhild liegt zwei Meilen von Schleusingen und drei Stunden von Themar, ist ein kleiner Ort, jedoch sehr volkreich und hat die Ehre gleich wie ehemals eine Fürstlich Hennebergsche als nun seit fünfundzwanzig Jahren eine Herzoglich Sächsische Residenz zu sein, notiert der Korrektor Junker des Gymnasiums zu Schleusingen etwa um 1705. Neunzehn Jahre vor der Regierungsübernahme Herzog Heinrichs, 1661, war Georg Friedrich von Witzleben, wahrscheinlich durch die enge Verwandtschaft des Weimarer mit dem Altenburger Hof, über Coburg nach Römhild gekommen und wurde dort alsbald Oberforstmeister unter dem erwähnten Herzog Friedrich Wilhelm II. von Altenburg.

Römhild war damals ein recht armseliger Flecken mit etwa neunhundert Einwohnern, noch stark verwüstet vom Dreißigjährigen Krieg. Neben der Stiftskirche, von der noch zu sprechen sein wird, gab es als Mittelpunkt ein recht angeschlagenes fürstliches Schloß, in dem die Regierungskommissare des Altenburgers wohnten.

Leicht war das Leben in Römhild zu dieser Zeit nicht. Vielerlei Mühe und Plage gab es mit dem Gesindel, das sich noch vom Dreißigjährigen Krieg her auf der ›Steinsburg‹, einer vier Kilometer östlich von Römhild auf dem Großen Gleichberg sich erhebenden uralten Fluchtburg, umhertrieb. Da die Quellen des 700 Meter hohen Gleichbergs Römhild mit Wasser versorgten, mußte der Gleichberg von diesem Gesindel frei gehalten werden. Zudem war er berühmt wegen seines Panoramas, das sich vom Fichtelgebirge bis hinüber zum Thüringer Inselberg und bis nach Schweinfurt erstreckte. Das hatte natürlich auch militärischen Wert.

Der Oberforstmeister von Witzleben wohnte in der oberen Vorstadt in dem ›Schabhof‹, einer herzoglichen Domäne, der gegenüber später ab 1690 die Kavalierhäuser für den Hofadel des Herzogs Heinrich gebaut wurden. Witzleben war bis zu seinem Tode für die Forsten und das besonders privilegierte Waidwerk zuständig.

Wie überall in jener Zeit, ob in Thüringen, in der Pfalz oder in Bayern, gehörte die Jagd ausschließlich dem Hof und dem landgesessenen Adel. Man achtete darauf, den Wildbestand hochzuhalten, soweit nicht in den ausgedehnten römhildschen Forsten Wölfe und Füchse die notwendige Auslese besorgten. Alles erlegte Wild ging fast ausschließlich an die herzogliche Hofküche. In den Jahren 1695 und 1696 – die der 1689 im Dienst plötzlich verstorbene Witzleben nicht mehr erlebte – wurden allein in das herzogliche Küchenamt geliefert: 95 Hirsche, 35 Tiere, 13 Hirschkälber, 26 Rehe, 15 Stück Schwarzwild, 174 Hasen, von allem Sonstigen an Flugwild gar nicht zu reden. In den folgenden Jahren steigerten sich diese Beutezahlen erheblich. Unglaublich viel war, was außerdem an Lebensmitteln jeder Art an den Hof abgeliefert wurde. Selbst wenn auch täglich fünfzig Personen aus der Hofküche gespeist wurden, so müssen die Mahlzeiten damals in einer heute kaum mehr vorstellbaren Weise üppig gewesen sein, was sicherlich auch mit die Ursache für die frühe Sterblichkeit der Menschen jener Zeit war.

Da Witzleben als Oberforstmeister in erster Linie mit den kostspieligen, oft tagelang dauernden Hofjagden zu tun hatte, mag hier eine kurze Darstellung damaliger Jagdbräuche gegeben werden.

Schon 1676 hatte Herzog Heinrich eine sogenannte ›Brunfthütte‹, einen gedeckten Jagdschirm, in der Gegend von Merzelbach aufstellen lassen, wo die Hirsche ihre Zweikämpfe ausfochten, um von diesem Standort aus das ritterliche Naturschauspiel genau verfolgen zu können. Bei den großen Jagden versammelte sich die Jagdgesellschaft unter diesem Schirm. Diese Jagden, die mitunter acht bis zehn Tage dauerten, erforderten wochenlange Vorbereitungen, zu denen das gesamte Forstpersonal des waldreichen kleinen Herzogtums herangezogen wurde. Zu jener Zeit gab es kaum Jagden in freier

Wildbahn, sondern das Wild – vor allem Hirsche, Schwarzwild, aber auch Wölfe – wurde mittels riesigen Tuchbahnen und Seilen durch ein Heer von Treibern eingekreist, was oft viele Tage dauerte, bis dann der Hof benachrichtigt wurde, daß alles bereit sei. Das Wild wurde der unter dem Jagdschirm versammelten Jagdgesellschaft zugetrieben und im Vorüberlaufen erlegt, die in Tücher und Seile verfangenen Wölfe mit Knüppeln erschlagen. Jährlich fanden fünf bis sieben solch großer Jagden statt.

Auch die Herzogin und die Damen des Hofes huldigten zumindest dem sportlichen Schießen. Es wurde nach der Scheibe geschossen, und an jedem 12. Juli, dem Namenstag des Herzogs, fand im Schießhaus eine Art Volksfest statt, an dem auch die Bürger und Handwerker Römhilds teilnehmen durften.

Bald nach seiner Amtsübernahme in Römhild entschloß sich Witzleben zu heiraten, und zwar vermählte er sich im Januar 1663 mit der sehr begüterten Maria Magdalena von Hanstein. Deren Großvater mütterlicherseits war Bernhard von Bibra, der über einen großen Landbesitz mit acht Dörfern verfügte. Die Hanstein, aus dem Eichsfeld bei Göttingen stammend, waren eine fast ebenso alte Familie wie die Witzleben; sie führten ihre Ahnen bis 1140 zurück. Das der Familie von Hanstein gehörende Haus in Römhild, in dem mit großer Wahrscheinlichkeit Maria Magdalena ihre Jugend verlebte, lag dem Schabhof gegenüber. Es fiel 1688, ein Jahr vor Witzlebens Tod, für 360 Gulden an den Herzog.

Der Ehe Witzlebens mit Maria Magdalena entsprossen vier Töchter; die älteste wurde am 20. November 1663 in Römhild geboren. Ihr folgten am 25. Juli 1665 Esther Maria, weiter Maria Elisabeth und schließlich noch eine Tochter, die sich mit Johann Heinrich von Zechlin vermählte. Maria Elisabeth war stets die getreue Beraterin Esther Marias, bis zu deren Tod sie bei ihr lebte. Sie ebenso wie die älteste der Schwestern blieb unvermählt.

Esther Maria verlebte ihre Kindheit und Jugend bis zu ihrer ersten Verheiratung in Römhild. Es dürfte daher von Interesse sein, das Leben in dem kleinen Herzogtum etwas eingehender zu betrachten, besonders, da es gleichzeitig als Beispiel für die vielen anderen kleinen Höfe dieser Zeit gelten kann. Eine willkommene Möglichkeit hierzu gibt uns das 1896 erschienene kleine Büchlein von Dr. Jakob mit dem Titel: ›Heinrich, Herzog von Römhild‹, auf dessen sehr detaillierte Schilderungen wir uns im folgenden in der Hauptsache stützen.

Herzog Heinrich besichtigte seine zukünftige Residenz zum ersten Male am 5. August 1676 und fand sie weit unter seinen Ansprüchen. Seit 1549 war sehr wenig für das alte ab 1465 erbaute ehemals hennebergsche Schloß getan worden. In seiner ersten Anlage bildete es ein geschlossenes Viereck, das einen Hof umgab. An der rechten Ecke seiner Vorderfront stand ein geräumiger runder Turm, im Hof waren in der Mitte der Seitenflügel Halbtürme mit Wendeltreppen. Vor der Hauptfront des Schlosses befand sich ein Vorhof, der den Raum bis zu den Verkehrsstraßen Römhilds einnahm. Dieser Vorhof, auch Zwinger genannt, diente nach dem großen Stadtbrand, der auch die Stiftskirche in Mitleidenschaft gezogen hatte, dem Gottesdienst, zu dem die Gemeinde durch Trommeln und Hornsignale geladen wurde. Den ganzen Schloßkomplex umzog ein Wassergraben, über den eine Zugbrücke den einzigen Zugang zum Schloß ermöglichte. Es hatte also den Charakter einer Wasserburg. In ihr waren denn auch die Ställe, die Futter- und Getreideböden und der Marstall untergebracht.

Herzog Heinrich war über den Gesamtzustand und die innere Einrichtung seiner künftigen Residenz erschrocken. Er ließ sofort umfangreiche Um- und Ausbauten in Angriff nehmen. Türen und Fenster wurden durch die alten Burgmauern gebrochen, Kamine eingebaut, neue Treppen angelegt und die verrotteten Fußböden neu gedielt. Die roten Tuchtapeten, die Heinrich überall statt der weiß getünchten Wände gewünscht hatte, genügten ihm bald nicht mehr, und er ließ Seiden- und Ledertapeten spannen. Über den meisten Türen wurde durch den Maler Brückner das Herzogswappen angebracht.

Man könnte über die Baulust des Herzogs noch viel berichten, so zum Beispiel über die kostspielige, aber sehr gelungene

Anlage des Lustgartens im Stil jener Zeit, doch würde uns das vom eigentlichen Thema zu weit entfernen. Es sollte hier nur dargestellt werden, in welcher Umgebung Esther Maria lebte und wie diese kleinen Fürsten mit allen Mitteln versuchten, den viel größeren Residenzen nachzueifern. Der Bau der Schloßkirche sowie die Verschönerungen, die der außerordentlich fromme Herzog mit großem Kunstverständnis an der Stiftskirche Sankt Marien mit hohen Kosten vornehmen ließ, mögen aber noch erwähnt werden.

Auf einer Reise an den Darmstädter Hof, die der Herzog 1681 unternahm, verletzte er sich durch einen Sturz vom Pferd so schwer, daß er ein Gelübde tat, nach seiner Genesung eine Schloßkirche zu bauen. Als bald darauf ein Pfeiler der alten Rüstkammer im Römhilder Schloß einstürzte, nahm Heinrich das als Zeichen dafür, daß er diese Örtlichkeit zur Erfüllung seines Gelübdes wählen sollte. Schon im März 1682 konnte die kostbar ausgestattete Schloßkirche zum Geburtstag der Herzogin eingeweiht werden. Die mit großem Pomp und umständlichen Feierlichkeiten verbundene Einweihung am 12. März 1682 machte die damals siebzehnjährige Esther Maria mit ihrem Vater mit. Nachdem um acht Uhr morgens beide Stadttore geschlossen worden waren, setzte sich die festlich gekleidete Menge, die sich an der Stadtkirche versammelt und aufgestellt hatte, unter dem Geläute der Stadt- und Schloßglocken in Bewegung. Die Prozession bestand aus nicht weniger als acht Zügen unter Vorantritt von zwei Marschällen. Im ersten Zug die Lehrer mit den Schulkindern und den Bauleuten, im zweiten Zug die Pagen, alle Diener, Lakaien und das gesamte Stallpersonal. Der dritte zog mit klingendem Spiel von acht Trompetern und einem Pauker auf, denen der Kammerjunker Hans Sigmund von Schaumburg und der Oberforstmeister von Witzleben, begleitet von Trabanten in roter Montur mit Partisanen folgten. Ihm schlossen sich achtundzwanzig Geistliche, wohl aus dem ganzen Herzogtum, in Talaren an, brennende Wachskerzen und kirchliche Geräte tragend. Schließlich kam der höchste Geistliche, der Superintendent, Kirchenrat und herzogliche Beichtvater Valentin Sutorius mit entsprechender

Begleitung. Im vierten Zug, der der glänzendste war, erschienen der gesamte Adel des Herzogtums, die Herzöge von Meiningen und Coburg mit ihrem Hofstaat, gefolgt vom Kammerdirektor von Bibra, dem Hofrat von Geismar und dem Kammerjunker von Bronsart. Und jetzt erst reihten sich Herzog Heinrich und Herzogin Marie Elisabeth mit ihren Gästen und den Kammerjunkern von Heßberg und von Hanstein ein. Beamte und Diener bildeten den sechsten, die Honoratioren der Stadt, vom Bürgermeister geführt, und schließlich das ganze herzogliche Personal die beiden letzten Züge. Der anschließende feierliche Gottesdienst endete erst um zwei Uhr nachmittags, und nach umständlicher Tafel begann abends um sechs Uhr eine Abendandacht, die nicht weniger als drei Stunden dauerte und den sehr anstrengenden Tag beendete.

Neben dem Schloß war das bedeutendste alte Bauwerk Römhilds die zwischen 1417 und 1450 errichtete Stiftskirche Sankt Marien. Sie birgt die alte, zumeist aus Luthers Zeiten stammende Bibliothek, deren achtbändige Ausgabe von Luthers Werken ein schönes Beispiel des Stifteranteils thüringischen Adels bietet. Teil I weist im vorderen Deckel das Wappen der Familie von Erffa auf, das freie vordere Vorsatzblatt die petschierte Schenkungseintragung Georg Friedrichs von Erffa, die im Jahre 1617 mit einem Schreiben erfolgte, dessen Schluß lautet:

Geschehen im Fürstlichen Hauß undt Ambt Römhild im Jahr undt Tag 1617 den Montagk nach Invokavit, welcher war der 7. Tagk des Monats Aprilis.

Dieser Erffa, der eingangs erwähnte Georg Friedrich Hartmann und Urgroßvater Esther Marias, hatte sich am 14. August 1600 in Kassel mit einer Sabine von Dölau aus Ruppertsgrün verheiratet. Esther Maria konnte ihre Familie bis 1133 urkundlich nachweisen.

Unter Herzog Heinrich erhielt nun das Innere dieser Stiftskirche eine neue Ausstattung. Zunächst erhielt der Bildhauer Johann Lux aus Neustadt an der Saale vom Herzog 1686 den Auftrag, einen neuen Hochaltar zu schaffen. Dieses etwas überladen geratene Werk wurde gefaßt und echt vergoldet von dem ungarischen Maler Gedella, der 1692 seine Arbeit beendete. Der geschlossene Kirchenstand der herzoglichen Familie auf der Empore in der Nähe der Kanzel wurde verglast. Er erhielt hohe Schiebefenster mit sechseckigen Scheiben in Messingfassung, über allem das herzogliche Wappen in Farbe und Gold, von Engeln getragen. Ähnlich wurde die Orgel geschmückt, mit goldenen Trompeten und Posaunen das Orgelspiel scheinbar begleitend. In den Kirchenständen für den Adel und die Hofdamen wurden auf Anordnung des Herzogs gedrehte Säulen und biblische Zitate in Goldschrift, an den Rippen der schönen alten Kreuzgewölbe gemalte und vergoldete Wappenschilde angebracht. Der Herzog stiftete silberne Kirchengeräte, Abendmahlskelche und zwei zwölfarmige Hängeleuchter aus Messing, doch hätten für alle die aufwendigen Ausstattungsarbeiten die eigenen Mittel des Herzogs nicht ausgereicht; freiwillige Spenden der Honoratioren kamen hinzu. Wie bereits erwähnt, hatte Heinrich nach Entgegennahme der Erbhuldigung seiner Untertanen die Regierung in seinem kleinen Land mit beschränkten Rechten angetreten. Sein Bruder, Friedrich von Gotha, hatte sich im Herzogtum Römhild einige Rechte und damit eine gewisse Bevormundung Heinrichs vorbehalten. So blieb ihm de jure nur die Entscheidung in juristischen und kirchlichen Prozessen und die selbständige Verwaltung seines Herzogtums. Über das Finanzgebaren führten die gothaischen Kanzleibeamten die Oberaufsicht. Sie kamen jährlich mehrmals zur Revision von Gotha nach Römhild. Doch blieben dem Herzog eine Menge Einnahmequellen, die der Oberaufsicht Gothas entzogen waren, auf die im einzelnen einzugehen aber zu weit führen würde.

Die Finanzverwaltung Heinrichs war im Hinblick auf sein Bemühen um die Erschließung neuer Einnahmequellen ohne Belastung seiner Untertanen bewundernswert; sie hatte einen sehr wohltätigen Einfluß auf den Erwerb und die Bildung seiner Bevölkerung, deren Wohlstand sich beträchtlich hob. Doch war die ganze Hofhaltung des Herzogs stark übertrieben und entsprach nicht seinen Einnahmen, so daß er späterhin – um 1700 – in Geldschwierigkeiten kam und in völlig ungesetzlicher Weise Staatseigentum und Domänen verkaufte, um seine Finanzlage zu bessern.

Von der aufwendigen Hofhaltung des Herzogs soll uns zuletzt noch die Aufzählung seines Wagenparks eine Vorstellung geben: vierzehn vergoldete Chaisen aller Art, reich verziert, und sechzehn mit vergoldeter Bildhauerarbeit versehene Prunkschlitten standen in den Remisen.

Dieser ganze Pomp war ein Spiegel der Zeit, in der für alle deutschen Fürsten die Prunkbauten und der Glanz des Hofes Ludwigs XIV. in Versailles das Vorbild waren, dem sie nachzueifern strebten – und sich dabei oft an den Rand des Ruins brachten.

Die für das kleine Herzogtum viel zu große Zahl an hohen und höheren Hofbeamten belastete jedoch die herzogliche Kasse nicht über Gebühr. Ihre Besoldung schloß hohe Deputate ein. So hatte zum Beispiel der höchste Staats- und Hofbeamte, der Oberstallmeister von Schaumburg, in dieser Doppelstellung etwa achthundert Gulden Jahresgehalt. Der damalige Oberforstmeister von Witzleben hatte zunächst nicht mehr als zweihundert Gulden, wozu indessen eine sehr ansehnliche Zugabe an Getreide, Holz, Bier- und Brotgeld, Haferrationen, Heu und für das Bedienungspersonal weitere Zuschüsse kamen. Als Witzleben 1689 starb, war seine Tochter Esther Maria Hofdame bei der Herzogin Marie Elisabeth, Tochter des Landgrafen Ludwig VI. von Hessen-Darmstadt. In dieser Stellung betrug ihr Gehalt achtundvierzig Gulden und sechs Gulden Biergeld. Wie einfach und bescheiden das Leben damals trotz allem äußeren Prunk noch war, können wir uns vorstellen, wenn wir hören, daß die Herzogin mit ihren Damen die langen Winterabende mit Spinnen ausfüllte, nachdem der Herzog ihr drei Spinnräder geschenkt hatte. Auch wurde Esther Maria, die früh ihre Mutter verloren hatte, von der sehr gütigen und menschenfreundlichen Herzogin in mütterlicher Weise in alle häuslichen Arbeiten und Pflichten eingeführt, denen auch sie selbst sich nicht verschloß. Der Herzog selbst war trotz allem Aufwand, mit dem er sich zu umgeben liebte, dem Pietismus zugeneigt, und seine reichhaltige Bibliothek wies eine fast übertriebene Zahl theologischer Werke, Bibeln, Katechismen, Postillen und Gebetbücher auf. Seine erste Sorge war es doch immer, das Glück und den Wohlstand seiner Untertanen zu heben. Er besaß, wie die Herzogin, der er mit großer Liebe anhing, eine sehr menschenfreundliche, großherzige Gesinnung, beschwerte seine Untertanen nicht durch Steuern und sonstige Auflagen, und auch die Ausstattung der Hofdamen ließ er sich nicht nehmen. Esther Maria von Witzleben erhielt bei ihrer Heirat dreihundertsechzig Gulden Mitgift von ihm.

Es ist heute leider nicht mehr aufzuklären, wo und wann Esther Maria ihren ersten Mann kennenlernte. Wir wissen auch so gut wie nichts über ihn. Er wird einmal als ›Hauptmann‹ von Brömbsen erwähnt, ein anderes Mal, in den Akten des Prozesses, den Esther Maria später führen mußte, als ›Page‹ des Pfalzgrafen Johann Karl von Birkenfeld-Gelnhausen. Römhild und Gelnhausen lagen ja nicht allzu weit voneinander entfernt; es kann also durchaus möglich sein, daß die beiden Häuser miteinander verkehrten, zumal sie auch verwandtschaftlich verbunden waren. Eine Enkelin Wolfgangs von Zweibrücken, Anna Maria von Neuburg, hatte den Herzog Friedrich Wilhelm I. von Sachsen-Altenburg geheiratet. Dazu war Römhild, wie wir gehört haben, bis 1672 im Besitz der Altenburger. Es ist also durchaus denkbar, daß Esther Maria ihren ersten Mann bei Hoffesten in Gelnhausen oder in Römhild kennengelernt hat. Sie heiratete etwa 1692 und war nach den vorliegenden Unterlagen bereits nach zwei Jahren Witwe. Ebenfalls in den Akten des erwähnten Prozesses, der uns in der Folge eingehend beschäftigen wird, werden Söhne aus dieser Ehe erwähnt, über deren Schicksal jedoch nichts zu ermitteln ist. Das Geschlecht der Brömbsen ist ausgestorben.

Jedenfalls hat Esther Maria nach ihrer Verheiratung in Gelnhausen gelebt und wurde, wahrscheinlich noch zu Lebzeiten ihres Mannes, Hofdame bei der Gemahlin Sophie Amalie des Pfalzgrafen Johann Karl von Birkenfeld-Gelnhausen. Unser Weg führt uns damit wieder nach Gelnhausen und zu den beiden Brüdern Johann Karl und Christian II. zurück.

Ein Prozeß und seine Folgen

Pfalzgraf Johann Karl von Birkenfeld-Gelnhausen hatte am 26. Mai 1685 Sophie Amalie, eine Tochter des Herzogs Friedrich von Zweibrücken (jüngere Linie) und Witwe des Herzogs Friedrich von Hohenlohe-Weikersheim, geheiratet. Es war für die damaligen Begriffe und Lebenserwartungen eine recht späte Ehe. Sophie Amalie war bereits vierzig Jahre alt, Johann Karl achtundvierzig Jahre. So ging aus dieser Verbindung auch nur noch eine Tochter hervor, Magdalena Juliana, die am 28. Februar 1686 in Gelnhausen geboren wurde. Sie heiratete 1704 alsbald nach dem Tode ihres Vaters in Frankfurt den Herzog Joachim Friedrich von Holstein-Plön.

Die erste Ehe Johann Karls währte nur zehn Jahre; am 30. November 1695 verstarb Sophie Amalie und wurde in Gelnhausen beigesetzt. Zweifellos wollte sich Johann Karl mit einer längeren Witwerschaft nicht abfinden – jedenfalls beschloß er nur ein halbes Jahr nach dem Tode seiner ersten Frau, deren Hofdame Esther Maria zu heiraten.

Drei Tage vor seiner zweiten Eheschließung teilt er seinem Bruder Christian diese Absicht in einem wahrscheinlich absichtlich vage gehaltenen Brief mit, in welchem er es umgeht, sich über die Stellung Esther Marias nach ihrer Heirat klar auszudrücken. Einzig klar war er sich wohl darüber, daß sein Bruder über diese Heirat empört sein würde, und so versuchte er, ihn zu besänftigen indem er ihm schreibt, er könne einer hochgeborenen Frau nichts bieten, wolle aber nicht allein leben und, falls er sich wieder verheirate, einzig eine Neigungsehe (un mariage de conscience) schließen. Im Original lesen wir:

... car pour moi je vous puis assurer, que si je me remarie ce sera un mariage de conscience, n'étant point en état d'entretenir une femme de condition, je ne trouve aussy, que je puisse vivre solitaire, il faut songer en salut de l'âme, si je le fais, j'espère que vous ne le desapprouverez point, regardant le salut de mon âme, comme je viens de dire.

Dieser Brief wird später von Christian als wichtiges Beweismittel dafür benutzt, daß sein Bruder Esther Maria nie als ebenbürtig betrachtet hätte und damit die Kinder aus dieser Ehe nicht sukzessionsfähig seien.

Es ist wohl sicher, daß es im ›Fürstenhof‹ zu Gelnhausen, verglichen mit der prächtigen Hofhaltung in Römhild, sehr viel einfacher zuging, heißt es doch in einem Schreiben des Anwalts Kistler, der Esther Marias Interessen beim Reichshofrat in Wien in dem Prozeß vertrat, den sie als Witwe gegen ihren Schwager Christian II. um ihre und ihrer Kinder Anerkennung und Erbschaft führen mußte:

Es ist bekand, daß Hertzog Hans Carl hochsel. Gedächtnus eben zu der Zeit, da Ihm sein Deputat vorenthalten worden, Anwalds gnädigste Frau Principalin erheyrathet, mithin wegen Abgang der Mittel sich gantz still gehalten und keinen sonderbahren Staat geführet hatt.

Dieses Deputat wurde Johann Karl durch den Kurfürsten Johann Wilhelm von der Pfalz vorenthalten. Es handelt sich dabei um das bereits früher erwähnte sogenannte ›Neuburger Deputat‹, über das nun, nachdem durch Aussterben der Neuburger Linie Neuburg an die Kurpfalz gefallen war, der Kurfürst von der Pfalz zu verfügen hatte. Wie es heißt, konnte es Johann Karl wegen der nach dem Tod des Herzogs Leopold Ludwig von Veldenz entstandenen Sukzessionsstreitigkeiten nicht ausbezahlt werden, doch möchten wir fast annehmen, daß Christian II., der über die ›unstandesgemäße‹ Heirat seines Bruders anscheinend entsetzt war, dabei die Hand im Spiele hatte. Wir sagen ›anscheinend‹, denn beim Studium der Akten des Prozesses drängt sich die Frage auf, ob Christian diese Heirat im Grunde nicht ganz gelegen kam. Man kann sich des Eindrucks nicht erwehren, daß Johann Karl eine passive und willensschwache Natur war und gänzlich, mindestens bis zu seiner zweiten Heirat, von seinem, gelinde gesagt, sehr auf seinen eigenen Vorteil bedachten älteren Bruder Christian beherrscht wurde. Es scheint nicht ausgeschlossen, daß Christian in dem Streben, alle der Linie Pfalz-Birkenfeld zugefallenen und zufallenden Güter und Gelder für sich allein und die ›Splendor‹ seines Hauses zusammenzuraffen und Johann Karl auszuschalten, für die späte erste Heirat seines Bruders mitverantwortlich war. Aus einer solch späten Ehe mit der bereits vierzigjährigen Sophia Amalia waren kaum noch Nachkommen und Erben zu erwarten. Und so ist es auch denkbar, daß seinem intriganten Gemüt die zweite Ehe Johann Karls mit der seiner Ansicht nach unstandesgemäßen Esther Maria ganz gelegen kam, wenn er auch äußerlich Empörung zur Schau trug. Zum Erreichen seines Zieles, der Vereinigung aller Güter in seiner Hand, wollte er mit aller Gewalt diese Ehe zu einem ›matrimonium inequale‹ stempeln, um dadurch die aus ihr hervorgegangenen Kinder von jeder Erbfolge ausschließen zu können, wobei er allerdings nicht mit der Zähigkeit und Klugheit Esther Marias gerechnet hatte.

Vorsorglicherweise hatte Christian II. in dem im Jahre 1673 mit seinem Bruder abgeschlossenen ›Brüderlichen Theilungs-Receß‹ einen Passus eingesetzt, nach welchem, falls sich einer der beiden Brüder nicht standesgemäß verheiraten sollte, Söhne aus einer solchen Verbindung nicht sukzessionsfähig sein dürften. Die jährlichen Neuburger Deputat-Gelder seien Stammes-Renten und müßten in einem solchen Fall ebenso wie alle anderen Stammes- oder mit Fideikommiß zusammenhängenden fürstlichen Renten, Gefälle, Güter usw. den nächsten fürstlichen Agnaten zukommen, wozu sich beide Brüder für sich und ihre fürstlichen Nachkommen verpflichteten.

Die Existenz und Echtheit dieses Artikels 8 des Brudervergleichs wird in dem späteren Prozeß erbittert angefochten und in Zweifel gezogen.

In Gelnhausen wird nun am 28. Mai 1697 der erste Sohn Friedrich Bernhard geboren. Es folgt als zweites Kind am 24. Mai 1698 Johannes, dem es später beschieden sein wird, Johann Karls Linie fortzusetzen. Damit riß jedoch der Kindersegen im Fürstenhof zu Gelnhausen nicht ab. Karolina Katharina wird am 19. September 1699, Wilhelm am 4. Januar 1701 geboren, und schließlich folgt am 5. April 1702 noch Sophie Marie als fünftes Kind. Johann Karl konnte mit Stolz auf eine reich gesegnete Familie blicken. Er war nun – 1702 – bereits vierundsechzig Jahre alt, ein für die damalige Zeit recht hohes Alter, und er mußte damit rechnen, daß es ihm nicht beschieden sein würde, das Heranwachsen seiner Kinder zu erleben. Dazu kam die Sorge um deren Zukunft und Versorgung, denn die Proteste seines Bruders Christian gegen seine zweite Heirat mußten ihm ja wohl die Augen über dessen Einstellung geöffnet haben. Es war von Christian nicht zu erwarten, daß er nach dem Tode seines Bruders wohlwollend für dessen Witwe und Kinder sorgen würde. So verfaßte Johann Karl am 13. Juli 1702 – vielleicht auch auf Betreiben Esther Marias, die ihren Schwager sicher durchschaut hatte –, als das älteste seiner Kinder fünf Jahre, das jüngste erst zwei Monate alt war, ein Testament. In ihm setzte Johann Karl seine »vielgeliebte Princessin Tochter« und seine »jetzige hertzgeliebte Gemahlin und ihre Kinder« als Universalerben ein, und zwar soll erstere ein Drittel aller vorhandenen Guthaben und anderer im einzelnen aufgeführten Güter sowie alles ihr von mütterlicher Seite Zustehende erhalten. Die anderen zwei Drittel erhält Esther Maria und ihre Kinder, dazu alle »übrige, sowohl liegende alß fahrende Haab, activschulden und forderungen«. Speziell aufgeführt werden der Anteil an dem bei Fürstenberg Mörßkirch stehenden Kapital, die Neuburger Zinsgelder, das bei Kurbayern stehende Kapital, der Anteil aus der Kellerei Trarbach von jährlich vier Fuder Moselwein und die zwei Stämme am Kupferbergwerk zu Fischbach in der Grafschaft Sponheim. Ferner wird Esther Maria die »in Gelhaußen gelegene ... wohnung mit zugehörigen gärten, Äcker und wiesen, sambt dem umb Gelhaußen gelegenen erkaufften sogenandten Castengut und allen Zugehöhrungen ... alß ein legatum eigenthümblich« vermacht.

Am 21. Februar 1704 starb Johann Karl in Gelnhausen. Er wurde in der dortigen Dreifaltigkeitskirche beigesetzt, doch ist seine Grabstätte nicht mehr aufzufinden.

Sofort setzte nun ein erbitterter Kampf Christians gegen Esther Maria ein, der sich zehn lange Jahre hinzieht, die für sie nicht nur eine Kette von Demütigungen, sondern auch finanzieller Sorgen gewesen sein müssen. Denn Christian II. stellte sich natürlich sofort auf den Standpunkt, daß ihr und ihren Kindern die Neuburger Deputat-Gelder nicht zustünden, ja, er wußte es auch einzurichten, daß sie nicht in den Genuß der ihnen ausdrücklich vermachten vier Fuder Moselwein und insbesondere der Gelder aus dem Fischbacher Kupferbergwerk kamen. Unbeirrbar, mit nicht zu beugender Energie und Haltung stand Esther Maria diese Zeit durch, wobei sie eine treue Stütze vor allem an ihrer Schwester Maria Elisabeth hatte, die bei ihr im Fürstenhof zu Gelnhausen wohnte. Eine gewichtige Fürsprecherin in Wien war die Markgräfin von Baden, und auch die Fürstin von Ottweiler – die einem Zweig der Fürsten Nassau-Saarbrücken entstammte, der bis 1728 seine Residenz in Ottweiler hatte – stand auf ihrer Seite. Beide hatten Esther Maria als Hofdame im Hause ihres späteren Mannes kennen und schätzen gelernt, ebenso die Schwester Johann Karls, Dorothea Katharina, die mit dem Grafen Ludwig von Nassau-Saarbrücken verheiratet, also mit der Fürstin von Ottweiler verwandt war. In Unkenntnis des Todes ihres Bruders hatte sie noch am 28. Februar 1704 an ihn geschrieben, worauf Esther Maria am 15. März 1704 antwortete:

Durchlauchtigste Fürstin! Gnädigste Fürstin und Frau!
Aus Euer Gnaden an meinen nunmehr in Gott ruhenden seligen Eheherrn am 28.v.M. abgelassenen und von mir erbrochenen Schreiben habe ich ersehen, wie herzlich Dieselben den lieben Gott angerufen, daß er Dero seligen Herrn Bruders Liebden mir und meinen kleinen Kindern zum Troste noch lange erhalten möchte. Wie ich nun für solchen Wunsch, Vorsorg und gnädig bezeugende Gütigkeit, so mir in meinem betrübten Wittwenstand zu sonderbarer Consolation gereichet, um so mehr demütig danke, je mehr Fürstlicher Gnaden mein vormalig Thun und Lassen und der ganze Verlauf hoffentlich annoch im gnädigen Andenken sein wird, also nehme ich auch in solchem Vertrauen zu Euer Gnaden meine Zuflucht und Bitte, Dieselbe möchten sich angelegentlich meiner und meiner unerzogenen Kinder an End und Orten, da es von Nöthen sein möchte, in Gnaden annehmen, wie es vor Gott und der ehrbaren Welt rühmlich, christlich und gerecht ist. Ich werde dafür mit meinen kleinen Kindern den lieben Gott

indessen um Dero reiche Vergeltung inbrünstig anrufen und bis an mein Ende in demüthigem Gehorsam und Respect bleiben

*Euer Gnaden unterthänige Dienerin
E.M.
Douairière du Prince Birkenfeld*

Esther Marias Rechtskonsulent war zunächst ein Dr. Burgk in Frankfurt, der ihre Interessen mit Energie am Hofe Christians II. vertreten haben muß. Esther Marias Schwester Maria Elisabeth stand mit ihm in stetem Briefwechsel; unter anderem schrieb sie ihm im Jahr 1706:

Ich wollte wünschen, daß alle Gemüther, hohe und niedere, so viel Freundschaft vor die meinigen hätten, als Sie, hochgeehrter Herr. So wären meiner Schwester und ihren Kindern nicht so viel tausend Thränen und Seufzer zu Gott aus ihren Herzen und Augen gepreßt worden.

Es ist möglich, daß diese Zeilen ein Ausdruck der Dankbarkeit waren für Dr. Burgks Verdienste um das Zustandekommen der Ernennung des Herzogs von Hollstein-Norburg – des Stiefschwiegersohns der Esther Maria – zum Vormund ihrer Kinder. Wir haben zwar keine Belege dafür, doch ist es immerhin wahrscheinlich, daß diese Ernennung auf einen Antrag Dr. Burgks hin erfolgte.

Zu Lebzeiten Kaiser Leopolds I. war man am Wiener Kaiserhof gegen die zweite Ehe Johann Karls eingestellt. In einem ellenlangen Schriftsatz des Rechtskonsulenten Christians II., in dem alle nur möglichen Argumente gegen Esther Maria an den Haaren herbeigezogen werden, wird im Verlauf des späteren Prozesses erwähnt, Johann Karl habe seinerzeit »an dem Kays. Hof bey seinen Lebzeiten zwar gesucht, berührte Frau Klägerin in den fürstl. Stand erheben zu lassen, aber auf die von Königl. May. in Schweden und Anwalds Herrn Principalen darwider geschehene remonstration nichts erhalten können«. Es ist uns nicht gelungen, weitere Belege für diese Behauptung zu finden, doch geschah jedenfalls bis zum Tode Kaiser Leopolds I. am 5. Mai 1705 nichts, was die Stellung Esther Marias erleichtert haben könnte. Die Kaiserin Eleonore Magdalena, eine geborene Pfalzgräfin von Pfalz-Neuburg, also eine nahe Verwandte Christians II. und, wie gesagt wird, eine intrigante Frau, mag mit dazu beigetragen haben. Mit dem Regierungsantritt von Leopolds ältestem Sohn Joseph I. änderte sich die Situation: schon am 21. Juli 1705, zwei Monate nach Leopolds Tod, wurde von ihm der Herzog von Hollstein-Norburg zum Vormund der Kinder Esther Marias ernannt. Wenn sie auch weiterhin in einer schweren Lage blieb, so war für sie dieses Dokument doch von außerordentlicher Bedeutung, denn sie wird in ihm als »verwittibte Fürstin« bezeichnet und ihre Kinder werden »fürstliche Kinder« genannt. Es ergeht an den Herzog von Hollstein-Norburg die Ermahnung, alles zu tun, was einem getreuen Vormund zusteht, und an alle »Fürsten, Geist- und weltliche praelaten, Graffen, freyen Herren und Ritter, Knechte, landvögte« der Befehl, bei Vermeidung schwerer Ungnade und Strafe, den Herzog von Hollstein an der Ausübung seines Amtes als bestätigter Vormund nicht zu hindern. Das Schreiben schließt mit den Worten: »Das meinen Wir ernstlich.«

Als Christian II. von diesem Schreiben des Kaisers erfuhr, geriet er in hellste Aufregung und Empörung. Er beeilte sich, dagegen zu protestieren und wandte sich am 22. November 1705 an den Kaiser. Er muß in seinem Schreiben nicht nur *schmertzlich vernehmen, daß nicht allein ermelte adeliche Dame die von Witzleben sich vor eine Fürstin, davor sie gleichwohl durante matrimonio niemahlen außzugeben sich erkühnet, weniger von Meines verstorbenen Bruders, Pfaltzgraf Johann Carls Durchl., also tractirt worden, Ihre Kinder aber vor fürstl: Kinder, welches sie gleichfalß niemahlen gewesen, noch davor gehalten worden, auffzuführen suchet, sondern auch des Hertzogs von Hollstein Norburg Durchl. zweiffelsfrey auß Absicht eines zeitlichen hierunter etwa venirenden Interesse, gemelte Wittib und ihre Kinder vor fürstl. Personnen zu obtendiren und Ihnen sothane ungebührliche qualität in dem den 21. Julij dieses lauffenden Jahrs bey Ew:Kays:May: Löbl: Reichshoffrath sub- et obreptitié außgewürkten und ebenfalß copialiter mit angehenktem Tutorio [Vormund-*

schaft] beyzulegen trachtet, da doch Ermelte Tutel, dafern die angeregte fünff Kinder standsmäßig wären, Mir alß dem nechsten Agnato gebühren solte, dieser gestalt aber nicht verlanget wirdt ...

Das Schreiben schließt mit »alleruntertänigstem und demüthigstem Bitten und Flehen«, der Kaiser möge *in reifer Consideration obangezogener motiven allergnädigst geruhen..., diejenige von Dero Löbl: Reichshoffrath mehr angezogener Wittib ... und ihren Kindern in dem Tutorio beygelegte fürstl: qualität und praedicat außstreichen und dadurch so wohl Mir und Meinen descendenten alß auch allen übrigen hohen Agnaten des Pfaltzgräfl: Haußes absonderlich aber der Königl: May: in Schweden alß Hertzogen zu Zweybr: und Churpfaltz Durchl. ratione successionis anwachsendes sehr importantes praejudicium heben zu laßen, vor welche angedeyhende allerhöchste Justiz den großen Gott inniglichst ersuchen werde ...*

Wien reagiert nicht auf den Protest Christians, und es geschieht nichts, bis Esther Maria im Jahre 1708 als »bestättigte Vormünderin ihrer Kinder« eine Klage- und Bittschrift an Joseph I. richtet. Was aus der Vormundschaft des Herzogs von Hollstein-Norburg geworden war, konnten wir nicht ermitteln. Jedenfalls wird er in keinem der vielen nun folgenden Schreiben mehr erwähnt, doch scheint er, wie auf Seite 42 bemerkt, seinerseits ebenfalls Schwierigkeiten mit Christian II. wegen der Auszahlung der Erbschaft seiner Frau, der Tochter aus erster Ehe Johann Karls, gehabt zu haben.

* Der Wortlaut der Klageschrift Esther Marias ist uns nicht bekannt, doch geht er aus dem Schreiben Josephs I. an Christian II. vom 3. September 1708 hervor. Der Kaiser teilt Christian II. mit, »wasgestalten Uns titl. Maria Esther weyl. titl. Johann Carlß Pfalzgraffens bey Rhein hinterlaßene Wittib alß bestättigte Vormünderin Ihrer Kinder demüthigist klagend zu vernehmen geben...« Esther Maria habe, so schreibt Joseph I., ihre Rechtsansprüche mit dem Testament des Pfalzgrafen Wolfgang aus dem Jahre 1568 begründet. Obwohl in diesem Testament zum Schluß ausdrücklich gesagt sei, »daß der Jenige, so darwider handlen würde, eo ipso alles so Ihme vermacht geweßen, verlihren, und hingegen dißes denen anderen accresciren solle«, so habe er, Christian, sich nicht gescheut, nach dem Tode seines Bruders dessen aus zweiter Ehe hinterlassene männliche Leibeserben nun vier Jahre lang von dem Genuß der ihnen zustehenden und von ihrem Vater bis zu seinem Tod erhaltenen Deputatgelder auszuschließen. Er habe ihnen den Namen und die Sukzession ihres Vaters bestritten, ja auch noch ihnen eigenmächtig die ausdrücklich vermachten jährlichen vier Fuder Moselwein und zwei Anteile an dem Fischbacher Kupferbergwerk tätlich vorenthalten. Weil aber ihren Pflegebefohlenen dadurch zuviel geschähe, fährt der Kaiser in seinem Schreiben an Christian II. fort, habe »Ihro Durchlaucht« (Esther Maria) ihn gebeten, kraft ihres Rechtsanspruchs und in Anbetracht dessen, daß sie dieser Mittel für ihren Unterhalt dringend bedürftig seien, Christian II. vorzuladen, damit er sich verantworte und festgestellt werden könne, daß er ungerechtermaßen die Kläger im Besitz der Früchte und Einkünfte, die ihnen kraft des Testaments des Großvaters und Vaters zustehen und vom Vater bis zu seinem Tode unangefochten bezogen worden seien, gestört habe. Daher sei ein Urteil dahin zu erkennen, daß er kraft der Gesetzesbestimmung des Kodex wegen gewalttätigen Verhaltens straffällig geworden sei. Nach »reiffer der Sachen erwegung«, heißt es weiter, sei »solch demüthigist gebettene Citatio und ladung ... zu recht erkhant worden«. Christian II. habe innerhalb von zwei Monaten nach Erhalt der kaiserlichen Vorladung selbst an dem kaiserlichen Hof zu erscheinen, oder sich durch einen bevollmächtigten Anwalt vertreten zu lassen, um sich zu verantworten. Danach werde der Reichshofrat ein Urteil darüber sprechen, ob er, Christian, sich strafbar gemacht habe. Wenn er nicht erscheine, werde auch in seiner Abwesenheit ein Urteil gefällt »wie sich daß seiner ordnung nach aigenet und gebühret, darnach wiße Dlt. [Durchlaucht] Sich zu richten«.

Heute, in einer Zeit, in der Entfernungen kaum noch eine Rolle spielen, kann man sich nur schwer einen Begriff von den damaligen Verhältnissen machen. Trotzdem erscheint es kaum glaubhaft, daß dieses Schreiben Josephs I. erst nach einem halben Jahr in die Hände Christians II. gelangt sein soll. Doch wenn man sich die Schwierigkeit der Nachrichtenübermittlung durch reitende Boten und auf unzulänglichen Straßen in den damaligen verworrenen Zeiten während des Spanischen Erbfolgekrieges vergegenwärtigt, wird dies eher verständlich. Auch der umständliche Instanzenweg, den ein solches Schreiben durchlief, muß mit in Rechnung gezogen werden, dazu die zeitraubende handschriftliche Ausfertigung dieser meist ellenlangen Schriftsätze und die Herstellung von ebenfalls handschriftlichen Kopien.

Josephs I. Schreiben scheint von Wien über das Kammergericht in Wetzlar gegangen zu sein, da ein dortiger Bote es Christian II. überbrachte. Warum dies geschah, ob es der übliche Weg war, vielleicht aus Kompetenzgründen, entzieht sich leider unserer Kenntnis. Jedenfalls erfolgte der spätere Schriftwechsel anscheinend nicht über Wetzlar. Er vollzog sich zwar für heutige Begriffe immer noch im Schneckentempo, aber immerhin dauerte es nicht mehr ein halbes Jahr, bis ein Schriftstück den Adressaten erreichte.

Das Reichskammergericht war neben dem Reichshofrat das höchste Gericht im Deutschen Reich, es bestand aus dem vom Kaiser ernannten Kammerrichter als Vorsitzenden, zwei ebenfalls vom Kaiser ernannten Kammerpräsidenten und den Reichskammergerichts-Assessoren, deren Zahl auf fünfzig festgesetzt war, jedoch nie voll erreicht wurde. Es urteilte über alle Rechtssachen der Reichsunmittelbaren und war höchste Instanz in deren Zivilsachen, sofern es nicht durch die Privilegien de non appellando verschiedener Reichsstände, namentlich der Kurfürsten, beschränkt war.

Der Reichshofrat in Wien dagegen war das oberste Gericht des Kaisers für seine Gerichtsbarkeit im Reiche und war ausschließlich zuständig für Reichslehenssachen; außerdem hatte er aber konkurrierende Gerichtsbarkeit mit dem Reichskammergericht für die Klagen der Reichsunmittelbaren. Was bei dem Reichshofrat einmal anhängig gemacht worden war, konnte nicht mehr vor das Kammergericht gezogen werden.

Der Reichshofrat setzte sich zusammen aus dem Reichshofratspräsidenten, den der Reichshofvizekanzler und zuweilen ein Reichshofratsvizepräsident ersetzte, und aus achtzehn Reichshofräten. Sie alle wurden vom Kaiser ernannt, während die Kanzlei von Kurmainz besetzt wurde. Die Rechtsanwälte am Reichshofrat (Reichshofrats- oder Reichsagenten) ernannte der Reichshofratspräsident. Bei dem Tode eines Kaisers löste sich der Reichshofrat auf, um von dem folgenden Kaiser neu berufen zu werden.

Aus einem vom Wiener Reichshofrat mit dem Eingangsvermerk vom 27. Juni 1709 versehenen Schreiben Christians II. geht nun also hervor, daß ihm Josephs I. Aufforderung vom 3. September 1708, sich zu Esther Marias Klage zu äußern, »erst vor etwa vier Monathen insinuirt« worden war. Eine Bestätigung hierfür finden wir in folgendem Protokoll:

Ich Johann Niclaß Cyrus, des hochlöbl. Kays. Cammergerichts zu wetzlar geschworner bott, bekenne hiemit dießer meiner Eigner handschrifft, auch bey dem aydt den ich gethan habe, daß ich mich auff den 2. tag Martij 1709 nachmitag zwischen 1 unt 2 uhr auf dem schloß Pirckenfelt, angemelt, ließen mich Ihro Durchleichtigkeith Hertzog Christian zu sich ruffen, beneben Einem Cabelier, fragte waß mein begehren wehre, unnt wo ich her wehre, sagt ich, ich wehre von Wetzlar Ein Kays. Cammerbott, Und hette eine Kays. Citation von Wien ahn ihro Durchleichtigk. zu insinuieren [zuzustellen] in sachen Pfaltz Pirckenfelt contra Pfaltz Pirckenfelt, auch daß Kays. original vorgezeicht, auch eine gleichlaudente Copiy, sambt den verschlossenen Beylagen zu gestelt, haben sie solches angenohmen unnt gesagt ich könte wider hien gehen, so alles geschehen jahr Monat tag unt stunt wie oben steht.

Dieses Protokoll reicht der Rechtsvertreter Esther Marias in Wien, Kistler, beim Reichshofrat ein und bittet, wegen Überschreitung des Christian gesetzten Termins ›in contumacia‹ (in Abwesenheit des Beklagten) zu verfahren und zu erklären, daß die ›Hochfürstliche Gegenpartei‹ gemäß der gesetzlichen Bestimmung des Kodex über Gewalttätigkeit straffällig geworden sei und demgemäß zu urteilen.

Christian seinerseits schiebt die Angelegenheit auf die lange Bank und erbittet durch Praun, seinen Agenten beim Reichshofrat, in dem oben erwähnten, am 27. Juni 1709 eingegangenen Schreiben eine Terminverlängerung um sechs Monate, *weil Ihre Durchlaucht, an denen eußersten gränzen Teutschlands, allwo bißhero beständig das Theatrum belli gewesen, und noch würkl. ist, ihre residenz haben, wege und stege aber, wegen der stets streiffenden Partheyen, ganz unsicher, und die posten unrichtig, nebst deme die hierzu nothige acta verstreuet und hinweg geflüchtet seind...*

Inzwischen ruft Christian II. den König von Schweden als Pfalzgrafen von Zweibrücken, den Kurfürsten von der Pfalz und den Pfalzgrafen von Sulzbach auf den Plan. Zweibrücken war 1681 nach dem Tode des kinderlosen Herzogs Friedrich Ludwig an König Karl XI. von Schweden aus der pfälzischen Kleeburger Linie gefallen, 1697 an Karl XII. von Schweden, der Zweibrücken durch seinen Bevollmächtigten, den Grafen Gabriel von Oxenstierna, verwalten ließ. In der Pfalz regiert Johann Wilhelm, dessen Schwester die erwähnte Kaiserin Eleonore Magdalena, Gemahlin des verstorbenen Kaisers Leopold I., war. Johann Wilhelm selbst war mit einer Schwester Leopolds I. vermählt, also doppelt mit ihm verschwägert. Karl XII. von Schweden sowie Johann Wilhelm von der Pfalz und der Pfalzgraf von Sulzbach, Theodor, sekundierten Christian II., indem sie den Kaiser um Annullierung der von der »hinterlassenen Witwe des Weiland Pfalzgrafen Johann Carl, einer geborenen von Witzleben« und den Kindern aus dieser unstandesgemäßen Ehe mit dem fürstlichen Prädikat »erschlichenen« Vormundschaft und um Abweisung ihrer auf der irrigen Voraussetzung, sie seien eine fürstliche Witwe und fürstliche Kinder, sich gründenden Ansprüche ersuchen.

Endlich am 8. Oktober 1709 wird dem Wiener Reichshofrat Christians »gründliche Vorstellung ... undt Bitte umb Bevorderste Cassation deß, unter angemasten fürstl. Praedicat, zu deß gesambten hohen churfürstl. und fürstl. Haußes zu Pfalz Praejudiz sub- et obreptitiè erschlichenen Tutorij wie auch umb allergerechteste ab- und zur ruheweysung der

Frauen Impetrantin, mit ihrer nichtigen, unerwiesenen und injuriosen Klage« vorgelegt. Dieser Schriftsatz im langatmigen Stil der damaligen Zeit ergeht sich unter anderem in der Aufzählung einer langen Reihe von Fällen nicht standesgemäßer Ehen und aus ihnen hervorgegangener nicht sukzessionsfähiger Kinder, die mit Abraham beginnen und bis in die damalige Gegenwart fortgeführt werden, wobei Abraham und die Beispiele des Herzogs Ferdinand in Bayern sowie des Herzogs Albrecht III. von Bayern besonders bemerkenswert und amüsant sind. Von letzterem wird gesagt, Herzog Ernst von Bayern habe »seines Sohns Alberti III. vertraute Agnes zu Straubingen, auß Eyfer vor seines fürstl. Haußes Splendor erträncken laßen«, wozu Kistler, der Vertreter Esther Marias, in seiner Entgegnung später trocken bemerkt:

Das Exemplum Ernesti in Bayern, der seines Sohns Alberti vertraute Agnes eines Barbirers zu Augspurg tochter ersäuffen laßen, thut gar nichts zur sach, zu mahlen, da dato, ob Er daran recht gethan, noch nicht ausgemacht worden.

Was den Herzog Ferdinand in Bayern und seine Ehe mit Marie Pettenbeck betrifft, so übersah Praun, der Rechtsbeistand Christians, daß Ferdinand kurz vor seiner Eheschließung am 23. September 1588 mit seinem älteren Bruder Herzog Wilhelm einen Vertrag geschlossen hatte, in welchem er zwar für sich und seine Nachkommen aus seiner Ehe mit Marie Pettenbeck auf die Erbfolge verzichtete. Sollte jedoch Herzog Wilhelms Linie im Mannesstamm aussterben, so würden Ferdinands Nachkommen erbberechtigt sein. Außerdem wurde in dem Vertrag die finanzielle Sicherstellung sowohl Ferdinands wie nach seinem Tode die seiner Frau und Kinder festgelegt.

Ferdinand, als zweiter Sohn des Herzogs Albrecht V. von Bayern und einer Habsburgerin 1550 in München geboren, war für die geistliche Laufbahn bestimmt. Doch der lebenslustige junge Mann zeigt hierfür keine Neigung. Er glänzt bei höfischen Festen und auf Turnierplätzen, zeichnet sich als Feldherr im sogenannten Kölner Krieg aus, in welchem er mit Erfolg den protestantisch gewordenen Erzbischof von Köln verjagt und den Kurhut für seinen Bruder Ernst gewinnt. Er liebt ein aufwendiges Leben, schafft sich am Rindermarkt, dem damals vornehmsten Stadtteil Münchens, eine ansehnliche Residenz mit einem großen Garten und Lusthäusern und ist schließlich trotz einer Jahresapanage von dreißigtausend Gulden bis über beide Ohren verschuldet. Eine reiche Heirat könnte dem bereits Vierzigjährigen helfen, doch sein regierender Bruder Wilhelm V. zeigt keine Neigung, diese Pläne zu fördern. Wie in der Pfalz und anderen deutschen Landen wollte man auch in Bayern mit der ewigen Teilerei ein Ende machen und hatte vor kurzem ein Primogeniturgesetz erlassen. Eine standesgemäße Heirat Ferdinands wird auf die lange Bank geschoben – ähnlich wie später die Johann Karls! Schließlich verliebt sich Ferdinand in die junge und schöne Marie von Pettenbeck, die Tochter des herzoglichen Rentschreibers Georg von Pettenbeck. Nach langem Hin und Her erteilt Wilhelm unter den genannten Bedingungen seine Einwilligung zur Heirat. Später werden überdies die Kinder Ferdinands durch Vermittlung seines Bruders Ernst, dem er die Kölner Kurwürde verschafft hatte, zu Titulargrafen erhoben, wozu man eine Grafschaft Wartenberg mit eigenem, aus dem bayerischen entlehnten Wappen schuf. Und schließlich wird nur ein Pfirsichkern verhindern, daß die Grafen von Wartenberg nicht die regierenden Herren in Bayern wurden. Max Emanuel, Ferdinands junger, hochbegabter Urenkel, der einzige männliche Nachkomme seiner sechzehn Kinder, erstickte nämlich 1736 an einem Pfirsichkern, den er übermütig in die Luft geworfen hatte und mit dem Mund auffangen wollte – genau vierzig Jahre bevor die Linie Wilhelms V. ausstarb und dadurch die pfälzischen Wittelsbacher Bayern erbten.

Dieses Beispiel Ferdinands, von Praun als Argument gegen Esther Maria angeführt, erweist sich bei näherer Betrachtung also eher als ein solches zu ihren Gunsten! Dazu kommt noch, daß Herzog Maximilian, der spätere Kurfürst, in großzügiger Weise einsprang, als nach Ferdinands Tod 1608 seine Witwe in große Not geriet. Er kaufte das an die Gläubiger Ferdinands verlorene Haus am Rindermarkt zurück, schenkte es der Witwe und tilgte die ärgsten Schulden. Im Gegensatz hierzu

entzog Christian II. der Witwe seines Bruders und deren Kindern alle Mittel, »allen Gött-, Natur- und weltlichen Rechten zuwider, dannenhero nicht wenig zu verwundern seye, daß ein sonsten so weiser Herr, ohne Zweifel auf Veranlassen hässiger Leuth, sich bewegen lassen, seines Bruders Kinder, also sein eigen Fleisch und Blut, auf eine solche unerhörte Arth zu verfolgen«, wie es der Rechtskonsulent Esther Marias ausdrückt.

Während Ferdinand noch zu Lebzeiten die Stellung seiner Frau sichergestellt hatte, war von Johann Karl nichts dergleichen geschehen. Seinem im Jahr 1702 verfaßten Testament stand der Brudervergleich von 1673 entgegen, dessen Paragraph 8, wie wir gehört haben, beinhaltet, daß Kinder aus nicht standesgemäßen Ehen keines »fürstl. Deputats fähig noch in andern dergleichen Stamms- oder mit fidei Commiss verfangenen fürstl. Renthen, Gefällen Güthern, Land und Leuthen succedieren« sollen, was Kistler zu der Bemerkung veranlaßt, *wo denn dergl. Kinder Ihren Unterhalt her haben sollen, dann Hertzog Hanß Carl hatt Tempore initi pacti nichts als das Deputat, und seinen antheil an den Stamms oder fideicommiss güthern, und andern fürstl. Renthen gehabt, wann nun diese zurückfallen, und die Kinder ausgeschloßen werden sollen, so ist vor dieselbe sonst nichts übrig gewesen, also die unbilligkeit offenbahr, dann uff dasjenige, was ein Herr noch hernach erwerben kan, Hoffnung zu machen, ist vergeblich, würde auch in nostro casu umbsonst gewesen seyn ...*

Die Existenz und die Gültigkeit dieses Paragraphen 8 des Brudervergleichs wurden, wie wir später noch sehen werden, von Kistler auf das erbittertste angefochten, ebenso natürlich der Standpunkt Christians II., die Ehe seines Bruders sei ein ›matrimonium inequale‹ gewesen. Kistler stützt sich auf die Tatsache, daß bei der Eheschließung kein »matrimonium ad morganaticam contractum« abgeschlossen worden sei, »dannenhero der Herr Gegentheil, wann Er sich hierinno fundiren will, dieses vermög der Rechten erweisen muß; so aber nimmer wird geschehen mögen«.

Auf Kistlers Stellungnahme zu Christians II. Schriftsatz vom 8. Oktober 1709, der wir die verschiedenen, oben angeführten Zitate entnommen haben, folgt nun ein Hin und Her: Christian ersucht wieder um Terminverlängerung, einmal »weilen aber die gegenseitige Replicae vom 27. Januar in einem volumine von 20 bögen bestehen, mithin ehe sie ad acta privata haben, copiret werden, und disseitigem gnädigsten Herrn Principalen zukommen können«; ein anderes Mal reicht Praun ein Schreiben Christians vom 30. Mai 1710 ein, in dem dieser die Verzögerung seiner Antwort mit einer Unpäßlichkeit seines federführenden Rats entschuldigt; doch wird diese, wie er versichert, »ohnfehlbahr in 8 oder 10 tagen geschehen, maßen berührte Duplic fast verfertiget ist, wann aber wieder alles Verhoffen selbige vor abweichung des sub poena praeclusi angesezten termins Euch nicht zugeschicket werden könnte, habt Ihr aus obberührter Ursache einen weitern terminum von etwa nur 14 tagen auszubitten, Wir verhoffen aber, daß vor ausgang des Monaths Juny Ihr die Duplic empfangen werdet«. Kistler beantragt mehrmals wegen »lapsus termini ... pro eventuali communicatione duplicarum, aut processu in contumaciam« den Urteilsbeschluß.

Am 1. Oktober 1710 trifft dann Christians ›Duplic‹ beim Reichshofrat ein. Die drei langatmigen Schriftsätze – Christians ›Gründliche Vorstellung‹ vom 8. Oktober 1709, Kistlers Stellungnahme hierzu vom 27. Januar 1710 und Christians Entgegnung darauf – sind die wichtigsten Dokumente dieses Prozesses und bilden die Grundlage für das Endurteil vom 11. April 1715. Christians Anwalt Praun gibt sich gefühlsbetont und versucht mit bagatellisierenden Redensarten den Reichshofrat zu übertölpeln, etwa wenn er in der Angelegenheit der Gelder aus dem Fischbacher Kupferbergwerk schreibt: »So haben nun Anwalts gnädigster H: hochfürstl: Durchl: zu bezeugung dero friedliebenden gemüths ... das ... hieranliegende formular einer Quittung selbst aufsetzen lassen, mit dem nochmahligen Erbieten, daß wann die Frau Wittib von Witzleben dieselbe ... dem Berg Vogt zuschicken werde, das Geld alle Stunden erhoben werden könne«. Praun knüpft daran die Zuversicht, daß der »höchstpreißl. Reichshoffrath an diesem model das geringste nicht auszustellen finden« werde. Dabei ist gerade diese Quittung, die Esther Maria unterzeichnen sollte, die größte Perfidie Christians in dem ganzen Prozeß, denn sie beginnt: »Ich Ester von Witzleben ...« Hätte sie sie – vielleicht aus Not oder Gedankenlosigkeit, womit Christian wahrscheinlich rechnete – unterzeichnet, würde sie sich aller Ansprüche auf Anerkennung als Pfalzgräfin begeben haben. In dem Endurteil heißt es dann auch, die fürstliche Frau Wittib hätte mit Recht die Vollziehung des vorgeschriebenen »unanständigen Quittungsformulars« verweigert.

Christians II. ›Duplik‹ – so nannte man damals eine Gegenantwort, die zur Widerlegung der ›Replik‹ eingereicht wurde – beginnt mit der kühnen Behauptung, daß dem Kaiser ohne Zweifel »zu dero allerhöchstem Vergnügen« in der ihm am 8. Oktober untertänigst übergebenen Protestschrift sowohl der rechtlich und tatsächlich gut begründete Standpunkt Christians wie die absolut klare Unerfindlichkeit der Argumente der klagenden Witwe so nachdrücklich vorgestellt worden seien, daß man nicht das geringste Bedenken trüge, die Sache ohne weitere Untersuchung und ohne auf die von der Gegenseite eingebrachte ›Replik‹ einzugehen der allergerechtesten Entscheidung des Kaisers zu unterwerfen, wenn nicht der klagende Teil tatsächlich beweisbare Dinge in Zweifel gezogen und dadurch versucht hätte, den Richtern »einen blauen Dunst vor die Augen zu machen«.

Diesen »blauen Dunst« produzierte viel eher Praun als Kistler, der immer nüchtern bleibt, wenn auch seine Argumente, wie wir zugeben müssen, auf etwas schwachen Füßen stehen.

Christians ›Duplik‹ protestiert nun nochmals gegen die »muthwillige« Klage der Esther Maria und wirft ihr vor, sie habe in »sträflichem Hochmuth« außer acht gelassen, dem seit vielen Jahrhunderen in höchstem »lustre« stehenden Hause Pfalz den schuldigen Respekt zu erweisen. Nach weiteren weitschweifigen und höchst unsachlichen Angriffen führt Christian II. immerhin folgende, nicht von der Hand zu weisende Argumente dafür an, daß Johann Karl seine zweite Ehe als ein ›matrimonium inequale‹ betrachtet habe:

In dem kurz vor seiner zweiten Heirat an seinen Bruder geschriebenen Brief habe Johann Karl betont, daß, wenn er sich wiederverheiraten würde, es nur eine »mariage de conscience«, eine Liebesheirat, sein könne, da er nicht in der Lage sei, eine Gemahlin von hoher Herkunft zu unterhalten. Er habe in diesem Schreiben außerdem von dem einzigen Sohn Christians II. gesprochen, auf dem allein die Fortsetzung ihrer Stammlinie ruhe, da sie beide – Christian und Johann Karl – nicht mehr zu zählen seien.

Ferner wird angeführt, Johann Karl habe in seinem Testament seine erste Gemahlin als »durchlauchtigste Fürstin« und die Tochter aus dieser Ehe als »Princessin Tochter« bezeichnet, während er diese Titel seiner zweiten Gemahlin und den Kindern aus zweiter Ehe durchaus nicht beigelegt habe. Auch sei ihnen in dem Testament keineswegs der Fond des Neuburger Deputats, sondern nur die seit dem Jahre 1695 bis zu Johann Karls Tod ausständigen Deputat-Renten vermacht worden. Diese Gelder seien von dem Kurfürsten von der Pfalz wegen der – durch den Tod des Grafen von Veldenz zwischen den Agnaten entstandenen – Sukzessionsstreitigkeiten bis zu dieser Stunde mit Arrest belegt worden.

Schließlich macht man sich bezüglich des von Kistler angefochtenen Paragraphen 8 des Brudervergleichs erbötig, eine von der freiunmittelbaren Ritterschaft im unteren Elsaß angefertigte beglaubigte Abschrift vorzulegen, weil es, obwohl man es von »Hertzen hätte wünschen mögen, bey jetztmahligen mißlichen Kriegsläuften nicht rathsam seyn will, ein solch wichtiges Documentum ... einem so weiten Weg anzuvertrauen und allerhand Gefahren zu unterwerffen«. Zur Behebung allen weiteren Zweifels sei man bereit, das wahre Original bei dem Königl. Schwedischen Residenten in Frankfurt zu hinterlegen, wo die »gegnerische Frau Wittib«, die ihren Ratgeber und Agenten sowieso in Frankfurt habe, Gelegenheit hätte, es einzusehen.

Am 17. April 1711 stirbt nun Joseph I. und ihm folgt sein einziger Bruder als Karl VI., der sich auch König von Spanien nennt, obwohl mit dem Friedensschluß von Rastatt 1714 der spanische Traum ein Ende nimmt. Doch erwarb Österreich aus der spanischen Erbschaft ansehnliche Gebiete wie Mailand, Mantua, Neapel, Sardinien, das später gegen Sizilien ausgetauscht wird, und die spanischen Niederlande. Letzteres ist für uns insofern von Interesse, als der dritte Sohn Esther Marias, Wilhelm, später Gouverneur von Namur wurde.

Nach dem Regierungsantritt Karls VI. entsteht ein endloser Austausch von Formalitäten, der wohl mit der oben erwähnten Auflösung des Reichshofrats nach dem Tode eines Kaisers und dessen neuer Konstituierung durch den Nachfolger zusammenhängt.

Erst im Jahre 1713 kommt der Prozeß wieder in Gang. Es geht nun um den Brudervergleich. In seinem Schriftsatz vom 22. Januar 1710 hatte Kistler bereits bemerkt: *... läst man an seinen orth gestellt seyn, ob das ... pactum jemahlen revera originaliter errichtet worden; Hertzog Hanß Carl Hochseel. Gedächtnuß ist Biß in seinen todt darbey geblieben, daß Er nichts davon wiße, zweytens ist sehr verdächtig, daß in fine des Vergleichs stehet, derselbe seye in duplo originaliter ausgefertiget worden, da man dießeits aydlich erhärten kan, daß Hertzog Hanß Carl seiner außag nach niemahlen ein Exemplar in originali Bekommen, dieses auch sonsten niemand gesehen habe...*

Ob Johann Karl, nachdem seine zweite Ehe mit Kindern reich gesegnet war, diesen Brudervergleich bereute, aber nicht den Mut hatte, offen gegen ihn aufzutreten? Bei seinem offensichtlich so willensschwachen Charakter wäre das denkbar. Er ist ja auch nie klar für die Stellung Esther Marias eingetreten, sondern überließ es ihr, sich durchzusetzen. Auch in seinem Testament umgeht er eine klare Stellungnahme.

Wie dem auch sei, Kistler besteht nun auf der Vorlage des Originals des Brudervergleichs und bittet um Ansetzung eines Termins hierfür. Dies geschieht, und nun wendet Kistler ein, es habe zwar der gegnerische Anwalt am 8. August vorigen Jahres den angeblichen brüderlichen Vergleich in Original und beglaubigter Kopie beigebracht, jedoch ohne daß er, Kistler, oder seine Prinzipalschaft dieses Original zu Gesicht bekommen hätte, dasselbe wieder zurückgenommen und nur die Kopie hinterlassen.

Nach einer von Kistler verlangten nochmaligen Vorlage werden von ihm neue Einwände erhoben: er habe niemals Handschrift und Petschaft der »hochfürstl. HH. Transigenten« gesehen, könne also nicht beurteilen, ob es damit seine Richtigkeit habe. Er ersucht um eine abermalige Vorlage des Originals, da er neue Instruktionen erhalten habe.

Schließlich wird vom Reichshofrat eine Frist angesetzt, innerhalb derer sich Kistler »deutlich und ohne Vorbehalt ad acta« erklären soll. Worauf Kistler schreibt, er habe den Befehl erhalten, vor allem zu sehen, ob der Faden, mit dem der Originalvergleich zusammengeheftet sei, mit den Siegeln der beiden Parteien und deren Räten ›verwahrt‹ sei und ob auf den Siegeln die Namen der Unterzeichneten wenigstens mit Initialbuchstaben stünden oder nicht. In letzterem Fall wären die Siegel leicht zu entfernen gewesen, der Bogen mit dem disputierten Absatz hätte herausgenommen und ein anderer mit anderem Text eingeschoben werden können und, ohne daß es zu sehen wäre, mit dem gemeinschaftlichen Geschlechts-Siegel versehen worden sein. Zuweilen könne man auch am Papier merken, wenn man den Bogen, auf welchem der fragliche Absatz zu finden ist, oder auch denjenigen mit den Unterschriften mit den anderen Bogen vergleiche und gegen das Licht halte, ob sie denselben Stempel trügen oder nicht. Wenn eines oder das andere sich so erweisen würde, müßte dies den gegen den Vertrag bestehenden Verdacht erheblich verstärken. Und so weiter und so weiter.

Doch inzwischen war endlich ein erlösendes Wort gefallen: in den Akten findet sich ein kurzes Schreiben des Reichshofrats, in welchem an Praun die Ermahnung ergeht, »den einer von einem Reichsfürsten hinterlassenen Wittib gebührenden respect bey vermeydung ernstlicher ... zu erweisen« und »der fürstl. Frau Wittib zur klage wegen aufenthalt des Prozeßes keinen Anlaß zu geben und zu dem ende die etwa noch habende Rechtliche Notdurfft fördersambst einzubringen«. Worauf sich dieses Schreiben bezieht, ist leider nicht zu rekonstruieren, doch ist aus ihm deutlich die Einstellung des Reichshofrats zu erkennen. Am Schluß seines oben angeführten Schreibens sagt Kistler denn auch unter Bezugnahme auf diese Stellungnahme des Reichshofrats:

... und weillen bey solcher der Sachen Beschaffenheit ohnnötig ist, die Erörterung der Hauptsache durch weitheres Schriftwechseln aufzuhalten, als will Anwaldt allem widrigen so auf gegentheiligen Seithen angebracht worden per generalia Juris et facti contradiciret und die bishero verhandelte acta zu inrotuliren, folglich fürdersambst in der haubtsache allergnädigst zu sprechen allerunterthänigst gebetten haben.

Dies geschieht nun auch tatsächlich alsbald. Am 14. Dezember 1714 bittet Kistler, »nachdem die acta in contumaciam inrotulirt worden, allergerechtlich sprechen zu lassen«.

Was verstand man nun damals unter einer ›Inrotulation‹? Dem ›Allgemeinen Lexikon‹ von Johann Theodor Jablonski vom Jahre 1748 entnehmen wir: »Inrotulatio Actorum, eine gerichtliche Handlung, da in Gegenwart der Parteien, wenn sie zum Urteil beschlossen, und auswärtiger Rechtsspruch soll eingeholet werden, die Acta durchgesehen und wenn dabei nichts zu erinnern zum Verschicken versiegelt werden. Es ist daran nicht wenig gelegen, weil durch Hinterlist einer Partei etwas Verfängliches kann eingeschoben oder etwas Wichtiges weggelassen werden. Daher zu solcher inrotulation die Parteien pflegen citirt, und wenn von einer derselben etwas Neues beigebracht werden wollte, solches von der anderen nicht gestattet zu werden.«

Das Konvolut vom April 1715, in dem sämtliche von beiden Seiten im Verlauf des Prozesses vorgebrachte Argumente zusammengefaßt sind und der Reichshofrat sein ›Votum‹ abgibt, trägt den Vermerk: »Acta inrotulata in contumaciam Agentis de Praun non comparentis 7. Januarij 1715.«

Praun war also zu der ›Inrotulation‹ nicht erschienen; Kistler beschwert sich noch kurz vorher, daß Praun die Sache geflissentlich verzögern wolle. Zwischen dem Tag der ›Inrotulation‹ und dem Tag der Ausfertigung des Votums des Reichshofrats muß Praun gestorben sein, denn er wird in ihm als der

»nunmehro verstorbene Agent von Praun« erwähnt. Nachstehend geben wir nun auszugsweise und in heutiges Deutsch übersetzt dieses ›Votum‹ wieder:

Es erscheint nun aus dem dargestellten Verlauf dieses Rechtshandels offenbar, daß der verstorbene Pfalzgraf Johann Karl sich mit der Esther Maria von Witzleben priesterlich hat trauen lassen. Demzufolge ist diese Heirat ein völlig rechtlicher Kontrakt, und die Kinder aus dieser Ehe sind legitime Erben in allem, was ihrem Vater zustand. Es konnte also dem Beklagten [Christian] keineswegs das Recht zustehen, den hinterlassenen Kindern seines Bruders alsbald nach dessen Tod sowohl die fürstliche Würde als das Erbrecht an den Stamm- und Fideikommißgütern und allen Renten um Eigennutzung willen vorzuenthalten. Dies um so weniger als kein Vertrag existiert, in dem die Eheleute sich zu einer besonderen Art der Ehe verbunden hätten und also der formalen Eigenschaft einer morganatischen Ehe gänzlich ermangeln.

Der Herr Beklagte basiert seine Hauptbegründung immer wieder auf dem Brudervergleich vom 14. April 1673, verschweigt aber, daß die fürstliche Frau Mutter bestreitet, etwas davon gewußt zu haben. Kein Reichsstand hat das Recht oder die Gewalt, die Rechte einer Familie sowie die Freiheit einer Ehe zu unterdrücken. Der Vorrang und die Rechte einer Familie von Stand können nicht durch Rachegefühle verletzt werden. Auch die kirchlichen Lehrämter haben der alten Tradition vornehmer fürstlicher Häuser auf eine höchst nachteilige Weise geschadet, indessen auch diese Anmaßung ist durch Urteil des höchsten kaiserlichen Gerichts längst gegenstandslos geworden. Alle übrigen Einwendungen bestehen aus gehaltlosen Spekulationen und impertinenten, spöttischen, unfreundlichen Gedanken und vergeblichen Angriffen gegen die Frau Witwe, die keine Entgegnung verdienen.

Dazu kommt, daß der verstorbene Herr Pfalzgraf die Stamm- und Fideikommißgüter für seine Nachkommen von seinen Vorfahren erhielt. Weshalb ihm das Recht und die Macht, seinen ehelichen männlichen Erben solche durch die

Majoratsbestimmungen zu vererben keinesfalls entzogen werden kann. Dieses Verfügungsrecht ihm, dem Pfalzgrafen, zu entziehen, kann keinesfalls zugestanden werden. Wenn der Herr Pfalzgraf etwa eine solche Absicht gehabt hätte, wovon allerdings keine Spur besteht, so ist durch sein Testament das klare Gegenteil wahrzunehmen.

Wir schlagen daher vor, folgendes auszusprechen: In Beendigung des Berichts ist folgender Beschluß zu fassen: Daß die zwischen weiland dem durchlauchtigsten Herrn Pfalzgrafen Johann Karl und seiner hinterlassenen durchlauchtigen Frau Witwe Esther Maria geborene von Witzleben geschlossene Ehe, ungehindert der von dem Herrn Beklagten aus dem Brudervergleich und anderen vorgebrachten Einwendungen, als ein ordentliches, gültiges und vollständiges fürstliches Matrimonium zu achten ist und deswegen die Kinder aus dieser Ehe sowohl des pfalzgräflichen Namens, des Standes und der Würde fähig zu erklären sind. Was die Nachfolge in allen ihrem Vater zuständig gewesenen Stamm- und Fideikommißgütern anbetrifft, ferner die strittigen Ansprüche auf das jährliche auf dem Fürstentum Neuburg haftende Deputat und die Ansprüche auf die jährlichen vier Fuder Moselwein aus den Kellereien in Trarbach, so soll dahin erkannt werden, daß diese den Erben des Pfalzgrafen Johann Karl zustehen. Außerdem sind ihnen die seither vorenthaltenen vier Fuder Moselwein innerhalb von zwei Monaten nachzuliefern.

Das von dem Beklagten unter völlig nichtigem Vorwand vorgelegte Quittungsformular über die Ausbeutegelder des Fischbacher Kupferbergwerks ist so unanständig, daß die fürstliche Frau Witwe sich mit Recht weigerte, es zu unterschreiben. Vielmehr sind der Witwe die Schäden zu vergüten, die durch die eigenmächtige Zurückhaltung der Einkünfte entstanden sind.

Dieser Meinung stimmt auch der fürstliche Korreferent von Hartig zu. Das Kollegium hat danach noch für gut befunden, daß ein Reskriptum folgenden Inhalts an den Kurfürsten zu Pfalz abgesandt werde:

Seine Kaiserliche Majestät habe das sichere Vertrauen, der

Kurfürst zu Pfalz werde in seinem Gerecht- und Billigkeit liebenden Gemüt die erforderliche Verfügung treffen, daß die rückständigen Neuburger Deputatgelder, welche weiland dem Herrn Pfalzgrafen Johann Karl zugestanden hätten, nach dessen Ableben aber seinen fürstlichen Söhnen, diesen ausbezahlt würden und auch nicht nur in Zukunft dafür sorgen, daß die Erben ungeschmälert in den Genuß dieser Deputatgelder kämen, sondern auch der fürstlichen Frau Mutter und ihren sämtlichen fürstlichen Kindern in Beherzigung ihres mitleidenswürdigen Zustandes seine angerühmte Affektion und Vorsorge angedeihen lassen und dazu beitragen, daß sie von weiterer Kränkung verschont bleiben und sich des Kaiserlichen Ausspruchs zu erfreuen haben.

Am 11. April 1715 folgt das kaiserliche Urteil, das sich im wesentlichen an den Wortlaut des ›Votums‹ hält. Es trifft zusätzlich lediglich genauere Bestimmungen über Art und Weise der zu leistenden Entschädigung für die einzelnen Esther Maria und ihren Kindern zustehenden und ihr bisher vorenthaltenen Güter. Christian II. wird zur Nachlieferung der jährlichen vier Fuder Moselwein verurteilt, zur Nachzahlung der Gelder aus dem Fischbacher Kupferbergwerk und des Neuburger Deputats, »wofern von der Fürstlichen Frau Mutter, daß dessen Vorenthaltung auf anhalten Herrn Beklagtens verordnet worden binnen bestimter frist besser, als geschehen, dargethan werden wird«. Das Urteil schließt:

Alsdann solches alles hiemit also erkant, und Herr Beklagter vorgedachter maßen hierzu verbunden, und schuldig zu seyn, condemniret und verdammet wird; mit der ausdrücklichen warnung, wofern derselbe diesem in der bestimten zeit der 2 monaten seiner seits nicht ein völliges genügen leisten würde, daß er jetzt, als dann, und dann, als jetzt, in eine poen von 10 marck löthiges golds, halb dem Kaiserlichen fisco, und den anderen halben theil der Fürstlichen Frau Wittib und Vormünderin unnachlässig zu bezahlen erkläret seyn, der wirklichen execution halben auch auf ferneres anruffen derselben ergehen solle, was rechtens ist.

Signatum zu Wien, unter Ihrer Kaiserlichen Majestät hiervorgedruckten Kaiserlichen Secret-Insigel den 11 April 1715.
Fried. Carl Grav von Schönborn-Bucheim

Frantz Wilderich von Mensshengen.

Darauf richtet Christian II. am 20. Juni 1715 ein Schreiben an den Kaiser, es sei ihm durch das Endurteil des Reichshofrats in der von der nachgelassenen Witwe seines Bruders Johann Karl, einer geborenen von Witzleben, angezettelten und seit einigen Jahren schwebenden Rechtssache zum größten Nachteil der uralten Tradition des kur- und fürstlichen Hauses der Pfalz und unter Außerachtlassung des zwischen ihm und seinem Bruder errichteten Brudervergleichs unter Androhung schwerer Strafe zugemutet und anbefohlen worden, die genannte Witwe und deren Kinder als des pfalzgräflichen Namens und der Nachfolge in allen ihrem Vater zuständig gewesenen Stamm- und Fideikommißgütern würdig anzuerkennen und ihnen die rückständigen Deputatgelder sowie die Moselweine und zwei Bergwerkstämme auszuliefern. Da aber diese Streitsache nicht nur ihn und sein fürstliches Haus angehe, sondern die gesamten Stammesagnaten, besonders den König von Schweden als Herzog von Zweibrücken wegen des auf dem Fürstentum Neuburg haftenden Stammdeputats von jährlich sechstausend Gulden, müsse er, Christian, zur Verhütung schwerer Verantwortung, diesen Stammesagnaten zur Beobachtung des gemeinsamen Rechtes und Interesses von allem, was in dieser Rechtssache vor sich gegangen, Mitteilung machen. Dies sei innerhalb des angesetzten kurzen Termins wegen der weiten Entfernung nicht möglich. Er richte daher an den Kaiser sein »allerunterthänigstes und demüthigstes Bitten«, den Termin auf etwa sechs Monate zu verlängern und inzwischen die angedrohte Exekution aufzuschieben, damit er Zeit habe, die Antworten, Absichten und Meinungen seiner Stammesagnaten einzuholen und allenfalls mit der Gegenseite zu einem mit Billigung seiner Stammesagnaten bereits eingeleiteten Vergleich zu kommen.

DIE REAKTION DER PARTEIEN 85

Ew:Kayserl: und Königl:May: erweisen mir hirdurch nicht allein die allerhöchste Kayserliche Gnade, sondern Befördern und erhalten anbey den Ruhstand und das gute Vernehmen in dem Chur- und Fürstl: Hauß der Pfaltz, wohingegen vor Ew:Kayserl: und Königl:May: allerhöchsten flor den getreuen Gott lebenslang inbrünstig anzuflehen, mich eußerst verpflichte, auch in allertiefster devotion ohnaußgesetzt verharre.

Ew: Kayserl: und Königl: May:
allerunterthänigster und
gehorsamster Diener.

Es folgt die handschriftliche Unterzeichnung dieses Schreibens mit »Christian, Pfalzgraf«. Betrachtet man diese zitterigen, kaum leserlichen Schriftzüge, dieses mit offensichtlicher Unsicherheit der Hand geschriebene, nach unten abfallende und in einem kunstvollen Schnörkel endende »Christian, Pfalzgraf«, so ist man unwillkürlich beeindruckt. Welche Gefühle mögen ihn bewegt haben, als er diese Unterschrift vollzog? Es ist nicht die Schrift eines zornigen Mannes, eher die eines gebrochenen oder senilen Greises. Christian war 1715 achtunsiebzig Jahre alt und hatte – wie es heißt: wegen vorzeitigen Alterns – bereits 1689 die Herrschaft Rappoltstein, dazu 1707 die von Bischweiler seinem Sohn Christian III. übergeben.

Ein Dankschreiben Esther Marias an den Kaiser vom 4. Juli 1715 lassen wir nachstehend im Wortlaut folgen:

Allerdurchleuchtigster, Großmächtigster und Unüberwindlichster Römischer Kayser, auch in Hispanien, zu Hungarn und Böheim König, Allergnädigster Kayser und Herr! Herr!

Daß Ew:Kayserl:May: allergnädigst gefallen, in meiner gegen des Herrn Hertzogen Christians von Birckenfeld Lbd.

gehabten angelegenheit, einen endlichen Rechtlichen Ausspruch zuertheilen, und dardurch mich und die Meine in Unserer grösten betrübnuß zu soulagieren, dafür sage [ich] Allerunterthänigsten Danck, [und bin] der demühtigsten zuversichtlichen Hoffnung, wie Ew:Kayserl:May: hierdurch allergerechtest die Heilsame Justiz befördert, dieselbe solche auch fernerhin zuertheilen, und mich nebst den Meinen alß eine verlaßene Wittib und Waysen gegen alle weitere bedrängnuß, Krafft Kayserlicher Macht und authorität allermildest zu schützen, allergnädigst geruhen werden, maßen dann zu dem End Ew:Kayserl:May: Beharrlichen hohen Kayserlichen Gnad und Huld, mich und die Meine allerunterthänigst recommendirt, im übrigen aber Gottes allgewaltiger obsorge, Ew: Kayserl:May: und Dero Kayserliches hohes Haußes zur Verleyhung langwieriger höchstbeglückten Kayserl. Regierung, und alles übrigen erwünschten Kayserl. Wohlergehen treulichst empfohlen haben will; die Zeit Lebens in tieffster Submission verharre

Gellhaußen den 4. Julij 1715

Ew:Kayserl.May.
Allerunterthänigste, demühtigste Magd

Offensichtlich haben die von Christian II. angerufenen Agnaten gegen das kaiserliche Urteil keinen Einspruch erhoben. Am 29. Oktober 1716 wird zwischen beiden Parteien ein Vertrag abgeschlossen, der – wenigstens äußerlich – einen Schlußstrich unter alle Streitigkeiten zieht. In ihm wird mit Genehmigung auch des Sohnes von Christian II. beschlossen:

1. das kaiserliche Urteil vom 11. April 1715 wird als Grundlage betrachtet, gegen die weder von Christian II. noch seinen Erben jemals zuwidergehandelt werden soll. Folglich habe Christian II. für sich und seine fürstlichen Erben zugesagt

2. die fürstliche Frau Witwe und deren Kinder als Fürstin und fürstliche Kinder, speziell die Söhne als fürstliche Stammesagnaten anzuerkennen und ihnen der nahen Verwandtschaft halber künftig mit Rat und Tat beizustehen,

3. nicht zu hindern, daß diese in Zukunft das Neuburgische Deputat gemäß den Stammesverträgen als fürstliche männliche Erben erhalten und mit allen damit zusammenhängenden Rechten genießen,

4. anstelle der inzwischen von Christian zu Neuburg erhobenen Gelder, die jetzt zu erstatten wären, erklärt sich dieser bereit, der fürstlichen Frau Witwe ein für allemal zweitausend Gulden Frankfurter Währung in Frankfurt am Main zu hinterlegen,

5. verspricht Christian, nicht nur die jährlichen vier Fuder Moselwein aus der Kellerei Trarbach künftig pünktlich zu liefern, sondern zur Ersetzung der seit zehn Jahren unterbliebenen Lieferung zusätzlich zwei Fuder jedes Jahr auf die Dauer von zehn Jahren,

6. die jährliche Ausbeute aus den zwei Stämmen des Fischbacher Kupferbergwerks, nachdem der Rückstand bereits abgetragen ist, künftig auszahlen zu lassen,

7. die mit seinem Bruder abgeschlossenen Verträge mit allem, was darin den männlichen Deszendenten versprochen ist, genau einzuhalten und den hinterlassenen fürstlichen Söhnen als nächste Stammesagnaten zukommen zu lassen.

8. Dagegen sagt die verwitwete Frau Pfalzgräfin für sich und als Vormünderin ihrer Kinder zu, nach Erfüllung des oben Versprochenen von aller ferneren Forderung, die sie kraft des Urteils bezüglich der Kosten und Ersetzung abgehender Mittel noch haben könnte, abzusehen.

9. Erklären die fürstlichen Vertragschließenden diese Abmachungen für unumstößlich bindend und durch keinerlei Einrede, Intrige usw. anfechtbar.

Überdenkt man nun am Ende dieses Prozesses seinen Verlauf und die Situation, aus der er entstanden ist, so drängen sich viele Fragen auf, auf die keine beweiskräftigen Antworten zu finden sind. Wir bleiben auf Vermutungen und Kombinationen beschränkt.

Zweifellos war Johann Karl der Hauptschuldige an dem ganzen Desaster. Er hat es sowohl in seinen hinterlassenen Schriftstücken wie anscheinend auch zu seinen Lebzeiten immer umgangen, sich klar über die Stellung Esther Marias auszudrücken. In dem ganzen Prozeß ist kein Beweis dafür erbracht, daß er Esther Maria als seine ebenbürtige Gemahlin betrachtet hätte. Einzig die Tatsache, daß bei der Eheschließung kein Vertrag ›ad morganaticum‹ abgeschlossen wurde, gibt schließlich den Ausschlag. Hat Johann Karl einen solchen Vertrag absichtlich unterlassen, hat er absichtlich in seinem Testament Esther Maria vage als seine »hertzgeliebte Gemahlin« bezeichnet und absichtlich sich über den Fond des Neuburger Deputats, um den der Kampf später in der Hauptsache ja ging, ausgeschwiegen mit dem Hintergedanken, dadurch der sehr viel energischeren und zielbewußteren Esther Maria den Weg offen zu lassen für einen Kampf, den er selbst nicht ausfechten wollte oder konnte? Jedenfalls ging er ohne Zweifel immer den Weg des geringsten Widerstandes und brachte damit Esther Maria in eine äußerst schwierige, ja unmögliche Situation.

Es entbehrt nicht einer ganz besonders pikanten Note, daß Pfalzgraf Christian II. selbst noch auf seine alten Tage eine unebenbürtige zweite Heirat – seine Gemahlin war 1683 gestorben – ernsthaft erwogen hat und vielleicht auch sogar – gegen den erbitterten Widerstand seines ganzen Hauses – heimlich eingegangen ist, wie Rodewald ausführlich berichtet. Es handelte sich um die langjährige Mätresse ›Anna Liß‹, eine Bürgerliche mit dem sinnigen Familiennamen ›Schwengsfeuer‹, die mit ausdauernder Hartnäckigkeit und zäher Verbissenheit nichts weniger anstrebte, als sich in den Rang einer Pfalzgräfin erhoben zu sehen. Und es hätte wohl nicht viel gefehlt, daß der anscheinend völlig hörige Christian dem zielbewußt geschürten Feuer der nach Höherem strebenden Schwengsfeuer erlegen wäre. Er hätte sich damit mehr in Anspruch zu nehmen unterstanden als er seinem Bruder seinerzeit zu mißgönnen gewillt war, der immerhin seine zweite Gemahlin Esther Maria – wenigstens dem Wortlaut des Testamentes nach zu schließen – als Pfalzgräfin zu titulieren zu vermeiden gesucht hatte.

Leider ist es uns trotz aller Anstrengungen nicht gelungen, ein Porträt Johann Karls aufzufinden. Christian II. dagegen zeigt sich in Harnisch mit wohlfrisierter mächtiger Allongeperücke, unter der ein verkniffenes Gesicht mit stechenden Augen und einem hochmütigen Zug um den Mund hervorblickt. Von dem gelösten und ausgeglichenen Wesen seines Großvaters Wolfgang ist in seinen Gesichtszügen nichts zu finden, sie sind gespannt und strahlen sozusagen die ›Splendor‹ seines Hauses aus. Man kann sich gut vorstellen, daß er für diese ›Splendor‹ zu allem fähig war.

Wenn man auch zugeben muß, daß Christians Vorgehen durch den Brudervergleich, den Brief Johann Karls und das Testament Johann Karls eine gewisse Berechtigung erhielt, so hat er aber in seinem Eifer den Bogen wohl überspannt. Das Endurteil fegt diese drei Dokumente kurzerhand hinweg. Seine in dem Prozeß immer wiederkehrenden gehässigen Ausfälle und Redensarten gegen Esther Maria – etwa, wenn er in einem seiner Schreiben sagt, »die geborene von Witzleben entblödet sich, Ew. Kays. May. aufs neue anzulaufen« – dürften ihm in Wien eher geschadet als zur Bekräftigung seines Standpunkts beigetragen haben.

Oder ist vielleicht gar alles nur durch ein Versehen des Reichshofrats ins Rollen gekommen? Es wäre nicht verwunderlich, wenn man in Wien über die verwickelten Familienverhältnisse der zahllosen deutschen Fürsten nicht im Bilde gewesen wäre. Die Ernennung des Herzogs von Hollstein-Norburg zum Vormund der Kinder Esther Marias erfolgte schon zweieinhalb Monate nach dem Tode Leopolds I. und dem Regierungsantritt Josephs I., also außerordentlich schnell in Anbetracht der umständlichen Formalitäten, die ein Regierungswechsel damals mit sich brachte. Auf wessen Veranlassung wurde der Kaiser dazu bestimmt, wer hatte dabei die Hand im Spiele? Jedenfalls passierte es, daß der Kaiser ein Schreiben unterzeichnete, in welchem Esther Maria als »verwittibte Fürstin« und ihre Kinder als »fürstliche Kinder« bezeichnet wurden. Wie hätte man zugeben können, daß der Kaiser sich geirrt hatte?! Man schob die Angelegenheit auf die lange Bank und scheute sich vor einer Entscheidung, bis Karl VI. auftrat und den gordischen Knoten kurzerhand durchschlug.

Eine andere Hypothese: der umstrittene Brudervergleich! Das Urteil erfolgte, nachdem sich der Prozeß zehn Jahre lang hingeschleppt hatte, recht plötzlich, nämlich in dem Augenblick, als sich die Frage der Echtheit des Paragraphen 8 des Brudervergleichs immer mehr zuspitzte. Diese Frage bleibt ungeklärt. Man könnte daraus den Schluß ziehen, daß man sie durch das Urteil aus der Welt schaffen und vertuschen wollte.

Vermutungen, Spekulationen – jedenfalls hat Esther Maria etwas erreicht, was unseres Wissens keiner ihrer ›Leidensgenossinnen‹ gelungen ist. Allerdings dürfte ihre Lage durch die Schuld Johann Karls auch einmalig gewesen sein. In allen anderen Fällen sogenannter nicht standesgemäßer Ehen wurden entweder vor oder bald nach der Eheschließung Kontrakte abgeschlossen, die die Stellung der betreffenden Ehefrauen aus »nicht fürstlichem Geblüt« klarstellten. Sie und ihre Kinder erhielten Titel und Güter, die ihnen eine gesicherte finanzielle Basis gaben.

Daß Esther Maria in ihrer Situation, nachdem sie ein kaiserliches Schreiben in der Hand hatte, das sie als Fürstin und ihre Kinder als fürstliche Kinder bezeichnete, diese Chance eisern durchfocht, ist verständlich. An Charakter war sie den beiden Brüdern Johann Karl und Christian ohne Zweifel weit überlegen; ihre Haltung wird nicht ohne Eindruck auf den Wiener Kaiserhof geblieben sein, während diejenige Christians, wie wir schon sagten, seiner Sache kaum genutzt haben kann.

Was wäre aus den Kindern Esther Marias geworden, wenn sie nicht durchgehalten hätte? Sie wären höchstwahrscheinlich vergessen im Strudel der Zeiten und hätten gewiß ein mühevolles Leben gehabt. Mühevoll und keineswegs leicht war zwar sicher auch ihr Leben und das ihrer Nachkommen nach ihrer

Anerkennung als Reichsfürsten, aber sie alle haben angesehene hohe Positionen errungen und später als Herzöge in Bayern sind sie nicht ohne Einfluß auf die Geschicke Bayerns, ihrer neuen Heimat, gewesen.

Seltsamerweise entstanden genau in den Jahren der Ehe Esther Marias mit Johann Karl und der schweren Zeit ihres Kampfes um ihre und ihrer Kinder Anerkennung zwei Bauwerke, die selbst für jene an monumentalen, repräsentativen Bauten so reiche Zeit von einmaliger Großartigkeit sind. Nicht überladener Prunk, sondern wahrhaft vornehme Eleganz und Harmonie zeichnen sie aus. Beide thronen – dieser Ausdruck drängt sich dem Betrachter unwillkürlich auf – als weithin sichtbare und den Blick immer wieder gefangennehmende Wahrzeichen auf Höhen, die im einen Fall die zu Füßen liegende Stadt, im anderen die sie umgebende Landschaft beherrschen und von denen das Auge in weite Fernen schweift: die Neue Residenz in Bamberg und Kloster Banz. Beide sollten dereinst Wohnsitze des Enkels der Esther Maria, des Herzogs Wilhelm in Bayern, sein. Wir werden davon in dem Kapitel über diesen Herzog Wilhelm hören.

Wappen des Geschlechtes von Witzleben

3

DIE ERSTE GENERATION UND IHRE ZEIT

Die Kinder der Esther Maria aus ihrer Ehe mit Johann Karl

Man hatte damals viele Kinder, doch nur wenige entwuchsen dem Kindesalter. So starben beispielsweise von den acht Geschwistern Johann Karls vier schon bald nach der Geburt. Und von Christians II. sieben Kindern wuchsen nur drei heran, ein Sohn und zwei Töchter. Johann Karls und Esther Marias fünf Kinder jedoch gediehen prächtig. Sie erreichten alle ein in damaliger Zeit übliches Durchschnittsalter, ja, Johannes wurde sogar zweiundachtzig Jahre alt. Sie verheirateten sich standesgemäß, und die Söhne bekleideten angesehene hohe Ämter.

Der älteste Sohn, der am 28. Mai 1697 in Gelnhausen geborene *Friedrich Bernhard,* ging nach einer sehr sorgfältigen Erziehung im elterlichen Hause in Gelnhausen alsbald nach seiner Großjährigkeit in französische Dienste. Das starke, in sich geschlossene französische Königreich mag ihn mehr angezogen haben als die deutschen Kleinfürstentümer mit ihren – je nach Erbschaft – stets schwankenden Grenzen. Jedenfalls wurde Friedrich Bernhard relativ jung Oberst der ›Kriegsschar‹ Royal Alsace. Dieses im Jahre 1653 gegründete Regiment d'Alsace hatte Ludwig XIV. 1667 Christian II. übertragen, dessen Nachkommen bis zu Ludwig I. von Bayern seine Inhaber geblieben sind. Ludwig XVI. von Frankreich ließ Ludwig I. das Oberstenpatent des Regiments in die Wiege legen. Friedrich Bernhards Vetter, der Sohn Christians II. und spätere Christian III. von Zweibrücken, war mit zweiundzwanzig Jahren Oberst und 1696 Inhaber des Regiments geworden und hatte im Spanischen Erbfolgekrieg bei der Erstürmung Barcelonas gekämpft. Von ihm stammt der Ausspruch: »Les Allemands français savent faire leur devoir.«

Es ist als ziemlich sicher anzunehmen, daß Friedrich Bernhard von etwa 1715 bis 1737 im Regiment stand, dessen Inhaber bis 1733 sein Vetter Christian III. war. Er hat demnach im Polnischen Erbfolgekrieg von 1733 bis 1735/38, an dem das Regiment d'Alsace teilnahm, gegen deutsche Truppen bei Kehl, bei Eßlingen und bei der Belagerung der Reichsfestung Philippsburg gekämpft. Bekanntlich endete dieser Erbfolgekrieg, der um die Einsetzung Stanislaus Leszczyńskys, des Schützlings Frankreichs, oder des Sohnes Friedrich Augusts von Sachsen ging, mit der Bestätigung des letzteren zum König von Polen.

Friedrich Bernhard wurde königlich französischer Brigadegeneral und Ritter des Kurpfälzischen Hubertusordens, eines im Jahre 1444 von Gerhard v., Herzog von Jülich und Geldern, gestifteten Ordens, der 1708 von Kurfürst Johann Wilhelm von der Pfalz erneuert wurde. Gleichzeitig erklärte sich Johann Wilhelm selbst zum Ordensmeister. Später – im Jahre 1800 – wurde der Orden eine der höchsten bayerischen Auszeichnungen.

Die Verleihung dieses pfälzischen Ordens sowie sein Eintritt in das Regiment d'Alsace läßt darauf schließen, daß es Friedrich Bernhard gelungen war, ein gutes Verhältnis zu den pfälzischen und Zweibrückener Vettern herzustellen.

Obwohl er sich, wie anzunehmen ist, im wesentlichen in Frankreich aufhielt, heiratete er eine deutsche Prinzessin, Ernestine Luise von Waldeck, die eine Enkelin seines Onkels Christian II. von Birkenfeld-Bischweiler war. Die Hochzeit fand am 30. Mai 1737 wahrscheinlich in Waldeck statt. 1741 heiratete eine Tochter von Friedrich Bernhards Vetter, Christian III., den Bruder von Ernestine Luise, Karl August Friedrich, Fürsten von Waldeck.

Es scheint, daß Friedrich Bernhard sich nach seiner Heirat in Gelnhausen in seinem väterlichen Hause niederließ; jedenfalls sind seine beiden Kinder, Luise Karoline und Augusta Friederike Ernestine, in Gelnhausen geboren. Es war ihm nicht vergönnt, seine Linie im Mannesstamm fortzusetzen; er starb bereits am 5. August 1739, ein halbes Jahr nach der Geburt seiner jüngeren Tochter, und wurde in Gelnhausen in der evangelischen Pfarrkirche Sankt Maria beigesetzt. Sein Grab oder ein Grabdenkmal ist nicht erhalten geblieben.

Von seinen Töchtern blieb die am 22. Januar 1738 geborene Luise Karoline unvermählt, Augusta Friederike Ernestine, am 17. Februar 1739 geboren, starb bereits mit neun Jahren. Beide lebten in Gelnhausen, wo sie auch bestattet wurden. Seine Witwe überlebte ihn um dreiundvierzig Jahre. Sie scheint ihren Witwensitz in Gelnhausen gehabt zu haben, jedenfalls ist auch sie in Gelnhausen gestorben und bestattet worden.

Erheblich älter als Friedrich Bernhard wurde sein jüngerer Bruder *Johannes,* Esther Marias zweiter Sohn, der am 24. Mai 1698 in Gelnhausen das Licht der Welt erblickte. In den zweiundachtzig Jahren seines Lebens baute er sich nicht nur eine glänzende Laufbahn auf, sondern er war auch der einzige von Esther Marias Söhnen, der die Gelnhausener Linie im Mannesstamm fortgesetzt hat. Wie alle seine Geschwister erhielt auch er von seiner klugen, gebildeten und vor allem frommen Mutter trotz aller Not und Sorge eine sehr sorgfältige Erziehung und soll, so heißt es, ein wohlgebildeter, allgemein beliebter Fürst und tapferer Feldherr gewesen sein. Ebenso wie sein älterer Bruder schlug er die militärische Laufbahn ein, blieb jedoch Zeit seines Lebens in kurpfälzischen Diensten.

Mit ziemlicher Sicherheit ist anzunehmen, daß er 1715, als seine Mutter den langen Prozeß gegen ihren Schwager endlich gewonnen hatte, mit siebzehn Jahren nach Düsseldorf ging. Dort residierte noch der Kurfürst Johann Wilhelm von der Pfalz aus der Neuburger Linie, dem Düsseldorf als Hauptstadt des Herzogtums Berg so sehr viel verdankt. Nach seinem Tod 1716 kam sein jüngerer Bruder Karl Philipp zur Regierung, der 1720 seinen Hof nach Mannheim verlegte.

Düsseldorf hatte 1703 8578 Einwohner, nach einer anderen Quelle betrug die Einwohnerzahl während der Regierung Johann Wilhelms (1679-1716) 14000. Die aus 1421 Mann in acht Kompagnien bestehende und in Düsseldorf stationierte Streitmacht war bis 1702 in Bürgerquartieren untergebracht. Erst von diesem Jahr an wurden Kasernen gebaut. Im späteren

18. Jahrhundert lagen meist drei Infanterie-Regimenter, ein Kavallerie-Regiment und ein Artillerie-Regiment in Garnison; 1778 das Infanterie-Regiment Prinz Birkenfeld, 1789 bis 1799 das Regiment Pfalzgraf (Prinz Johann von Birkenfeld).

Johannes entwickelte eine bewundernswerte Tatkraft; er wurde kurpfälzischer Heerführer, Feldstatthalter und befehlender Oberfeldherr aller kurpfälzisch-bergischen Truppen. Im Jahre 1728 belief sich die Gesamtzahl der in Jülich-Berg stehenden kurpfälzischen Truppen auf etwa viertausend Mann, wobei die wirkliche hinter der Sollzahl bei den einzelnen Regimentern zurückblieb. Die Ausrüstung, so heißt es, war äußerst mangelhaft. Johannes' Streitmacht war also schon für damalige Verhältnisse recht gering!

Erst mit fünfundvierzig Jahren – fast zwanzig Jahre nach dem Tode seiner Mutter und vier Jahre, nachdem sein älterer Bruder gestorben war – verheiratete sich Johannes am 19. August 1743 mit Sophia Charlotte Wild- und Rheingräfin von Dhaun. Sie war eine Tochter des Wildgrafen Karl zu Dhaun und Kyburg, Rheingrafen zum Stein und Grafen zu Salm. Das Stammschloß der Dhaun stand unweit des Eifelstädtchens Daun, von wo das Geschlecht im 17. Jahrhundert nach Österreich übersiedelte. Ein Leopold Joseph Dhaun machte 1735 in kaiserlichen Diensten den Polnischen Erbfolgekrieg am Rhein mit und wurde später k.k.österreichischer Feldmarschall.

Johannes' relativ späte Heirat war vielleicht durch die mit irdischen Gütern nicht gerade übermäßig reich gesegnete Lage der Birkenfeld-Gelnhausener bedingt. Das Einkommen der Brüder ist zu Beginn ihrer Laufbahnen sicherlich bescheiden gewesen, und das Deputat von jährlich sechstausend Gulden ging in viele Teile. So waren die Brüder wohl kaum in der Lage, in jungen Jahren Familien zu gründen und standesgemäß zu unterhalten. Wir möchten fast annehmen, daß die Wahl des Jahres 1737 für die Heirat Friedrich Bernhards kein Zufall war, denn in diesem Jahr eröffnete sich die Aussicht auf eine Erhöhung der Apanage. Wir werden davon noch hören. Seine Familie lebte, soweit wir ermitteln konnten, in Gelnhausen und blieb auch nach seinem frühen Tod dort. Die finanzielle Lage der Birkenfeld-Gelnhausener besserte sich, als 1742, nach dem Tode des Kurfürsten Karl Philipp und ein Jahr vor der Heirat von Johannes, die jährliche Apanage erhöht wurde. Trotzdem nahm auch die Familie von Johannes ihren Wohnsitz im Gelnhausener Fürstenhof. Seine Kinder wurden dort geboren.

Dieser Fürstenhof wurde zwar im Jahre 1699 umgebaut und renoviert. Aber nach einer Zeichnung aus dem Jahre 1831 war er ein einfaches, schmuckloses, langgestrecktes Gebäude geblieben, in keiner Weise vergleichbar mit den großen repräsentativen Schlössern von Birkenfeld, Bischweiler oder gar Rappoltsweiler. Sicher gab es in Gelnhausen keine aufwendige, prunkvolle Hofhaltung, wie sie in dieser Zeit selbst an den kleinsten Höfen üblich war, die ja alle dem Versailler Vorbild nacheiferten. Zum Hofstaat Christians III. in Rappoltsweiler, wo er im Winter, und in Bischweiler, wo er im Sommer residierte, nachdem ihm sein Vater 1699 und 1707 diese Herrschaften übergeben hatte, gehörten beispielsweise, wie uns überliefert ist: *Hofrath-Leibmedicus, Rathsekretär, Stallmeister, Haushofmeister, 2 Kammerdiener, 8 Lakaien, 3 Pagen, Officemeister, Küchengehülfe, Officejunge, Rotisseur, Mundschenk, 3 Jäger, 2 Friseure, Leibknecht, Postillon, 3 Reitknechte, Reitschmidt, Vorreiter, Läufer, ein Zwerg,* wobei Hofkavaliere und weibliches Personal nicht aufgeführt sind.

Von einem solchen Aufwand wird in Gelnhausen keine Rede gewesen sein, wenn auch Johannes im weiteren Verlauf seines Lebens Feldzeugmeister und schließlich 1753 Statthalter im Kurpfälzischen Herzogtum Jülich und Kommandant dieser Festung wurde. Wie sein Bruder war er Ritter des Kurpfälzischen Hubertusordens und des ebenfalls Kurpfälzischen, im Jahre 1768 gestifteten Löwenordens.

Schon 1723 hatte sich Johannes in Jülich aufgehalten und in dem Haus ›Prinz Eugen‹, dem, wie es heißt, vornehmsten Gasthaus der Stadt, logiert. Ob der Wirt ihm ebenso wie einem 1709 dort einquartierten Obersten, dem »vermöge seiner Charge« vier Zimmer zustanden, das ganze Haus »sambt dem Garten, Scheur, Hoffrechten und Stallungen« für vierundzwanzig Reichstaler »Haußheur« (Miete) überlassen hat, wissen wir nicht. Eine kleine Vorstellung von den damaligen Geldverhältnissen gewinnen wir, wenn wir erfahren, daß zum Beispiel der Generallieutenant und Generalfeldzeugmeister von Leyenbeck, Gouverneur von Jülich, ein Gehalt von 1920 Reichstalern hatte. Das fünfpfündige Schwarzbrot kostete gewöhnlich 1 Albus, das war der zwanzigste Teil eines Reichstalers, das Pfund Fleisch im Durchschnitt ebensoviel, das Pfund Kalbfleisch sogar nur 2 Albus und 8 Heller, genau den dreißigsten Teil eines Reichstalers.

1753 war Johannes dann als Gouverneur in Jülich; es wird berichtet, daß der »Generalissimus Prinz Johann von Pfalz-Zweibrüggen, der eben als Gouverneur eintraf«, bei dem Schießen der Sankt-Antonius- und Sebastians-Brüderschaft zugegen war. 1757 dagegen heißt es, der Stadtkommandant de la Roche, der die Geschäfte des abwesenden Gouverneurs, des Prinzen Johann von Pfalz-Zweibrücken, führte, habe dem Magistrat ein »avise wegen deren dahier zu passierenden Königlich-Frantzösischen trouppen« mitgeteilt. Jülich war im Verlauf des Siebenjährigen Kriegs von 1756-1763 von harten französischen Einquartierungen betroffen und von 1794 bis 1814 von den Franzosen besetzt.

In seinen späteren Lebensjahren hielt sich Johannes hauptsächlich in Mannheim am dortigen kurpfälzischen Hof auf und hatte ein gutes Verhältnis zu dem nunmehr dort residierenden Kurfürsten Karl Theodor von der Pfalz. Unter dessen Regierung war es auch gewesen, daß Johannes 1753 zum Gouverneur von Jülich ernannt wurde. Als Karl Theodor 1777, nachdem ihm das Kurfürstentum Bayern zugefallen war, nach München übersiedelte, blieb Johannes als Kommandant der Festung Mannheim dort zurück.

Johannes starb in Mannheim am 10. Februar 1780 und ruht in der evangelischen Kirche dortselbst. Seine Frau war ihm am 29. März 1770 im Tode vorausgegangen. Auf die Kinder dieser Ehe kommen wir in dem nächsten Kapitel zu sprechen.

Auch der dritte Sohn Esther Marias, der am 4. Januar 1701 in Gelnhausen geborene *Wilhelm,* wurde Soldat und stand 1725 im kurpfälzischen Dienst des Herzogtums Berg. Er ging später in die österreichische Armee; vielleicht ebnete ihm die verwandtschaftliche Verbindung zu den Dhaun den Weg hierzu? Wir wissen leider fast nichts über ihn. Er wurde Gouverneur von Namur in den damals österreichischen Niederlanden. Es scheint uns nicht abwegig, aus dieser Tatsache den Schluß zu ziehen, daß Wilhelm Verbindung zu den mit ihm ja ohnehin verwandten Dhaun in Wien hatte. Wir wissen, daß der oben bereits erwähnte und mit Wilhelm etwa gleichaltrige Leopold Joseph Dhaun nach dem Frieden von Dresden 1745 ein Kommando in den Niederlanden gehabt hat, vorher im Zweiten Schlesischen Krieg an den Schlachten bei Hohenfriedberg und bei Soor teilnahm. Sein Vater Philipp Lorenz war zwischen 1719 und 1728 Gouverneur der Niederlande gewesen und 1741 in Wien gestorben. Warum also sollte Wilhelm nicht mit Leopold Joseph zusammen im Zweiten Schlesischen Krieg und in den Niederlanden gewesen und seine Karriere durch die in Wien einflußreichen Dhaun gefördert worden sein? Er starb als kaiserlicher – also österreichischer – Generalfeldmarschall am 25. Dezember 1760 unverheiratet und wurde wahrscheinlich in Gelnhausen begraben.

Von den beiden Töchtern Esther Marias wurde *Karolina Katharina* als drittes Kind am 19. Dezember 1699 in Gelnhausen geboren. Sie heiratete mit sechsundvierzig Jahren, zwanzig Jahre nach dem Tode ihrer Mutter, am 30. Dezember 1745 den Fürsten Friedrich Wilhelm zu Solms, der, drei Jahre älter als sie, sich damit zum dritten Mal vermählte. Die Solms waren erst im Jahre 1742 in den Reichsfürstenstand erhoben worden. Karolina Katharina lebte 1725, dem Todesjahr ihrer Mutter, am Hofe in Sondershausen. Möglicherweise hatte ihr Schwager, Graf Heinrich XXV. Reuß, der Gemahl ihrer jüngeren Schwester, ihr einen Posten am dortigen Hof vermittelt. Graf Heinrich war in Sondershausen geboren.

Sophie Marie, die jüngste der Geschwister, wurde zwei Jahre vor dem Tod ihres Vaters am 5. April 1702 geboren. Sie verlebte ihre Kindheit, gleich ihrer Schwester, in den sehr beschränkten Verhältnissen in Gelnhausen. Aber schon mit zwanzig Jahren heiratete sie noch zu Lebzeiten ihrer Mutter – drei Jahre vor deren Tod – am 24. August 1722 den Grafen Reuß jüngerer Linie zu Gera und Herrn zu Plauen, Heinrich XXV., der damals bereits einundvierzig Jahre alt war. Sophie Marie war seine zweite Frau. Die Vermählung fand in Sondershausen statt. Es war die einzige Hochzeit ihrer Kinder, die Esther Maria erlebte. Graf Heinrich starb am 17. März 1748 und fand seine letzte Ruhestätte in der Erbgruft der Sankt-Johannis-Kirche zu Gera. Sophie Marie überlebte ihren Gemahl dreizehn Jahre. Sie folgte ihm am 13. November 1761 und wurde ebenfalls zu Sankt Johannis in Gera bestattet. Von den vier Kindern dieser Ehe heiratete ihr Sohn Heinrich XXX. Graf Reuß-Gera seine Kusine Christina Louisa, die Tochter von Johannes.

Wenden wir uns nochmals den beiden Brüdern Johannes und Wilhelm zu. Sie standen in Düsseldorf, als sie die Nachricht von der Erkrankung ihrer Mutter erhielten, und waren von dort nach Gelnhausen geeilt, wo sie die von ihnen sehr geliebte Mutter noch lebend antrafen. Sie starb am 20. Februar 1725 und wurde am 23. Februar 1725 in der Pfarrkirche Sankt Maria zu Gelnhausen bestattet. Auch ihr Grabmal ist nicht erhalten geblieben.

Beide Brüder waren zu Anfang März 1725 wieder in Düsseldorf. Dort gab es zu dieser Zeit keinen Residenten, da, wie wir gehört haben, Karl Philipp 1720 seine Residenz nach Mannheim verlegt hatte. Es scheint ein wenig sonderbar, daß die beiden Brüder die Anzeige vom Tode ihrer Mutter an den Erbprinzen von Sulzbach, Joseph Karl Emanuel, schickten, der in Mannheim am Hofe Karl Philipps lebte. Daß er ihrer Generation angehörte und, da Karl Philipp keine männlichen Erben hatte, der nächste Anwärter auf den kurpfälzischen Thron war, mag der Grund hierfür gewesen sein. Joseph Karl Emanuel wurde von Kindheit an für diese Nachfolge erzogen, zuerst am Hofe des Kurfürsten Johann Wilhelm in Düsseldorf, später an dem Karl Philipps in Innsbruck, wo dieser bis zu seinem Regierungsantritt in der Pfalz 1716 kaiserlicher Statthalter in Vorderösterreich war. 1717 heiratete Joseph Karl Emanuel die einzige Tochter Karl Philipps, Elisabethe Auguste Sophie. Der junge Prinz erfreute sich großer Zuneigung seines Schwiegervaters, zeichnete sich in den Türkenkriegen und besonders 1718 vor Belgrad aus und besaß alle Gaben, die ihn für seine künftige Stellung prädestiniert erscheinen ließen.

Johannes und Wilhelm, die beiden jüngeren Söhne der Esther Maria, richteten also an diesen Joseph Karl Emanuel die folgende Anzeige vom Tode ihrer Mutter:

Durchlauchtigster Fürst
Hochgeehrt und freundlich vielgeliebter Herr Vetter
    Bey Unseres ältesten Herrn Bruders Printz Friedrichs Lbd. dermahligen Aufenthalt in Frankreich undt weilen als mit dessen retour in Deutschlands sich villeicht noch lange verweilen dürfte, können Euer Gnaden Wir auß schmertz voller Betrübnis von dissmahlen nicht bergen, waß nach Gottes Heiligem undt unerforschlichem Rathschluß und Willen, unsere hertzlich vilgeliebten Frau Mutter gnaden die Weyl. durchlauchtige Fürstin Frau Ester Maria, verwittibte Pfalzgräfin bey Rhein, Hertzogin in Bayern, Gräfin zu Veldenz und Sponheim p. 20ten Febr. Nachts um 11 Uhr nach aussgestandener kurzer krankheit auf Ihrem in Gelnhaußen gehabten Wittiben Sietz von der Welt seligst abgeschieden und daß zeitliche mit dem Ewigen verwechselt. Gleich wie nun durch so unvermutheten und Unß sehr zu Gemüth dringenden harten Fall, Wir in solche afflication gerathen, worinnen Wir den Grundgütigen Gott um Trost billig anflehen, dabey aber auch Wir hoffen, daß Eure Gnaden ein Christfürstliches Mit Leyden gegenwärtig mit unss tragen und unser Leydt dadurch in Etwas wiederum zu lindern nicht abgeneigt seyn werden. Daß wünsche zugleich, daß Euer Gnaden vor allen traurigen Begebenheiten noch lange bewahrt bleiben, hingegen bey allem selbst desidirenden fürstlichen hohen Wohlergehen sich un ... gefristet sehen mögen.

ZURÜCKHALTUNG DER VERWANDTSCHAFT

Zu dem Endte Eure Gnaden Wir Göttlicher Obhut empfehlen und mit vollkommener Ergebenheit steths beharren
Euer Gnaden
gantz gehorsamste Vetter und Diener
Johann, Pfalzgraf von Birkenfeld
Düsseldorf   Wilhelm, Pfalzgraf von Birkenfeld
d. 2.ten Martz 1725

Auf diesem Brief finden sich nun folgende Aktennotizen:

1. *Todtfalles Actd.*
Die von des Herrn Pfalzgraven Johann Carls von Birkenfeld hinterlassenen beyden jüngeren Herrn Söhne Johann und Wilhelm zu Düsseldorf notificirte absterben ihrer Frauen Mutter Ester Maria auf ihrem Wittibensitz zu Gelnhausen, einer gebohrenen von Witzleben, worauf aber aus priv.ursache von hier nicht geantwortet worden.

2. *Salzbg. 14 Martz 1725*
Deß Herrn Pfalzgrafen Caroli von Birkenfeld Hochfürstl.Dl. beyde jüngeren Herrn Söhne, Johann und Wilhelm notificiren den Todtfall ihrer Frau Mutter einer gebohrenen von Witzleben und schrieben sich als Pfalzgrafen von Birkenfeld. Die notification aber haben Sie in abwesenheit ihres zu Paris in Frankreich sich dermahlen aufhaltenden älteren Herrn Bruders Prinzens Friedrich Bernhard getan zu Düsseldorf 2. Marty 1725.

3. *Cons.*
Eß haben Ihro Kays.Mayj. diese obzwar ex incognati matrimonio, da die Frau Wittib eine adelige von Witzleben, alß Pfalzgrafen agnosciret, deßgleichen auch von Seiten Ihro Churfstl.Durchl. zu Pfalz geschehen, welche Pfalz Birkenfeld ... nachfolgen und ihnen die Deputata avita streichen lassen müsse. nachdem aber Seine Hochfürstl.Durchl. dergleichen passum zu thun bißher Bedenken getragen und kein Antwort schrieb, ohne Sie alß Pfalzgrafen zu nennen, alls könnte daß Ratificationsschreiben besser unbeantwortet gelassen und dessen Empfang dissimuliret werden.
Unterschrift: 2 Räte.

Worauf dann ein Kondolenzschreiben des Vetters unterblieb. Es sind nur zwei unfertige Entwürfe vom 14. und 15. März 1725 an die Prinzen Johann und Wilhelm zu Birkenfeld in den Akten, die aber nicht abgesandt wurden.

Wenn auch anzunehmen ist, daß es den Kindern der Esther Maria gelungen war, ein gutes Verhältnis zu ihren pfälzischen und zweibrückischen Verwandten herzustellen, was aus den hohen Ämtern, die ihnen von den verwandten Höfen anvertraut wurden, und den Heiraten, die sie untereinander eingingen, zu schließen ist, so scheint doch lange noch eine gewisse Unsicherheit selbst bei den verwandten Höfen über die ihnen zustehenden Rechte bestanden zu haben. Ein Chronist schreibt noch im Jahre 1752:

Wie es aber in Ansehung ihrer [der Kinder Esther Marias] etwa künftig einmal, wegen der Succession in den Pfältzischen Landen möchte gehalten werden, das ist mir zur Zeit noch unbewußt. So viel ist wohl bekannt, daß vorhin erwehnte Wittwe bereits mit Pfaltzgrafen Christian II. von Birkenfeld Verdrießlichkeit bekommen, davon folgende öffentliche Schrift, die ermeldter Pfaltzgraf durch Druck bekannt gemacht, einige nähere Nachricht ertheilet: »Wahrhaffte facti species mit angehängter ausführlichen, auch mit verschiedenen Beylagen und documenti bewährten Deduction, daß die wider den Durchlauchtigsten Fürsten und Herrn Herrn Christian von Birckenfeld den Zweyten ect. bey dem Hochpreißlichen Kayserl. Reichs-Hofrath zu Wien durch Frau Esther Maria von Witzleben, verwittibte Brömserin, vor sich und im Namen ihrer mit weyland Hertzog Johann Carls von Pfaltz-Birckenfeld Hochfürstl. Durchl. ex impari matrimonio ad Morganaticum erzeugter Kinder angezettelte famose Klag gantz null, nichtig, ungerecht und verwerfflich, einfolglich die unbefugte Klägerin von dem höchsten Reichs-Gericht abzuweisen, dahingegen aber des Herrn Beklagten Hochfürstl.Durchl. von der den 3. Sept. 1708 wider dieselbe ausgewürckten Citation, tam ratione possessori, quam eventuali petitorii zu absolvieren und loszusprechen sey.«

Christian II. hat sich also nicht gescheut, ein Pamphlet gegen Esther Maria drucken und öffentlich verbreiten zu lassen, und zwar im Jahre 1713. Noch bis zum Jahre 1752 und wahrscheinlich darüber hinaus ist diese Schrift, mindestens auf die Öffentlichkeit, nicht ohne Wirkung geblieben. Ja sogar noch in Häutles ›Genealogie des Erlauchten Stammhauses Wittelsbach‹ von 1870 wird auf sie hingewiesen.

Dessen ungeachtet mußte der nach dem kaiserlichen Urteil vom 11. April 1716 am 22. September 1716 zwischen Esther Maria und ihrem Schwager geschlossene Vertrag eingehalten werden. Am 26. April 1717 starb Christian II., und sein Sohn folgte ihm in Birkenfeld als Christian III. Er war in jahrelange Streitigkeiten und Intrigen um die Zweibrückener Erbschaft verwickelt.

Die pfälzische Verwandtschaft

Zweibrücken war 1681 an den Schwedenkönig Karl XI. aus der pfälzischen Kleeburger Linie gefallen, stand jedoch seit 1680 unter französischer Besatzung. Karl XI. war es zwar 1681 gelungen, eine Einigung mit Frankreich zu erzielen, doch blieb der politische Druck seitens Frankreich bestehen und richtete schwerste Schäden in der Verwaltung und in der Bevölkerung an. Erst 1691 hatte Karl XI. eine eigenständige Verwaltung unter seinem Bevollmächtigten, dem Grafen Gabriel von Oxenstierna, einrichten können, und erst 1697, nach dem Frieden von Rijswijck, konnten die Aufbauarbeiten auf allen Gebieten beginnen. Sie wurden unter Karls XI. Nachfolgern, König Karl XII. von Schweden und Gustav Samuel Leopold, dem letzten Pfalzgrafen aus der Kleeburger Linie, fortgesetzt. Durch den Spanischen Erbfolgekrieg wurden diese Arbeiten nicht behindert, da die kriegführenden Mächte das Zweibrückener Gebiet nicht betreten durften.

Ein originelles Bild Zweibrückens in dieser Zeit vermittelt uns ein zeitgenössischer Bericht. In ihm wird auch der Aufenthalt des Königs Stanislaus Lescszyńsky von Polen, dem Karl XII. einige Zeit Asyl in Zweibrücken gewährt hatte, erwähnt:

Man betrachtet daselbst sonderlich das alte feine Schloß; und zur Seite gegen über das neue Schloß, so von dem letzten Pfaltzgrafen Gustav Samuel im Jahre 1723 überaus prächtig und sehr kostbar erbauet worden. Der Altan oben herum ist mit vielen großen steinernen Statuen, die alle eine Riesenmäßige Größe haben, umgeben und ausgeziert. Der Schloß-Hof, worinnen alle Tage die aufziehenden Wachen ihre Parade machen müssen, zeiget annoch einige Merckmale von der im Jahre 1677, durch die Frantzosen allda ausgeübten Raserey. In der dasigen großen Kirche ist unter andern eine schöne Orgel zu sehen, und die Catholicken besitzen den Chor davon; den Reformirten aber gehört der übrige Theil. Die außerdem allda befindliche lutherische Kirche ist ein gantz neu erbautes schönes Werck, das inwendig mit einer vortrefflichen Cantzel und über derselben mit einer saubern Orgel pranget. Auch hänget im Thurme ein schönes Geläut. Diese Kirche wurde damals, als der Ort noch Schwedisch war, von der letzten Königin in Schweden erbauet. Selbst die gantze Stadt ist durchgehends neu angelegt. Sie hat aber nur drey lange Gassen und zwey Thore, nemlich das Nieder-Thor und das Ober- oder Schloß-Thor. Vor letzterm stehet eine grosse Vor-Stadt, worin ungemein wohl-erbauete Häuser anzutreffen sind.

Etwa nur eine Viertel-Stunde davon liegt der Lust-Ort Schuhflick in einem Thale, welchen der König Stanislaus, als er sich in Zweybrücken aufhielt, angeleget hat. Nach dessen Abreise aber wurde nichts mehr allda unterhalten, und er ist also mehrenteils wieder eingegangen; daß man demnach außer dem Fisch-Weiher, der Wasser-Kunst, dem Vogel-Hauß, und dem am Berge nach und nach erhöheten Theatro der Musicantes, wobey ein unvergleichliches Echo zu hören, weiter nichts daselbst betrachten kann. König Stanislaus brauchte bey Anlegung dieses Lust-Orts solchen Eifer, daß er, um seine Hof-Cavaliers gleichfalls darzu aufzumuntern, selbst Hand anlegte, und mit einem Schub-Karren den Grund darzu herbey führen halff. Denn weil das Thal tieff, und darzu lauterer Sumpff war: so mußte vorhero alles ausgefüllet und eben gemacht werden. Als nun bey dieser Gelegenheit einem Cavalier während der

1 Pfalzgraf Christian II. von Pfalz-Birkenfeld-Bischweiler (1637-1717), einer der ›zwei Brüder, die sich trennten‹, Begründer der später königlichen Linie des Hauses Wittelsbach und Widersacher seiner Schwägerin Esther Maria im acht Jahre währenden Streit um die Anerkennung und das Erbe ihrer Kinder aus der Linie Birkenfeld-Gelnhausen. Der Kupferstich von J. A. Seupel aus dem Jahre 1706 zeigt den Pfalzgrafen im Alter von 69 Jahren, kurz nach seinem Protest gegen die Ernennung des Herzogs von Hollstein-Norburg zum Vormund der Kinder seines Bruders Johann Karl und zwei Jahre vor Beginn des großen Prozesses.

2 Düsseldorf, Hauptstadt des Herzogtums Berg und von 1803 bis 1806 Reside

La Ville de Düsseldorf.

...erzog Wilhelms von Birkenfeld-Gelnhausen, mit dem kurfürstlichen Schloß.

← *3 Besonders gern weilte Herzog Wilhelm (1752-1837) auf seinem Schloß Banz, einem ehemaligen Benediktinerkloster, das er 1814 erworben hat. Hier mit seinem Stallmeister Kegel, seinem Leibjäger und Lakaien beim Ausritt im Maintal.*

4 Bamberg zur Zeit Herzog Wilhelms in Bayern, der von 1806 bis 1837 in der ehemaligen fürstbischöflichen Residenz, in der Mitte des Bildes unterhalb der vier Domtürme gelegen, wohnte.

5 Alexander Berthier, Lieblings-Marschall Napoleons, Freund König Max Josephs und Schwiegersohn Herzog Wilhelms:

6 Die Hintergründe seines tragischen Endes bei jenem Bamberger Fenstersturz am 1. Juni 1815 wurden nie restlos aufgeklärt.

Herzuführung des Erdreichs der Absatz von dem einen Schuh abgebrochen war, und er sich genöthiget sahe denselben unterdessen so gut als er konte selbst anzuflicken; so bekam der Ort zum Spase den Namen Schuhflick, welches die Herren Polen Schieflick aussprachen.

Ein weiteres amüsantes Kuriosum findet sich in der Pfälzer Zeitung von 1910:

Ein hochorigineller lokaler Gedächtnistag kehrt heuer zum 180. Male wieder. In diesem Jahre sind 180 Jahre verflossen, seitdem das Rauchen in den Zweibrücker Straßen nur mit obrigkeitlicher Bescheinigung erlaubt war. Am 23. August 1729 wurde die letzte Erlaubnis ausgestellt, lautend: »Vorzeiger dieses Karl Graff hat Erlaubnis uff ein Jahr Tabak zu rauchen gegen Gebühr von 18 Kreutzer Teutscher Kurs.«

Kehren wir nach dieser kleinen Abschweifung zu Gustav Samuel Leopold von Kleeburg zurück. Er war wegen seiner Erbansprüche auf Zweibrücken 1696 zum katholischen Glauben übergetreten und hatte sich 1707 mit einer Tochter des letzten Herzogs von Veldenz-Lützelstein vermählt, die zwölf Jahre älter war als er. Diese kinderlose Ehe mit der protestantisch gebliebenen Dorothea wurde 1723 auf Geheiß des Papstes wegen zu naher Verwandtschaft aufgelöst. Wir wollen hier nicht übergehen, daß Gustav Samuel Leopold 1724 die Tochter Luise Dorothea des frisch geadelten Beamten Hofmann heiratete. Sie war geschickterweise 1722 konvertiert und wurde alsbald und ohne langen Prozeß von Kaiser Karl VI. zur Reichsgräfin von Hofmann erhoben. Nachdem auch diese Ehe kinderlos blieb, bemühte sich Gustav Samuel Leopold, das evangelische Haus Birkenfeld von der Erbschaft auszuschließen und sie dem katholischen Kurfürsten Karl Philipp von der Pfalz zuzuspielen. Dieser beanspruchte die Sukzession als Haupt des ganzen pfalzgräflichen Hauses. Was den Birkenfelder Christian III. anbetrifft, so stützte sich dieser auf das Wolfgangische Testament, »Krafft dessen den Pfältzischen Landen, die der Chur nicht einverleibt wären, die Succession nach gemeinen Rechten, und also schlechterdings nach dem nähern Grade Statt finden sollte«.

Nach vielem Hin und Her wurde im Dezember 1733 – Gustav Samuel Leopold war 1731 gestorben – der Mannheimer Sukzessionsvertrag geschlossen, in welchem Karl Philipp nun Christian III. als regierenden Herzog von Zweibrücken anerkannte. Dieser Vertrag ist für uns insofern interessant, als sich Christian III. in ihm verpflichten mußte, an Stelle des Kurfürsten Karl Philipp das jährliche Deputat von sechstausend Gulden an die Birkenfeld-Gelnhausener Linie zu zahlen. Karl Philipp hingegen versprach, dafür sorgen zu wollen, daß nach seinem Tode diese Linie eine weitere Jahresrente von dreitausend Gulden erhalte.

Christian III. starb bereits 1735 und seine Witwe, Karolina von Nassau-Saarbrücken, die die Vormundschaft über ihre Kinder übernommen hatte, verglich sich 1736 mit den drei Söhnen Esther Marias dahin, daß diese zu den im Mannheimer Sukzessionsvertrag vereinbarten jährlich sechstausend Gulden weitere sechstausend Gulden erhalten sollten. Wenn sie jedoch nach dem Tode des Kurfürsten in den Genuß der in dem Mannheimer Sukzessionsvertrag von ihm bewilligten 3000 Gulden kommen würden, so sollte diese Summe von den nunmehr zugestandenen 12000 Gulden abgezogen werden und Zweibrücken nur 9000 Gulden zu zahlen haben. Wie Johann Georg Lehmann in seiner ›Vollständigen Geschichte des Herzogtums Zweibrücken‹ berichtet, war ihnen die Möglichkeit eingeräumt worden, von dieser Summe 3000 fl. mit 60000 fl. einzulösen. Diesen Vergleich bestätigte der älteste Sohn Christians III., Christian IV., nach seiner Volljährigkeit im Jahre 1742. Er versprach außerdem, die jährliche Apanage der Gelnhausener Linie zu verdoppeln, wenn Pfalz-Zweibrücken – wie zu erwarten war – zur pfälzischen Kur und in den Besitz des Pfalz-Neuburger Gebietes gelangen würde.

Kurfürst Karl Philipp starb 1742, ihm folgte Karl Theodor aus der Sulzbacher Linie, dem 1777 auch Kurbayern zufiel, und der Enkel Christians III., Maximilian Joseph, wurde nicht nur Herzog von Zweibrücken, Kurfürst von der Pfalz, Fürst zu Neuburg, sondern auch noch Kurfürst und – als Maximilian I. Joseph – König von Bayern.

In Bayern

In der Zeitspanne nach dem Tode der Esther Maria, als sich ihre Kinder in der Pfalz durchsetzten, bis zum Erlöschen der bayerischen Wittelsbacher, mit dem die Pfälzer auch in Bayern zur Regierung kamen und die Lebensschicksale der Nachkommen Esther Marias mit Bayern verschmolzen, regierten in München von 1726 bis 1745 Karl Albrecht und von 1745 bis 1777 Maximilian III. Joseph.

Karl Albrecht war der älteste, 1697 geborene Sohn des Kurfürsten Max Emanuel aus seiner zweiten Ehe mit der polnischen Therese Kunigunde. Infolge der unglücklichen Politik seines Vaters war Karl Albrechts Jugend recht freudlos. Er und seine Brüder lebten von 1705 bis 1715 sozusagen in österreichischer Internierung in Klagenfurt und Graz und, wie wir schon berichteten, zu Grafen von Wittelsbach degradiert.

Es mag daher nach diesen trostlosen und wirren Jahren verständlich sein, daß der neue Herr in München, wie es heißt, »voll Freude am Leben, an Prachtentfaltung, als passionierter Jäger«, all das nachholte, was ihm in seiner frühen Jugend vorenthalten worden war. Der Taumel an Festen, Jagden, Empfängen aller Art, die einander unter seinem Vater folgten, setzte sich auch unter ihm in fast ununterbrochener Folge fort. Karl Albrecht war sehr wohltätig gegen die Kirche, machte aber auch weiter hohe Schulden, obwohl er von seinem Vater eine Schuldenlast von zwanzig Millionen Gulden übernommen hatte. Bayern hatte zu seiner Zeit etwa sechs Millionen Gulden Einkünfte aus Domänen, Forsten, Bergwerken, aus Steuern und Zöllen. Aber diese sechs Millionen reichten nicht im entferntesten aus, den riesigen Aufwand für Repräsentation, Hofhaltung und Verwaltung zu tragen. Immer wieder versuchten findige Räte, neue Geldquellen zu erschließen: der Lotto, der 1735 in Bayern eingeführt wurde, sollte eine davon sein.

Noch zu Lebzeiten seines Vaters wurde die prunkvolle Hochzeit Karl Albrechts mit der Erzherzogin Maria Amalie im September 1722 gefeiert. Sie war die zweite Tochter des Erzfeindes Max Emanuels, des Kaisers Joseph I. Bei ihrer Heirat hatte sie auf etwaige Ansprüche auf den Kaiserthron verzichtet. Als jedoch Karl VI. bestimmte, daß nach seinem Tode auch eine weibliche Erbfolge in den österreichischen Kronlanden eintreten sollte, kam es zu Erbstreitigkeiten, denn Karl Albrecht verweigerte die Anerkennung der ›Pragmatischen Sanktion‹ auf Grund recht zweifelhafter, angeblicher auf Ferdinand I. zurückgehender Sukzessionsbestimmungen. Er erhob Anspruch auf die Nachfolge Karls VI., der am 20. Oktober 1740 starb. So brach der Österreichische Erbfolgekrieg aus. Es war ein europäischer Krieg, den im einzelnen darzustellen hier zu weit führen würde. Bayern war wieder Verbündeter des französischen Königs und Spaniens und Karl Albrecht stieß im September 1741 zusammen mit französischen Truppen zunächst bis Linz vor, eroberte dann Prag, wo er sich am 8. Dezember zum König von Böhmen krönen ließ. Von Prag ging er nach München zurück, mußte es aber einen Tag später schleunigst wieder verlassen, da die Österreicher unter Graf Khevenhüller in Bayern einfielen. Er fuhr über Mannheim nach Frankfurt, wo er seine abenteuerliche Politik damit fortsetzte, daß er sich dort am 25. Januar 1742 zum Kaiser wählen und am 12. Februar krönen ließ. Wiederum, wie zur Zeit seines Vaters, brachte falscher Ehrgeiz ganz Bayern in eine höchst unglückliche Lage: Die Truppen Maria Theresias besetzten am 14. Februar 1742 München. Der ›Kaiser‹, der de facto keiner war, konnte den Dingen nur ohnmächtig von außen zusehen. Er besaß keinerlei Einfluß auf den Ablauf der äußerst schwierigen politischen Verhältnisse, die sich ununterbrochen änderten. Der bayerische General von Seckendorff vermochte zwar im Oktober 1742 die Österreicher zu vertreiben, so daß Karl Albrecht wenigstens nach München in seine Hauptstadt zurückkehren konnte. Aber nur für kurze Zeit. 1743 – im Juni – mußte er vor den erneut in Bayern einbrechenden Österreichern wiederum fliehen. Erst kurz vor seinem Tode am 20. Januar 1745 konnte er im Oktober 1744 – nicht zuletzt dank des Eingreifens der Preußen – in seine Residenz zurückkehren.

Als Bayern in den Jahren 1743 und 1744 wieder einmal eine Art österreichischen Besatzungsgebiets gewesen war, hatte

Maria Theresia die absurde Idee geäußert, es solle sich an Mailand, Brüssel, Palermo oder Elsaß-Lothringen schadlos halten.

Als gebrochener Mann war Karl Albrecht schließlich und endlich in seine Residenz zurückgekehrt. In seinem Tagebuch schreibt er, er sei bei seiner Heimkehr in etwas trübsinniger Verfassung gewesen. Er war sich dessen sichtlich nicht bewußt, daß er allein die Schuld an allem hatte. Er spricht weiter von den Tränen seiner Untertanen, daß aber auch sein Herz erfüllt gewesen sei von der Liebe zu seinem Volk und daß er sich kaum enthalten konnte, mit seinen Getreuen zu weinen.

Sein Porträt von Desmarées, das um 1745 entstand, zeigt ihn als Kaiser in einer Pose, die diametral seinen Leistungen entgegenstand, einer Pose, die etwa hundertsechzig Jahre später ein deutscher Kaiser einnahm, bevor er das deutsche Volk ins Unglück brachte.

Karl Albrecht starb im Alter von achtundvierzig Jahren unter Hinterlassung von vierzig Millionen Schulden, die wohl hauptsächlich von seinem Streben nach der Kaiserkrone herrührten, und ließ Bayern in einem sehr dürftigen Zustand zurück.

Der Kaisertraum war indessen noch immer nicht zerronnen: Karl Albrecht hatte seinem Sohn Maximilian Joseph, den man auch den ›Vielgeliebten‹ nennt, das Versprechen abgenommen, den Krieg gegen Österreich fortzusetzen. Auch Frankreich und der bayerische Feldmarschall Graf Törring taten ein übriges, den neuen Kurfürsten in eine kriegerische Haltung zu drängen, die ihm absolut nicht lag. Maximilian III. Joseph hatte eine sehr »tugendsame Erziehung« seitens seiner Habsburger Mutter erhalten und das verhängnisvolle Spiel seines Vaters während der Verbannung in Frankfurt miterleben müssen. Er war von Jesuiten, dem damals in Bayern einflußreichsten Orden, erzogen worden.

Mit achtzehn Jahren bereits Kurfürst, war es für Maximilian Joseph, dessen Neigungen mehr der Kunst und den Wissenschaften als kriegerischen Auseinandersetzungen galten, schwer, sich durchzusetzen. Die ihm hinterlassene außen- wie innenpolitische Erbschaft belastete ihn erheblich.

Der Krieg gegen Österreich ging zunächst weiter; bereits ein Vierteljahr nach seinem Regierungsantritt stießen die Österreicher erneut nach Niederbayern vor. Die französischen Truppen warteten untätig ab, der bayerische General von Seckendorff wurde geschlagen und das Spiel von Flucht und Rückkehr setzte sich fort. Max III. Joseph flüchtete mit dem gesamten Hof über Augsburg nach Mannheim. Andere Quellen besagen, daß die Flucht nur bis Augsburg ging, was aber unwahrscheinlich ist. In dieser verzweifelten Situation griff nun Anfang 1746 Maximilians energische Mutter ein, die Habsburgerin Maria Amalie. Sie war es wohl in erster Linie, die dazu drängte, einen Friedenskongreß nach Füssen einzuberufen, der dann am 22. April 1745 mit dem Frieden von Füssen am Lech endete. Endlich war man bereit, die höchst zweifelhafte und unkluge Politik Karl Albrechts aufzugeben. Die Ansprüche Bayerns auf Österreich wurden annulliert, die ›Pragmatische Sanktion‹ anerkannt, und schließlich die Stimme Bayerns zur Wahl von Franz von Lothringen, des Gemahls Maria Theresias, zum Kaiser zugesagt.

Doch damit war das bayerische Kurfürstentum noch lange nicht der Not entronnen. Es fehlte an Geld; scharfe Besteuerungen waren die Folge. Der damalige Vizehofkammerpräsident Max Freiherr von Berchem scheute vor rigorosen Maßnahmen nicht zurück. Bayerische Bauern – etwa zehntausend Menschen – drehten infolgedessen zwischen 1764 und 1769 ihrem Vaterland den Rücken und gingen zumeist nach Spanien. Wenn die bayerische Regierung auch versuchte, diese Abwanderung verzweifelter Menschen mit allen Mitteln zu verhindern, so hatte sie doch wenig Erfolg.

Es drehte sich beinahe alles um die Frage, wie und woher man die enormen Mittel für die Hofhaltung und die übrigen Belange auftreiben sollte. Die Hofbankiers begannen daher eine immer größere Rolle im Wirtschaftsleben zu spielen. Dabei waren die Brüder Noker in München in der Subsidienwirtschaft von oft entscheidender Bedeutung.

Daneben gab es aber auch modern denkende Beamte, wie zum Beispiel den Grafen Sigmund von Haimhausen, von dem

1751 das ›Münz- und Bergwerks Kollegium‹ geschaffen wurde. Maximilian Joseph hatte die Klugheit, diesen Mann sich direkt zu unterstellen. Dem oft stark angefeindeten Grafen von Haimhausen gelang es in der Folge, den ziemlich darniederliegenden Bergbau so zu intensivieren, daß die Einnahmen von bisher 7000 Gulden auf die recht stattliche Summe von 250000 Gulden jährlich stiegen.

Hand in Hand mit dem langsam aufblühenden allgemeinen Wohlstand zog eine neue Zeit für Bayern herauf, in der die Aufklärung, die Künste und Wissenschaften nicht nur in den bayerischen Kurfürstenhof, sondern auch ins Bürgertum immer mehr vordrangen. Zwar leisteten konservative Kreise der Geistlichkeit erbitterten Widerstand gegen eine sich wandelnde Zeit, und als der aufgeschlossene Kurfürst 1759 die Gründung der Bayerischen Akademie der Wissenschaften in München bestätigte, waren es vor allem die allmächtigen Jesuiten, an ihrer Spitze der Beichtvater Max III. Josephs, der Jesuit Stadler, die sich scharf gegen das Errichten einer solchen Akademie aussprachen.

So sehr sich in dieser Beziehung die Zeiten erhellten, so sehr verdunkelte eine andere Frage, die des Fortbestandes des bayerischen Hauses Wittelsbach, den Horizont.

Von den vielen Brüdern Karl Albrechts waren einige jung gestorben, andere hatten den geistlichen Stand erwählt. Nur Herzog Ferdinand Maria hatte sich vermählt. Aus seiner Ehe mit der Pfälzerin Maria Karolina von Neuburg stammten die beiden Söhne Maximilian und Clemens Franz. Maximilian starb früh, und Clemens Franz heiratete wieder eine Pfälzerin, Maria Anna von Sulzbach, eine der Töchter des bereits weiter oben erwähnten Prinzen Joseph Karl Emanuel von Sulzbach. Sie spielte in der Folge eine erhebliche Rolle in der bayerischen Politik. Die Kinder dieser Ehe starben bald nach der Geburt, so daß von dieser Seite keine Fortsetzung der bayerischen Linie zu erwarten war. Maximilian III. Joseph selbst heiratete eine Sächsin, Maria Anna, eine Tochter Friedrich Augusts III., der Kurfürst von Sachsen, zugleich auch König von Polen war. Nach der Prokurations-Trauung in Dresden traf sich Maximilian Joseph mit seiner jungen Frau im Schloß zu Ingolstadt, und es folgte dann in München eine Flut von Festlichkeiten.

Indessen, was ja wohl die Hauptsache war: Die Kurfürstin, die als »schöne Frau mit rotem Haar, groß von Gestalt und de completation amoureuse« geschildert wird, bekam keine Kinder. So sah sich Maximilian Joseph vor die Notwendigkeit gestellt, durch eine Reihe von Hausverträgen mit den pfälzischen Wittelsbachern die Nachfolge zu sichern: Der nächst erbberechtigte Agnat war Karl Theodor, der als Kurfürst von der Pfalz in Mannheim residierte. In der dritten ›Hausunion‹ vom 19. Juni 1774, drei Jahre vor dem Tode Maximilian Josephs, heißt es, *daß die katholische Religion in allen Erblanden vorherrschen und die Urverfassung von Bayern und Oberpfalz weiterhin gelten solle.*

Dem wurde ein Zusatz angefügt, der im Deutsch unserer Zeit lautet:

Jeder über die vereinten kurbayerischen und kurpfälzischen Lande einst gebietende Kurfürst solle schuldig gehalten sein, in München und in keiner anderen Stadt zu wohnen.

Am 30. Dezember 1777 starb Maximilian III. Joseph, der ›Vielgeliebte‹, in seiner Münchner Residenz an den Pocken. Er war fünfzig Jahre alt geworden. Das bayerische Haus Wittelsbach war erloschen.

4

HERZOG WILHELM IN BAYERN

Unter Kurfürst Karl Theodor

Wir wenden uns nun einer Persönlichkeit zu, dem Enkel der Esther Maria, dessen Charakterbild, »von der Parteien Gunst und Haß verwirrt«, in der Geschichte schwankt. Es ist der jüngere Sohn *Wilhelm* des bereits erwähnten Johann, der als einziger der drei Söhne Esther Marias die Gelnhausener Linie fortsetzte.

Johann hatte am 19. August 1743, wie wir gehört haben, die älteste Tochter des Wildgrafen Karl zu Dhaun und Kyburg, Rheingrafen zum Stein und Grafen zu Salm, Sophie Charlotte, geheiratet. Von den acht Kindern dieser Ehe blieben nur drei am Leben, zwei Söhne und eine Tochter. Da Pfalzgraf Johann in kurpfälzischen Diensten ein unruhiges Leben führen mußte, oblag die Erziehung der Kinder vorerst allein der Mutter in Gelnhausen. Alle Kinder wurden streng protestantisch erzogen. Kurz nach der Geburt seines zweiten Sohnes Wilhelm wurde Johannes 1753 Gouverneur von Jülich. Während der ältere Sohn, nach seinem Großvater Johann Karl genannt, später in kaiserlich österreichische Dienste trat, kam sein am 10. November 1752 in Gelnhausen geborener jüngerer Bruder Wilhelm an den Mannheimer Hof, wo er alsbald die Aufmerksamkeit des dortigen Kurfürsten Karl Theodor auf sich zog. Seine Erziehung nahm nach und nach weniger sein Vater Johann, sondern Karl Theodor in die Hand, und Wilhelm, jung und prägsam, fügte sich in die Gedankengänge und Charaktereigenschaften Karl Theodors. Das war zu Ausgang der sechziger Jahre des 18. Jahrhunderts.

Vierzig Jahre früher – 1725 – hatte sein Vater Johann von Düsseldorf aus dem »Monsieur le Prince Joseph Charles Emanuel Prince Palatin et Héréditaire de Sulzbach« in Mannheim in einem offiziellen Schreiben, das wir in dem Kapitel über die

Kinder Johann Karls und Esther Marias im Wortlaut wiedergegeben haben, den Tod seiner Mutter als Pfalzgraf und ›Vetter‹ angezeigt und hatte damals – nach einer Aktennotiz – aus »privater Ursache« keine Antwort erhalten. Nun war die Situation eine andere. Joseph Karl Emanuel war bereits am 18. Juli 1729 gestorben, ohne zur Regierung gelangt zu sein. Von seinen Kindern überlebten ihn nur drei Töchter. Die älteste, Maria Elisabeth, wurde die Gemahlin Karl Theodors, der 1742 nach dem Tode Karl Philipps das kurpfälzische Erbe angetreten hatte. Die zweite Tochter Amalie Marie Anna heiratete den Herzog Clemens Franz von Bayern, einen Neffen Karl Albrechts. Sie spielte später in der bayerischen Politik eine entscheidende Rolle, indem es hauptsächlich ihr zu verdanken ist, daß die verschiedenen Tauschprojekte Karl Theodors – etwa Bayern wieder einmal gegen die Niederlande daranzugeben – nicht realisiert wurden. Die dritte Tochter endlich, Franziska Dorothea, wurde als Gemahlin des Pfalzgrafen Friedrich Michael von Zweibrücken-Birkenfeld, eines Sohnes Christians III., die Stammutter der königlichen Linie der Wittelsbacher.

Karl Theodor, der Schwiegersohn Joseph Karl Emanuels, faßte große Zuneigung zu Wilhelm und zog ihn immer näher an sich heran. Wilhelm kam immer stärker unter seinen Einfluß. Mit siebzehn Jahren fügte er sich dem Wunsch Karl Theodors und trat zur katholischen Religionslehre über. Man kann kaum annehmen, daß er in diesem jugendlichen Alter schon so reif war, um diesen für die damalige Zeit sehr bedeutsamen Schritt nur aus eigener innerer Überzeugung zu tun. Vielmehr mögen den zweifellos sehr ehrgeizigen und tatendurstigen Jüngling noch andere Gründe dazu bewogen haben: der pfälzische sowohl wie der bayerische Hof waren streng katholisch. Doch im Verlauf seines Lebens ist er ohne Zweifel ein gläubiger Katholik geworden.

Auf Betreiben seines Gönners Karl Theodor wurde zunächst sein allgemeines Weltbild erheblich erweitert. Er war ursprünglich dazu bestimmt, nach einem Studium in Tübingen in holländische Dienste zu gehen. Doch nun wurde er vor allem nach Österreich entsandt, um dort nicht nur die damaligen führenden Staatsmänner kennenzulernen, sondern auch bei Maria Theresia eine Audienz zu erhalten, bei der er sehr freundlich aufgenommen wurde.

Ob er sich als junger Offizier im Mannheimer soldatischen Leben besonders glücklich fühlte, muß bezweifelt werden. Ein Versuch, in dem – durch die Heirat Marie Sofies von Neuburg, einer Tochter Philipp Wilhelms von der Pfalz, mit Pedro von Portugal – verwandtschaftlich verbundenen Portugal im Militärdienst Abwechslung zu finden und die Reformen des dort allmächtigen Ministers Marquêz von Pombal sowie die von dem Grafen Wilhelm von Lippe vorgenommene treffliche Reorganisation des portugiesischen Heeres zu studieren, scheiterte 1777, als Maria I. den portugiesischen Thron bestieg. Pombal wurde abgesetzt, fast alle eingeleiteten Reformen rückgängig gemacht. Zudem hatte Wilhelm inzwischen von seinem betagten Vater Johann, der auf die achtzig zuging, und von seinem älteren Bruder Johann Karl, der politisch völlig desinteressiert war und wegen schwacher Gesundheit den Militärdienst gegen das Studium der Astronomie vertauscht hatte, eine Vollmacht erhalten, die ihn, Wilhelm, ermächtigte, in allen Angelegenheiten seiner Linie selbständig und in deren Namen zu handeln. Das entscheidungsvolle Jahr 1777 machte ihn außerdem für Bayern unentbehrlich. In München starb, wie schon erwähnt, der letzte Kurfürst der Wittelsbacher bayerischen Linie, Max III. Joseph, am 30. Dezember an den Pocken, und damit endete das bayerische Haus Wittelsbach. Bayern fiel nun an die sogenannte rudolfische oder pfälzische Linie: somit waren Bayern und die Kurpfalz wieder in einer Hand.

Karl Theodor, dem ersten pfälzischen Kurfürsten auf dem bayerischen Thron, war München natürlich nicht unbekannt. Er war bereits zu Anfang 1771 von seinem Fürstentum Neuburg an der Donau zu Besuch nach München gekommen, wo er sehr feierlich empfangen worden war. Auch 1774 war er zu dem Abschluß der dritten Hausunion über die Nachfolge in München gewesen. Er konnte sich also ein Bild machen von dem bayerischen Volk, seinen Charaktereigenschaften, seinem Stolz auf sein Herrscherhaus und seiner Anhänglichkeit. Trotzdem blieb ihm das altbayrische Wesen fremd: Abneigung beherrschte sowohl den Fürsten wie das Volk.

Der neue Kurfürst war zwar bereits am 2. Januar 1778 in München, er hatte aber schon von Mannheim aus mit dem Grafen Kaunitz in Wien Verhandlungen begonnen, wonach Österreich nach dem Ableben Max III. Josephs auf Grund eines reichlich verstaubten Belehnungsbriefes des Kaisers Sigismund an seinen Eidam, den Herzog von Österreich, aus dem Jahre 1426 Teile von Niederbayern und der Oberpfalz erhalten sollte. So ließ Joseph II. alsbald seine Truppen in diese Gebiete einmarschieren, was zu schärfsten Protesten der Bevölkerung und vor allem der sehr einflußreichen Herzogin Clemens Franz und der sich um sie scharenden Patriotenpartei führte.

Der junge Pfalzgraf Wilhelm begleitete Karl Theodor nach München, schien aber mit den politischen Abenteuern, mit denen dieser seine Regierung in Bayern begann, nicht einverstanden. Er war offensichtlich bei den Verhandlungen zugegen, die zwischen der Herzogin Clemens Franz, dem Herzog Karl August von Zweibrücken als nächsten Agnaten nach Karl Theodor und einem Vertreter Preußens in München geführt wurden und die eine Ablehnung der österreichischen Wünsche zum Ziel hatten. Karl Theodor entzog sich allem weiteren, indem er nach Mannheim zurückging, um dort in aller Ruhe die Entwicklung der Dinge abzuwarten. Es kam in der Folge zu scharfen Differenzen zwischen ihm und dem Pfalzgrafen Wilhelm, der sich sogar vom pfälzischen Dienst zurückzog und zu Preußen überwechselte, das sich gegen die merkwürdigen Ansprüche Österreichs aussprach und sofort eine Armee in Böhmen einrücken ließ. Falls es zu einer bewaffneten Auseinandersetzung kommen sollte, wollte der junge Pfalzgraf Wilhelm auf preußischer Seite für die Belange Bayerns kämpfen. Es ist recht interessant, wie der relativ junge Enkel der Esther Maria sich gegen seinen bisherigen Protektor durchzusetzen suchte – es gibt uns den ersten Beweis eines absolut selbständigen Charakters. Erst auf Bitten seines Vaters, der zu alt war, um Karl Theodors unglückselige Politik zu durchschauen, kam Wilhelm nach Mannheim zurück.

Welch trüben Kuhhandel die Fürsten mit ihren Ländern trieben zu einer Zeit als Frankreich schon längst eine geschlossene Nation war, wird wieder einmal durch den sogenannten ›Bayrischen Erbfolgekrieg‹ bewiesen. Dieser Krieg war jedoch letztlich kein Krieg, sondern ein gegenseitiges Manövrieren; man lieferte sich gegenseitig einige Scharmützel und lag sich im übrigen – einander beobachtend – im Felde gegenüber, wodurch diese Auseinandersetzung auch unter dem Namen ›Kartoffelkrieg‹ in die Geschichte einging. Die Feindseligkeiten, an denen sich das neutrale Bayern selbst nicht beteiligte, endeten mit dem Frieden von Teschen am 13. März 1779. Das Kurfürstentum Bayern erhielt die von den Österreichern besetzten Gebiete zurück, doch war es schmerzlich, daß es das gesamte Innviertel an Österreich verlor. Schon vor Abschluß dieses Friedens war Karl Theodor mit der Kurfürstin Elisabeth im Oktober 1778 nach München zurückgekehrt. Daß er von der Bevölkerung nicht gerade stürmisch begrüßt wurde, ist verständlich. 1780, zu Beginn dieses Jahres, war die Kurfürstin bereits wieder in der Pfalz, wie sie den Pfälzern versprochen hatte. Sie ließ ihren Mann allein in der Münchner Residenz zurück. Prinz Adalbert schreibt dazu in seinem schon erwähnten Buch:

Nach der Rückkehr seiner Gemahlin nach Mannheim wäre es für den Kurfürsten allein in der großen Residenz sehr einsam geworden, wenn die Damen der Münchner Gesellschaft sich nicht bemüht hätten, ihm die Zeit zu vertreiben.

Anfang 1780 bereitete die Kurfürstin Elisabeth in Mannheim die Hochzeit des Pfalzgrafen Wilhelm von Birkenfeld-Gelnhausen mit seiner Kusine Marie Anne, Schwester des Herzogs Karl August von Birkenfeld-Zweibrücken und des späteren Kurfürsten und Königs von Bayern Maximilian Joseph. Sie war eine Enkelin des mehrfach erwähnten Erbprinzen von Sulzbach Joseph Karl Emanuel. Der alte zweiundachtzigjährige Vater Wilhelms konnte der Hochzeit noch beiwohnen, starb aber kurz danach am 10. Februar 1780. Die Trauung nahm Pater Frank am 30. Januar 1780 abends um sechs Uhr im Mannheimer Schloß im Vorzimmer der Kurfürstin vor. Die Brüder der Braut vermieden es, an der Hochzeit teilzunehmen. Der Glückwunsch des älteren Bruders Karl August war ziemlich förmlich, während der jüngere, Max Joseph, an Wilhelm schrieb:

Ich bin entzückt, Sie von den Reizen meiner Schwester begeistert zu sehen! Das läßt mich hoffen, daß sie am Hochzeitstag gut bedient sein wird. Ich bin hocherfreut, Sie glücklich zu wissen.

Marie Anne war ebenso wie ihre Geschwister ohne Elternhaus aufgewachsen. Die Ehe ihrer Eltern war frühzeitig zerbrochen. Ihre Mutter, die lebenslustige Franziska Dorothea – wie oben erwähnt, eine Tochter Joseph Karl Emanuels und Schwester der Herzogin Clemens Franz sowie der Gemahlin Karl Theodors Marie Elisabeth – war nach einer Liaison mit einem Schauspieler, von dem sie ein Kind erwartete, von ihrem Gemahl Friedrich Michael in ein Kloster nach Metz verbannt worden. Der Vater kümmerte sich nicht um die Kinder; er gab Karl August, den ältesten Sohn, zur Erziehung an den Hof Karl Theodors, während der zweite, Max Joseph, bei seinem Onkel Christian IV. von Birkenfeld-Zweibrücken aufwuchs, der meistens in Frankreich lebte und in morganatischer Ehe mit der später zur Gräfin von Forbach erhobenen ehemaligen Tänzerin Maria Anna Fontevieux vermählt war. Friedrich Michaels Tochter Marie Anne kam in das Kloster ›Visitation‹ nach Nancy, mit sechzehn Jahren ebenfalls zur Gräfin von Forbach, später zu ihrer Großmutter nach Bergzabern. Wir wissen wenig über sie. Max Joseph und seine Frau Karoline haben sie später sehr geschätzt, doch scheint sie wenig geistreich und in Gesellschaft ungewandt gewesen zu sein, wie aus einer Bemerkung in einem österreichischen Gesandtschaftsbericht zu schließen ist.

Alsbald nach der Hochzeit, im Frühjahr 1780, bezog das junge Paar die Landshuter Stadtresidenz, die ihm Karl Theodor nach einer gründlichen Renovierung unter der Leitung des

Münchner Hof-Oberbauinspektors Lespilliez als Wohnsitz zugewiesen hatte. Er wollte Wilhelm in seiner Nähe haben – sein Verhalten im Bayrischen Erbfolgekrieg trug er ihm nicht nach.

Als Papst Pius VI. Braschi im April 1782 auf der Rückreise von seiner wenig erfolgreichen Mission bei Kaiser Joseph von Wien nach Rom in München war und in der Residenz wohnte, wurde auch Wilhelm hinzugezogen, da Karl Theodor ihn um Hilfe bei den Honneurs ersucht hatte.

Pius VI. wurde in keinem Lande mit so feierlichen Ehrenbezeugungen aufgenommen als in Bayern. Als er über Linz und Braunau nach Simbach kam, wurde er von zwei bayerischen Kammerherren im Namen des Kurfürsten Karl Theodor begrüßt und von einer Abteilung der Arcieren-Leibgarde über Hohenwart nach Altötting geleitet; hier wurde er von dem Pfalzgrafen Wilhelm von Zweibrücken-Birkenfeld, einem Bataillon Infanterie und einer Abteilung Dragoner, von mehr als hundert Pfarrern und einem unübersehbaren Volke unter Geschützdonner und Glockengeläute empfangen. Der Papst verfügte sich in die berühmte Marienkapelle und die Stiftskirche, wo er längere Zeit im Gebete verharrte und in der Sakristei die Frauen zum Fußkusse zuließ. In der Lorettokapelle zu Ramsau bei Haag erwarteten ihn Karl Theodor mit seinem gesamten Hofstaate und der Fürstbischof Ludwig Joseph von Freising, ein wohlthätiger und beliebter Kirchenfürst aus dem Freiherrngeschlechte von Welden. Sie führten ihn in einem glänzenden Zuge nach München, wo ungeachtet unaufhörlichen Regens die Straßen prächtig geschmückt und von einer dichten Volksmenge aus nahe und ferne besetzt waren, um dem Statthalter Christi bei seinem Einzuge (26. April 1782) abends 6 Uhr die freudigste Huldigung entgegenzubringen. Es war das erste Mal, daß der gemeinsame Vater der Christenheit die bayerische Hauptstadt betrat. Pius war von den zwei Bischöfen Marcucci und Contessini, einem Sekretär, Zeremoniar, Beichtvater, Leibarzt und Diener begleitet. Er wohnte in der Residenz und las (28. April) die heilige Messe in der Theatinerkirche, in deren Sakristei die anwesenden hohen Damen zum Handkusse zugelassen wurden. An demselben Tage erteilte er nachmittags um 1 Uhr den Münchenern und den aus weiter Ferne herbeigeeilten Leuten, ungefähr 50000 Menschen, auf dem Schrannenplatze von der Altane des Landschaftsgebäudes (jetzt das neue Rathaus), in Begleitung der Kurfürsten von Bayern und Trier und des Hofstaates, unter Geschützdonner und Glockengeläute den feierlichen Segen.

Wilhelms Frau erwartete zu dieser Zeit ihr erstes Kind, und der Papst wurde gebeten, die Patenschaft zu übernehmen. Doch es kam ein toter Sohn zur Welt, und erst nach einer am 5. Mai 1784 geborenen Tochter Marie Elisabeth Amalie konnte Wilhelm am 1. August 1786 den ersehnten Stammhalter seiner Linie in die Arme schließen. Der Papst wurde nun Pate dieses Sohnes und ließ der Pfalzgräfin eine in Silber getriebene Kreuzabnahme in Porphyr- und Mosaik-Einfassung übergeben. Dieses Kunstwerk zierte später den Altar des Oratoriums im Chor der Banzer Kirche. Das Kind erhielt den Namen Pius August – es sollte der einzige Sohn Wilhelms bleiben.

Oft besuchte er mit seiner jungen Frau deren alte Mutter in Sulzbach und brachte etwas Wärme in ihr einsames Leben. Am 15. November 1794 beschließt Franziska Dorothea in Sulzbach ihr trauriges Dasein.

Wilhelm widmet sich in diesen Jahren der Verschönerung seines Wohnsitzes in Landshut und läßt ein Grundstück auf den Anhöhen der Trausnitz, das ihm Karl Theodor geschenkt hatte, durch Friedrich und Matthäus Sckell als englischen Park mit vielen seltenen, damals dort noch unbekannten Bäumen und Pflanzen anlegen. Hier baute er sich auch 1782 ein kleines, sehr einfaches, schmuckloses Schlößchen mit einem hohen Walmdach. Von der Anlage Sckells ist heute nichts mehr zu erkennen, sie präsentiert sich völlig verwahrlost als eine Wildnis alter Bäume, durch die das Sonnenlicht kaum durchdringen kann und wirkt doppelt beklemmend durch eine wuchtige, ungewöhnlich hohe Mauer, die das ganze, in seinem Umfang sehr bescheidene Grundstück umschließt. Es ist hermetisch abgeschlossen von der Außenwelt – unmöglich, von draußen einen Blick hineinzutun, unmöglich aber auch umgekehrt von innen nach außen zu blicken. Auch die Bauten im Park – ein Pavillon und ein kleines Einfahrtstor –, obwohl noch im klassizistischen Gewand der Erbauungszeit, wirken bedrükkend und klobig. Zu Wilhelms Zeiten mag es ein kleines Idyll gewesen sein, in dem er glückliche Stunden verlebte. Doch bald trat der Ernst des Lebens an ihn heran, und er wurde mehr und mehr in die reichlich schwierige Politik seiner neuen Heimat Bayern hineingezogen. Die Verhältnisse in Bayern, das immer wieder durch die territorialen Ansprüche seitens Österreichs, man möchte sagen, bedroht war, drängten ihn zu politischer

Die im selben Jahre 1786 erfolgte Geburt von Pius August in Landshut und von Ludwig August, dem späteren König Ludwig I., in Straßburg faßte man allenthalben als gutes Omen für das Haus Wittelsbach auf, das mit Festfeuern, Freudenschießen und Gedenkblättern gebührend gefeiert wurde. Hier die Taufe des Prinzen Pius in Landshut:

Aktivität, die wohl auch seiner ohne Zweifel dynamischen Natur und seinem Ehrgeiz entsprach.

Für die Länder Karl Theodors türmten sich die schwarzen Wolken neuer ernster Schwierigkeiten am politischen Horizont und zwangen Wilhelm zur Wachsamkeit im Interesse Bayerns. Österreich hatte schon bald nach dem Frieden von Teschen mit Drohungen nicht gespart, im gegebenen Fall nach dem Ableben Karl Theodors seine Ansprüche auf Niederbayern und die Oberpfalz zu wiederholen. Wir finden hierzu in der Arbeit von Adolf Müller ›Bayerische Politik und bayerische Diplomaten zur Zeit Karl Theodors und Max Josephs‹ in der ›Schriftenreihe zur Bayerischen Landesgeschichte‹ folgendes:

In der Oberpfalz und in den Herzogtümern Sulzbach und Neuburg befanden sich einige Enklaven, die böhmische Lehen waren. Da sie beim Abschluß des Friedensvertrags von Teschen als pfalzbayerischer Besitz anerkannt und garantiert wurden, bedurfte es lehensrechtlicher Rabulistik, den bayerischen Besitztitel von Seiten Österreichs anzufechten: Kaiser Joseph II. fand die geeigneten Juristen. Man behauptete in Wien, Herzog Wilhelm, der gegenwärtige Inhaber eines Teils der Lehen, sei nicht erbberechtigt, da die Linie Birkenfeld aus der unebenbürtigen Ehe (1696) des Pfalzgrafen Johann Carl mit Esther Maria von Witzleben erwachsen sei. Kurbayern brachte dagegen vor, die Ehe sei sanktioniert worden und Artikel 8 des Friedens von Teschen führte ausdrücklich auch die Birkenfelder Linie und die Familienverträge von 1766-1771-1774 an und sichert der Birkenfelder Linie alle aus den Traktaten und Hausverträgen hervorgehenden Rechte für alle Zukunft.

1784 wurde der schon längere Zeit erwogene Plan Kaiser Josephs II. akut, Karl Theodor zum König von Burgund zu machen und ihm als Entschädigung für Ober- und Niederbayern die Niederlande zu überantworten.

Von allen diesen Vorhaben erhielt Wilhelm so rechtzeitig Kenntnis, daß Gegenmaßnahmen eingeleitet werden konnten. Seiner Initiative ist es zu verdanken, daß schließlich in seiner Residenz in Landshut der preußische Gesandte Graf Brühl und ein Vertreter des Herzogs Max Joseph erschienen. Im Verlauf der Verhandlungen kam es zu protokollierten Abmachungen, die folgendes zum Inhalt hatten:

1. Preußen, im Verein mit sächsischen und bayerischen Truppen, wird im Angriffsfall gegen Österreich vorgehen und die Okkupierung bayerischen Landes verhindern.

2. Herzog Wilhelm erhält Anweisung, im Augenblick des Ablebens Karl Theodors das Kurfürstentum Bayern im Namen des Herzogs Max Joseph in Besitz zu nehmen, um es für Max Joseph auf alle Fälle sicherzustellen.

In Berlin gab das von Österreich angestrebte Tauschprojekt Friedrich II. von Preußen Anlaß, 1785 zum Schutz der Reichsverfassung den ›Deutschen Fürstenbund‹ zu gründen, dem auch das Zweibrückische Haus und eine große Anzahl deutscher Staaten beitraten.

Zweifellos war Karl Theodor geneigt gewesen, auf die Vorschläge des Kaisers einzugehen. Dies hatte zwangsläufig zu einer erheblichen Trübung von Wilhelms gutem Verhältnis zu Karl Theodor und seiner engeren Bindung an die Zweibrückener Brüder geführt.

Inzwischen war Wilhelm auch um die Regelung seiner persönlichen Angelegenheiten bemüht gewesen. Er hatte sich an seinen Schwager, den Herzog Karl August von Zweibrükken, gewandt, um seine Ansprüche geltend zu machen. Denn nach Erlöschen der Neuburger Linie waren die Verbindlichkeiten, die man seiner Linie in den früheren Familienverträgen eingeräumt hatte, auf die Zweibrückener übergegangen. Es war 1783 in Erlangen zu Verhandlungen zwischen Wilhelm und dem bevollmächtigten Minister des Herzogs Karl August, einem Baron Hofenfels, gekommen.

Über den Abschluß dieser und späterer Verhandlungen und Verträge schreibt Montgelas in seinem unter dem Titel ›Denkwürdigkeiten des Grafen M. J. v. Montgelas über die innere Staatsverwaltung Bayerns 1799-1817‹ von G. Laubmann herausgegebenen Rechenschaftsbericht an Max Joseph:

... Prinz Karl, der diese Affäre geregelt wissen wollte, beauftragte den Baron Hofenfels, seinen Geheimrat, der am

22. Juli 1783 einen Vertrag mit dem Herzog Wilhelm schloß. Kraft dieses Vertrages erhielt dieser Prinz unter Verzicht auf seine Ansprüche die gesamte Nutznießung aller Besitzungen des pfälzischen Hauses im Elsaß bis zum Grenzfluß Queich mit allen beträchtlichen Vorrechten, die die Lettres patents der Könige garantierten und noch garantieren. Man versprach ihm zur selben Zeit auch den Titel Herzog in Bayern für sich und seine Nachkommen. Dieses Arrangement wurde erneuert und bestätigt durch eine zweite Erklärung, gegeben in Karlsberg am 27. März 1784. In der Einleitung zum Vertrag von Ansbach vom 12. Oktober 1796 erinnerte man daran mit dem formellen Versprechen, daß es sobald wie möglich durch einen Apanagialvertrag erfüllt werden sollte.

Dieser Ansbacher Hausvertrag wurde von Max Joseph nach dem am 1. April 1795 erfolgten Tode seines Bruders Karl August mit Wilhelm abgeschlossen. Er bezieht Wilhelms Linie in die nach dem Ableben Karl Theodors zu erwartende Gesamterbschaft mit ein und sieht bei Übernahme der vereinigten Erbstaaten eine Gesamtbelehnung der Agnaten vor. Den Agnaten wird Einspruchsrecht gegen willkürliche Veräußerungspolitik des Oberhauptes des Hauses eingeräumt, doch hat der Chef des Hauses die Oberaufsicht über Erziehung, Verheiratung und Güterbesitz der Agnaten. In dem Vertrag zeichnet sich bereits die künftige Familienpolitik des Hauses Wittelsbach ab – er ist ein Werk von Montgelas, der damit begann, sehr aktiv in die bayerische Politik einzugreifen und dessen Name hier zum erstenmal im Zusammenhang mit Wilhelm erscheint.

Montgelas, einem savoyischen Geschlecht entstammend, war am 10. September 1759 in München geboren und kurbayerischer Hofrat sowie Kammerherr Karl Theodors gewesen. Als er München verlassen mußte, weil er mit dem von Karl Theodor verbotenen Illuminatenorden sympathisierte, wandte er sich nach Zweibrücken und lebte am dortigen Hofe. Er wurde dort schließlich Wirklicher Geheimer Rat und unentbehrlicher Ratgeber Max Josephs. Seine Verdienste um den wichtigen Ansbacher Vertrag beurteilt Prinz Adalbert von

Bayern in seinem Buch über Kurfürst und König Max Joseph wie folgt:

Sein [Montgelas'] Meisterwerk ist der auf den 12. Oktober 1796 zurückdatierte Hausvertrag von Ansbach mit Wilhelm von Birkenfeld, ein Strich durch die hergebrachte Länderverteilung unter die Mitglieder des Herrscherhauses, ein Kunstwerk des Interessenausgleichs. Er vollendet die Territorialeinheit und Unveräußerlichkeit der Wittelsbacher Herrschaft. Privatrechtlich bedeutet er den endgültigen Zusammenschluß des Hausbesitzes in einen Gesamtfideikommiß ...

Von den Lehren der (französischen) Revolution unverkennbar beeinflußt, tut er den ersten Schritt vom Fürsten- zum Volksstaat, eine unerhörte Neuerung im Ersten Reich ...

Wilhelm erreicht freilich Mäßigung der Neuerungen und diese wird auch bis zu Wilhelms Verdrängung durch Montgelas 1803 aufrecht erhalten.

Doch wir haben den Ereignissen weit vorgegriffen und müssen nun in die Zeit etwa ab 1785 zurückkehren, als mit der Gründung des Fürstenbundes die Gefahr einer österreichischen Invasion vorerst von Bayern abgewandt war.

Wilhelm lebte meist zurückgezogen in Landshut. Er war ja sozusagen der Kontrahent von Karl Theodor geworden, und am bayerischen Hof war man ihm gram. Auf die Zukunft seiner Familie bedacht, unternahm Wilhelm 1786 eine Reise nach Paris, in erster Linie wohl, um für die ihm im Familienvertrag von 1783 zugesagte, auf französischem Gebiet liegende Herrschaft Lützelstein die für die Zukunft nötigen Lettres patents zu erhalten, was ihm auch gelang. Er blieb fast ein halbes Jahr in Paris und hatte ausreichend Gelegenheit, die innenpolitische Situation in Frankreich zu beobachten, die auf eine schwere Krise zusteuerte. In die Heimat zurückgekehrt, beschäftigte sich Wilhelm mit politischen Problemen und betrieb sehr eifrige Studien der bayerischen wie der Geschichte seines Hauses, die solche Anerkennung fanden, daß ihm die Bayerische Akademie der Wissenschaften die Mitgliedschaft anbot.

Während im ganzen postfeudalen Europa die Fürsten, verbunden mit Adel und Geistlichkeit, versuchten, die alten Herrschaftsstrukturen aufrechtzuerhalten, begann im französischen Königreich das Gewitter einer sich mehr und mehr verschärfenden Unzufriedenheit zu grollen, vor allem im Bürgertum. Im weiteren Verlauf der blutigen Französischen Revolution brandeten die Revolutionsheere Frankreichs – von neuen Ideen beflügelt und nach neuen Grundsätzen geführt – schnell über die Grenzen. Sie waren von den kleinen Gamaschenheeren der pfälzischen Kleinfürsten nicht zu schlagen. Schon im Herbst 1793 wurde das gesamte Herzogtum Zweibrücken besetzt. Der damals regierende Herzog Karl August – der Bruder Max Josephs – floh zunächst nach Mannheim.

Indessen hatte der nun in München residierende Karl Theodor die Hoffnung auf einen ihm bislang versagten legitimen Erben nicht aufgegeben. Seine zumeist getrennt von ihm lebende Frau Maria Elisabeth starb im August 1794 in Weinheim an der Bergstraße, wohin sie vor den französischen Revolutionsheeren geflüchtet war. Karl Theodor, nun schon siebzig Jahre alt, drängte auf eine neue Ehe. Fast insgeheim heiratete er bereits Mitte Februar 1795 die neunzehnjährige Erzherzogin Maria Leopoldine von Modena-Este, eine Enkelin der Kaiserin Maria Theresia. Herzog Karl August von Zweibrücken hatte sich zur Gratulation nach München begeben, starb jedoch kurz darauf ganz plötzlich am 1. April 1795 in Mannheim. Ihm folgte als Herzog von Zweibrücken sein jüngerer Bruder Max Joseph.

Schwere Zeiten brachen über Wilhelm und alle deutschen Fürsten mit dem Sieg der Französischen Revolution herein, weil die führenden Persönlichkeiten in all den kleinen deutschen Staaten die Konsequenzen nicht durchschauten. Man wußte nicht, wie man all den politischen Umwälzungen in Frankreich wirksam begegnen sollte. Es wurde gerüstet, Schutzbündnisse wurden geschlossen, vorerst aber nichts gegen das Wüten französischer Heere links des Rheins unternommen. Kaiser Leopold II., der 1790 Joseph II. gefolgt war, starb zudem am 1. März 1792, und sein Nachfolger Franz II. mußte nach einem französischen Ultimatum, das er ablehnte, die französische Kriegserklärung hinnehmen. Dieser erste Koalitionskrieg wurde dank der Zersplitterung des Reichs in seine unzähligen Fürstentümer und dank der Unzahl deutscher Fürsten letzten Endes so schlecht geführt, daß am 3. September 1797 im Frieden von Campo Formio – einem Schloß unweit von Udine – das gesamte linke Rheinufer, also alle linksrheinischen pfälzischen, rein deutschen Gebiete, an das schnell an Macht zunehmende Frankreich abgetreten werden mußten.

Gewisse geheime Artikel des Friedensvertrages kamen zur Kenntnis Karl Theodors. Er erfuhr, daß Österreich in dem bevorstehenden Friedenskongreß in Rastatt, der die deutschen Reichsangelegenheiten und die Entschädigung der Reichsfürsten, die ihre Länder links des Rheins verloren hatten, regeln sollte, seine alten Forderungen auf bayerische Gebiete erneut geltend machen wollte. Dabei sollte es von dem vorerst republikanischen Frankreich unterstützt werden. Nun wurde Karl Theodor klar, daß die österreichischen Rosinen, die er bislang insgeheim für süß gehalten hatte, doch recht giftig waren. Er beeilte sich nunmehr, sich mit den für Bayern wichtigsten Agnaten in München zusammenzusetzen, um die sehr prekäre Lage seines Kurfürstentums zu besprechen. Max Joseph brachte dazu seinen Geheimrat Freiherrn von Montgelas mit, der später in München eine so große politische Rolle spielen sollte.

Die Beratung der Agnaten in München drehte sich um die Frage, wie man bei dem Friedenskongreß in Rastatt, der am 9. Dezember 1797 beginnen sollte, die Belange des Kurfürstentums und besonders die Entschädigung für die linksrheinisch gelegenen und an Frankreich abgegebenen pfälzischen Gebiete regeln könne. Schon bei den unzähligen anderen Kurfürsten und Fürsten und den nicht weniger zahlreichen selbständigen Bistümern, die alle auf irgendwelche Entschädigungen warteten, war dies sehr schwer, noch schwerer im Kurfürstentum Pfalz-Bayern.

Man kam überein, daß ein Agnat an den Wiener Hof reisen sollte, um dort die Belange Pfalz-Bayerns in bezug auf den bevorstehenden Rastatter Kongreß nachdrücklichst zu vertreten. Zunächst wurde Herzog Max Joseph von Zweibrücken vorgeschlagen, der jedoch die Übernahme dieses Auftrags ablehnte, worauf Herzog Wilhelm ihn übernehmen mußte, obwohl er die Schwierigkeiten einer solchen Mission voll übersah. Ihn bestimmte wohl der Gedanke, daß er verpflichtet sei, sich ihr im Interesse Bayerns und der späteren Beurteilung seiner Person nicht entziehen zu dürfen. Daß ihm in Wien kein besonders freundlicher Empfang bevorstand, darüber war er sich wohl im klaren.

Wenn wir nun den Darstellungen folgen, die der Freiherr von Reichlin-Meldegg uns in seiner Arbeit über das Leben des Herzogs Wilhelm hinterlassen hat, so ergibt sich für die Politik wie für den Charakter Karl Theodors ein etwas merkwürdiges doppelbödiges Bild. Dem Herzog Wilhelm wurde bei seiner Mission ein Graf Tattenbach als außerordentlicher Gesandter zugeteilt. Als er 1797 in Wien eintraf, fand er dort außer dem am Wiener Hof akkreditierten Bayerischen Gesandten Graf von Wickenburg noch zwei weitere bayerische Persönlichkeiten, den Grafen Goltstein und einen Herrn von Zedtwitz, vor, deren Aufträge zunächst für Wilhelm undurchsichtig waren. Er trug, seiner Mission entsprechend, das Anliegen Karl Theodors dem amtierenden österreichischen Minister Thugut vor, der damals die außenpolitischen Geschäfte Österreichs leitete. Vor allem wurde Österreich gebeten, im kommenden Rastatter Friedenskongreß Bayerns Belange zu unterstützen. Thugut war wenig höflich zu Wilhelm. Er beklagte sich über die Reichsfürsten, und als er schließlich Bayern den Vorwurf machte, es sei seit jeher Österreich feindlich gesinnt gewesen, kam es zu einem scharfen und scheinbar recht lauten Protest von seiten Wilhelms. Er erinnerte daran, daß Österreich seinerzeit nur mit Hilfe Bayerns Oberösterreich und Böhmen erobern konnte, daß Bayern sein standhaftester Bundesgenosse im Dreißigjährigen Krieg gewesen war und daß schließlich Bayern entscheidend zur Entsetzung der von den Türken belagerten Hauptstadt Wien und der Wiedereroberung des Königreichs Ungarn beigetragen hatte.

Als Herzog Wilhelm bekannt wurde, daß das undurchsichtige Treiben des Grafen Goltstein und des Herrn von Zedtwitz darin bestand, für einen Anschluß Bayerns an Österreich zu intrigieren, mußte er zu der Überzeugung gelangen, daß seine eigenen Bemühungen fruchtlos sein würden. Offenbar handelten die beiden Herren im Auftrag der pro-österreichischen Partei in Bayern, mit der ja Karl Theodor ohne Zweifel sympathisierte. Er hatte es im Verlauf seiner merkwürdigen Regierung in Bayern, während welcher er von Anfang an eine sehr zwiespältige Rolle spielte, nicht verhindern können oder wollen, daß es in München zwei Parteien gab, eine pro- und eine kontra-österreichische. Es erwies sich immer wieder, daß er der letzteren nahestand. In wessen Auftrag die beiden Herren nach Wien gekommen waren, bleibe dahingestellt – jedenfalls betrachtete Herzog Wilhelm seine Mission nunmehr als beendet. Eine Audienz bei Kaiser Franz war nur noch eine reine nichtssagende Formsache. Er kehrte Ende August nach Landshut zurück und gab einen sehr ausführlichen schriftlichen Bericht nach München, dem ein mündlicher folgte.

Die Stimmung am Münchner Hof war Wilhelm nicht mehr günstig; es wurde ihm klar, daß die österreichische Partei das Übergewicht besaß oder inzwischen gewonnen hatte. Dazu kam, daß auch sein Schwager Max Joseph von Zweibrücken, der in Rohrbach in Oberösterreich eine mehr als dürftige Residenz gefunden hatte, sich mehr und mehr der Illusion hingab, durch freiwillige Abgabe bayerischer Gebiete Österreich sich – und wahrscheinlich seinem Herzogtum Zweibrücken – geneigter machen zu können. Max Joseph schien damals in den politischen Gedankengängen Karl Theodors einen Ausweg zu erblicken, um Österreich in Rastatt mehr an die pfalzbayerische Seite zu binden. Herzog Wilhelm, dem sein Schwager diese Pläne schriftlich mitteilte, war entsetzt, fuhr sofort nach Rohrbach, wo es ihm nach einer Aussprache in Gegenwart von Montgelas schließlich gelang, Max Joseph von der Unsinnigkeit seiner Idee zu überzeugen.

Es war eine schwere Zeit für Herzog Wilhelm. Die Armee des Erzherzogs Karl von Österreich bezog zwischen Inn und

Lech Kantonierungsquartiere, die bayerische Bevölkerung geriet immer mehr in Not und Elend, während in München zu Ehren des dort weilenden Erzherzogs Feste veranstaltet wurden. Wilhelm sah sich in Landshut völlig auf ein totes Gleis geschoben; es blieb ihm nichts anderes übrig als abzuwarten. Immerhin hatte er bisher für die uneingeschränkte Erhaltung Bayerns mehr getan als der Landesherr Karl Theodor.

Da kam am 13. Februar 1799 in den frühen Morgenstunden eine an sich traurige Nachricht, die aber doch viele Sorgen Wilhelms beseitigen konnte. Der Münchner Stadtkommandant Graf Nogarola teilte Wilhelm mit, daß der Kurfürst am 12. Februar, also einen Tag zuvor, einen Schlaganfall erlitten habe und sein Befinden ernst sei. Wilhelm machte sich sofort auf den Weg nach München, um die im Falle des Ablebens Karl Theodors notwendig werdenden Maßnahmen kraft seiner Vollmachten in die Wege zu leiten. Wie wir gehört haben, waren ihm diese Vollmachten bereits seit längerer Zeit durch ein Gremium erteilt worden, um eine reibungslose Überleitung der Regierung an Herzog Max Joseph von Zweibrücken sicherzustellen und etwaigen österreichischen Schritten zuvorzukommen. Die Lage war infolge der Anwesenheit österreichischer Truppen fast vor den Toren Münchens äußerst bedrohlich, obwohl die Armee des Erzherzogs Karl sich glücklicherweise gerade im Aufbruch nach Schwaben und an den Rhein befand, da der neue Koalitionskrieg bevorstand. Wilhelms Reisegefährt mußte sich auf der Straße bis Freising einen Weg durch die österreichischen Truppenkolonnen bahnen.

In München wohnte Wilhelm zunächst in der Residenz, um seine Anordnungen treffen zu können. Daß der Tod Karl Theodors dicht bevorstand, wurde ihm sowohl vom ärztlichen Dienst wie auch vom päpstlichen Nuntius bestätigt. Wichtig war vor allem, dem Zweibrückener Legationssekretär die erforderlichen Informationen zu geben, dem bereits alle schon ausgefertigten Besitznahmepatente des Herzogs von Zweibrücken als einzigen berechtigten Nachfolger Karl Theodors im Kurfürstentum Bayern ausgehändigt worden waren. Es bedurfte nur noch der Einsetzung des Datums.

Wichtig war ferner die für ihn sicher nicht sehr angenehme, aber unumgängliche Frage an die Kurfürstin, ob sie etwa ein Kind von Karl Theodor erwarte. Diese Frage wurde ausdrücklich verneint – eine unerwartete Ehrlichkeit, der die Birkenfelder ihre Achtung nicht versagen konnten. Der Weg für sie war nun frei und Wilhelm konnte sofort nach dem Ableben des Kurfürsten, das um drei Uhr nachmittags am 16. Februar 1799 im Beisein Wilhelms und vieler anderer Angehöriger des Hofstaates eintrat, die Vereidigung der Regierung und des Hofstaates vornehmen. Im kurfürstlichen Thronsaal wurde die Generalität auf Max Joseph vereidigt und durch Herolde in der Stadt bekanntgemacht, daß Herzog Maximilian Joseph Kurfürst von Bayern geworden sei.

Der neue Kurfürst kam am 19. Februar 1799 mit Montgelas nach München. Sein offizieller feierlicher Einzug, ein »wahrer Triumphzug«, in Begleitung seiner Gemahlin und seiner vier Kinder aus erster Ehe fand am 12. März statt. Herzog Wilhelm nahm zu Pferde an der Seite des Kurfürsten daran teil. Wie sehr die Herzen der Münchner nach der bedrückenden Ära des ungeliebten Karl Theodor dem neuen Landesvater zuflogen beweist nichts mehr als die spontane, in ihrer unverblümten Direktheit typisch altbayerische Begeisterung des Kaltenegger-Bräus, der dem Kurfürsten beim Einzug erleichtert zugerufen haben soll: »Weils D' nur grad da bist, Maxl!«

Unter Kurfürst und König Max Joseph

Wilhelms Tätigkeit bis zur Ankunft Max Josephs in München stand unter keinem glücklichen Stern. Graf du Moulin-Eckard schreibt in den Forschungen zur Geschichte Bayerns hierüber sehr negativ:

... In München gab es eine Reihe von Persönlichkeiten, die den neuen Herrscher sich verpflichtet glaubten, die mit ehrgeizigen Hoffnungen dem Kommen des Kurfürsten (Max Joseph) entgegensahen. Da war vor allem der Herzog Wilhelm von Birkenfeld, der sich von der neuen Ära eine Art Mitregentschaft erwartete. Die unbeschränkte Vollmacht, die ihm der

Kurfürst für den Fall des plötzlichen Ablebens Karl Theodors übertrug, war ihm etwas zu Kopf gestiegen. Schon Jahre vorher hatte er für diesen Moment die Gründung eines förmlichen Kabinetts geplant gehabt. Unglücklicher aber hätte er die Instruktion nicht vollziehen können als es geschehen. Er glaubte es seinem Sohn schuldig zu sein, wie er sich ausdrückte, sich eine gewisse souveräne Stellung zu wahren. Trotz seiner Unbeliebtheit hatte er sich einen stattlichen Anhang gewonnen. Zu diesem gehörte Graf Nogarola, der später keine beneidenswerte Rolle spielen sollte.

Noch vor der Ankunft Max Josephs in München hatte Wilhelm, in Ausführung seiner Instruktionen, die Aufhebung des Malteserordens in Bayern und die Beschlagnahme der Ordensgüter angeordnet.

Die Gründung der bayerischen Zunge des Ordens ging auf Karl Theodor zurück, der die eigentlich für Schulzwecke bestimmten Güter des aufgelösten Jesuitenordens den Maltesern überwiesen und seinen natürlichen Sohn, den Fürsten von Bretzenheim, zum Großprior gemacht hatte. Die Zweibrückener Brüder protestierten dagegen, und man war übereingekommen, die Aufhebung des Malteserordens in Bayern in die Instruktionen aufzunehmen, die Wilhelm für den Fall des Ablebens Karl Theodors erhielt.

Inzwischen war seit Abfassung dieser Instruktionen die Situation jedoch eine völlig andere geworden. Der orthodoxe Zar Paul I. hatte sich bizarrerweise im Dezember 1798 zum Großmeister wählen lassen, und die Souveränität des Ordens hätte nicht angegriffen werden dürfen, seit Paul I. über sie wachte. Denn der Zar wollte zur Aufrechterhaltung des monarchischen Prinzips eine feste Allianz zwischen Österreich, Bayern und seinem Staat gegen das revolutionäre Frankreich ins Leben rufen, und die politische Lage Bayerns zwang zum Anschluß an diese Allianz.

Durch die zu diesem Zeitpunkt also höchst unglückliche Maßnahme der Aufhebung der bayerischen Zunge des Malteserordens wurde der neue Kurfürst zunächst einmal in eine äußerst unangenehme Lage gebracht und Wilhelm selbst einer

Kritik ausgesetzt, die sich für seine weitere Laufbahn, von der er sich mit der Regierungsübernahme Max Josephs so viel erhofft hatte, ohne Zweifel sehr nachteilig auswirkte.

Als der allmächtige und leicht aufbrausende Zar Paul in Petersburg von der Auflösung des Malteserordens in Bayern erfuhr, warf er zunächst den kurfürstlich bayerischen Gesandten Freiherrn Reichlin von Meldegg hinaus und schob ihn über die Grenze ab. Sodann erhielten die russischen Truppen, die sich als Verbündete Österreichs auf dem Weg ins Rheinland befanden, den Befehl, Bayern als Feindesland zu behandeln.

Max Joseph seinerseits beeilte sich, dem Zaren zu versichern, er habe stets »seinen [des Zaren] edlen Eifer für die Erhaltung der konservativen Prinzipien der Throne geteilt« und Pauls 1. lebhaftes Interesse am Malteserorden sei ihm »ein genügender Grund, für dieses Institut ganz besondere Rücksichten zu tragen«. Dann versichert er weiter, »man könne ihn nicht verdächtigen, daß er einen so mächtigen Monarchen, dessen Schutz ihm so wichtig sei, hätte verletzen wollen«.

Etwas merkwürdig berührt Max Josephs Begründung der Auflösung des Ordens, nämlich, seine Regierung sei dabei von dem »Grundgedanken« ausgegangen, »einen rein provisorischen Sequester zum Zwecke der Erhaltung der Ordensgüter zu verhängen«. Nachdem der Kurfürst seinem Schwager Wilhelm bereits das Großprioratsgebäude des Ordens in der Münchner Theatinerstraße geschenkt hatte, kann man das nur als leere Ausflucht bezeichnen, bestimmt von einer begreiflichen hektischen Angst, mit dem Verlust der Gunst des Zaren könnten Österreichs alte Pläne wieder aufleben.

Nun wird ein umfangreicher diplomatischer Apparat in Bewegung gesetzt, Depeschen gehen hin und her, Konferenzen werden einberufen, Entschlüsse gefaßt und wieder verworfen. Der Schwager Zar Pauls, Herzog Alexander von Württemberg, wird um Vermittlung gebeten. Er empfiehlt eine erneute Anregung des Eheprojekts zwischen Max Josephs ältestem Sohn Ludwig und Pauls Tochter Katharina. Herzog Alexander hatte sich bereits seit längerer Zeit um das Zustandekommen dieses Plans bemüht.

Gegen die Zusicherung der Wiederherstellung des Malteserordens in Bayern, der Teilnahme an dem Krieg gegen Frankreich und der Entsendung einer Obedienzdeputation nach Petersburg, um dem Zaren als Großmeister die Huldigung der bayerischen Ritter darzubringen, gelang es, dessen Zorn schließlich zu besänftigen.

Man kam dann allgemein zu dem Entschluß, außer der Obedienzabordnung auch noch Herzog Wilhelm selbst nach Petersburg zu entsenden, um über die Bedingungen des Heiratsvertrags zu verhandeln und einen Allianzvertrag mit Rußland zustande zu bringen. Wilhelm war es ja gewesen, der durch die voreilige Auflösung des Ordens diese Suppe eingebrockt hatte, er sollte sie nun auslöffeln! Verständlicherweise versuchte er zunächst, Ausflüchte vorzubringen, indem er erklärte, er fühle sich dieser Aufgabe nicht gewachsen, er übernähme sie ungern, da die in Petersburg für die Verhandlungen in Frage kommenden Persönlichkeiten schwer zu behandeln seien, auch könne er nicht abreisen, bevor sein von ihm so sehr geliebter Sohn, der ihn begleiten solle, genesen sei.

Bezeichnenderweise griff Montgelas ein, indem er am 11. April 1799 an Wilhelm schrieb, es müsse eine Person nach St. Petersburg gehen, die so hochgestellt sei, daß sie in direkten Verkehr mit dem Zaren treten könne, dies solle Wilhelm sein; Max Joseph wisse sehr wohl, was er dem Schwager damit zumute, doch müsse dieser das Opfer bringen.

Ein Brief des nunmehr versöhnlich gestimmten Zaren an Max Joseph schließt mit den Worten:

Ich erwarte den Herzog in Bayern, um ihm mündlich die Versicherung der aufrichtigen Freundschaft und der ausgezeichneten Hochachtung zu wiederholen, mit der ich bin, mein Herr Vetter, Eurer Kurfürstlichen Durchlaucht wohlaffektionierter Vetter Paul.

Die Abreise des Herzogs Wilhelm nach Petersburg verzögerte sich jedoch immer wieder durch ein von den Diplomaten heraufbeschworenes Hin und Her der Ansichten und Gegenansichten. Österreich spielte dabei eine ebenso dunkle Rolle wie der Württemberger Prinz Alexander. Max Joseph wurde durch die nicht endenwollenden Interventionen hin und her gerissen und konnte sich nicht entschließen, seinem Schwager die endgültigen Richtlinien für seine Mission zu erteilen, bis dann der Zar sehr energisch auf die Entsendung der Obedienzabordnung und Wilhelms drang. Das lange Hinauszögern der Abreise beider hatte den Zaren erneut verärgert. Erst als der russische Gesandte Bühler am 5. Juli ultimativ die Wiederherstellung des Ordens forderte, entschloß sich Max Joseph endlich am 16. Juli, seinem Schwager die notwendigen Vollmachten zu geben. An den Zaren schrieb er am 17. Juli nachstehenden Brief:

Sire! Die edelmüthigen Versicherungen von Hilfe und Schutz am Schluße des Briefes, mit dem Eure Kaiserliche Majestät mich am 29. Mai beehrten, haben meine Wünsche überboten, meine Hoffnung neu belebt; sie gestatten mir den Gedanken, Sie, Sire, würden geruhen, die Bitte nicht abzuweisen, welche mein Schwager, Herzog Wilhelm in Bayern, die Ehre haben wird, an Eure Kaiserliche Majestät um die Hand Ihrer Kaiserlichen Hoheit der Großfürstin Katharina für den Kurprinzen, meinen ältesten Sohn, zu richten. Der Hinblick auf den Erzherzog Joseph und auf den Erbprinzen von Mecklenburg [Schwiegersöhne des Zaren], die neuerdings derselben Gunst gewürdigt worden sind, mußte in dieser Hinsicht als Ermunterung für mein Haus, welches den ihren nicht nachsteht, dienen. Nichts würde zu meinem Glück fehlen, wenn Eure Kaiserliche Majestät sich dem lebhaften und aufrichtigen Wunsch, den ich Ihnen darzutun wage, zuneigten und zu gleicher Zeit einzuwilligen geruhten, daß dies Band, welches mir an sich so lieb und kostbar ist, zur Basis einer dauerhaften und unlösbaren Union zwischen beiden Staaten werde. Mein Schwager, der Herzog in Bayern, der meine Gefühle von Grund auf kennt, wird mein getreuestes Organ allemal sein, wenn er des Glücks teilhaftig würde, Eurer Kaiserlichen Majestät die Versicherung der tiefen Verehrung und der respektvollen Ergebenheit zu wiederholen.

Am 22. Juli endlich waren die politischen Instruktionen beendet, die dem Herzog Wilhelm mitgegeben wurden. Sie sind außerordentlich umfangreich und insofern interessant, als sie einen Einblick in die recht verzwickte bayerische Politik und die politische Gesamtsituation des Kurfürstentums geben. Bayern war – wie schon so oft – eingezwängt zwischen Frankreich und dem nach wie vor sozusagen auf der Lauer liegenden Österreich – Max Joseph mußte sehr vorsichtig lavieren, um sich und sein Land in dieser Lage zu behaupten. Sie zwang ihn, wie schon gesagt, dazu, sich des Beistandes Rußlands zu versichern. Dieser Rückhalt sollte durch eine Heirat seines ältesten Sohnes Ludwig mit der Zarentochter Katharina gefestigt werden.

Um jede Mißstimmung aus dem Wege zu räumen, hatte Wilhelm in Sankt Petersburg vor allem zu versichern, daß die Sequestrierung der Besitzungen der Malteser ebenso »willkürlich wie überstürzt« vorgenommen worden war und daß man den Zaren damit keinesfalls habe beleidigen wollen. Mit anderen Worten hieß das, daß der Malteserorden in alle seine alten Rechte wieder eingesetzt werden sollte – ein arger, recht peinlicher Rückzieher! Die Folgen des Verbots und der Wegnahme der Güter des Ordens hätten zweifellos früher bedacht werden müssen.

Das schwierigste Kapitel der Verhandlungen betraf jedoch Österreich. Es war in München natürlich bekannt, daß das Wiener Kabinett in Petersburg, wo immer es konnte und sich Anlässe boten, gegen das Kurfürstentum in oft unvorstellbarer Weise hetzte. Der Kurfürst erteilte hierzu seinem Schwager eine Art schriftliche Instruktion, in der wir unter anderem folgendes lesen:

Der Wiener Hof legt alle unsere Schritte gehäßig aus und wirft ein ungünstiges Licht auf die Rücksichten, zu denen uns bisher die geographische Lage unserer Staaten gegenüber Frankreich gezwungen hat.

Wilhelm wird weiterhin zu der sehr schwierigen Aufgabe verpflichtet, in Sankt Petersburg alle österreichischen Schritte dort im Auge zu behalten und darüber zu berichten, was insofern nicht einfach war, weil die russischen Behörden jedes diplomatische Schreiben scharf kontrollierten.

Merkwürdigerweise intrigierten gegen die kurfürstliche Politik auch die zahlreichen Emigranten, die vor der Französischen Revolution nach Bayern geflohen waren. Man sah diese französische Partei, die auch nach Sankt Petersburg enge Verbindungen geknüpft hatte, nicht gerade mit Wohlwollen an. Auch hier sollte Herzog Wilhelm versuchen, sich einen Einblick in diese Machenschaften zu verschaffen.

Schließlich wurde Wilhelm auch noch dringend empfohlen, gute Verbindung zu dem englischen Gesandten am Zarenhofe zu halten, denn *England hat sich unseren Interessen nie entgegengestellt, es kann durch seine Subsidien der Noth Unserer Finanzen aufhelfen und die Wiederaufstellung Unserer Armee, die für den Staat so wesentlich ist, erleichtern.*

Aber das Wesentlichste seiner Mission ist und bleibt die Aufgabe, an dem doch höchst undurchsichtigen Zarenhof zu erreichen, daß dort die äußerst gefährdete Lage Bayerns begriffen wird:

Bayerns Lage ist so bedrängt, daß man auf Frankreich, wo man dem Frieden ferner als je steht, keine Rücksicht nehmen kann, heißt es in den Instruktionen.

Am 28. Juli begibt sich Wilhelm endlich auf die beschwerliche Mission. Sein erst dreizehn Jahre alter Sohn Pius begleitet ihn. Der Vater wollte sich nicht von ihm trennen. Obwohl Pius von schwacher Gesundheit war, nahm ihn Wilhelm mit auf die lange anstrengende Reise. Als Begleiter und Berater wird Wilhelm der kurbayerische Geheime Rat Freiherr von Rechberg-Rothenlöwen beigegeben.

Die Reise des Herzogs Wilhelm ist interessant, und wir wollen auf sie näher eingehen, weil sie die Schwierigkeiten, in die auch höher gestellte Persönlichkeiten bei einer Einreise in Rußland kommen konnten, anschaulich beleuchtet.

Die Fahrt ging merkwürdigerweise über Fulda und Kassel, wohin man nach acht Tagen kam. Von dort schreibt Rechberg an seine Frau:

Dank der Intelligenz oder étourderie unserer Münchner Herren kann ich nicht in Petersburg bleiben, ich habe nicht einmal Vollmacht zum Unterzeichnen, auf alle Fälle werde ich mit dem Prinzen zurückkehren und wahrscheinlich nicht einmal die Créditive abgeben. Dies ist gewiß.

Erst unterwegs hatte er festgestellt, daß die ihm in München mitgegebenen Vollmachten – ob auf Betreiben Wilhelms weiß man nicht – derart ungenügend waren, daß er damit in Petersburg nichts unterzeichnen konnte.

Von Hamburg, dem nächsten Reiseziel, schreibt er in ebenfalls klagenden Worten nach Hause:

Ich bin froh, diese Stadt morgen zu verlassen, in der man sich in eine neue Welt versetzt findet – eine beständige Bewegung, eine Bevölkerung von 120000 Seelen bei einer sehr eingeengten Stadt, ein unglaublicher Luxus, eine ringsum durch eine Menge Gebäude und Gärten bezeugte Opulenz – das ist das Tableau vor mir, welches mit dem Zustande meiner Seele derart kontrastiert.

Das Verhältnis Wilhelms zu Rechberg war von Anfang an nicht gut. Rechberg beklagt sich, daß Herzog Wilhelm ihn über nichts orientiere und er ihm nach dreiwöchiger Reise noch keine Ansicht über irgendetwas habe entlocken können. Es mag wohl sein, daß der zweifellos recht larmoyante Reichsfreiherr Wilhelm nicht paßte. Im übrigen waren alle Begleiter des Herzogs Wilhelm für seine Mission ohne große Bedeutung, was ihm sicherlich insofern recht war, als er die Auffassung vertrat, nur er allein sei der Wortführer dieser Gesandtschaft. Dies gab er von Anfang an dem Reichsfreiherrn von Rechberg sehr deutlich zu spüren. Dessen Klagebriefe an seine Frau gaben dem sehr beredt Ausdruck. Sicherlich liegt in seinem Urteil über Wilhelm irgendwo ein wahrer Kern, wenn wir auch seine Ansicht nicht teilen können, nämlich, daß mit die Schuld an Wilhelms Verhalten ein Diener getragen hätte, der »frech« sei und ihn in jeder Beziehung beeinflusse. Nach unserer Meinung lag es Wilhelms Charakter absolut fern, sich von irgend jemanden »beeinflussen« zu lassen. Wilhelm war jedoch immer bestrebt, seine Person in bezug auf Rang und Stellung innerhalb der Wittelsbacher Familie zur Geltung zu bringen. Wahrscheinlich ist dies begründet in den weiter schwelenden Ressentiments gegen seinen Zweig Birkenfeld-

Gelnhausen, die er sicherlich schon seit seiner Kindheit zu spüren bekommen hatte. Bei seiner Geburt waren immerhin noch keine vierzig Jahre vergangen seit jenem kaiserlichen Urteil, mit dem seine Großmutter, sein Vater und dessen Geschwister als Reichsfürsten anerkannt worden waren – sehr zum Mißfallen der pfälzischen Verwandtschaft. Dies alles wird nicht ohne Einfluß auf seine Entwicklung gewesen sein und es macht sein Geltungsbedürfnis verständlich.

In Warnemünde wurde die lange und beschwerliche Landreise beendet, und Wilhelm ging mit seinem Gefolge an Bord eines Schiffes, das ihn nach Kronstadt bringen sollte. Bei heftigen Stürmen kam man schließlich am 25. August nicht in Kronstadt, sondern zur Verwunderung aller in Reval an.

Manche Verhältnisse im zaristischen Rußland waren von den heutigen nicht so verschieden: Offenbar wußten die Revaler Behörden nichts von der kurfürstlich bayerischen Mission. Wilhelm und alle Angehörigen seines Gefolges mußten sich bereits an Bord eingehenden Kontrollen, Verhören und der Durchsuchung ihres Gepäcks unterziehen. Danach hatten sie sich in die Zollinspektion zu begeben, von dort in das Haus des Zolldirektors, das vor der Stadt lag. Die Diener erhielten Erlaubnis, in der Stadt Quartiere zu besorgen, aber man gab aus den Koffern nur das heraus, was für eine Übernachtung notwendig war. Dem Herzog wurde geraten, seine Reise nicht fortzusetzen, jedoch war der Gouverneur der Hafenfestung bereit, den Zaren sofort zu benachrichtigen, um seine Befehle für die Delegation einzuholen. Der Zar ließ zunächst den Grafen Rostoptschin nachstehenden Brief an den ›Grafen von Neuburg‹ (Wilhelm reiste unter diesem Namen) schreiben:

Herr Graf!
Der Kaiser, mein Gebieter, hat in diesem Augenblick erfahren, Sie seien in Reval angehalten worden und gab mir den ehrenvollen Auftrag, Ihnen zu schreiben, wie sehr Ihn der Aufenthalt ärgere, zu dem die sichere Annahme, der Herr Graf würde in Kronstadt landen, Anlaß bot. Seine Kaiserliche Majestät hoffen, daß Sie, von den Mühen Ihrer Reise erholt, glück-

lich und gesund in Petersburg anlangen werden. Um Ihre Reise abzukürzen, bitte ich, sich dieses Kuriers bedienen zu wollen, den ich expreß absende, um die Befehle des Kaisers an den Gouverneur von Reval zu bringen und die Relais für Sie zu bereiten. Indem ich auf den Moment warte, wo ich die Ehre haben werde, dem Herrn Grafen aufzuwarten, bitte ich die Versicherung tiefen Respekts zu genehmigen, mit dem ich die Ehre habe zu sein
Ihr ergebenster und gehorsamster Diener
Graf Rostoptschin

Rostoptschin war, wie sich erwies, eine außerordentliche Persönlichkeit am Zarenhof, er wurde wenig später Präsident der Kammer für die ausländischen Beziehungen – also Außenminister.

Die Mission des Herzogs Wilhelm war durchaus erfolgreich. Bald nach seiner Ankunft in Petersburg wurde er mit seiner Begleitung nach Gatschina, dem Sommerschloß des Zaren, gebeten, wo eine feierliche Ordensverleihung, auch an den jungen Pius, stattfand. Der Zar war überaus freundlich und sagte Wilhelm gleich zu Beginn, daß er als »Deutscher mit einem Deutschen« spreche, da er ja der Sohn eines deutschen Fürsten sei. Wilhelm äußerte darauf ganz offen, er habe Mißtrauen und Besorgnis für die Erhaltung der Reichsverfassung. Die wiederholten Versuche Österreichs, Bayern zu »requirieren« und andere Versuche, in die Rechte der deutschen Bischöfe einzugreifen, gäben Anlaß zu großer Besorgnis.

Dem Heiratsprojekt des Kurprinzen mit der Zarentochter Katharina Pawlowna wurde zugestimmt, allerdings unter der Voraussetzung, daß die noch im Kindesalter sich befindliche Großfürstin ebenso wie der Kurprinz von sich aus später diese Ehe einzugehen gewillt seien.

Wilhelm schreibt über seine Eindrücke nach München an Max Joseph:
Übrigens beglückwünsche ich meinen lieben Neffen und uns alle zu dieser Acquisition. Die kleine Großfürstin ist in allen Beziehungen reizend. Da ich neben ihr sitze, so kann ich

wohl bemerken, wie sie Geist und Anmut besitzt, welche Talente, welche moralische Reife über ihre Jahre und über ihren Körper hinaus; auch physisch ist sie sehr schön, aber noch wenig entwickelt. Im allgemeinen bietet die ganze kaiserliche Familie das schönste und, wenn ich so sagen darf, das interessanteste Bild, das es nur geben kann. Alle, von ihrem erhabenen Haupt an, vereinigen Geist, sprühenden Witz, Liebenswürdigkeit und Zuvorkommenheit zu einem sonst schwer zu treffenden Grade.

Aus Rechbergs Briefen an seine Frau erfahren wir dann mehr über einen anderen wichtigen Punkt der Reise, nämlich, sich Rußlands Schutz und seiner Truppen für den Feldzug gegen Frankreich zu versichern. Gewisse Gegenleistungen Bayerns werden natürlich verlangt. Rechberg meint in diesem Zusammenhang, er selbst hätte für Bayern mehr Vorteile herausgeschlagen, »wäre ich nicht lahm gelegt worden«, und weiter:

Vielleicht hätten mir kältere Rechner zu viel Hitze für eine Sache vorgeworfen, der ich alles, selbst meine Existenz, opfern werde, wenn ich die Gewißheit haben kann, zu siegen und auf ewig den französischen Namen von unseren Grenzen zu entfernen.

Mit ähnlichen schwülstigen Worten klagt er weiter, daß er in Gatschina alles weit besser gemacht hätte, wenn eben nicht Herzog Wilhelm, wie er schreibt, »bei allem die Herrschaft an sich riß« und ihn, Rechberg, »mit unvergleichlicher Gewandtheit« von allen Geschäften fernzuhalten wußte. Alles wurde ohne ihn unterzeichnet und erledigt, »während, wenn ich dabei gewesen wäre, mir dies wenigstens 4000 Dukaten in Geschenken und Geld eingetragen haben würde. Statt dessen nimmt der Herzog für über 60 000 Rubel in Juwelen heim und ich bin mit einem Ringe für 2000 Rubel und mit dem St. Annen-Orden verabschiedet ...«. Hier liegt also wohl der tiefere Grund für seine Unzufriedenheit!

Wilhelms Verhandlungen nahmen weiter einen erfreulichen Verlauf. Auch die für Bayern so wichtige Frage der Subsidien fand die Unterstützung des Zaren. Durch seine

DER VERTRAG VON GATSCHINA 151

Vermittlung wurde England veranlaßt, Geldmittel für die Ausrüstung des Bayerischen Heeres zur Verfügung zu stellen.

Am 17. Juli gab der Zar mit nachstehendem Brief an Max Joseph den Abschluß der Verhandlungen bekannt, wobei ein deutlich herablassender Tenor nicht zu verkennen ist:

Mein Herr Vetter!
Ich habe den Brief Eurer Hochfürstlichen Durchlaucht vom 17. Juni erhalten; Ihr Verhalten gegen mich, Ihr frischer Eifer für die gute Sache und alles, was mir der Herzog in Bayern von Ihren persönlichen Gefühlen sagte, haben bis auf die letzte Spur das Andenken dessen ausgetilgt, was sich zwischen uns bei Ihrer Thronbesteigung begab. Gegenwärtig hängt es von Ihnen ab, mein intimer treuer Alliierter zu werden und mit guten Gründen das Recht zu erlangen, auf meine Freundschaft zu zählen, wenn Sie so fortfahren, wie Sie anfingen. In dieser Überzeugung sehe ich die Heirat des Erbprinzen, Ihres Sohnes, mit meiner Tochter, der Großfürstin Katharina, als zwischen Ihnen und mir festgesetzt an. Da aber meine Tochter erst elf Jahre alt ist, so muß die Hochzeit auf den Zeitpunkt verschoben werden, wo der Prinz, Ihr Sohn, nach der Verfassung Ihres Landes selbst volljährig wird. Und da ich meinen Töchtern ihre freie Einwilligung selbst überlasse, so wird der Prinz einige Zeit vor dem für seine Hochzeit anberaumten Termin hierher reisen.
Ich schließe diesen Brief mit der Mitteilung an Eure Hochfürstliche Durchlaucht, daß es mir sehr angenehm gewesen ist, die Bekanntschaft des Herzogs in Bayern zu machen und an ihm die Eigenschaften zu entdecken, die ihm überall die Achtung und allgemeines Vertrauen erobern. Niemals konnten wir so theuere Interessen Jemanden anvertrauen, der dieser Beschäftigung würdiger wäre.

Der Vertrag von Gatschina vom 1. Oktober 1799, der nun von Wilhelm unterschrieben wird, umfaßte drei Punkte: Einmal die vorgesehene Heirat des Kurprinzen mit der Zarentochter mit allen geldlichen und religiösen Bedingungen, sodann die restlose Wiederherstellung des Malteserordens bayerischer Zunge und schließlich den Bündnisvertrag Bayerns mit Rußland gegen Frankreich, womit die Finanzierung der Bewaffnung und Ausrüstung des Bayerischen Kontingents durch England und die Erhöhung dieses Kontingents von den ursprünglich vorgesehenen zehn- auf zwanzigtausend Mann verknüpft war.

Es ist für uns relativ uninteressant, das ganze Neben- und Gegeneinander von Intrigen zu schildern, das sich während der Vertragsverhandlungen spann. Wir wollen hier nur anmerken, daß der ewig unzufriedene Rechberg, der vor Wilhelm am 28. November 1799 in München eintraf, es nicht versäumte, sofort nach seiner Ankunft zu Montgelas zu eilen, um ihm Bericht zu erstatten.

Wilhelm brach am 9. Oktober von Petersburg auf. Die Reise ging diesmal über Memel, Königsberg und Küstrin, wo Rechberg den Herzog verließ, da er »in Dresden nicht nochmals sein Cavalier sein wollte«. Ob und wann Wilhelm nach seiner Rückkehr dem Kurfürsten mündlich Bericht erstattete, ist unklar. Am 10. März 1801 – also eineinhalb Jahre später – zur Vorlage seiner Abrechnung über die für seine Mission vorgeschossenen 76 646 Gulden aufgefordert, antwortete er, er habe nur 50 000 erhalten und nicht angenommen, daß von ihm eine spezifizierte Abrechnung erwartet würde, zumal er auch Privatgelder bei seiner Mission ausgegeben habe, worauf ihm seitens des Kurfürsten Entlastung erteilt wurde. Erst am 12. Juni 1802 erstattete Wilhelm dem Kurfürsten einen schriftlichen Bericht.

Inzwischen hatte Montgelas längst dem Kurfürsten seine sehr scharfe Kritik der Verträge von Gatschina vorgelegt. Wilhelm seinerseits weist in seinem Rechenschaftsbericht auf die großen Schwierigkeiten hin, die sich seiner Aufgabe insbesondere durch das Ränkespiel der Diplomaten entgegengestellt hatten. Zuletzt noch war der Abschluß des Koalitionsvertrags in Frage gestellt. Der Zar erklärte, daß er sich für die »feigen und treulosen Alliierten« nicht »opfern« wollte, und Wilhelm mußte sich glücklich schätzen, als er dann doch noch zwei Entwürfe, wenn auch in ungebräuchlicher Form, zur Unterschrift erhielt. Schließlich betont er noch, er hätte »keinen Schritt getan, ohne den Rat Baron Rechbergs eingeholt zu haben«. Im übrigen hatten inzwischen die sich schnell entwickelnden kriegerischen Ereignisse weiteres Nachdenken über den Vertrag von Gatschina längst überflüssig gemacht. Dies erklärt auch, daß des Herzogs Rechenschaftsbericht erst nach so unnatürlich langer Zeit erfolgte. Er selbst entschuldigt sich damit, daß die traurigen Zeiten ihn nicht früher hätten dazu kommen lassen. Er habe seinerzeit alle Papiere zusammengerafft, um sie zu retten, und habe sie noch nicht ordnen können.

Über allem war das Erfordernis der schnellen Ausrüstung und Bewaffnung der seit langem vernachlässigten bayerischen Armee gestanden. England stellte – als besonderer Feind Napoleons – Mittel zur Verfügung, wie sie bereits in Gatschina zugesichert worden waren.

Wie wir gehört haben, hatten sich schon Anfang 1799 sechzigtausend Österreicher am Lech südlich von Augsburg unter dem Oberbefehl des Erzherzogs Karl versammelt, wozu dann noch ein starkes russisches Korps unter dem General Suworow stoßen sollte. Der bayerische Kurfürst war in der Lage, zwölftausend Mann zu stellen.

Anfang 1800 trat dann der von seiner erfolglosen Expedition aus Ägypten zurückgekehrte Napoleon über den Rhein an, und das französische Korps des Marschalls Moreau drang schnell bis München vor. Das Kurfürstenpaar verließ die Stadt am 29. Mai 1800, und man faßte den ziemlich verzweifelten Entschluß, alle Garnisontruppen unter dem Oberbefehl des Herzogs Wilhelm im nördlichen und östlichen Teil des Kurfürstentums zusammenzuziehen. Wilhelm wurde Generalleutnant und begann sofort, seine Truppen bei Regensburg zu versammeln, um sich dort mit dem österreichischen General Klenau zu vereinigen. Er erhielt aber dann den Befehl, mit seinen schwachen Kräften, dem sogenannten ›Auxiliarkorps‹, die Oberpfalz zu besetzen. Er blieb bei Regensburg, südöstlich von Bamberg und bei Würzburg als ziemlich unbeteiligter Zuschauer stehen, was indessen den ihm gegebenen Befehlen entsprach.

Die kurfürstliche Familie ging mit dem Diplomatischen Korps und dem Ministerium des Auswärtigen in der Kriegslage entsprechenden Etappen über Landshut, Straubing schließlich nach Amberg, wo sie inmitten ihrer Truppen Zuflucht fand. Sie blieb fast ein volles Jahr der Residenz fern. Im Juni wurde München von den Truppen Moreaus besetzt.

Paul I. von Rußland verließ im Oktober 1800 die Koalition aus Ärger über die britische Besetzung der Insel Malta, und zu Weihnachten 1800 wurde der Waffenstillstand von Steyr abgeschlossen. Damit endete auch die kurze militärische Laufbahn des Herzogs Wilhelm. Er wird in verschiedenen Quellen, so auch in den Abhandlungen des Freiherrn Hermann von Reichlin-Meldegg, außerordentlich gelobt ob »seines erleuchteten Patriotismus« und ob seiner Umsicht, mit der er »dem Kurfürsten den letzten Rest seiner Truppen und die letzte Provinz seiner Staaten erhalten« habe. Man kann das eigentlich kaum sagen, denn Wilhelm hatte ja den strikten Befehl, seine sicherlich ungeschulten Truppen keiner Gefahr auszusetzen. Im übrigen waren die österreichischen und bayerischen Operationen nichts anderes als eine Kette unglücklicher Führung und eines nahezu undurchschaubaren Durcheinanders, die in der vernichtenden Niederlage bei Hohenlinden im Ebersberger Forst am 3. Dezember schließlich ihr Ende fanden.

Der Jahreswechsel kam und schließlich der Friede, der bis zum 9. Februar 1801 in Lunéville ausgehandelt wurde. Für Österreich, mit dessen geschlagenen Armeen die Bayern verbunden, wenn auch nicht gebunden waren, war der Krieg in Süddeutschland eine Kette von Mißerfolgen gewesen, ganz Bayern hatte aufgegeben werden müssen. Fast ein Jahr hatte Max Joseph mit seinem ganzen Hofstaat außerhalb seiner Residenzstadt verbracht, war zuletzt sogar, als ihm die Lage bedrohlich erschien, in das preußische Bayreuth ausgewichen.

Anfang April 1801 kam als erster der im Kriege abwesend gewesenen Fürstlichkeiten Herzog Wilhelm zurück. Am 12. April war er zunächst in Schleißheim, ein erster Teil seiner Truppen zog in die Stadt ein, wo indessen auch die Franzosen noch weilten. Am Abend traf der Herzog in seinem ihm vom

Kurfürsten geschenkten Palais in der Theatinerstraße ein, wo mittlerweile auch die herzogliche Familie eingezogen war, obwohl die gesamte Einrichtung noch völlig unfertig war. Mit einem etwas schwülstigen Tagesbefehl dankte der Herzog am 15. April 1801 seinen Truppen, nachdem er einen Tag vorher den von Amberg zurückkehrenden Kurfürsten begrüßt hatte.

Durch den restlos verlorenen Koalitionskrieg und die Ermordung Pauls I. am 23. März 1801 hatte sich die Situation für Bayern erheblich gewandelt. Rußland verlor an Bedeutung, und es ist als sicher anzunehmen, daß Max Joseph seine Politik um 180 Grad zu drehen begann. Zum mindesten nahm er geheime Verbindung mit dem bereits allmächtig gewordenen Ersten Konsul der französischen Republik auf. Im Frieden von Lunéville hatte Frankreich endgültig alle linksrheinischen Gebiete erhalten, was auch den Herzog Wilhelm im Hinblick auf die in den Familienverträgen als Apanagial-Rezeß vorgesehene Herrschaft Lützelstein empfindlich traf. Auch seine ihm von seiner Mutter vererbten linksrheinischen Privatbesitzungen um die Grafschaft Dhaun in der Eifel waren als deutsches Fürsteneigentum mit Sequester belegt.

Wir haben schon an anderer Stelle vermerkt, wie trostlos und fast unlösbar die Lage Bayerns wie der anderen deutschen Fürsten- und Herzogtümer sowie geistlichen Stifte war, die durch die Abtretung des linken Rheinufers Gebietsverluste erlitten hatten. Die nun beginnenden Entschädigungsverhandlungen waren ein Konglomerat von Eigeninteressen, Gegensätzen, Intrigen, Ratlosigkeit, wie man es sich schlimmer nicht vorstellen kann. Namentlich war es immer wieder Österreich, das beharrlich im Gesamtinteresse des im Sterben liegenden Heiligen Römischen Reiches Deutscher Nation seine alten Absichten auf Bayern wieder bekundete. Es wollte sich für seine Gebietsverluste mit Teilen Bayerns entschädigen und hatte keine Hemmungen, sich dabei der Hilfe des starken Frankreich immer wieder zu versichern.

Bayern war in der schwierigsten Lage, da es damals – nach dem Lunéviller Frieden – völlig isoliert dastand. Sollte man den österreichischen Forderungen nachgeben, um sich des Schutzes

Österreichs zu versichern? Die Meinungen hierüber waren durchaus verworren.

Schließlich griff Herzog Wilhelm bei einer Ministerialratssitzung ein. Er hat über die damalige Situation handschriftliche Aufzeichnungen hinterlassen, die wir nachstehend zitieren:

Eines Tages im November 1801 ward mir zu einer Staatskonferenz angesagt, aber nicht im gewöhnlichen Lokal, sondern in einem der innersten Zimmer des Kurfürsten, welcher mir bei meinem Eintritt sagte, der Gegenstand der heutigen Berathung sey von großer Wichtigkeit. Man nahm Platz und der Minister des Äußeren [Montgelas] begann sogleich die Vorlesung eines umständlichen Vortrags über die politische Lage des Hauses und die Verhältnisse der großen Mächte mit Berufung auf offizielle Noten, Gesandtenberichte und dergl. ..., woraus das Resultat hervorging, wenn der Kurfürst sich nicht entschließen würde, aus seinen Staaten etwas zu dem eben in Verhandlung begriffenen Entwurf des allgemeinen Entschädigungsplanes der Erbfürsten zu opfern, das Loos seines Hauses bei der Reichsdeputation klein ausfallen möchte, indem keine der großen Mächte Schutz verspreche. Der Minister [Montgelas] sprach noch, als der Kurfürst ein Zettelchen hervorzog, und mit sichtbarer Bewegung in Stimme und Gebärde ablas des Inhalts: In Erwägung seiner bedenklichen Lage und der verwickelten Verhältnisse ertheile er, so hart es bei seiner Liebe für Bayern ihm ankomme, seinen Ministern den Auftrag, die eingeleiteten Verhandlungen unter der Bedingung vollgültigen Ersatzes gegen das zu bringende Opfer fortzusetzen.

Ich erhob mich und sprach: und das, gnädiger Herr! wäre Ihr Entschluß! Sie werden ohne unausweichliche äußerste Nothwendigkeit die Wiege Ihres Stammes, Ihr Urvolk hingeben! Und wo fänden Sie den Ersatz für die moralische Macht, die Sie in der Liebe und Anhänglichkeit der Bayern besitzen, an welche ein tausendjähriges Band uns knüpft?! Auch erscheine Unvermeidlichkeit eines solchen Entschlusses mir noch nicht, nachdem, da eine der Mächte erklärt: sie wolle zwar dem Kurfürsten, welcher am besten beurtheilen könne, was seinem

Hause fromme, nicht vorgreifen, aber auch nicht dazu rathen, es nicht unwahrscheinlich wäre, daß unter dem »nicht dazu rathen« ein verschleiertes Abrathen zu ahnen seyn möge. Übrigens sey es doch nicht möglich, nach einziger Anhörung einer flüchtigen Vorlesung, sich mit Bestand und nach Gewissen über einen so hochwichtigen Gegenstand zu erklären. So möge, sagte der Kurfürst sogleich, der Minister einstweilen die gesammten Akten mir zuschicken, wogegen ich jedoch bat, solche unter den anderen Herrn Ministern zuerst herumgehen zu lassen, damit meine schwache Einsicht durch ihre Abstimmungen aufgeklärt, mich befähige, verlässig und erschöpfend die Lebensfrage zu beantworten. Nach einigen Wochen erst kamen mir die Acten nebst den Votis der Minister zu, diese fielen, wie zu erwarten war, mit dem Proponenten einstimmend aus, bei jenen fehlte aber das Aktenstück, auf welches ich in der Konferenz gedeutet hatte, um unsere Sache noch nicht verzweifelt anzusehen. Auf meine desfalsige Erinnerung sendete der Kurfürst mir die Pièce zu; es war das Original-Antwortschreiben des ersten Consuls von Frankreich. Nach fleißigem Durchlesen und Erwägen der Akten sandte ich sie zurück mit der schriftlichen Erklärung, daß ich mich nicht bewogen gefunden hätte, von der Meinung abzugehen, die ich in der Staats-Konferenz ausgesprochen habe.

Diese Angelegenheit verlief zwar im Sande, doch verlor Bayern durch die Pariser Meditationsakte vom 3. Juni 1802 und den Hauptschluß der mit der Entschädigung befaßten Reichsdeputation vom 25. Februar 1803 die rechtsrheinische Kurpfalz mit Heidelberg und Mannheim. Dafür wurden bedeutende Teile des fränkischen und östlichen schwäbischen Reichskreises Bayern zugesprochen.

Das ursprünglich so gute Einvernehmen zwischen Max Joseph und Wilhelm trübte sich mehr und mehr. Schon nach der Rückkehr des Kurfürsten nach München hatte es geheißen, Wilhelm sei in Ungnade gefallen. Man führte dies nicht zuletzt auf die Gegnerschaft Montgelas' zurück, die in den Staatsratssitzungen immer schärfer zutage trat. Wilhelms in diesen Sitzungen immer wieder mit Energie vertretene Ansichten standen in schroffem Gegensatz zu den Intentionen Montgelas', und dies führte schließlich dazu, daß Max Joseph in Wilhelms Bemühungen das Streben nach »einer Art Mitregentschaft« sah. Als Wilhelm erfuhr, daß – offenbar um seinen unbequemen Einwendungen auszuweichen – geheime Sitzungen abgehalten wurden, zog er sich gänzlich von der Teilnahme zurück.

Wilhelm schreibt hierüber:

Dem Kurfürsten indessen war ich durch meinen Widerspruch unangenehm, der herrschenden Partei, die mich mit dem »Obscuranten-Chef-Titel« beehrte, vollends verhaßt geworden. Daß bei solcher Stimmung meine Gegenwart in den Staatskonferenzen lästig war, ist begreiflich. Als ich aber sah, daß man sich mit geheimen außerordentlichen Zusammenkünften half, wollte ich nicht weiter mit mir spielen lassen und

Kurfürst Max IV. Joseph von Bayern (1799-1805), als König Max I. Joseph (1806-1825)

ersuchte den Kurfürsten, die Conferenzen ferner bei mir nicht mehr ansagen zu lassen.

Auch die relativ frühe Mündigkeitserklärung des Kurprinzen 1803, als dieser siebzehn Jahre alt wurde, führte man auf den Einfluß Montgelas' zurück, der seinen Gegner damit als bisher nächsten Agnaten ausschaltete.

Wenn wir den Ursachen der Differenzen zwischen dem Kurfürsten Max Joseph und seinem Minister der Auswärtigen Angelegenheiten, seit 1803 der Finanzen und 1806 des Innern, dem Wirklichen Geheimen Rat Freiherrn von Montgelas einerseits und dem Herzog Wilhelm als Schwager Max Josephs andererseits nachgehen, so müssen wir uns noch einmal vergegenwärtigen, daß Bayern trotz verschiedener Reformversuche unter Karl Theodor – der ja in seiner Jugend recht aufklärerisch gesinnt war und erst nach mancherlei Enttäuschungen wieder einen konservativeren, manchen deshalb despotisch erscheinenden Kurs eingeschlagen hatte – gesellschaftlich und vor allem wirtschaftlich sehr zurückgeblieben war.

Das alles konnte dem Herzog Wilhelm nicht verborgen geblieben sein; es ist aber auffallend, daß er gegen die herrschenden Zustände anscheinend keinen Einspruch erhob.

Erst mit Max Joseph und seinem Minister Montgelas änderten sich die Verhältnisse entscheidend. Die Aufklärung wurde an erste Stelle gestellt. Ihr folgte die Aufhebung der zahllosen Klöster auf Grund des Reichsdeputationshauptschlusses vom Februar 1803, demzufolge alle bisher reichsunmittelbaren Güter der katholischen Kirche dem Kurfürsten zugesprochen wurden. Die bisherigen souveränen Bistümer Eichstätt, Würzburg, Bamberg, Freising, Augsburg und Passau wurden dem Kurfürstentum ganz oder teilweise einverleibt, die weltliche Herrschaft der Bischöfe erlosch. In diesem Zusammenhang wurden dann auch die Protestanten durch das Religionsedikt von 1803 in den traditionell katholischen Gebieten Bayerns toleriert. Mitte 1803 wurde eine ›Landesverordnung über die Preßfreiheit‹ erlassen.

In den Staatsratssitzungen, an denen Wilhelm regelmäßig teilnahm, erschien ihm die Eile, in der Montgelas auf allen

Gebieten Reformen des fast noch mittelalterlichen Staatswesens in Angriff nahm, nicht richtig. Wenn er sich auch der Notwendigkeit von Reformen nicht verschloß, so widersetzte er sich doch – selbst noch in den alten Anschauungen erzogen und herangewachsen – den seiner Meinung nach in zu großer Hast und zu rigoros getroffenen Maßnahmen in zahlreichen mündlichen Einsprüchen und schriftlichen Eingaben. Er wünschte vor allem, daß man die Empfindungen des Volkes nicht verletze und riet immer zur Mäßigung. Montgelas wurde so sein Gegner, und auch sein absolut reformfreundlicher und ganz unter dem Einfluß von Montgelas stehender Schwager wollte auf seine Widersprüche nicht mehr eingehen. So kam es zum Bruch.

Sicherlich hatte Wilhelm mit seinen Versuchen, eine Übersteigerung der Reorganisation des Staates zu verhindern, nicht unrecht, doch übersah er dabei die außenpolitische Lage des Kurfürstentums oder beurteilte sie in manchen Punkten nicht richtig. Das unter Karl Theodor durch eine teilweise sehr korrupte Beamtenschaft vernachläßigte Bayern mußte so schnell wie möglich in Ordnung gebracht werden, um dem Druck von Österreich und Frankreich nicht zu erliegen. Montgelas gelang das.

So muß man sich doch in gewisser Weise den Gedankengängen anschließen, die Graf du Moulin-Eckart in den Forschungen zur Geschichte Bayerns über Herzog Wilhelm gerade in jener soeben dargestellten Zeit niederschrieb:

Es geht ein kleinlicher Zug durch den Charakter und das Leben des Prinzen, der von Max Josephs Art vollkommen absticht. Dort Festhalten an zweckloser Form, an inhaltlosem Recht, bei Max Joseph der stets aufs Volle gerichtete Blick, die Sorge für das Wichtigste, kluge Opferung des Kleinen, um Größeres zu erreichen oder doch zu retten. Es konnte daher nicht ausbleiben, daß es später zu Dissidien zwischen Beiden kam, die mit der Entfernung des unzufriedenen Agnaten von den politischen Geschäften endeten.

Im Volk, namentlich in den Ständen, deren einstige Vorrechte abgebaut wurden, beobachtete man die Fülle von Verfügungen und neuen Gesetzen natürlich sehr skeptisch, schob dem neuen Minister Montgelas die Schuld zu und stellte sich vielfach auf die Seite des Herzogs. Die Verhältnisse in München wurden für ihn immer unerquicklicher, und er drang nun erneut auf den in den Familienverträgen vorgesehenen Territorial-Rezeß.

Bereits unmittelbar nach der Regierungsübernahme durch Max Joseph hatte Wilhelm vorsichtige, aber unmißverständliche Schritte in dieser Richtung unternommen. In jenen Zeiten, als Grenzen gezogen und wieder niedergerissen wurden, wäre das gar nicht so schwierig gewesen, müßte man annehmen. Aber wegen des bevorstehenden Krieges und der Unbestimmtheit der Territorial-Verhältnisse mußte der Apanagial-Rezeß der Birkenfeld-Gelnhausener Linie damals doch zurückgestellt werden. Immerhin erhielt Wilhelm eine ansehnlich erhöhte Apanagial-Rente, den Titel eines Herzogs in Bayern und das ehemalige Münchener Malteserprioratsgebäude von Max Joseph als Geschenk. Ein Wohnsitz in München war Wilhelm wichtig, da er von Landshut aus dem schnellen Fluß der politischen Ereignisse nicht so folgen konnte wie er wünschte. Max Joseph hatte bei seinem Regierungsantritt Wilhelm noch besonders dadurch ausgezeichnet, daß er ihn zum Ordensmeister des Ordens vom Heiligen Michael ernannte, ein Amt, das bisher Max Joseph selbst innegehabt hatte. Dieser 1693 von dem Wittelsbacher Kurfürsten Joseph Klemens von Köln gestiftete Orden hatte zwanzig Großkreuze und zwanzig Ritter. 1808 wurden noch zwei Großkreuze zu Ehren des Schwiegersohnes von Wilhelm, Berthier, und des Schwiegervaters seines Sohnes, des Herzogs von Arenberg, gestiftet.

Im Laufe des Jahres 1803 berief sich Wilhelm nun also erneut auf die verschiedenen Familienverträge, in denen ihm eine Territorial-Entschädigung zugesagt worden war. Er wollte kein ›Fürst ohne Land‹ sein. Ohne eigenen Herrschaftsbereich schwebte er nach damaliger Ansicht in der Luft und hatte in München nicht die politische Geltung, die er anstrebte. Er schlug nun seinem Schwager vor, ihm Land und Stift Kempten als Fürstentum zu übergeben. Damit gedachte er zweifellos, sich in etwa seinem Schwager gleichzustellen. Aber alle Vorschläge des Herzogs wurden von Max Joseph strikt abgelehnt. Doch Wilhelm gab nicht nach.

Es wurde nunmehr eine Kommission gebildet, zu der seitens des Kurfürsten der Staatsminister Freiherr von Montgelas, von Wilhelms Seite der Geheime Rat Theodori bestimmt wurden. Wilhelm scheint in den Sitzungen persönlich eingegriffen zu haben. Zunächst war man sich nicht einig, in welcher Form das Apanagium abgegolten werden sollte. Montgelas vertrat die Auffassung, daß nur eine finanzielle Abfindung in Frage käme. Der Geheime Rat Theodori forderte jedoch eine angemessene territoriale Entschädigung für alle Besitzungen, auf die Wilhelm durch zahlreiche Abmachungen und Verträge Anspruch hatte, die jedoch im Frieden von Lunéville an Frankreich gefallen waren. Wie zu erwarten, wurden alle begründeten Ansprüche Wilhelms vorerst einmal abgelehnt. Nach zähen Verhandlungen willigte Max Joseph schließlich ein, Wilhelm die Regierung des weit im Norden am Rhein gelegenen Herzogtums Berg zu übertragen, indessen unter Bedingungen, die eine Souveränität des Herzogtums von vornherein ausschlossen. Wilhelm zögerte, auf diesen Vorschlag einzugehen, bei welchem er in seinen Notizen sagt, *die im Hintergrund liegende Absicht nicht schwer zu erraten war, mich mit einem Lande abzufertigen, aus welchem mich bald wieder vertrieben zu sehen, man wo nicht schon vorbereitet, doch wenigstens in einer gewissen Erwartung war.*

Am 30. November 1803 wurde aber doch der definitive Apanagial-Vertrag abgeschlossen, nach welchem Wilhelm das Herzogtum Berg als »Ersatz für diejenigen Besitzungen, welche nach dem Vertrag von 1784 der Pfalz-Birkenfeldischen Linie hätten überlassen werden müssen« für sich und seine männlichen Nachkommen erhielt, und zwar unter denselben Bedingungen, »welche bei den ihm und seiner Linie zugesicherten gewesenen überrheinischen Herrschaften und Ämtern unter französischer Souveränität statt gehabt hätten«. Diese Bedingungen hatte man ihm zuerst nicht zugestehen wollen, Max Joseph hatte sogar gedroht, er wolle es zu einem Prozeß kommen lassen. Aber schließlich hatte man doch eingelenkt – vielleicht sagte man sich, daß Wilhelms Regierung in Berg sowieso nur eine Frage der Zeit sein würde.

Soweit sich die Primogenitur, das heißt München, nicht Rechte, wie vor allem die Verfügung über die äußeren Verhältnisse, vorbehalten hatte, unterstand dem Herzog Wilhelm nun die gesamte Gerichtsbarkeit und Verwaltung des kleinen Landes. Dieses lag mit seiner Hauptstadt Düsseldorf am rechten Rheinufer zwischen dem südlich angrenzenden Erzbistum Köln, den östlich gelegenen Fürsten- bzw. Herzogtümern Nassau und Westfalen und anderen Kleinstaaten, war also recht klein und relativ unbedeutend. Es hatte natürlich ein kleines Truppenkontingent, dessen Oberbefehl der Herzog nunmehr übernahm und dafür von seinem Schwager wieder zum Generalleutnant ernannt wurde. Er hatte nun endlich, wenn auch mit Einschränkungen, das erreicht, was er seit jeher wünschte.

Da die Residenz in Düsseldorf völlig zerstört und die Unterbringung der herzoglichen Familie zunächst nicht sichergestellt waren, reiste er gleich im neuen Jahr, am 1. Januar 1804, vorerst nur in Begleitung seines einzigen Sohnes Pius August und eines kleinen, für die ersten Anordnungen genügenden Stabes nach Düsseldorf. Seine Gemahlin und Tochter sollten später folgen.

Düsseldorf war im Jahre 1794 von den Horden der französischen Revolutionsheere entsetzlich verwüstet worden. Der sinnlosen Beschießung der Stadt waren nicht nur das Schloß, sondern auch viele andere, für die Verwaltung unentbehrliche Gebäude zum Opfer gefallen. Dazu kam, daß die Stadt seit nahezu hundert Jahren nicht mehr Wohnsitz eines Wittelsbacher Fürsten gewesen war, sich also um den Wiederaufbau der alten kurfürstlichen Residenz niemand gekümmert hatte. So stand der neue Landesherr also zunächst vor der schwierigen Aufgabe, möglichst schnell für sich und seine Behörden die nötigsten Unterkünfte zu errichten oder wieder aufzubauen.

Es wird berichtet, daß die Bevölkerung der sehr heruntergekommenen Stadt den neuen Landesherrn sehr herzlich begrüßte. Nachdem die Administration eingerichtet war, mußte der

Herzog an seine und seiner Familie Unterbringung denken. Da der Wiederaufbau des zerstörten Stadtschlosses nicht so schnell zu bewerkstelligen war, beschloß der Herzog, vorerst das etwa zwei Stunden von Düsseldorf entfernte Rokokoschloß Benrath zu beziehen. Dieses Schlößchen, mit dessen Errichtung an Stelle eines älteren Baus im Jahre 1755 auf Anordnung des Kurfürsten Karl Theodor begonnen worden war, spiegelt die Anmut und Grazie des ausklingenden Rokokozeitalters. Es mag so recht dem Geschmack und Wesen Wilhelms entsprochen haben. Sein Architekt, Nicolas de Pigage, 1749 ›Intendant über Gärten und Wasserkünste‹, 1752 Oberbaudirektor Karl Theodors, dem bereits die gartenarchitektonische Umgestaltung des Schwetzinger Schloßparks sowie der Ausbau verschiedener Räume im Mannheimer Schloß anvertraut worden war, fügte das kleine intime Schlößchen harmonisch in die umgebende Landschaft ein. Ein langgestreckter Wasserspiegel im Park betont die vorgezogene Mittelachse des auf einer Terrasse gelegenen, nach außen eingeschossig scheinenden Baus. Anlage und Gestaltung erinnern an Friedrichs des Großen Sanssouci und an französische Schloßbauten des 17. Jahrhunderts. Die geschickt gegliederten Innenräume atmen eine anmutige Wohnlichkeit, die Grazie einer versinkenden Zeit, der wohl auch Wilhelm in seinem innersten Wesen angehörte.

1801 waren die Möbel zum größten Teil vor den bereits in Düsseldorf eingedrungenen Franzosen nach Wesel geschafft worden. Wilhelm stattete die Räume mit Säkularisationsgut aus dem Besitz der letzten Fürstäbtissin von Essen neu aus.

Hierher kam dann im Mai 1804 die Herzogin Maria Anna mit ihrer Tochter Elisabeth nach einem, wie man schreibt, »bewegten« Abschied von ihrem kurfürstlichen Bruder in München. Max Joseph mag erleichtert aufgeatmet haben, daß es ihm gelungen war, seinen unbequemen Schwager von München zu entfernen und ihm gleichzeitig seinen Wunsch nach einem Herzogtum – wenigstens vorerst – zu erfüllen. Denn daß dieses Herzogtum auf sehr wackeligen Füßen stand, darüber war man sich sicher in München klar. Max Joseph konnte sich

*Schloß Benrath bei Düsseldorf,
Sommerresidenz des Herzogs Wilhelm 1804-1806*

im Interesse Bayerns der sich anbahnenden allgemeinen außen- wie innenpolitischen Entwicklung nicht entgegenstellen. Indessen, er war gutmütig, und sein weiches Herz – und wohl auch sein schlechtes Gewissen – drückte sich in vielerlei Aufmerksamkeiten aus, mit denen er Wilhelm nun wieder überhäufte.

Das Herzogtum Berg hatte noch die alte landschaftliche Verfassung bewahrt, die aus den Ständen und der Ritterschaft bestand. Die Kompetenzen dieser ›Landstände‹ umfaßten die Steuergesetzgebung und deren Beaufsichtigung ebenso wie die der Kammer- bzw. Staatsgüter.

Die für die Verwaltung seines Herzogtums notwendigen Anordnungen gab der Herzog alsbald bekannt und er war recht geschickt im Aufbau des Kabinettsrats, den er vordringlich schuf. Für das kleine Land genügten ihm wenige Spitzenpersönlichkeiten für die Rechtsfragen und die allgemeine Verwaltung. Er bestimmte, daß einmal in der Woche dieser Kabinettsrat unter seinem Vorsitz zusammentreten sollte, und behielt sich, der Zeit entsprechend, alle Entscheidungen vor. Er war nun am Ziel seiner Wünsche angelangt, wenn er auch in wesentlichen Dingen noch von München abhing. Wie schnell sollte dieser Traum ein Ende finden und Wilhelm wieder in die Situation eines Fürsten ohne Land zurückgeworfen werden!

Drüben in Frankreich, das ja nun an der westlichen Grenze seines Herzogtums – am Rhein – lag, entwickelte sich die politische Situation schneller als der Herzog wohl angenommen hatte. Napoleon hatte sich, die französische Verfassung umstoßend, im gleichen Jahr und im gleichen Monat, als

Wilhelm seine Familie nach Benrath nachzog, am 18. Mai 1804 zum Kaiser der Franzosen gemacht. Es konnte nach allem, was die Welt aus Frankreich vernahm, nicht mehr lange dauern, bis dieses Frankreich und eben dieser Kaiser sich mit der Neuordnung Europas in seinem Sinne beschäftigen würde. Schon vor 1804 hatte Max Joseph in München trotz aller Verträge aus Gründen einer klugen Staatspolitik Fühlung mit Frankreich aufgenommen, als an ein Kaiserreich dort noch nicht zu denken war.

Noch vor seiner Krönung kam Napoleon auf einer Reise durch Holland über Trier nach Köln. Es blieb dem Herzog Wilhelm bei der Münchner Politik, auf die er Rücksicht nehmen mußte, nichts anderes übrig, als nach Köln zu fahren, um den neuen Kaiser zu begrüßen. Seine Familie nahm er hierzu mit. Der Kaiser soll, wie berichtet wird, außerordentlich höflich gewesen sein, doch war anscheinend Wilhelms Besuch bei dem Mann, den er sicherlich nicht als seinesgleichen betrachtete, nur ganz kurz, denn schon am Abend dieses Frühsommertages kehrte er nach Benrath zurück. Am 1. August 1804 wurde sein von ihm so geliebter Sohn Pius August, den er nur ungern von seiner Seite ließ, achtzehn Jahre alt und damit nach den Hausgesetzen volljährig. Der Ansbacher Hausvertrag trat für den Prinzen in Kraft und Wilhelm, sein Vater, unterließ nichts, um für alle Fälle seinem einzigen Sohn als Agnaten eine eventuelle Thronanwärterschaft in München sicherzustellen. Nach seiner feierlichen Volljährigkeitserklärung gehörte Pius dem von seinem Vater geschaffenen Kabinettsrat als vollgültiges Mitglied an.

Ob man sich in diesem Kabinettsrat Gedanken über die zweifellos verdunkelte Zukunft machte, steht dahin. Das Jahr 1804 ging vorüber, in Düsseldorf schritt die Wiederherstellung der Residenz schneller voran als angenommen, und schon im Herbst dieses Jahres konnte der Hof dorthin umziehen. Das schöne Schloß Benrath war ja nur als Sommerresidenz gedacht, und vielerlei Repräsentationspflichten erforderten die Anwesenheit des Landesherrn in seiner Hauptstadt. Auch Anno 1805 schien man dort und in Benrath, das die herzogliche

Familie im Frühjahr wieder bezog, den bedenklichen Zeitläufen wenig Beachtung zu schenken.

Zudem fühlte sich der Herzog in seinem Fürstentum im Bergischen Land immer wohler und war glücklich, das Ziel seiner Träume erreicht zu haben. Indessen konnte auch er nicht die Augen davor verschließen, daß die von dem neuen Kaiser der Franzosen klar herausgestellten Zielsetzungen nicht ohne Wirkung auf den Osten bleiben konnten. Die Gerüchte von einer Dritten Koalition zwischen Österreich, Rußland, England, ja sogar Schweden, werden auch ihm zu Ohren gekommen sein und mußten zu der Frage führen, inwieweit und wann auch sein Herzogtum in die kommenden Ereignisse hineingezogen werden würde. Er kannte die Stärke Frankreichs, konnte aber hoffen, daß die politische Hinneigung Bayerns und seines Schwagers zu Frankreich ihm Sicherheit bieten würde.

Währenddessen traten für Bayern geradezu dramatische Situationen ein. Man war offiziell weder von den Koalitionsverhandlungen noch von den Plänen der Alliierten unterrichtet worden. Im Laufe des Sommers 1805 marschierten russische Truppen in Richtung Österreich, das mit achtzigtausend Mann unter Erzherzog Ferdinand und General Mack am Inn Aufstellung genommen hatte. Was südlich der Alpen vor sich ging, interessiert hier nicht – nur soviel sei gesagt, daß Österreich dorthin seine Hauptkräfte detachierte.

Bayern konnte in der kommenden Auseinandersetzung nicht neutral bleiben, wie es Max Joseph gewünscht hätte. Es lag eingeklemmt zwischen den feindlichen Parteien. Obwohl die Gefahr bestand, von dem benachbarten Österreich überrumpelt zu werden, ehe französische Hilfe zur Stelle war, wurde am 25. August 1805 – vorerst streng geheim – im ›Vertrag von Bogenhausen‹ eine Allianz mit Frankreich abgeschlossen. Es kam nun alles darauf an, Zeit zu gewinnen. Die Streitmacht der Koalition stand marschbereit an Bayerns Grenzen; die an verschiedenen Orten verstreut liegenden bayerischen Truppen konnten von ihr leicht umzingelt und ausgehoben werden. Napoleon hatte zwar auf die alarmierenden Nachrichten hin seinen beabsichtigten Angriff auf England aufgegeben und seine bei Boulogne liegenden Armeen nach Bayern in Marsch gesetzt, wie er Max Joseph am 1. September durch General Bertrand mitteilen ließ. Bis zu ihrem Eintreffen, mit dem Ende September zu rechnen war, mußte unbedingt der Schein der Neutralität gewahrt bleiben.

Da erschien am 6. September Fürst Schwarzenberg aus Wien mit der Aufforderung an Bayern, seine Truppen mit den österreichischen zu vereinigen. Die Bedingungen, unter denen dies geschehen sollte, waren für Bayern so günstig, daß Max Joseph Montgelas mit Verhandlungen über die Einzelheiten der Durchführung beauftragte. Nach Montgelas' Darstellung wollte der Kurfürst, dessen »väterlich gesinntes Herz dem Bild aller Unglücksfälle, denen seine Untertanen ... ausgesetzt sein würden, nicht zu widerstehen vermochte«, die österreichischen Vorschläge annehmen. Erst als Montgelas zwar auftragsgemäß mit Schwarzenberg verhandelt, dann aber um seine Entlassung gebeten hatte mit der Begründung, die jetzigen Verhandlungen seien den erst vor kurzem in Max Josephs Auftrag eingeleiteten Verbindungen ganz entgegengesetzt, es könne ihm, Montgelas, daher niemand mehr Vertrauen schenken und er sei also unfähig, Max Joseph weiter zu dienen, habe dieser seinen Entschluß geändert. Der Kurfürst befolgte nun den seit längerem von Montgelas erteilten Rat und begab sich – wie es offiziell hieß – auf eine »schon länger beabsichtigte Reise nach seinen fränkischen Besitzungen«, das heißt: er setzte sich nach Würzburg ab. Am Tag vor seiner Abreise wurde ein weiteres Täuschungsmanöver in Szene gesetzt, mit dem sich Montgelas nebenbei einer ihm schon längst mißliebigen Persönlichkeit entledigte. Der Stadtkommandant von München, Graf Nogarola – übrigens, wie es heißt, einer der treuesten Anhänger Wilhelms –, wurde zum Überbringer eines Schreibens Max Josephs an den Kaiser nach Wien ausersehen. Von diesem Schreiben erwartete sich alle Welt – auch der Überbringer selbst, dem man den Inhalt seiner Sendung nicht mitgeteilt hatte –, daß es die Beitrittserklärung Bayerns zur Koalition enthielte. In Erwartung dieser frohen Botschaft wurde Nogarola vom Kaiser sehr freundlich empfangen, als sich jedoch

zum großen Erstaunen des Kaisers wie Nogarolas herausgestellt hatte, daß in dem Schreiben von einem Beitritt keine Rede war, sondern nur wieder von Neutralität, wurde er mit den Worten entlassen:
Entweder hat man sich mit Ihnen einen Scherz erlaubt, oder Sie wollen dies mir gegenüber tun!
Nogarola blieb nichts anderes übrig, als schleunigst nach München zurückzukehren. Bald darauf wurde er mit einer Pension verabschiedet. Montgelas knüpft an diese Episode einige Bemerkungen über Nogarolas früheres Wirken und die Gunst, in der er bei Max Joseph stand. Er, Montgelas, habe jedoch schon im Jahre 1804 nicht umhin gekonnt, dem Kurfürsten eine Klatscherei (die in unserem Zusammenhang uninteressant ist) Nogarolas anzudeuten, »die einzige Bemerkung dieser Art, welche ich mir zu machen erlaubte, da ich mich pflichtmäßig dazu genöthigt fand, sonst darf ich mich mit vollem Vertrauen auf das Zeugnis meines Souveräns darüber berufen, wie sehr ich stets bestrebt war, Geschäftsfragen und Persönlichkeiten auseinander zu halten«.

Mit weiteren hinhaltenden Verhandlungen während erneuter Bemühungen Österreichs um Bayern, in deren Verlauf sich Montgelas von der Sendung Nogarolas absetzte, indem er erklärte, ihm sei »durchaus nichts auf diese Sendung Bezügliches bekannt, auch erweise die Form des Schreibens, daß es aus keiner amtlichen Kanzlei hervorgegangen sei«, erreichte man, daß die Österreicher bei ihrem Einmarsch und der Besetzung Münchens am 23. September Bayerns Neutralität respektierten und die bayerischen Truppen um Amberg gesammelt waren, als am 24. September französische Truppen sich Würzburg näherten. Am 28. September ratifizierte Max Joseph den Bogenhausener Allianzvertrag mit Frankreich vom 25. August, der auf den 23. September datiert wurde. Das Spiel war gewonnen.

Eine recht interessante und bezeichnende Darstellung dieser Ereignisse findet sich bei L. Mühlbach: ›Napoleon in Deutschland‹. Mühlbach stützt sich auf historische Dokumente und zitiert ein Schreiben Max Josephs an den österreichischen Kaiser, von dem wir annehmen, daß es sich um die Botschaft handelt, die Nogarola dem Kaiser zu überbringen hatte. Darin heißt es:

Ich verpfände Ew. Majestät mein Wort, daß ich in nichts den Operationen Ihrer Armee hinderlich sein will, und wenn, was indessen nicht wahrscheinlich ist, Ew. Majestät genöthigt wären, sich mit Ihrer Armee zurückzuziehen, so verspreche und schwöre ich, ruhig zu bleiben und in allen Dingen Ihre Zwecke zu fördern. Aber ich beschwöre Ew. Majestät auf meinen Knieen, mir gnädigst gestatten zu wollen, daß ich in strengster Neutralität verharre. Es ist ein von Angst und Sorgen zur Verzweiflung getriebener Vater, welcher bei Ew. Majestät um Gnade fleht zu Gunsten seines Kindes! Mein Sohn befindet sich, auf einer Reise begriffen, jetzt eben im südlichen Frankreich. Wenn ich genöthigt würde, meine Truppen gegen Frankreich marschieren zu lassen, so wäre mein Sohn verloren, und das Schicksal des Herzogs von Enghien würde auch das seine werden; wenn ich im Gegentheil ruhig und friedlich in meinen Staaten verbleibe, gewinne ich Zeit, meinen Sohn zurückkommen zu lassen.

Mühlbach fährt fort: *Aber an demselben Tage und mit derselben Feder, welche noch naß war von der Tinte, mit welcher er an den deutschen Kaiser geschrieben, hatte der Churfürst auch an den Kaiser von Frankreich geschrieben und ihm gemeldet,* »*daß er bereit sei, sich unter seinen Schutz zu stellen, daß er stolz darauf sein werde, der Bundesgenosse Frankreichs zu werden, und sich und seine Armee von dieser Stunde an zu den Füßen des großen und erhabenen Kaisers von Frankreich niederlege.*

Und der Courir, welcher den Brief mit den heiligen Eidschwüren der Neutralität dem Kaiser von Deutschland bringen sollte, war noch nicht in Wien angelangt, als der Churfürst von Baiern schon heimlich aus München nach Würzburg entflohen war, wo seine Armee von fünf und zwanzig tausend Mann ihn erwartete.

Er sandte seine Armee unter Anführung des Generals Deroy dem Kaiser der Franzosen entgegen, nicht, um in ihm den Feind Deutschlands zu bekämpfen, sondern um ihn zu begrüßen als Bundesgenossen, und seine deutschen Krieger unter das Ober-Commando des französischen Heerführers zu stellen. Alsdann erließ er eine Proklamation an sein Volk. »Wir haben uns abgewandt von Oesterreich«, sagte er, »von Oesterreich, das mit seinen treulosen Plänen uns umgarnen und vernichten, das uns zwingen wollte, mit ihm für fremdes Interesse zu streiten, von Oesterreich, das der Erbfeind unseres Hauses und unserer Selbständigkeit ist, und jetzt wieder den Versuch machen wollte, Baiern zu verschlingen und es zu einer österreichischen Provinz zu erniedrigen. Aber der Kaiser der Franzosen, Baierns natürlicher Bundesgenosse, eilte mit seinen tapfern Kriegern herbei, um Euch zu rächen, bald werden Eure Söhne an der Seite sieggewohnter Völker kämpfen, bald, bald naht der Tag der Rettung.

Der Verlauf des Feldzuges ist bekannt. Bayerische Truppen zogen zusammen mit französischen Formationen am 12. Oktober wieder in München ein, am 17. Oktober ergab sich der österreichische General Mack in Ulm mit 23 300 Mann den Franzosen. Vom 24. bis 26. Oktober ist Napoleon in München. Er wäre gern mit Max Joseph an seiner Seite dort eingezogen; dieser trifft aber erst am 29. Oktober dort ein. Die Österreicher ziehen sich in Richtung Böhmen zurück. Napoleon hat sein Hauptquartier in Linz genommen, wo er am 8. November Max Joseph und den Kurprinzen Ludwig empfängt. Es wird die Heirat von Max Josephs ältester Tochter Auguste mit dem Stiefsohn Napoleons, Eugène Beauharnais, vereinbart, ferner die Unterwerfung des reichsunmittelbaren Adels und des Deutschen Ordens unter die bayerische Souveränität sowie die Übernahme der Kaiserlichen Post in bayerische Verwaltung.

Am 13. November wird Wien besetzt, die Franzosen dringen in Mähren, Tirol und Oberitalien vor. Am 2. Dezember siegen sie in der ›Dreikaiserschlacht‹ bei Austerlitz. In Napoleons Hauptquartier in Brünn kommt es am 10. Dezember zur Unterzeichnung des sogenannten ›Brünner Vertrags‹, welcher (nach Zwehl) »die Allianz vom 23. September in ein Dauerbündnis mit gegenseitiger Besitzgarantie verwandelt und für Bayern die Erhebung zum Königreich und die als Kostenersatz ausbedungenen Landerwerbungen festsetzt«.

Wieder zögerte Max Joseph, die Verträge zu ratifizieren. Die Haltung Preußens, welche während des ganzen Feldzuges schon ein großer Unsicherheitsfaktor für ihn gewesen war, zwang ihn zu größter Vorsicht. Es würde zu weit führen, alle die Bemühungen um Preußens Beitritt zur einen oder anderen Seite zu schildern, ebenso die fieberhafte Verhandlungstätigkeit, die nun nach den schnellen französischen Siegen einsetzte. Es sei nur gesagt, daß Preußen, nach der Verletzung seiner Neutralität beim Durchmarsch der Franzosen und Bayern durch Ansbach schwer verärgert, sich verpflichtet hatte, am 15. Dezember für die Koalition zu marschieren. Durch die inzwischen bereits begonnenen Friedensverhandlungen, das Drängen Österreichs wie Frankreichs auf baldigen Abschluß und den Rückzug der Russen wurde diese Verpflichtung jedoch hinfällig, und unter diesen Umständen blieb Preußen nichts anderes übrig, als die Bedingungen Frankreichs anzunehmen, die in Schönbrunn ausgehandelt wurden. Als es am 14. Dezember dort einen Vertrag unterschrieb, in dem es unter Verzicht auf Neuchâtel, Cleve und Ansbach von Napoleon Hannover erhielt, die Machtverschiebung in Deutschland, die künftigen Abtretungen Österreichs und die Rangerhöhung der süddeutschen Fürsten anerkannte, da waren die Würfel gefallen.

Bereits am 16. Dezember unterzeichnete Baron Gravenreuth in Schönbrunn ein Zusatzabkommen zu dem Brünner Bündnisvertrag. Gegen Abtretung des Herzogtums Berg erhält Bayern die Markgrafschaft Ansbach, und Napoleon stellt außerdem das Innviertel und Tirol in Aussicht. Zu diesem, von Gravenreuth ohne Vollmacht abgeschlossenen Vertrag schreibt er am 17. Dezember an Max Joseph:

Ich bin überzeugt, daß dieser Tausch Eurer Majestät Vorteile bringt. ... Was Seine Durchlaucht, den Herzog in Bayern betrifft, so wird es ein leichtes sein, ihm eine angemessene Existenz als apanagierter Prinz zu verschaffen.

In der Anlage zu diesem Vertrag heißt es dann noch, daß beide Parteien sich zur Geheimhaltung dieses Abkommens bis zu dem Zeitpunkt verpflichten, an dem sie seine Durchführung für richtig erachten. Max Joseph erteilt seine Zustimmung zu diesen Vereinbarungen und Wilhelms Schicksal ist besiegelt.

Währenddessen hatte Wilhelm das ganze Jahr 1805, nach den schnellen Siegen Napoleons nichts Böses ahnend, eifrig am Ausbau seines Fürstentums gearbeitet. Vor allem war ihm wichtig, sein Land kennenzulernen. In dem für damalige Verhältnisse sehr interessanten Wuppertal verschaffte er sich eingehende Einblicke in die dortige Industrie. Er besuchte Elberfeld und Barmen und nahm Verbindung auf zu den ansässigen zahlreichen Bankiers und Fabrikbesitzern, besichtigte deren Manufakturen und Erzgießereien.

Nachdem sein Sohn, Pius August, großjährig geworden war, beschäftigte sich Wilhelm mit Plänen für dessen Verheiratung. Die Fortsetzung seiner Linie lag ihm natürlich besonders am Herzen. Zunächst hatte er die Verbindung mit einer österreichischen Prinzessin ins Auge gefaßt, doch zerschlug sich dieser auch von österreichischer Seite zuerst entgegenkommend aufgenommene Plan, als Bayern zu Frankreich übergetreten war. Dieser Übertritt Bayerns an die Seite Frankreichs hat Wilhelm sicherlich bezüglich seines Herzogtums eine gewisse Sicherheit gegeben, ebenso die auf Verlangen Napoleons, wie es heißt »gegen den Willen aller Beteiligten« vollzogene Trauung der Tochter Max Josephs, Auguste, mit dem Stiefsohn Napoleons, Eugène Beauharnais, am 13. Januar 1806 in München.

Indessen erschien im März 1806 der nunmehr Königliche Geheime Ratspräsident Freiherr von Hompesch in Düsseldorf. Wenn auch das Herzogtum Berg unter der Oberhoheit Bayerns stand, so war doch die Botschaft, die er überbrachte, skandalös. Sie enthielt nichts anderes, als die Mitteilung des Königs von Bayern, er habe das Herzogtum Berg Napoleon überantwortet und somit habe sein Schwager, Herzog Wilhelm, dieses alsbald zu räumen. Wenn auch Max Joseph sein Verhalten mit den »politischen Verhältnissen« zu begründen und zu entschuldigen versuchte, wurde diese höchst peinliche Affäre dadurch nicht besser, auch nicht dadurch, daß er Wilhelm »freundvetterlich« mitteilen ließ, er habe die bisherige Bischofsresidenz in Bamberg für seinen künftigen Aufenthalt bestimmt. Außerdem stellte er Wilhelm Schloß Seehof bei Bamberg zur Verfügung.

Wilhelm hatte, gleich welches Urteil über seinen Charakter man auch haben mag, dem Kurfürsten sehr lange und treu gedient, einen solchen bösen und plötzlichen Eingriff in sein persönliches Schicksal hatte er nicht verdient. Selbst wenn man annimmt, daß Max Joseph sich dem Druck Napoleons beugen mußte, wenn man weiter zugibt, daß es an sich ganz vernünftig war, die weit abgelegene Provinz des Pfalz-Bayerischen Hauses, das Herzogtum Berg, gegen das nahe Ansbach einzutauschen, so bleibt es doch einigermaßen unverständlich, daß Max Joseph seinem Schwager keine andere Entschädigung als einen Wohnsitz in der Bamberger Residenz anbot.

Fast gleichzeitig mit Hompeschs Botschaft traf von Köln die Nachricht ein, daß der neue Landesherr von Napoleons Gnaden, sein Schwager Murat, als Großherzog des erweiterten Herzogtums Berg auf seinen alsbaldigen Einzug in Düsseldorf drängte. Der französische General Dupont erschien bald darauf in Düsseldorf mit der kategorischen Mitteilung, er habe Befehl, mit den Truppen, die unter dem Kommando des neuen französischen Landesherrn, des Prinzen Murat, ständen, sofort das Herzogtum Berg zu besetzen.

So war ich also in der Zeit von 24 Stunden aus meinem Hause vertrieben, und mit der eigenen Schwester des Königs der Gefälligkeit eines Fremden überlassen!! Bei diesem Ergebnis, das wohl wenige seines gleichen je gehabt haben mag, und durch manche kränkende Nebenumstände verbittert wurde, fand ich freilich Trost in der allgemeinen theilnehmenden Anhänglichkeit, die mir auf's Rührendste erwiesen wurde, schreibt Wilhelm hierzu.

Daß Wilhelm sich tatsächlich während der kurzen Zeit seiner Regierung im Bergischen Land große Sympathien erworben hatte, bezeugt ein wertvolles Geschenk, das die Einwohner von Elberfeld und Barmen ihm durch eine Deputation in Bamberg überreichen ließen: eine vergoldete Spieluhr in Mahagoni-Gehäuse. Wilhelm ließ sie im Compagnie-Saal seines geliebten Banz aufstellen. Der Anblick dieses Zeichens der Anhänglichkeit und Dankbarkeit mag ihn oft mit Stolz und Genugtuung erfüllt haben.

Heinrich Heine, der damals seine Jugend in Düsseldorf verlebte, schildert diesen Regierungswechsel auf seine Weise:

Als wir eines Morgens in Düsseldorf erwachten und Guten Morgen Vater! sagen wollten, da war der Vater abgereist. Ein neues Wappen hing am Rathaus und französische Grenadiere standen Schildwache. Der Herr Bürgermeister hielt eine Rede und es war keine Schule.

Wilhelm war in aller Eile nach Schloß Benrath ausgewichen. Der neue Landesherr, der am 25. März 1771 als Sohn eines Gastwirts in Le Bastide geborene, als hervorragender Reiterführer außerordentlich bewährte und mit der jüngsten Schwester Napoleons, Karoline, vermählte Prinz Murat, nun zum Großherzog von Berg ernannt, hatte sich als großzügig erwiesen: er hatte den General mit dem Auftrag zu Wilhelm entsandt, diesem in seinem Namen das Sommerschloß Benrath zur einstweiligen Verfügung zu stellen.

Der neue Landesherr verließ bereits 1808, nach drei Jahren, die Residenz in Düsseldorf, die er kaum je bewohnt hatte. Er wurde am 1. August 1808 von Napoleon zum König beider Sizilien ernannt. Im September 1808 bezog er, soweit es die ununterbrochenen Kriegshandlungen erlaubten, die Residenz in Neapel als Joachim I. Napoleon. Sein Ende war unglücklicher als das Wilhelms. Er wurde 1815, nach der Niederwerfung Napoleons, als Usurpator vor ein Kriegsgericht gestellt und am 13. Oktober 1815 standrechtlich auf Schloß Pizzo in Italien erschossen. Seinem ersten Fürstentum Berg hat er kaum Glück gebracht, während man annehmen kann, daß das Land unter der klugen Verwaltung von Wilhelm ein solches gefunden hätte. Unter seiner, Wilhelms, Regierung wurde eine »Landesverordnung über die Preßfreiheit« erlassen; in das innere

Leben der evangelischen Gemeinden wurde kaum noch eingegriffen; die Reformierten durften zwei Jahre lang bis zur Fertigstellung ihrer Kirche die lutherische Kirche benutzen; die lutherische Kirche stellte ihren Pfarrern frei, die Abendmahlsgemeinschaft für Eheleute getrennter Konfessionen zu erlauben – es waren, wie es heißt, »die letzten schönen, erinnernswerten Zeiten bergischer Prosperität, die nun so bald schon von den Franzosen zerstört wurde«.

Wilhelm reiste infolge der unglaublichen Situation, in die ihn sein Schwager gebracht hatte, alsbald von Benrath ab. Alle von ihm beschafften Möbel, Bilder und den ganzen anderen Hausrat in Düsseldorf mußte er wie ein Flüchtling seinem französischen Nachfolger überlassen.

Ein weiteres Schreiben Max Josephs hatte den vertriebenen Herzog Wilhelm tröstend dahin orientiert, daß ein Münchner Hofbeamter eigens nach Bamberg entsandt sei, um in der weitläufigen Residenz die erforderlichen Anstalten für die Aufnahme seiner Familie zu treffen. Dort hatte der letzte Fürstbischof von Bamberg, Christian Franz von Buseck, auch nach der Aufgabe seiner weltlichen Herrschaft am 28. November 1803 noch bis zu seinem Tode im September 1805 gewohnt.

Die Reise nach Bamberg ging wegen der in der dortigen Residenz erforderlichen Vorbereitungen für die Aufnahme der herzoglichen Familie absichtlich langsam vonstatten. Welche Gedanken mögen Wilhelm während dieser Fahrt in eine Art Verbannung und Entfernung von München bewegt haben? Es war eine traurige Bilanz, die er in Anbetracht seines bisherigen Lebens ziehen mußte. Die Zuneigung, die ihm Karl Theodor sowohl wie Max Joseph anfänglich entgegengebracht hatten, schien ihm eine glänzende Zukunft zu versprechen. Er war von beiden mit wichtigen Missionen beauftragt worden, denen jedoch in einer merkwürdigen Verkettung von unglücklichen Umständen – oder undurchsichtigen Intrigen? – letzten Endes wenig Erfolg beschieden gewesen war. Irgendwie hatte er bei allem danebengegriffen. Trotz des vielversprechenden Anfangs, trotz des Eifers, mit dem er an die ihm anvertrauten

Aufgaben herangegangen war, hatte er sich schließlich überall unbeliebt gemacht. Die Frage nach dem Warum ist schwer zu beantworten, wie auch sein Charakter schwer zu fassen ist. Nach Durchsicht zahlloser Quellen kann man sich des Eindrucks nicht entziehen, daß Wilhelm geradezu besessen war von dem Streben, sich und seiner Linie Geltung zu verschaffen, daß dieser Gedanke sein ganzes Leben beherrschte und die Triebfeder aller seiner Handlungen war. In diesem blinden Eifer hat er wohl nicht selten die Zeichen der Zeit verkannt und manches getan, was er besser unterlassen hätte.

Zu Zeiten Karl Theodors war es zum Beispiel Wilhelms Verbindung zu den ›Illuminaten‹ gewesen, einer Art übernationaler Loge, die der Kurfürst 1785 samt allen anderen Geheimbünden verbieten ließ, weil man nicht ganz zu Unrecht glaubte, in ihr eine staatsgefährdende Organisation zu erblicken. Zu den führenden Mitgliedern dieses Ordens oder besser wohl Geheimbundes hatte in Bayern ein Freiherr von Zwackh gehört. Dieser Zwackh, der vor der bayerischen Verfolgung nach Wetzlar geflüchtet war, unterhielt mit großem Geschick eine weit ausgedehnte politische Korrespondenz und bot sich aus guten Gründen Wilhelm an, ihn über alle Dinge, die die bayerische Politik bestimmten oder bestimmen konnten, zu unterrichten. Es ist möglich, daß die daraufhin von Wilhelm oft benutzte Nachrichtenquelle des Freiherrn von Zwackh in München bekannt war, wenn auch der Briefwechsel unter falschem Namen und mit falschen Siegeln geführt wurde. Auch war es höchstwahrscheinlich nicht klug von Wilhelm gewesen und hat ihm in den Münchner Akten gewiß keine Pluspunkte eingetragen, ausgerechnet den von Karl Theodor verfolgten Zwackh um Richtigstellung einer Zeitungsnotiz zu bitten, die Wilhelms größtes Mißfallen erregt hatte. Er war nämlich beim Besuch des Kaisers in Regensburg dort erschienen, um dem Kaiser als Reichsstand seine Aufwartung zu machen – nicht »in Vertretung des Kurfürsten«, wie die Zeitungen berichtet hatten!

Doch die Zweibrückener Brüder, die selbst dem Illuminatenorden nahestanden – Zwackh wurde später von Max Joseph zum Regierungspräsidenten in der Pfalz ernannt – werden ihm diese Verbindung nicht verübelt haben.

Je hinfälliger Karl Theodor wurde, desto mehr hatte Wilhelm gestrebt, gestützt auf den Ansbacher Hausvertrag und die Vollmachten, die er von Max Joseph für den Fall des Ablebens Karl Theodors erhalten hatte, seine Linie gleichrangig neben die Zweibrückener herauszustellen.

Bei Eintritt einer gewissen Epoche, welche nach dem Laufe der Natur täglich näher kommt, und es gewissen Anzeichen nach schon viel mehr ist, als man vermuthet, werden sich meine Geschäfte sehr vermehren und somit auch die Nothwendigkeit entstehen, die Zahl der Geschäftsmänner zu vermehren, hatte er am 5. Juli 1796 an Zwackh nach Wetzlar geschrieben – ein Satz, der neben der Betonung der Wichtigkeit seiner eigenen Person in Zwackh die Hoffnung erwecken konnte, nach Eintritt dieser »gewissen Epoche« zu den »Geschäftsmännern« zu gehören, die Wilhelm zu seiner Unterstützung heranziehen würde.

Wilhelm hatte an die Regierungsübernahme durch Max Joseph große ehrgeizige Hoffnungen geknüpft, ja es wird gesagt, er hätte sich eine Art Mitregentschaft erwartet. Max Joseph hatte zwar immerhin bereits zwei Söhne, als er in Bayern zur Regierung kam, doch wer konnte wissen, ob nicht eines Tages Wilhelms Linie zur Nachfolge berufen sein würde? Waren doch Karl Theodor – als Sohn eines jüngeren Bruders des regierenden Pfalzgrafen von Sulzbach ohne Aussicht auf einen Thron geboren – durch Aussterben der regierenden Linien nacheinander Sulzbach, die Kurpfalz und schließlich Bayern zugefallen. Die Regierungsübernahme Karl Theodors in Bayern hatte Wilhelm als Fünfundzwanzigjähriger selbst miterlebt, und später diejenige Max Josephs, der ebenso wie Karl Theodor als zweitgeborener Prinz einer Seitenlinie ohne jede Aussicht auf einen Thron gewesen war. Ganz abwegig war es also nicht, wenn Wilhelm sich oder seinen Nachkommen für alle Fälle eine frühere oder spätere Anwartschaft auf den Bayerischen Thron sichern wollte, was zweifellos seine Absicht war und wozu ihm schließlich ja auch der Ansbacher Vertrag das Recht gab. Auf jeden Fall wollte er für die Interessen seiner Nachfahren vorsorgen. Das drückt sich in einem Brief an Zwackh vom 11. August 1792 immer im Hinblick auf die Forderung nach Gleichwertigkeit bereits aus:

Hier haben Sie in zwei Worten mein System und den Schlüssel von meinem ganzen Betragen, welches mich in Ihren Augen von dem Argwohn rechtfertigen wird, darin ich bei vielen, die meine Denkungsart nicht kennen wollen oder deren oben erwähnte Umstände nicht bewußt sind, stehe, als bestände ich aus Charakterstolz und kleingeistischer Liebe zum Prunk, auf äußerlichen Vorzügen der Geburt! Nein, glauben Sie mir, so bin ich nicht und solidere Sachen nur sind Genuß für mich. Aber darf ich, den Vaterpflicht, Lage und Umstände, ich darf es sagen, zum zweiten Stifter meiner Linie aufrufen, darf ich auch nur das Mindeste, was das Vergangene ausmerzen kann und den Eindruck, den das Äußerliche auf die Meinung des großen Haufens macht, vernachlässigen?

Dieser Brief ist tatsächlich sehr aufschlußreich für Wilhelms Charakter und seine Beweggründe. »Das Vergangene ausmerzen«! Wie ist diese Bemerkung zu deuten? Wir glauben nicht fehlzugehen, wenn wir aus ihr schließen, daß die Wurzel seines übertriebenen, immer und überall herausgestellten Geltungsbedürfnisses in einem Minderwertigkeitskomplex zu suchen ist. Immer noch scheint die ›unebenbürtige‹ Ehe seines Großvaters, scheinen die Zurücksetzungen zu spuken, die seine Großmutter und sein Vater – zum mindesten in seiner Jugend – erdulden mußten und die auch sicher noch – wie bereits früher angedeutet – seine eigene Kindheit überschattet haben.

Bemerkenswert ist auch, daß er sich zum »zweiten Stifter« seiner Linie berufen fühlte. Damit spielt er sich und seine ehrgeizigen Ambitionen hoch. Denn anders ist diese Bemerkung nicht zu verstehen, als daß er sich von seiner Laufbahn eine erhebliche Erhöhung und Festigung der Stellung seiner Linie versprach – was ihm letzten Endes ja auch gelang: er wurde 1799 ›Herzog in Bayern‹ und ›Königliche Hoheit‹. Aus dieser seiner Sicht müßte er gerechterweise seine Großmutter als ersten Stifter seiner Linie betrachtet haben. Denn was wäre aus den Kindern der zweiten Ehe seines Großvaters Johann Karl geworden ohne die vorbildliche unnachgiebige Haltung seiner Großmutter? Sie wären ohne Namen, ohne Titel und ohne Geld höchstwahrscheinlich im Nichts versunken. Erst ihre Energie setzte die Anerkennung ihrer Kinder als Pfalzgrafen mit allen dazugehörigen Rechten durch. Johann Karl hatte ja zu seinen Lebzeiten in dieser Richtung für seine Kinder zweiter Ehe nichts getan.

In Gelnhausen, wo Wilhelm siebenundzwanzig Jahre nach dem Tode seiner Großmutter das Licht der Welt erblickt und seine Kindheit verlebt hatte, bis ihn sein Vater nach Mannheim holte, waren die Erinnerungen an die schweren Zeiten, an das Familienzerwürfnis, an den Kampf seiner Großmutter so relativ kurze Zeit nach ihrem Tod sicherlich noch sehr lebendig gewesen. Wir glauben nicht zu irren, wenn wir den Schluß ziehen, daß diese ersten Eindrücke seines Lebens seiner späteren Entwicklung den Stempel aufgedrückt haben. Der Eifer, mit dem er sich immer und überall zur Geltung bringen wollte, der ihn in Verfolgung seines Zieles dazu verführte, wie schon angedeutet, sich den Zeichen der Zeit zu verschließen, hatte dazu beigetragen, daß Montgelas sein Gegner wurde, daß Max Joseph ihn von jeder politischen Tätigkeit ausschaltete und nun nach Bamberg abschob.

Wo waren die Zeiten geblieben, da Max Joseph versichert hatte, er werde, was auch kommen möge, Wilhelms Freundschaftsbeweis nie vergessen, als dieser ihm in jugendlichem Überschwang seinen Kredit und sein vom Bruder ererbtes Silber zinslos zur Finanzierung der zu Zeiten Karl Theodors von Max Joseph angestrebten Statthalterschaft in der Pfalz zur Verfügung stellen wollte! Wo waren die Zeiten, da sich ein Sturm der Begeisterung erhoben hatte, als Wilhelm während einer Festvorstellung am 26. März 1799 die Loge Max Josephs betreten hatte und beide sich umarmten! Und wo waren schließlich die Zeiten, da Max Joseph in der ersten Zeit seiner Regierung nichts tat, ohne Wilhelm zu fragen! Seine Mission beim russischen Zaren, die Übertragung des Oberbefehls über das Auxiliarkorps während des zweiten Koalitionskrieges waren Beweise des großen Vertrauens gewesen, das Max Joseph ihm entgegenbrachte. Aber schon hatte Montgelas begonnen, seine Netze zu spinnen.

Faßt man die in bezug auf Wilhelm unheilvollen Einflüsse Montgelas' zusammen, so muß man zu der Überzeugung gelangen, daß er es war, der den Herzog Wilhelm von jeder politischen Aktivität entfernt und es verstanden hat, ihn bei dem leicht beeinflußbaren und sicherlich weichen Max Joseph unbeliebt zu machen. So war es etwas befremdend, daß im Jahre 1801, unmittelbar nach der Rückkehr des Hofes nach München, Wilhelm zur ersten Staatsratssitzung wie üblich geladen, aber dann wieder abbestellt worden war. Es ist anzunehmen, daß Montgelas diese Sitzung in Abwesenheit Wilhelms benutzt hat, um seine Kritik an dem Vertrag von Gatschina und der Führung des Auxiliarkorps durch Herzog Wilhelm vorzutragen. In seinen ›Denkwürdigkeiten‹ urteilt Montgelas über den nicht gerade leichten Auftrag hinsichtlich der Durchführung des Allianzvertrags von Gatschina sehr scharf. Er beschuldigt Wilhelm der Nachlässigkeit bei der Abfassung des Vertrages und nimmt ihm die Ablehnung der Mitwirkung des ihm beigegebenen Grafen Rechberg sehr übel. Es klingt etwas verlogen, wenn er schreibt, er habe die Verweigerung der Ratifikation dieses Allianzvertrages nur deshalb nicht beantragt, weil es sich »um die Ehre eines dem kurfürstlichen Hause angehörigen und mit dem Regenten nahe verwandten und verschwägerten Prinzen handelte«.

Wenn dann Montgelas in weiterer Folge die Führung des Auxiliarkorps durch Wilhelm scharf angreift, so kommt hier die fast bösartige Einstellung des Ministers noch klarer zum Ausdruck. Er spricht von »übergroßer Vorsicht« des Oberbefehlshabers, die ihn »manche Gelegenheit zu wirksamem Eingreifen versäumen« ließ und »dem Mut der Soldaten und dem trefflichen Geist der Offiziere vielfache Hindernisse« bereitete. Montgelas mußte bekannt sein, daß der ausdrückliche Befehl an den Herzog vorlag, sich wegen der außerordentlich schlechten Beschaffenheit seines Auxiliarkorps größte Zurückhaltung aufzuerlegen. Er hatte also defensiv zu bleiben.

Auch der unbedachte, wie Montgelas in seinen ›Denkwürdigkeiten‹ schreibt, »übermäßige Eifer« der Bekanntgabe der Auflösung des Malteserordens sofort nach dem Tode Karl Theodors wird von ihm scharf kritisiert. Weniger das Interesse des Staates Bayern, als vielmehr persönliche Ansichten des Herzogs Wilhelm und gewisse Privatspekulationen hätten – wie Montgelas schreibt – an dieser Eile der Bekanntgabe Schuld gehabt. Bei dieser Behauptung zieht sich Montgelas hinter Gerüchte zurück, die ihm zu Ohren gekommen sein sollen, was er in seinen ›Denkwürdigkeiten‹ des öfteren tut. Daß er selbst nicht ganz unschuldig in dieser Angelegenheit war, tut er mit der Bemerkung ab, im Drange anderer wichtiger Geschäfte sei vergessen worden, den betreffenden Artikel aus Wilhelms Instruktionen zu streichen, als der Zar Großmeister des Malteserordens geworden war. Mit Rücksicht auf die politische Situation Bayerns hätte er unter keinen Umständen verärgert werden dürfen. Über das Fernbleiben Wilhelms von den Staatsratssitzungen schreibt Montgelas, Wilhelm habe in einer besonders erregten Diskussion über böhmische Güter, die er für sich beanspruchte, seine Ansicht auf eine so heftige und unschickliche Weise geltend gemacht, daß der Kurfürst ihn in einem Privatschreiben von der ferneren Dienstleistung in den Sitzungen enthoben habe – womit er die auf Seite 158 zitierte Darstellung dieses Falles durch Wilhelm selbst Lügen strafen würde.

Wir können uns nicht versagen, hier eine Bemerkung Montgelas' zu zitieren, die er im Zusammenhang mit der Schilderung der Lage Bayerns unter Karl Theodor macht:

In dieser Zeit bildete sich auch die Überzeugung von dem nothwendigen Einfluß der Agnaten und der Unerläßlichkeit ihrer Zustimmung nicht nur zu allem, was die Erhaltung des Staates betrifft, sondern selbst zu den wichtigsten und eingreifendsten Verfügungen der Landesverwaltung – eine allerdings nicht gefahrlose Ansicht, welche manche üble Folgen während der folgenden Regierungsperiode äußerte und ohne die erforderliche Einschränkung zuletzt auf widernatürliche Bahn geführt haben würde.

Maximilian Joseph Graf von Montgelas

Montgelas' Verdienste um Bayern, seine Reformen auf sämtlichen Gebieten der Staatsverwaltung sind so unbestritten und bekannt, daß wir es als Anmaßung empfänden, wollten wir selbst einen Kommentar dazu geben. Wir lassen einen Berufenen sprechen, nämlich Metternich, der einmal in diesem Zusammenhang sagen wird:

Man muß zugeben, daß Bayern während der letzten zehn Jahre eine religiöse, politische und militante Revolution erlebt und glücklich überstanden hat. Das ist die einzige Nation, die Mut und Ausdauer gezeigt hat; alle Welt muß sie achten und sollte ihrem Beispiel folgen.

Aus der Sicht der Aufgabe, die wir uns gestellt haben, muß jedoch gesagt werden, daß Montgelas es in seiner ganzen Laufbahn – gelinde ausgedrückt – sehr geschickt verstanden hat, Hindernisse, die seinen Zielen entgegenstanden, aus dem Wege zu räumen und sich seiner Gegner zu entledigen, bis er selbst das Opfer von – wie er sagt – »Intrigen« wurde.

Diese Ansicht finden wir auch bei Adolf Müller bestätigt, der in ›Bayerische Politik und bayerische Diplomaten zur Zeit Karl Theodors und Max Josephs‹ das meist einseitig überzeichnete Bild von Montgelas wieder zurechtrückt:

Platos Forderung »Beherrscher des Staates sei der Philosoph« ist nur tragbar, wenn die leitenden Ideen des Philosophen richtig sind, und wenn er die Wirklichkeit als Faktor wertet und darnach handelt. Montgelas war beim Ausbruch der Französischen Revolution 30 Jahre alt. Er gehörte dem Illuminaten-Orden an, lebte also in den philosophischen Gedankengängen des XVIII. Jahrhunderts. Ohne religiöse Bindungen, ohne Gefühl für gewachsenes Volkstum und Überlieferung, kann er frei schalten und walten, und er nutzte die Freiheit. Als Franzose erlebte er den märchenhaften Aufschwung seines angestammten Volkes trotzdem leidenschaftlich mit. Montgelas konstruierte gern und vergaß wenigstens zu Beginn seiner staatsmännischen Laufbahn, daß Konstruktionen Gedankengebilde sind, die falsch sein müssen, wenn die Voraussetzungen unrichtig sind. Es ist dem Menschen eigentümlich, die Schuld an Fehlentscheidungen auf andere abzuwälzen. Denkwürdigkeiten sind eine erstaunlich erfolgreiche Waffe der Gestürzten, sofern sie zu schreiben verstehen. Auch Montgelas wußte diese Waffe zu führen. Sein erster Sündenbock war Herzog Wilhelm von Birkenfeld, dem der Staatsmann anfangs die Schuld zu geben suchte an der unglückseligen, zu einem völlig falschen Zeitpunkt ins Werk gesetzten Aufhebung des bayerischen Großpriorats des Malteserordens. Zutiefst treulos, verwechselte der Savoyarde Ränkespiel mit Staatskunst, obwohl Treulosigkeit sich noch nie bezahlt gemacht hat, weder im Wirtschaftsleben noch in der Politik. Auch der Staatsmann hat nur ein Gesicht zu verlieren.

Im Mai 1806 trifft Wilhelm mit seiner Familie in Bamberg ein. Wie schwer ihn der Verlust seines Herzogtums mit allen unwürdigen Begleitumständen getroffen hatte, geht aus den Worten des Grafen Montjoie-Froberg hervor, der über seine Eindrücke beim Empfang Wilhelms in Bamberg schreibt:

Ich habe diesen Fürsten sehr verändert gefunden. Er ist sehr gealtert, zittert mit dem Kopf, als ob er siebzig wäre ...

Wilhelm, mit vierundfünfzig Jahren im besten Mannesalter und zweifellos von sehr aktiver Wesensart, war nun in Bamberg zu einem Leben fern der politischen Bühne gezwungen, während ringsum die Wogen einer völligen Neugestaltung des Reiches hoch gingen.

Am 6. Oktober 1806 traf Napoleon im Vormarsch gegen die vierte Koalition in Bamberg ein.

Er wurde von Herzog Wilhelm empfangen und in der Residenz einquartiert. Napoleon kam in Begleitung Murats, und gelegentlich eines Besuches, den dieser dem Herzog Wilhelm abstattete, machte Murat die Bemerkung, Wilhelm habe durch die Übersiedlung nach Bamberg doch viel gewonnen im Vergleich zu Düsseldorf. Dies war zweifellos zynisch gemeint, und es ist nicht verwunderlich, wenn Wilhelm – nach seinen Aufzeichnungen – antwortete, er irre sehr, *denn mit dem Herzogtum Berg habe ich meine und meiner Familie bestimmte Versorgung, mithin alles verloren, und hier nichts dagegen erhalten als die Erlaubnis, in dem Hause eines anderen, so lange demselben etwa gefallen möchte, zu wohnen.* Murat, fährt der Herzog fort, *schien betroffen, erkundigte sich genau nach dem Verhältnis der Sache und meinte »Vous devriez parler de cela à l'Empereur!«*

Das lehnte Wilhelm ab, um das gespannte Verhältnis zu München nicht noch weiter zu belasten. Aber dann – am Abend dieses Tages – bricht der Zorn über sein unverdientes Schicksal Napoleon gegenüber doch durch, als dieser ihn zu sich hatte rufen lassen. Wilhelm schreibt darüber:

Beim Eintritt sagte er mir – wohl auf Veranlassung Murats –, er breche in wenigen Stunden auf und fragte, wie es mir hier erginge. Er hatte mich ja früher [als Herzog von Berg] *in Köln gesehen, und da er mich nach meinem Ergehen fragte, hatte ich nunmehr keine Bedenken mehr, ihm mein Schicksal, wie es war, in Kürze zu schildern und Napoleon schloß die Unterredung mit den Worten: J'en dirai un mot au Roi de Bavière. – Ich ging nicht ohne Hoffnung.*

Diese Hoffnung trog. Napoleon hatte anderes im Kopf als den Herzog Wilhelm. Er hatte in Bamberg die Kriegserklärung gegen Preußen unterzeichnet, und seine Truppen befanden sich im Vormarsch zur Schlacht von Jena, die eine Woche später das Schicksal Preußens besiegelte.

Am 26. Mai 1807 heiratet Pius, der einzige Sohn Wilhelms, in Brüssel die Prinzessin Amalie Luise von Arenberg, die Tochter des Herzogs Ludwig von Arenberg und seiner Frau Adelheid, geborenen de Mailly. Herzogin Adelheid war die letzte der Linie der Grafen de Mailly-Nesle, Marquis de Rubempre, Prince d'Orange und soll eine sehr vermögende Frau gewesen sein, ja man schreibt, »eine der reichsten Erbtöchter Frankreichs«. Die Eltern Amalie Luises waren früh gestorben; sie wuchs bei Verwandten auf. Wie es zu dieser Heirat kam, entzieht sich leider unserer Kenntnis – vielleicht hatte Wilhelm schon von Düsseldorf aus entsprechende Schritte eingeleitet. Das junge Paar nimmt seinen Wohnsitz in der Residenz zu Bamberg.

Es ist anzunehmen, daß Wilhelms nächste Sorge der Verehelichung seiner nunmehr dreiundzwanzig Jahre alten Tochter Marie Elisabeth galt. Sie wird als nicht schön, doch liebenswürdig, nicht ohne Verstand und von guter Erziehung, um die sich ihr »gescheiter« und »gebildeter« Vater gekümmert habe, geschildert. Auf der Suche nach einer Gemahlin für den 1807 verwitweten Kaiser Franz I. von Österreich hatte man in Wien vorübergehend an Marie Elisabeth gedacht, oder an Max Josephs Tochter Charlotte. Doch unterblieb damals eine Verbindung mit Bayern, wahrscheinlich aus politischen Gründen. Erst 1816 sollte sie zustande kommen – nun mit Charlotte –, nachdem Napoleons Stern untergegangen und Franz I., der inzwischen Maria Ludovika von Modena geheiratet hatte, abermals Witwer geworden war.

Im Winter 1807 auf 1808 hält sich nun Wilhelm, wie es heißt, »in Angelegenheiten seiner Schwiegertochter« in Paris auf. Seine Gemahlin Maria Anna und seine Tochter Marie Elisabeth begleiten ihn, und dort entscheidet sich Elisabeths Schicksal.

Die Pariser Reise stößt auf lebhafte Kritik von seiten Montgelas', der meint, die herzogliche Familie sei dort nicht ihrem Rang gemäß behandelt worden, insgeheim aber vielleicht befürchtet hatte, Wilhelm könnte in Paris seine politischen Planungen durchkreuzen und Napoleon zu einem Machtwort zu Wilhelms Gunsten bewegen. Einem Brief Max Josephs vom 26. Februar 1808 an Napoleon können wir entnehmen, daß seit 1806 gewisse Interventionen von Paris aus in München eingeleitet worden waren. In diesem Schreiben nimmt Max Joseph familienpolitische Grundsätze vorweg, die im Zuge der Neuordnung des nunmehrigen Königreichs Bayern in Vorbereitung waren. Sie kamen später in der Konstitution vom 1. Mai 1808 und in dem ihr folgenden Familienstatut vom 28. Juli 1808 zum Ausdruck. Er schreibt:

Mein Schwager beklagt sich darüber, daß seine Apanage ungenügend ist und daß seine Existenz keine ausreichend solide Grundlage habe, da man ihm nur Renten und keinen Landbesitz angewiesen hat ... Ich muß bemerken, daß die Statuten unseres Hauses, in Angleichung an diejenigen der Familie Eurer Majestät und aller souveränen Familien Europas, die Regel festgesetzt haben, daß nachgeborene Prinzen keinen Landbesitz, sondern lediglich Apanagialrenten erhalten sollen. Dieselben Familienverträge bezeichnen grundsätzlich eine Summe von 100 000 flor. als Maximum dessen, was für den Unterhalt eines nachgeborenen Prinzen der regierenden Linie aufgewendet werden soll. Ich habe aber meinem Schwager 227 000 flor. pro Jahr aus den Einnahmen des Fürstentums Bamberg bewilligt. Es ist wahr, daß ich ihm vormals durch besondere Abkommen das Fürstentum Berg gegeben habe und davor die Besitzungen unseres Hauses in der ehemaligen Provinz Elsaß. Doch diese Verfügung – ein Zeichen der Dankbarkeit, die ich für ihn habe –, darf nur als besondere Gunst betrachtet werden, und keine Konsequenz für die Zukunft daraus hergeleitet werden, indem man sich auf die besondere Lage dieser Länder beruft, das eine in beträchtlicher Entfernung von dem Hauptteil des Staates, das andere französischer Souveränität unterworfen. Heute, wo das Königreich Bayern einen geschlossenen, unteilbaren Staat darstellt, muß alles zu der Grundregel zurückkehren, die meine Vorfahren mit ebensoviel Weisheit wie Vernunft aufgestellt haben.

Dieser Brief stellt – gelinde gesagt – eine ziemliche Entstellung der Tatsachen dar, indem er die Wilhelm durch die Familienverträge garantierten Rechte völlig außer acht läßt und die Verleihung der elsäßischen Provinz sowie des Herzogtums Berg als »besondere Gunst« hinstellt.

Wilhelm, von geradezu manischer Hartnäckigkeit besessen, einem Ausfluß seiner sicherlich cholerischen Natur, seiner tiefgekränkten Eitelkeit und Enttäuschung, versucht in mehreren Unterredungen mit Napoleon sein Recht in einer territorialen Entschädigung zu erhalten. Mitten in einer Diskussion hierüber sagt der Kaiser: »Ich verheirate Ihre Tochter mit Berthier.« Wilhelm bleibt nichts anderes übrig als einzuwilligen – und vielleicht gar nicht einmal so ungern, wenn auch dieser Schwiegersohn im Grunde zweifellos nicht nach seinem Geschmack gewesen sein wird. Aber Berthier, der Generalstabschef Napoleons seit dem ersten Italienfeldzug, war der engste Vertraute des Kaisers, ja – wie es heißt – sein einziger wirklicher Freund. Darüber hinaus wurde er von Max Joseph und seiner sehr kritischen Frau außerordentlich geschätzt: Bereits im Jahre 1806 hatte der eben zum König erhobene Max Joseph sich ein besonderes Geschenk für Marschall Berthier ausgedacht und dem Maler Wilhelm von Kobell den Auftrag erteilt, die Siege Napoleons im Dritten Koalitionskrieg in Gemälden zu verherrlichen. Anfang 1807 war der Künstler mit dem ›Berthier-Zyklus‹ fertig. Er stellte die sieben Schlachtendarstellungen, die sich heute in der Neuen Pinakothek befinden, im Februar in seinem Haus an der Kaufingerstraße zu München aus – ein für die damalige Zeit spektakuläres künstlerisches Ereignis, das den Ruf Kobells als Schlachtenmaler begründete.

Napoleon selbst teilt Max Joseph die bevorstehende Verbindung mit:

Der Prinz von Neuchâtel hat um die Hand der Prinzessin Elisabeth, Nichte Eurer Majestät, angehalten. Es scheint, daß sie einig sind. Doch möchte ich der erste sein, der Eurer Majestät Mitteilung davon macht, da ich die Freundschaft Eurer Majestät für den Prinzen von Neuchâtel kenne, der mir durch die lange Freundschaft, die ich für ihn empfinde, so nahesteht.

Alexandre Berthier war zwar bürgerlicher Herkunft, unterschied sich jedoch durch weltmännische Lebensart alter Schule vorteilhaft von dem Plebejertum anderer Würdenträger des Empire. Er war in Versailles aufgewachsen, wo sein Vater als Ingenieur-Geograph eine angesehene Stellung am Hofe hatte. 1804 war er Marschall von Frankreich von Napoleons Gnaden geworden, der Kaiser hatte ihm die Besitzung Grosbois geschenkt, am 1. April 1806 folgte die Verleihung des Fürstentums Neuchâtel mit dem Titel ›Altesse royale‹. Hierzu schreibt der Kaiser einen Brief an Berthier, der letztlich kein besonders gutes Licht auf den Marschall wirft und zweifelsfrei einen schwächlichen, völlig von seinem Herrn abhängigen Charakter aufzeigt:

Ich sende Ihnen den ›Moniteur‹. Sie werden sehen, was ich für Sie getan habe. [Moniteur, das offizielle Nachrichtenblatt des Empire, enthält das Ernennungsdekret Berthiers zum Fürsten von Neuchâtel.] *Ich knüpfe nur eine Bedingung daran. Sie müssen sich verheiraten, und es ist eine Bedingung, die Sie meiner Freundschaft schuldig sind. Ihre Leidenschaft für Mme. Visconti hat zu lange gedauert, sie ist lächerlich geworden, und ich habe das Recht zu hoffen, daß der, den ich meinen Waffengefährten genannt habe, den die Nachwelt an meine Seite setzen wird, nicht länger einer beispiellosen Schwäche überlassen bleibt.*

Diese langjährige exaltierte Liaison mit der Frau des Gesandten der Cisalpinischen Republik, einer »römischen Schönheit mit dem Charme einer Französin«, hatte viel Staub aufgewirbelt. Aber erst nachdem sie – frei geworden – sich geweigert hatte, Berthier zu heiraten, lief er zum Kaiser, bereit zu einer Ehe mit jeder Frau, die Napoleon ihm bestimmen würde.

Marie Elisabeth ihrerseits schrieb nach München, Berthier sei der einzige Mann, der sie glücklich machen könnte.

Die Hochzeit fand, wie anzunehmen ist, unter einigermaßen dramatischen Umständen statt, da Wilhelm vor der Unterzeichnung des Ehevertrags nochmals versucht hatte, eine territoriale Apanage zu erhalten. Max Joseph seinerseits hielt diesem Verlangen das oben erwähnte bayerische Familienstatut, das sich dem französischen anglich, entgegen. Der Kaiser verweigerte die Einmischung in diesen Streit. Darauf »vergaß« der Herzog, den Vertreter des bayerischen Königs zur Unterzeichnung des Kontrakts einzuladen. Bei der Ziviltrauung hatte Berthier als Zeugen den Erzkanzler Cambacérès und den Oberzeremonienmeister Ségur, Marie Elisabeth den Prinzen von Benevent und den Finanzminister Ségur. Die kirchliche Trauung am 9. März in Notre Dame zu Paris nahm der Onkel Napoleons, Kardinal Fesch, vor. Marie Elisabeth, begabt mit natürlichem Geist, soll sich bald dem Pariser Leben angepaßt und ihren Platz in der Gesellschaft mit viel Anmut eingenommen haben.

Noch im selben Jahr 1808 – am 13. Oktober – war Wilhelm in Erfurt bei der Zusammenkunft Napoleons mit dem russischen Kaiser Alexander. Die meisten deutschen Souveräne waren anwesend, auch König Max Joseph von Bayern mit – Montgelas. Dieser berichtet denn auch von einer langen vertraulichen Audienz bei Napoleon.

Auf der Rückfahrt vom ›Erfurter Fürstenkongreß‹ nach Bamberg kam Wilhelm zum erstenmal nach Banz. Diese 1803 der Säkularisation anheimgefallene ehemalige Benediktinerabtei, majestätisch auf den Höhen des Maintales gelegen, machte so großen Eindruck auf ihn, daß er sie 1814 käuflich erwarb und zu seinem Sommersitz ausgestaltete. Damit rettete er die 1700 bis 1719 von Johann Leonhard Dientzenhofer, Balthasar Neumann und Johann Michael Küchel im Auftrage des damaligen Bamberger Fürstbischofs errichtete Anlage vor dem drohenden Abbruch. Vielerlei, so die wertvolle Bibliothek, die Kirchenglocken, Gemälde- und andere Sammlungen waren bereits der Vernichtung anheimgefallen oder in alle Winde verstreut. Der sich an das Eingangstor links anschließende sogenannte Gasthausflügel war bereits abgebrochen, als Wilhelm sofort nach seiner Besitzübernahme dieser sinnlosen Zerstörung Einhalt gebot und den Wiederaufbau in Angriff nahm. Es ist zweifellos ihm zu verdanken, daß sich diese monumentale Klosteranlage in voller Harmonie und Geschlossenheit wie einst der Nachwelt darbietet.

In die ehemalige Bibliothek ließ Wilhelm Empfangsräume, in die Osthälfte des Konventsflügels Wohnräume einbauen. Die sehr einfache Ausstattung der letzteren übertrug er Handwerkern aus der Umgebung von Banz. Nur die Räume der Herzogin wurden reicher ausgeschmückt. In den folgenden Jahren kamen ein Marstallgebäude mit Kutschenhalle und ein Gewächshaus mit Gärtnerwohnung hinzu; 1827 erwarb Wilhelm noch die großen Stadtwaldungen Banzberg, so daß allein das Waldgebiet seines Besitzes über dreitausend Tagwerk umfaßte.

Ob er wohl manchmal daran gedacht hat, daß nur ein kleines Stück von Banz entfernt, keine fünfzig Kilometer in der Luftlinie, Römhild, die Heimat seiner Großmutter Esther Maria, lag? Wenn man auf der Terrasse vor dem Konventsgebäude steht mit dem weiten Blick in das Maintal und auf das gegenüberliegende Vierzehnheiligen, so glaubt man in der Ferne im Norden, bereits den Thüringer Wald zu ahnen, ja, von dem südlich des Banzberges sich erhebenden Ägidienberg kann man, nach Nordwesten blickend, bei klarem Wetter sogar die Gleichberge bei Römhild erkennen.

Wie sehr Wilhelm Banz, diese seltene harmonische Einheit von Architektur und Natur, geliebt hat, bezeugt sein Wunsch, daß sein Herz nach seinem Tode in einem Wandpfeiler der Kirche beigesetzt werde. Eine Tafel bezeichnet noch heute die Stelle, wo es ruht.

Wilhelm, der sein ganzes Leben abhängig gewesen war von der Gunst oder Ungunst seiner Verwandten – dem Kurfürsten Karl Theodor und dem König Max Joseph , dem die Schlösser, die er bewohnte – auch jetzt Bamberg – von ihnen nur zur Verfügung gestellt waren, der die einzigen Besitzungen, die wirklich sein Eigentum gewesen waren – das Herzogsschlößchen in Landshut und das ehemalige Malteserpalais in München – während seiner Düsseldorfer Zeit, als er sich dort sicher und am Ziel seiner Wünsche glaubte, verkauft hatte: hier in Banz hat er sich nach allen Enttäuschungen und Rückschlägen, nach dem endgültigen Scheitern seiner so hartnäckig und eigensinnig verfolgten Ambitionen ein eigenes Reich geschaffen. Ein winzig kleines zwar und kein souveränes, aber es war sein Eigentum, sein Besitz, aus dem ihn niemand mehr vertreiben konnte. Hier mag er nach allen Schicksalsschlägen Ruhe und Besinnung gefunden haben, hier auch die Kraft, sich in das erzwungene zurückgezogene Leben in Bamberg hineinzufinden und das zu tragen, was noch kommen sollte. Denn es blieb ihm nichts erspart.

Das ereignisreiche Jahr 1808 brachte noch einen Höhepunkt in Wilhelms Leben: am 4. Dezember wurde sein Enkel Max, der Sohn von Pius, geboren. Seine Tochter Marie Elisabeth hatte an der Seite Berthiers eine glänzende Stellung am Hofe des auf der Höhe seiner Macht stehenden Kaisers. Nach der Schlacht von Wagram am 5. und 6. Juli 1809 wurde Berthier Fürst von Wagram: Napoleon erhob das riesige Königsschloß Chambord an der Loire – vierhundertvierzig Zimmer, vierhundertvierzig Kamine, zwölf große und dreißig Nebentreppen! – mit den dazu gehörenden Wäldern zum Fürstentum von Wagram und schenkte es Berthier zusammen mit einer Rente von 600000 Francs für den Unterhalt und die Renovierung der Gebäude. Berthier war zwei Tage dort, ordnete die Abholzung der Wälder und den Verkauf des Holzes an, ließ Namenszüge Franz 1. abkratzen und durch die seinigen ersetzen und – kam nie wieder. 1810 ist er als Brautwerber Napoleons in Wien. Während eines Aufenthaltes in München im Jahre 1809 wohnt er in Wilhelms ehemaligem Palais, das jetzt Gästehaus ist. Die Königin ist begeistert von ihm: »Ein ausgezeichneter Mann, dieser Fürst von Neuchâtel, so offen, so herzlich und ohne die geringste Einbildung. Der König hat viel mit ihm gejagt.« Berthier hatte die Trennung von Madame Visconti überwunden und schien mit abgöttischer Liebe an seiner Frau zu hängen.

So dürfen wir annehmen, daß Wilhelm eine relativ friedliche und glückliche Zeit gegönnt war. In diese Jahre fällt der Aufenthalt E. Th. A. Hoffmanns in Bamberg, der dort von 1808 bis 1814 Kapellmeister der Theatertruppe war. Wilhelm zog den genialen Mann in seine Gesellschaft. Hoffmann widmete der Herzogin von Neuchâtel eine Kantate, als sie bei ihrem Vater zu Besuch weilte. Wilhelms Charakter entsprechend spielte sich das Leben an seinem kleinen Hof im zeremoniellen Rahmen eines souveränen Fürsten ab, und manche dieser Eindrücke sollen sich in Hoffmanns Romanen ›Die Elixiere des Teufels‹ und ›Kater Murr‹ niedergeschlagen haben.

Im Mai 1812 bereitete die Stadt dem mit seiner Gemahlin Marie Louise durch Bamberg reisenden Kaiser Napoleon einen festlichen Empfang. Es wurde ihm zu Ehren ein Triumphbogen errichtet und alle Glocken läuteten, als er in den Nachmittagsstunden des 14. Mai in Bamberg eintraf. Er hielt sich nur kurze Zeit dort auf, nahm im Bamberger Hof den Willkomm durch Wilhelm und seinen Sohn Pius entgegen, während er die Pferde wechseln ließ, und setzte sogleich die Fahrt zu seinem nächsten Ziel, Bayreuth, fort. Auf der Straße dorthin loderten Freudenfeuer und von den Bergen donnerten Böllerschüsse. Ein letztes Mal war Napoleon Anfang August 1812 in Bamberg, stieg wieder im Bamberger Hof ab, nahm in Begleitung Berthiers eine Truppenparade ab und setzte am selben Tag abends seine Reise fort.

Wilhelms Leben verdüsterte sich bald mehr und mehr, familiäre Schicksalsschläge brachen über ihn herein. Die Ehe seiner Tochter mit dem um dreißig Jahre älteren, charakterlich labilen Berthier verlief nicht glücklich. Am 17. September 1814 berichtet der Preußische Gesandte nach Berlin:

Berthier in Paris, in seinen Finanzen bedrängt, will sich von seiner Gemahlin trennen oder sie wenigstens mit ihren Kindern zu ihrem Vater, dem Herzog Wilhelm in Bayern, schicken.

Veranlassung zu dieser Absicht Berthiers sollen ihm in die Hände gekommene Schreiben der Prinzessin gewesen sein, aus denen sich geheime Liebesbeziehungen ableiten ließen. Marie Elisabeth kommt nach Bamberg, Napoleons Stern ist erloschen, und Berthier stellt sich den Bourbonen zur Verfügung.

Nach Napoleons Sturz hatte er sein souveränes Fürstentum Neuchâtel an Preußen abtreten müssen, erhielt dafür aber von Preußen eine jährliche Rente von 34 000 preußischen Talern.

Die seelisch depressiven Konflikte in Berthiers Charakter steigern sich während der Hundert Tage.

Zwar geleitet er Ludwig XVIII. auf der Flucht vor dem zurückgekehrten Napoleon bis Ostende, begibt sich dann aber merkwürdigerweise nach Bamberg zu seiner Frau und seinen Schwiegereltern, obwohl er die Absicht geäußert hatte, sich Napoleon zur Verfügung stellen zu wollen.

Da Berthier nun einmal der Schwiegersohn Herzog Wilhelms war und, soweit man weiß, in gutem Einvernehmen mit ihm stand, erscheint es angebracht, an dieser Stelle dem Verhalten des Marschalls nachzuspüren. Wenn er entschlossen gewesen wäre, sich Napoleon wieder zur Verfügung zu stellen, erhebt sich die Frage, warum er sich dann ausgerechnet nach Bamberg begab und nicht in Frankreich blieb. Auch hier liegt wieder ein Beweis dafür vor, daß er, auf sich allein angewiesen, nicht in der Lage war, selbständige Entschlüsse zu fassen, und daß er den Weg des zunächst geringsten Widerstandes ging. Man hat das Gefühl, daß er sich nach allen Seiten abdecken wollte, was ja auch seinem labilen Charakter entsprach. So kann man der Ansicht sein, daß das Gesuch um Pässe nach Frankreich, das er alsbald nach seiner Ankunft in Bamberg an den König von Bayern richtete, den Zweck hatte, sich für den Fall von Napoleons Sieg abzusichern. Es wäre dies dann immer für Napoleon ein Beweis gewesen, daß er alles versucht hatte, seinem ehemaligen Kaiser und Freund wieder beizustehen. Die Paßgesuche Berthiers zu dieser Zeit – als die Schlacht von Waterloo noch nicht geschlagen war – könnten somit eine Art Scheinmanöver gewesen sein. Denn daß von Bayern keine Hilfe für Napoleon zu erwarten war, nachdem es 1813 kurz vor der Schlacht von Leipzig im Vertrag von Ried die französische Partei verlassen hatte, darüber mußte sich Berthier ja eigentlich klar sein. Max Joseph mußte Rücksicht auf seine Verbündeten nehmen, und es wäre geradezu naiv von Berthier gewesen, auf die überschwenglichen Versicherungen persönli-

cher Freundschaft zu bauen, die sich in den Briefen Max Josephs aus früherer Zeit an ihn immer wieder finden. So schrieb Max Joseph zum Beispiel im September 1806:
Votre départ laisse un vide dans nos Cœurs, qui ne peut être rempli que par la certitude de votre amitié ... J'ose dire, que je la mérite, car vous seriez mon frère que je ne pourrais pas vous aimer [plus] que je ne fais.

In jedem dieser Briefe aus den Jahren zwischen 1806 und 1813 wiederholen sich ähnliche Phrasen, auch »mille amitiés« der Königin, die im Jahre 1804 an ihre Mutter über die Begeisterung Wilhelms für Napoleon noch geschrieben hatte, sie fände es »unerhört, sich derart den Umständen anzupassen und auf großartig geäußerte Grundsätze und Ansichten zu vergessen«.

In Freundschaftsbeteuerungen gekleidete Sätze wie: »Donnez-moi bien souvent de vos nouvelles et quand vous verrez l'Empereur, parlez-lui de moi, de ma reconnaissance et de mon attachement à toute épreuve« lassen die Absicht Max Josephs erraten, Berthier als Sprachrohr zu Napoleon zu benutzen. Und wenn der König von Bayern 1813 nach der Schlacht von Lützen schreibt »J'attends de votre amitié des détails de cette bataille ... Tout est nécessaire à savoir et à faire connaître« und »il [der Kaiser] devrait bien couronner l'œuvre en nous donnant la Paix. Vous ne sauriez croire combien elle serait nécéssaire à tout égards. C'est son allié le plus fidèle qui vous le dit«, glauben wir nicht fehlzugehen, wenn wir darin den geschickt verborgenen Wunsch sehen, eine für die Politik Bayerns wichtige Beurteilung der Lage zu erhalten.

Von Mitte April 1815 an wird auf Befehl Münchens die Bamberger Residenz bewacht und die Ausstellung von Pässen abgelehnt, so daß Berthier einsehen muß, nicht mehr nach Frankreich zurückgelangen zu können. Unter Berufung auf das Völkerrecht bittet er nun um einen Paß für seine Frau und seine Kinder, damit diese auf seine französischen Besitzungen zurückkehren, auch das in Frankreich liegende Vermögen sicherstellen können. Die Prinzessin erhielt die erbetenen Pässe und reiste am 30. April von Bamberg ab, wurde aber vor der württembergischen Zollgrenze angehalten, abgewiesen und nach Bamberg zurückgeschickt.

Berthier, seelisch erkrankt, beging am 1. Juni 1815 Selbstmord, indem er sich aus einem Fenster der Bamberger Residenz stürzte. Um dieses tragische Ende des Marschalls spannen sich viele Legenden. Unter anderem wird berichtet, der russische General Sacken habe nach dem Einmarsch seiner Truppen in Bamberg am 31. Mai abends mit seinen Offizieren bei Wilhelm gespeist und zu Berthier bemerkt, er sei einer der wenigen, die ihren König nicht verließen. Berthier sei darüber völlig außer Fassung geraten. Wir möchten fast annehmen, daß bei der höchst labilen und zwiespältigen Gemütsverfassung, in der sich der Marschall befand, diese äußerst vieldeutige Bemerkung den letzten Anstoß zu seiner verzweifelten Tat gab. Am nächsten Tage, beim Anblick der zum Kampf gegen Napoleon ausmarschierenden russischen Truppen, stürzte er sich in die Tiefe.

In den nächsten Jahren beginnt sich eine neue familiäre Katastrophe abzuzeichnen, die Wilhelm wahrscheinlich noch sehr viel schwerer traf als das unglückliche Schicksal seiner Tochter und das tragische Ende seines Schwiegersohns: Nun geht es um seinen einzigen Sohn Pius. Dieser hatte eine unruhige Jugend gehabt. Bereits mit dreizehn Jahren hatte ihn sein Vater, der ihn sehr liebte und nicht von seiner Seite lassen wollte, auf die lange beschwerliche Reise nach Petersburg mitgenommen. Während der erwähnten Verhandlungen seines Vaters in Gatschina erhielt er vom russischen Kaiser das Sankt-Alexander-Newski-Kreuz. Schon Ende 1800 mußte er mit seinen Eltern von Landshut vor den vorrückenden Franzosen nach Regensburg und später nach Straubing ausweichen. Dann ging es nach Düsseldorf, wo Wilhelm zunächst – wie erwähnt – das Schloß Benrath bezog, ehe die Residenz in Düsseldorf bewohnbar war. In Düsseldorf war Wilhelms erste Sorge die Auswahl und Anstellung geeigneter Lehrer für seinen Sohn, um seine wissenschaftliche Ausbildung und seine Kenntnis der lebenden Sprachen zu fördern. Pius scheint zeichnerisch begabt gewesen zu sein, denn es wird erwähnt, daß er auch

Zeichenunterricht erhielt. In diese relativ ruhige und für Pius förderliche Zeit fiel die feierliche Großjährigkeitserklärung des Prinzen, nach der er dem Kabinettsrat als vollgültiges Mitglied angehörte, wie wir bereits gehört haben. Aber schon 1806 kam der neuerliche Umzug mit seinen Eltern und seiner Schwester nach Bamberg – eine entscheidende Wendung in seinem Leben.

Diese unruhigen Jugendjahre, die verwirrte und verwirrende Zeit der ewigen Kriege, die unablässigen politischen Veränderungen, zwischen denen auch seine Eltern standen, haben sich unzweifelhaft nachteilig auf die Entwicklung seines Charakters ausgewirkt.

Auch in seiner Ehe scheint er keinen Halt gefunden zu haben. Im Jahre 1823 berichtet der preußische Gesandte von Zastrow nach Berlin:

Am 3. April ist in Bamberg die Gemahlin des Herzogs Pius, eine geborene Prinzessin von Arenberg, nach langer Krankheit im 34. Lebensjahr gestorben. Es hat diese Fürstin seit mehreren Jahren eine sehr unglückliche Existenz gehabt, da ihre Schwiegereltern es ihr beigemessen, daß ihr Gemahl sich solchen Ausschweifungen ergeben, die selbst auf seinen Verstand Einfluß gehabt und es notwendig gemacht haben, ihn in Bayreuth gewissermaßen unter Aufsicht zu setzen. Ihr einziger Sohn, ein Prinz von 14 Jahren, dessen Erziehung der König von Bayern übernommen und der gute Hoffnungen von sich gibt, befindet sich seit mehreren Jahren hier in München im Gymnasium in Pension.

Vier Jahre vorher, am 21. Dezember 1819, hatte der österreichische Gesandte, Freiherr von Hruby, an den Fürsten Metternich geschrieben:

Gerüchte über den Prinzen Pius, ein Prinz, in seiner Erziehung im höchsten Grade verwahrlost, bringt den größten Teil seiner Zeit in der niedrigsten Gesellschaft und an den unwürdigsten Orten zu. So befand er sich auch vor einiger Zeit mit Handwerkern und Leuten dieser Art in einer Kneipe, als es, wie man versichert, auf seinen Antrieb zu Schlägereien kam, wobei zwei Juden auf das grausamste mißhandelt und gefährlich verwundet wurden. Furcht vor der verdienten Strafe gab ihm den Gedanken der Flucht ein, die er als Handwerksbursche verkleidet auch ausführte. Er wurde aber in Bayreuth erkannt, auf Befehl des Königs festgenommen und befindet sich jetzt unter Polizeiaufsicht.

Der französische Gesandte, Graf de la Garde, hatte bereits am 7. Dezember 1819 von dieser Schlägerei und der völlig abgesunkenen Moral des Prinzen Pius berichtet und hinzugefügt, der Vater des Prinzen, Herzog Wilhelm, habe sogar an den König geschrieben und ihn gebeten, seinen Sohn einsperren zu lassen. Indessen müsse man nach der Verfassung in einem solchen Fall dem Prinzen einen Prozeß machen, was die Sache kompliziere. Im Moment würde noch darüber verhandelt. Prinz Pius weigere sich unter Wutausbrüchen, zu seinem Vater zurückzukehren. Man habe sich vorläufig damit begnügt, Maßnahmen zu treffen, damit er das Königreich nicht verlassen könne, und wisse noch nicht, wie man sich weiter verhalten solle.

Pius war damals dreiunddreißig Jahre alt und gerade elf Jahre verheiratet. Die Ehe der Prinzessin Amalie Luise muß eine einzige Kette unglücklicher Vorkommnisse gewesen sein. Ihr so früher Tod steht damit sicher in Zusammenhang.

Über das weitere Schicksal des Prinzen Pius wissen wir nur, daß er zunächst unter Aufsicht des Generalkommissars Freiherrn von Walden in Bayreuth blieb, »da seine geistige Zerrüttung und die damit verbundene Neigung zu Ausschweifungen jeder Art eine solche Maßregel notwendig machten«, wie der preußische Gesandte von Zastrow am 19. Dezember 1820 schrieb. Außer dem genannten Herrn von Walden befanden sich in seiner Begleitung noch der Kammerherr Graf Brockdorff und der Medizinalrat Dr. von Schallern. Ende Dezember 1820 bezog Pius dann das sogenannte Falkenhaus im ehemals markgräflichen Lustschloß Friesdorf bei Ansbach, kehrte aber im Februar 1823 nach Bayreuth zurück, wo ihm eine Wohnung im Neuen Schloß eingeräumt wurde. Dieses Neue Schloß, von der künstlerisch hochbegabten Markgräfin Wilhelmine, der Lieblingsschwester Friedrichs des Großen, ab 1753 erbaut und mit vollendetem Geschmack in der erlesenen Eleganz des

Rokoko ausgestattet, mußte sich in den von Pius bewohnten Räumen einige biedermeierliche Veränderungen gefallen lassen, die sie für seine Bedürfnisse wohnlicher machten. Ebenso das Alte Schloß der Eremitage, wo Pius sich während der Sommermonate mit Vorliebe als letzter ›Eremit‹ aufhielt.

Diese ›Eremitagen‹ waren zu Anfang des 18. Jahrhunderts in Mode gekommen. Die Fürsten zogen sich in ihre von weiten Parkanlagen und Wäldern umgebene Einsamkeit zurück, um hier – übersättigt von Prunk und Repräsentation – ein der Besinnung gewidmetes einfaches Landleben zu führen. Daß dies freilich oftmals mehr oder weniger in Spielerei ausartete, erfahren wir von einem Freiherrn Karl Ludwig von Pölnitz, der von dem Leben in der von Markgraf Georg Wilhelm Anfang des 18. Jahrunderts geschaffenen Bayreuther Eremitage mit ihren nahe dem Alten Schloß im Wald gelegenen Eremitenhäuschen folgendes erzählt:

Diese Pavillons sind im Geschmack einer Eremitage gebaut und ausgestattet. Die Eremiten [der Fürst, die Fürstin und ihr Gefolge] sind gehalten, sich nach dem Mittagessen hierher zurückzuziehen, um Ruhe und Stillschweigen zu beobachten ... Um die Zeit der Erholung läutet die Priorin [die Fürstin] ihre Glocke, der Prior [Fürst] läutet darauf mit der seinigen und die Eremiten läuten gleichfalls, um anzudeuten, daß sie die Einladung, zum Prior zu kommen, gehört haben. Wenn sie dort angekommen sind, begeben sie sich gemeinsam an den Ort der Erholung, wo man sich durch Spiele aller Art belustigt ... Bisweilen bewirten die Einsiedler-Damen den Prior durch Gerichte, welche sie in der Küche der Priorin zubereitet haben.

Diese Tradition setzte Markgräfin Wilhelmine fort, erweiterte die Parkanlagen und baute in ihren letzten Lebensjahren das Juwel der Neuen Eremitage, die allerdings von dem ursprünglichen Gedanken an Einfachheit nichts mehr an sich hat.

Prinz Pius scheint sich jedoch dort mit seinem kleinen Gefolge, dessen Chef ein Oberst von Horadam, später ein Major von Malsen war, wie ein echter Eremit in völlige Einsamkeit versponnen zu haben. Er baute sich sogar in der Nähe des Schlosses ein borkenverkleidetes kleines Eremitenhäuschen, in dessen kleinem Gärtchen eine Quelle sprudelte. Er hatte sich wohl völlig die Gedanken Fénélons, des Erzbischofs von Cambrai, zu eigen gemacht, der in seinem ›Télémaque‹ schrieb:

Was für ein Wahnsinn, sein Glück daran zu setzen, die Menschen zu regieren ..., oh, wie unsinnig ist der, der zu herrschen versucht. Glücklich, wer sich mit einem friedlichen Privatleben begnügt ...

Es ist kaum möglich, sich ein Charakterbild dieses merkwürdigen Mannes zu machen – zu widersprüchlich ist, was über ihn berichtet wird. Auch sein Porträt gibt viele Rätsel auf. Weder mit seinem Vater noch mit seinem Sohn ist in seinen aufgedunsenen Zügen und den – man möchte fast sagen – unguten Augen irgendeine Ähnlichkeit zu finden. Wenn man die oben zitierten Gesandtschaftsberichte mit dem vergleicht, was in späteren Jahren über seine Wohltätigkeit und sein Einsamkeitsbedürfnis erzählt wird, so möchte man annehmen, daß mit der Zeit eine völlige Wandlung seines Wesens stattgefunden hat.

Wir hören, daß König Ludwig 1. während eines Aufenthaltes in Bayreuth im Juli 1830 Pius in seiner Eremitage besucht und König Otto von Griechenland ihm im August 1835 gelegentlich eines Besuches in Bayreuth den griechischen Erlöserorden verliehen haben. 1836 wurde er zum Generalkommandanten der Landwehr des Obermainkreises ernannt. Es scheint also mit der Zeit sich eine mindestens lockere Verbindung zum Königshaus wiederhergestellt zu haben. Dagegen ist uns so gut wie unbekannt, in welchem Verhältnis Pius zu seinem Sohn Max stand. Eine Bemerkung in den Aufzeichnungen des Herzogs Max über seine Orientreise läßt darauf schließen, daß dieser trotz oder gerade wegen der unglücklichen häuslichen Verhältnisse, die sein erstes Lebensjahrzehnt trübten, mit kindlicher Liebe an seinen unglücklichen Eltern hing. Angesichts des Heiligen Grabes bemächtigte sich seiner eine »geheiligte Stimmung« und er schreibt:

Die Geister meiner entschlafenen Eltern schienen mich liebend zu umschweben. Es war mir als hörte ich deutlich den

Ausruf ihrer Wonne, ihren Sohn hier an der heiligsten Stelle des weiten Erdenkreises zu erblicken.

Herzog Pius starb am 3. August 1837, sieben Monate nach seinem Vater, in Bayreuth und wurde in Banz beigesetzt.

Wir wissen nicht, ob Wilhelm seinen Sohn nach der Katastrophe von 1819 je wiedergesehen hat. Wie konnte es dazu kommen, daß er diese Tragödie mit seinem so sehr, vielleicht zu sehr geliebten einzigen Sohn erleben mußte? Ein Rätsel, das sicherlich ein Fall für einen Psychoanalytiker wäre. Denn wir meinen, daß hier weniger ein angeborener Hang zu Ausschweifungen als vielmehr die Verhältnisse, in denen Pius aufgewachsen war, eine Rolle gespielt haben, und daß sein mit so vielen Komplexen belasteter Vater nicht ohne Schuld an dieser unglücklichen Entwicklung war. Er hatte ohne Zweifel das Beste gewollt, aber voll übertriebenem Ehrgeiz für seinen Sohn diesen in Opposition zu seinem Vater getrieben und in dessen Erziehung völlig daneben gegriffen – wie er überhaupt in seinem Leben nicht selten daneben gegriffen hat! Was auch immer die Ursachen dieses unglückseligen ›Danebengreifens‹ gewesen sein mögen – es wurde ihm zum tragischen Schicksal.

Um die Darstellung des Herzogs Wilhelm zu beenden, bleibt letztlich die nun müde werdende einstige Energie und der Verzicht auf alle Pläne seines Lebens zu schildern. Mit dem Sturz Napoleons war für ihn die letzte Hoffnung auf eine territoriale Entschädigung entschwunden, die er vielleicht noch gehabt haben mag, nachdem von seinem Schwager nichts mehr zu erwarten war. Der Zug der Zeit war nicht aufzuhalten. Das Heilige Römische Reich Deutscher Nation war untergegangen, Bayern ein souveränes Königreich geworden. Die Verfassung von 1818 regelte endgültig auch die Stellung aller Mitglieder des königlichen Hauses. Wilhelm resignierte für seine Person und schrieb:

Anderen Zeiten und gunstigeren Konjunkturen überlassend, seiner Linie dasjenige zu verschaffen, was ihr gegen die Verträge vorenthalten wird, trat der Herzog nun aus dem öffentlichen in das Privatleben, für sich nichts bedauernd, als den Entgang des größeren Wirkungskreises, um Menschen beglücken zu können, und mit der zuverlässigen Erwartung, daß, wo er geirrt hat, man den Schwierigkeiten etwas zu Gute halten werde, mit denen er in seiner Laufbahn zu kämpfen hatte, und von welchen der Übergang des in der Hälfte des achtzehnten Jahrhunderts geborenen und gebildeten Fürsten – zum Fürsten des neunzehnten Jahrhunderts – die unbedeutendste nicht gewesen sein mag.

Die »günstigeren Konjunkturen« traten zwar nicht ein, doch sollte sich in seinem Enkel und dessen Nachkommen manches erfüllen, was er vergeblich angestrebt hatte.

Von nun an hielt sich Wilhelm von dem öffentlichen Leben fern. Wenn auch das Verhältnis zu seinem Schwager mit der Zeit wieder ein besseres wurde, so kam er doch selten nach München. Noch einmal hatte er im Jahre 1816 gegen eine beabsichtigte Zurücksetzung zu kämpfen, als man den Schwiegersohn Max Josephs, Eugène Beauharnais, zum Herzog von Bayern und bayerischen Feldmarschall ernennen wollte. Man dachte sogar daran, damit eine Sukzessionsfähigkeit seiner Kinder zu verbinden. Wilhelm verweigerte diesen Absichten seine agnatische Zustimmung mit vollem Recht und kam nicht nach München, als man ihn dazu einlud. Eugène Beauharnais, Vizekönig von Italien von Napoleons Gnaden, war nach dem Sturz des Kaisers mit seiner Familie nach München gekommen und von seinem Schwiegervater zunächst in Wilhelms ehemaligem Palais in der Theatinerstraße untergebracht worden. Die Verhandlungen über seine künftige Stellung und Versorgung fanden 1816 dadurch einen Abschluß, daß man ihn zum Herzog von Leuchtenberg machte und ihm das säkularisierte Fürstbistum Eichstätt als Majorats-Fideikommiß gab. Für seine Person erhielt er den Titel ›Königliche Hoheit‹, seine Kinder wurden ›Durchlaucht‹ mit Rang vor Standesherren.

Wahrscheinlich wegen der unglücklichen Verhältnisse in dessen elterlichem Hause hatte Wilhelm seinen nun neunjährigen Enkel Max im Jahre 1817 zur Erziehung nach München gegeben. Max Joseph schreibt dazu:

Ihr Enkel, mein lieber Bruder, ist hier in bester Gesundheit angekommen. Ich bin mit ihm sehr zufrieden und habe ihn von ganzem Herzen umarmt. Ich hoffe, daß Sie Ihren Entschluß für ihn nicht bereuen werden und daß Sie hierher kommen, um sich von seinen Fortschritten zu überzeugen. Ich wäre glücklich, Sie mit meiner Schwester bei mir empfangen zu können.

Ich will Max manchmal mit seinen Cousinen essen lassen, um ihn besser kennenzulernen.

Am 27. Mai 1818 beschwören die Prinzen des königlichen Hauses und die höchsten Staatsbeamten die Verfassung. Am 1. Januar 1819 werden die Stände einberufen, Wilhelm schließt am 25. Juli 1819 im Namen des Königs den Landtag.

Ein etwas merkwürdiges Licht wirft ein Bericht des französischen Gesandten vom 7. Februar 1819 auf Wilhelm:

Herzog Wilhelm in Bayern ist die einzige Persönlichkeit von Belang, die willens ist, sich das Mäntelchen des Liberalismus umzuhängen. Als der König ihn, der sein Schwager ist, aber in München kein Haus besitzt, einlud, bei Hof zu speisen, schrieb er dem König, er riskiere als Royalist angesehen zu werden, wenn er dieser Einladung Folge leisten würde. Er hat zusammen mit zwei Abgeordneten eine Loge gemietet, deren einer ein einfacher Würzburger Bürger ist, und die er seine Kameraden nennt.

Dieser Prinz hat die Merkmale und den Ruf eines geistvollen Kopfes und doch zweifle ich, daß es ihm gelingen wird, mit Hilfe eines derartigen Betragens sich eine dauerhafte Popularität zu erwerben.

Wir wollen diesen einige Monate vor der Katastrophe mit Pius geschriebenen Bericht nicht unerwähnt lassen, obwohl wir ihn nicht recht zu deuten wissen. Wenn auch an einer maßvollen liberalen Gesinnung Wilhelms nicht zu zweifeln ist, wenn auch seine Natur zu Extremen neigte, so widerspricht eine so krasse Einstellung doch seinem Charakter. Man kann nur annehmen, daß dieser Bericht auf falscher Information beruht. Oder war Wilhelm etwas absonderlich geworden und die merkwürdige Begründung seiner Absage an Max Joseph ein skurriler Einfall von ihm?

Wir haben vielerlei Nachrichten über ein mit der Zeit wieder besseres, ja sogar herzliches Verhältnis zu seinem

Schwager, wenngleich die Königin Karoline sich in den Briefen an ihre Mutter abfälliger Bemerkungen über Wilhelm nicht enthalten kann. So schreibt sie zum Beispiel: »Der Herzog sehr gealtert und mehr Komplimentenmacher denn je, er macht schreckliche Phrasen«, ein anderes Mal gelegentlich einer Jagd in Ismaning: »Schrullige Erzählung des anwesenden Herzogs Wilhelm.« Ein besonderes Zeichen des wiederhergestellten Einvernehmens zwischen den Schwägern war ein Besuch Max Josephs mit seiner ganzen Familie in Banz im Jahre 1822. Wilhelms in Frankreich lebende Tochter Marie Elisabeth muß hierüber einen etwas süffisanten Bericht ihres Vaters erhalten haben, denn sie antwortet ebenfalls süffisant:

Ich danke Ihnen für die Liste an Nahrungsmitteln, die bei Ihnen während des Besuchs der königlichen Familie verzehrt worden sind. Sie hat mich und die Leute meiner Gesellschaft mindestens zwei Tage unterhalten. Besonders die 7000 Würste darin sind verblüffend.

Wilhelms Interesse an der Politik ist jedoch nicht erlahmt. Er verfolgt sie weiter – nun als unbeteiligter Zuschauer – und lebt während des Landtags in einem kleinen Haus, das er sich in München in der Nähe des Englischen Gartens gekauft hat.

Es wird einsam um ihn. Seine Tochter lebt auf ihren Besitzungen in Frankreich, am 4. Februar 1825 verliert er seine Frau und im selben Jahr, am 13. Oktober, stirbt plötzlich Max Joseph. Kurz vorher war zwischen den Schwägern die Verlobung von Wilhelms Enkel Max mit der jüngsten Tochter Max Josephs, Ludovika, vereinbart worden. Die Hochzeit, von der wir noch hören werden, findet im September 1828 statt. 1830 empfängt er den Besuch König Ludwigs I. und seiner Gemahlin in Banz, und im Jahre 1834 übergibt Wilhelm dieses sein geliebtes Banz seinem Enkel Max, um sich ganz nach Bamberg zurückzuziehen. Vielleicht waren Krankheit und Alter die Veranlassung dazu, daß er die Verwaltung seines großen Besitzes nun der jungen Generation überließ. Nur einmal noch unternahm er 1837 die für ihn in seinem Alter gewiß sehr beschwerliche Fahrt nach Banz in den nach heutigen Begriffen höchst unbequemen damaligen Beförderungsmitteln, um seinen Enkel Max mit Frau und seine Urenkel noch einmal zu sehen. Dies war sicherlich die letzte Freude seines Lebens. Ein paar Monate später starb er in Bamberg.

In der Residenz zu Landshut ist seine Porträtbüste – offenbar aus jenen letzten Lebensjahren – aufgestellt. Ergriffen sieht man, was das Leben aus diesem Mann gemacht hat. Aus den ausgezehrten, von Krankheit und den stürmischen Wechselfällen seines Schicksals in erschütternder Weise gezeichneten Zügen treten die edlen Maße dieses Kopfes in geradezu erschreckender Weise hervor. Wenn man daneben sein ebenfalls in Landshut befindliches Porträt aus seiner Jugendzeit betrachtet, kann man die Tragik seines Lebensweges ermessen, die nicht zuletzt in seiner eigenen Natur begründet war. Diese gespannten Gesichtszüge, die prüfend und zugleich abwehrend blickenden Augen mit den energisch geschwungenen Brauen, dem etwas hochmütigen und herrischen Ausdruck – das war ein Mensch, der nie etwas leicht genommen hat, möchte man glauben, der sich mit an Eigensinn grenzender Energie, mit seiner ganzen Persönlichkeit, immer voll für das eingesetzt hat, was er für das Richtige hielt, aber kaum Gespür für das tatsächlich Erreichbare hatte. Ganz im Gegensatz zu dem jovialen und konzilianten Max Joseph. Schon infolge dieser Verschiedenheit ihrer Charaktere mußte es zu Differenzen zwischen den beiden kommen. Max Joseph verstand es, durch geschicktes Lavieren sein Land durch alle Fährnisse seiner an Fährnissen so überreichen Zeit hindurchzusteuern, stets den richtigen Augenblick zu erfassen, um das Steuer herumzuwerfen. Wobei freilich der Einfluß eines Montgelas nicht übersehen werden darf. Denn – beeinflußbar war Max Joseph ohne Zweifel. In diesem Zusammenhang dürften einige Urteile über seinen Charakter, die wir Marcel Dunans ›Napoleon et l'Allemagne‹ entnehmen, nicht uninteressant sein:

Sein größter Fehler war seine Unentschlossenheit. Immer schwankend, beeinflußt von demjenigen, den er zuletzt gehört hatte, erschrak er vor seiner Kühnheit, wenn er sich schließlich entschlossen hatte Stellung zu nehmen und war bereit, bei einem neuen Einwurf, bei dem ersten Hindernis, sofort zurückzuweichen.

Und:

... Sein schwacher Charakter zeigt sich vor allem in seinen Versprechungen, mit denen er ebenso verschwenderisch ist wie mit seinem Geld. Es ist sprichwörtlich geworden, daß, wenn der König dies und jenes dem und dem versprochen hatte, er damit zum Ausdruck brachte, daß der Betreffende nichts erhalten würde. Seit seiner Jugend war er Soldat gewesen, und daher kommt seine freimütige, frische Art, die den Militärs eigen ist und die man zur Schau tragen mußte, um sein Vertrauen zu gewinnen. Er ist eitel wie alle schwachen Männer; doch um ihm zu schmeicheln braucht es nicht im mindesten großer Anstrengungen. Das kleinste militärische Objekt, sei es eine Kokarde, die man seinem fachmännischen Urteil anheimstellt, schmeichelt ihm mehr, als feine, lange Lobreden, von welchen er mit seinem rechtschaffenen Sinn leicht die wahren und die falschen unterscheidet. Der König ist für gewöhnlich guter Laune. Eine schlagfertige Antwort, ein heiterer Einfall sind ebenfalls Mittel, um leicht sein Vertrauen zu erhalten ...

Und:

... Der König ist noch derselbe, der er war, im Grunde gut, bemüht, diejenigen, die ihn umgeben, zu erfreuen und ihnen gefällig zu sein, mehr betriebsam als aktiv, wenig konsequent. Er ist den ganzen Tag ohne sichtbares Resultat mit tausenderlei Dingen beschäftigt. Er hat natürlicheren Verstand und einen rechtschaffeneren Sinn als sein Ministerium. Aber die Schwäche seines Charakters, seine gewöhnliche Inkonsequenz, die Leichtigkeit, mit der er die Ideen, die man ihm präsentiert, übernimmt und sein durch seine Anlage wenig gestützter Ehrgeiz haben ihn Ratgebern preisgegeben, die sein Unglück sind und die ihn, gestützt auf Erfolge, beherrschen.

Die beiden letzteren in dem genannten Werk von Dunan zitierten Urteile stammen von dem österreichischen Freiherrn von Steigentesch aus dem Jahre 1806, in welchem er von Metternich mit diplomatischen Missionen beauftragt worden war, und von dem österreichischen Botschafter in München, dem Grafen Friedrich Lothar von Stadion, aus dem Jahre 1807. Stadion hatte die Mission, Bayern von Napoleon abwendig zu machen und auf die österreichische Seite zu ziehen. Es ist also anzunehmen, daß beide Urteile nicht ganz objektiv waren, doch steckt sicherlich ein wahrer Kern in ihnen und wir haben sie zitiert, weil manche der kritisierten Charakterzüge Max Josephs durch die von uns geschilderten Ereignisse bestätigt werden und in vieler Hinsicht doch sehr aufschlußreich für Max Josephs Verhalten gegenüber Wilhelm sind. Für Max Joseph, dessen Charakter unzweifelhaft viele liebenswerte Züge aufweist, waren seine Gutmütigkeit und leichte Beeinflußbarkeit, durch die es auch letztlich zu der sehr plötzlichen Entlassung Montgelas' im Jahre 1817 kam, eine Gefahr. Wir möchten fast annehmen, daß er Wilhelm nicht zuletzt sozusagen aus Angst vor sich selbst aus seiner Nähe entfernte und vor den Kopf stieß. Was er im Widerstreit mit seiner Gutmütigkeit gleich wieder dadurch gutzumachen versuchte, daß er ihm doppelte Freundlichkeiten erwies, sobald er ihn in sicherer Entfernung wußte.

Wilhelms Leben gaben die Hochzeit seines vielseitig talentierten Enkels Max mit der jüngsten Tochter Max Josephs, die Geburt eines Urenkels und zweier Urenkeltöchter, die er noch erlebte, einen friedlichen und versöhnlichen Ausklang.

In den Morgenstunden des 8. Januar 1837 verkündeten die Kaiserglocken des Doms und die Glocken der Pfarrkirchen, daß Bamberg »den huldvollsten Protektor, die Armen ihren ersten Wohltäter, alle einen liebevollen Vater« verloren hatten. Und alle kamen von nah und fern, um von ihm Abschied zu nehmen, als er zwei Tage in der Residenz aufgebahrt lag. Bei seiner Überführung nach Banz war der Weg, den der Leichenzug nahm, gesäumt von der trauernden Landbevölkerung, die ihn so sehr verehrt hatte. Die Exequien wurden in der Bamberger Michaelskirche gehalten, da der Dom sich in Restaurierung befand.

5

HERZOG MAX IN BAYERN

Max, dem Enkel Wilhelms, fiel die Ernte dessen zu, was sein Großvater dank seiner unermüdlichen Zähigkeit, trotz so vieler Enttäuschungen und Fehlschläge schließlich doch erreicht hatte. Wenn es Wilhelm auch nicht gelungen war, das Ziel seines Lebens – eine souveräne Herrschaft – zu erhalten, so hatte er immerhin die Stellung seiner Linie innerhalb des Wittelsbacher Hauses gefestigt und er hatte für sich und seine Nachkommen den Titel ›Herzog in Bayern‹ erhalten, hatte sich eine außerordentlich hohe Apanage gesichert und konnte seinen Nachkommen ein großes Vermögen und die Herrschaft Banz hinterlassen. Ihm und seiner geschickten Familienpolitik ist es zu verdanken, daß späterhin sein Haus in den Besitz einer sehr großen Zahl von Schlössern und Ländereien kam.

Max hatte im Gegensatz zu seinem Großvater ein außerordentlich glückliches Naturell und – er war in eine glücklichere, politisch ruhigere Zeit hineingeboren! Die Unruhe und Verworrenheit der ungeheuren Umwälzungen auf allen Gebieten des Lebens, mit denen die Generation seines Großvaters fertig werden mußte, blieben ihm erspart. Wilhelm selbst hatte es ja ausgesprochen, daß von den Schwierigkeiten, mit denen er in seiner Laufbahn zu kämpfen hatte, »der Übergang des in der Hälfte des achtzehnten Jahrhunderts geborenen und gebildeten Fürsten – zum Fürsten des neunzehnten Jahrhunderts – die unbedeutendste nicht gewesen« sei.

Gewiß wurde Max von den liberaleren Anschauungen seiner Tage mitgeformt, aber in große politische Entscheidungen geriet er nicht; die Zeiten hatten sich geändert. Zudem fehlte Max jeder Sinn für politische Betätigung innerhalb Bayerns oder ein Streben nach Macht. Ob sein dem Charakter seines Großvaters so entgegengesetztes Wesen von seiner Mut-

III

Herzog Max (1808-1888)
und Prinzessin Ludovika
als junges Ehepaar am Tegernsee
Ölgemälde von Joseph Stieler, 1830.
Tegernsee, Privatbesitz

ter ererbt oder auch von dem ihm so nahestehenden König Max I. Joseph, dessen Schwiegersohn er später wurde, mitgeformt war, ist schwer zu beurteilen. In einem Bericht des österreichischen Gesandten vom 22. Oktober 1825 an den Fürsten Metternich heißt es, die bisher von König Max Joseph getragenen Erziehungskosten des Prinzen Max würden nunmehr aus dessen eigenen recht bedeutenden Mitteln bestritten. Max war also von 1817 bis 1825, acht volle Jahre, auf königliche Kosten erzogen worden.

Jugend und Heirat

Seine ersten Lebensjahre waren überschattet gewesen von den unglücklichen häuslichen Verhältnissen in Bamberg und der »drakonischen Strenge« seines Erziehers, des kurmainzischen Kammerrates Otto, dem er von seinem sechsten Lebensjahr an anvertraut war. Aber als er 1817, wie wir gehört haben, nach München in das ›Königliche Erziehungs-Institut für Studirende‹ kam, wurde aus dem »ganz verschüchterten Knaben« in der fröhlichen Gemeinschaft Gleichaltriger und unter der Obhut des klugen, gütigen Institutsleiters, des Benediktiners Dr. Benedikt Holland, bald ein aufgeweckter, eifriger Schüler. Er nahm an dem allgemeinen Unterricht teil, und seine Lehrer waren besonders mit seiner leichten Auffassungsgabe und seinem Pflichteifer außerordentlich zufrieden, was aber nicht ausschloß, daß er auch einmal sitzenblieb, und zwar in der dritten Klasse wegen schlechter Noten in Latein und Rechnen.

Das Königliche Erziehungs-Institut war aus dem 1574 von Herzog Albrecht v. gegründeten ›Gregorianum‹ hervorgegangen, das bis 1806 an der Neuhauser und Herzogspitalstraße beheimatet war. Von dort zog es – zu Ehren seines Leiters und Förderers auch ›Hollandeum‹ genannt und später als ›Albertinum‹ geführt – in das säkularisierte Karmelitenkloster um (heute, nach Wiederaufbau, Erzbischöfliches Ordinariat).

Genau wie andere Buben seines Alters beteiligte sich Max natürlich auch an allerhand Streichen. So war er etwa mit dabei, als beim Richtfest eines Erweiterungsbaus des Instituts an der Karmeliterstraße die übermütigen Zöglinge vom ersten Stock des Neubaus auf die unten stehenden Maurerjungen alle möglichen kleinen Gaben, auch Geldmünzen, hinunterwarfen, dabei aber auch mit kalten Wassergüssen nicht sparten.

In den ersten Jahren seines Aufenthalts in dem Institut verlebte er seine Ferien teils in Nymphenburg, teils in Tegernsee im Kreise der königlichen Familie. Ob er auch Weihnachten einmal in Tegernsee war und dort den, wie es heißt, ersten Christbaum in Bayern sah, wissen wir nicht. Die evangelische Königin Karoline, eine badische Prinzessin, soll diesen Brauch aus ihrer dem Elsaß benachbarten Heimat mitgebracht und in Bayern eingeführt haben. Und die Lichter des ersten Christbaums in Bayern sollen, wie gesagt, in Tegernsee gebrannt haben.

Erst nach drei Jahren, 1820, sah Max seine Mutter wieder, an der er mit der ganzen Kraft seines kindlichen Herzens hing. Sie kam für vierzehn Tage nach München. »Man kann nicht sagen, wer glücklicher und seliger war – die Mutter oder der Sohn«, notiert Holland in seinem Tagebuch. Ihr früher Tod nur drei Jahre später, nachdem er sie kurz vorher noch einmal in Bamberg gesehen hatte, versetzte ihn in verzweifelte Trauer. Er schrieb untröstliche Briefe an seine nahen Verwandten, deren Antworten zum Teil erhalten sind. Sein Vater Pius schreibt kurz und findet nur Worte etwas gezwungen klingender Teilnahme. Sie sind das einzige, ziemlich nichtssagende Zeichen einer Verbindung von Vater und Sohn, das wir finden konnten. Wilhelms Brief dagegen ist warm und liebevoll, erstaunlich liebevoll für diesen Mann, dem es offenbar nicht gegeben war, seine Gefühle zu zeigen, sondern der sie gewöhnlich hinter einem Panzer von Förmlichkeit und Strenge versteckte.

Wir lassen beide Briefe nachstehend im Wortlaut folgen. Pius an Max:

Bayreuth, den 19ten April 1823
Lieber Max! Ich danke Dir herzlich für Deinen Brief. Auch ich war sehr betroffen, als ich den Tod Deiner Mutter erfuhr; ohngeachtet man schon lange ihrer Auflösung entgegensah.

Vorzüglich Dich muß ihr Tod sehr nahe gegangen seyn; indem sie Dich so zärtlich liebte. Auch ich nehme den lebhaftesten Antheil an Deinem Schmerz.

Lebe wohl, lieber Max, ich verbleibe stets,

Dein
Dich treu liebender Vater
Pius

Wilhelm an Max:

Bamberg, den 10ten Apr. 1823
Lieber Max! Dein gutes empfindsames Herz kennend, habe ich Deinen tiefen Schmerz vorgesehen und innig getheilt; er ist gerecht und ehret Dich. Möge Ergebung in den Willen Gottes Dir tröstend werden und die auf den tugendhaften Lebenswandel der verstorbenen und der exemplarischen Frömmigkeit in der sie geendet hat gegründete Überzeugung, daß sie die verdiente Glückseligkeit schon genießet.

Schon als die Annäherung ihrer letzten Augenblicke sich zeigte, habe ich für die Erfüllung Deines Wunsches gesorgt. Die Büste ist bereits in Arbeit und ihr Verfertiger, um sie noch mehr zu vervollkommnen anheute nach Banz zum Anschauen zweyer dort befindlicher sehr ähnlicher Porträts Deiner seel. Mutter abgegangen.

Übrigens, lieber Max, kannst Du zuverlässig, so lange Gott mich noch leben lässet, vertrauen, daß ich mir zur heiligsten Pflicht machen werde, Deinen jetzt erlittenen großen Verlust nach allen meinen Kräften zu ersezen und mich in der That zu erweisen als

Deinen bereitwilligen treuen
Freund und Vatter
Wilhelm

Noch im Jahre 1818, als er seinen Enkel zum erstenmal in München besuchte, und da Max ihm und der königlichen Familie während der Hoftafel »vorgeführt« wurde, vermerkt Holland, Max hätte über dieses Wiedersehen keinerlei »Herzlichkeit oder kindliche Freude«, nur »Furcht und Hochachtung gegenüber Wilhelm« gezeigt. Mit den Jahren, als sich

Max in jeder Beziehung so erfreulich entwickelte, scheint Wilhelm dem Enkel gegenüber, der ja der einzige hoffnungsvolle Lichtblick seines Alters war, aufgeschlossener geworden zu sein, und auch Max schloß sich enger dem Großvater an.

Dr. Holland war darauf bedacht, die Interessen seiner Zöglinge in jeder Hinsicht zu fördern. Besondere Sorgfalt widmete er ihrer Bildung in Musik und Literatur. In kluger Weise verstand er es, mit dem Unterricht gelegentlich ein Vergnügen für die Schüler zu verbinden: Mit Hilfe des Königs wurde in dem Institut ein kleines Haustheater geschaffen, so daß die Knaben sich begeistert selbst an theatralischen Darstellungen versuchen konnten. Max war Feuer und Flamme für die Möglichkeiten, die diese Einrichtung auch der Entfaltung einer reichen Phantasie bot. Der Höhepunkt der Veranstaltungen war zu Fastnacht 1822 die Aufführung einer Pantomime, die auf seine Initiative hin zustande kam und an deren Vorbereitung und Darstellung er aktiv beteiligt war. Anschließend folgte die Darstellung einer Szene aus ›Zrini‹. Die königliche Familie und sein Großvater Wilhelm wohnten dieser Darbietung bei. Der erste schriftstellerische Versuch des Prinzen, ein Entwurf zu einem einaktigen Schauspiel ›Die Dankbarkeit‹, stammt aus dieser Zeit. Bis ins späte Alter blieb die Schriftstellerei eine seiner vielen Liebhabereien. Zahllose seelenvolle Novellen, Gedichte, etwas blutrünstige Ritterromane, später hauptsächlich historische Abhandlungen, die ernstes geschichtliches Studium erforderten, entstanden im Laufe der Jahre. Seine Nachdichtung von Viktor Hugos ›Lukrezia Borgia‹ aus dem Jahre 1833 wurde unter anderem in Bamberg aufgeführt. Madame Birch-Pfeiffer spielte die Titelrolle. Im Münchner Hoftheater und im Wiener Theater in der Leopoldstadt fand in späteren Jahren seine heitere, in oberbayerischem Dialekt geschriebene Alpenszene ›Der Fehlschuß‹ freundliche Aufnahme.

Auch seine Passion für Zirkusvorführungen und -künste aller Art wurden in der Institutszeit geweckt. Dr. Holland nahm nämlich den für alle Eindrücke so empfänglichen Knaben gelegentlich in die Wohnung seines Bruders, des Kreis- und

Stadtgerichtsdirektors Dr. Christoph Holland, an der Glockenstraße 7 mit. Von dort konnte man auf den Dultplatz, den heutigen Maximiliansplatz, hinunterschauen, wo während der zweimal im Jahr je vierzehn Tage lang stattfindenden Dulten zwischen dem späteren, heute nicht mehr existierenden Hotel Leinfelder und dem Alten Botanischen Garten in den Jahren 1820 und 1821 oben offene Zirkuszelte und Kunstreiterbuden aufgestellt waren, deren Vorführungen Max von den Fenstern der Wohnung Dr. Hollands aus verfolgen konnte. Sie begeisterten ihn derart, daß er später in einem Hof seines Palais in der Ludwigstraße einen eigenen Zirkus errichten ließ, für den er sich immer neue originelle Attraktionen ausdachte, ja gelegentlich selbst die Hohe Schule ritt. Ganz München drängte sich zu diesen Vorführungen, zu denen nicht nur der Adel, sondern auch Münchner Bürger Einladungen erhielten. Wir werden noch davon hören.

Die sowohl ernster Bildung gewidmete, aber auch von Dr. Holland mit viel Verständnis für die Freuden der Jugend geleitete und für Max unzweifelhaft außerordentlich fruchtbare Institutszeit fand 1823 ein Ende. Der Prinz mußte auf Anordnung des Königs mit noch nicht sechzehn Jahren die Anstalt verlassen, erhielt eine Wohnung in der Maxburg und – sehr zum Kummer von Dr. Holland – den Hauptmann des Garde-Grenadier-Regiments, Freiherrn von Freyberg, als Hofmeister, dem von nun an die weitere Ausbildung des Prinzen oblag. Aus der Entrüstung Hollands über den »unwissenden, intriganten und adelsstolzen« Freyberg, unter dessen Führung Max nach Ansicht von Holland in ein vergnügungssüchtiges, seichtes Leben abglitt und alle seine, Hollands, Bemühungen um eine ernsthafte Bildung des Prinzen zunichte gemacht wurden, spricht wohl hauptsächlich die Kränkung darüber, daß ihm die weitere Ausbildung von Max aus der Hand genommen war, obwohl man ihm auf seinen Vorschlag in Aussicht gestellt hatte, sie ihm auch in der Maxburg bis zur Volljährigkeit des Prinzen weiter überlassen zu wollen. Es hat darob anscheinend manche Intrige gegeben, auch von seiten Wilhelms gelegentlich eines Aufenthalts von Max und Holland

München.
K. Hof- und National-Theater.

Freitag den 26. Februar 1847.

Zum Erstenmale:

König René's Tochter,

Lyrisches Drama in 1 Aufzuge von Henrik Hertz.
Aus dem Dänischen übersetzt von Leo.
In Scene gesetzt vom Regisseur Dahn.

Personen:

König René, Graf der Provence,	Herr Schenk.
Jolanthe, seine Tochter,	Mad. Dahn.
Graf Tristan von Vaudemont,	Herr Dahn.
Ritter Jauffred von Orange,	Herr Christen.
Ritter Almerik,	Herr Leigh.
Ebn Jahia, ein maurischer Arzt,	Herr Heigel.
Bertrand,	Herr Zängl.
Martha, seine Frau,	Dem. Söltl.
Graf Tristan's Gefolge	

Die Handlung spielt in der Provence. Zeit: Mitte des 15ten Jahrhunderts

Hierauf:
Zum Erstenmale:

Der Fehlschuß,

Alpenscene mit Gesang in 1 Akte von **H. M.**
In Scene gesetzt vom Regisseur Lenz.

Personen:

D'Frau Liesel, Bäuerin,		Dem. Zehetmaier.
D'Rosel, ihre Tochter,		Mad. Diez.
Sepperl, ein Bauernbursch,		Herr Sigl.
Mayer Hiesel,		Herr Alsfeld.
Kellerer Natzi,	Jaga,	Herr L. Schmid
Sandrer Jakob,		Herr Selzle
Hans Bankhuber,		Herr Heigel
Hans Stüber, ein junger Müller,		Herr Lang
Da Hirt,		Herr Fries.
Mierzel, seine Tochter,		Dem. Trechtermann.
D' Schullehrerstochter,		Dem. Sigl
An alter Bauer,		Herr Zängl.
Bauern, Bäuerinnen, Musikanten.		

Die Preise der Plätze sind wie gewöhnlich.

Die Kasse wird um 1/2 6 Uhr geöffnet.

Anfang um 1/2 7 Uhr, Ende um 1/2 9 Uhr.

---

*Theaterzettel zur Aufführung
der Alpenszene ›Der Fehlschuß‹ von Herzog Max
im Münchner Hof- und Nationaltheater
am 26. Februar 1847*

in Banz, wohl hauptsächlich, weil man sich scheute, den so verdienstvollen Holland zu kränken. Was freilich nicht gelang, denn als man schließlich auf etwas abrupte Art sozusagen von heute auf morgen am 27. Oktober 1823 Holland mit der Nachricht überraschte, daß Max zwei Tage später aus dem Institut abgeholt und in die Maxburg »versetzt« würde, versteigt sich Holland zu dem Ausspruch:

Und es ist das durch alle Erfahrung bestättigte, aber selten beachtete Loos der Bürgerlichen, daß sie den Haß der Großen sich unfehlbar zuziehen, wenn sie durch ihre Verdienste um dieselben Ansprüche auf ihr Herz gewonnen haben.

Es ist anzunehmen, daß man Max aus dem Institut nahm, weil er nun in das ›savoir vivre‹ eines jungen Mannes von Welt eingeführt werden sollte, das der gute Holland bei aller Aufopferung für seinen Schutzbefohlenen ihm nicht beibringen konnte. Max selbst scheint sich – nach Holland – nur sehr schwer in diesen Beginn eines neuen Lebensabschnitts hineingefunden zu haben. Es mag sein, daß der noch kaum überwundene Schmerz über den ein halbes Jahr vorher erfolgten Tod seiner geliebten Mutter mit dazu beigetragen hat. Nun sah er sich auch noch seines verständnisvollen Betreuers beraubt und einem ihm völlig fremden Menschen anvertraut. Dies erklärt vielleicht die Kurzschlußhandlung, von der Holland berichtet. Max wollte zu seinem Großvater nach Banz flüchten, wurde aber von Freyberg daran gehindert. Daß er aber nach einer gewissen Übergangszeit Gefallen an seiner neuen relativen Freiheit fand und sie genoß, ist nur allzu natürlich. Am 20. Januar 1824 wurde er Leutnant im Chevauxlegers-Regiment ›König‹ und in dieser niedrigen Rangstufe im gleichen Jahr bereits Oberstinhaber des Neunten Linien-Infanterie-Regiments, was indessen keine militärischen Ansprüche an ihn stellte. Er konnte sich nun seiner Passion für die Reitkunst widmen; daneben wurden aber unter Anleitung von Freyberg ernste Studien nicht vernachlässigt. Was er aber alles studiert haben soll, wirkt etwas verwirrend: Geschichte, Länder- und Völkerkunde, Physik, deutsches Bundesrecht, Kirchen- und vaterländische Geschichte, schließlich Vorlesungen Tiecks.

Völlig unkompliziert baut Max sein Leben auf, weit davon entfernt, es seinem Großvater Wilhelm gleichzutun. Welch ein Gegensatz zu dem unsteten Leben Wilhelms, der vor lauter Ehrgeiz sich ganz unsichere Wohnsitze zuweisen ließ wie zum Beispiel in der Residenz zu Landshut, im Schloß zu Düsseldorf und zu Benrath, wo er glaubte souverän zu sein, was von München quasi über Nacht weggewischt wurde, oder die völlige Unsicherheit in der Bamberger Residenz.

Max schert sich nicht um solche Dinge. Er bezieht sein Palais in der Münchner Ludwigstraße, dessen Bau noch von Max Joseph und Wilhelm angeregt worden war, gibt dort fröhliche Feste, bevorzugt aber ein relativ einfaches Leben auf seinen ländlichen Besitzungen, die er später erwarb.

Wilfried Blunt bemerkt in seinem Werk über ›König Ludwig II. von Bayern‹:

Der Großonkel Ludwigs II., Herzog Max in Bayern, war ein fröhlicher Bohemien, der von dem sehr konventionellen Königspaar [Max II. und Marie] *scheel angesehen wurde.*

Wir werden später sehen, daß der Herzog Max, als es um die Verehelichung seiner Kinder ging, nachgerade nichts von einem ›Bohemien‹ an sich trug.

Werfen wir einen Blick zurück in die Zeit, als Max sein Palais in der Ludwigstraße bezog. Wie sah es damals dort aus? Dem Willen Ludwigs I. gemäß wurde die alte Schwabinger Chaussee nach den Plänen Leo von Klenzes zu der Prachtstraße ausgebaut, wie wir sie heute noch kennen. Die von der Ecke der Residenz sich quer hinüber bis zur Theatinerkirche erstreckenden und sich weit nach Norden bis an die von-der-Tann-Straße ausdehnenden Befestigungen waren bereits verschwunden. Das Ganze hatte sich Schwabinger Tor genannt und der Abwehr mittelalterlicher oder höchstens noch kaiserlich österreichischer oder französischer Truppen gedient. Da diese Befestigungen immer wertloser wurden, hatte man sie im Zuge der Planungen des Hofbauintendanten Klenze beseitigt. Ihm verdanken wir den Bauanfang einer von ihm konzipierten neuen Verbindungsstraße in Richtung Schwabing und damit gleichzeitig die Öffnung der bis dahin praktisch versperrten Residenz- und Theatinerstraße nach Norden. Daß dabei auch eines der Wahrzeichen Münchens, der bekannte ›Bauerngirgl‹, dieser Planung zum Opfer fiel, war nicht zu vermeiden. Vielen Münchnern wird das Verschwinden dieser außerordentlich beliebten Gastwirtschaft ein schweres Opfer bedeutet haben. Etwa an ihrer Stelle war zunächst ein Monument mit dem Wappentier Bayerns, dem Löwen, entstanden.

In Anlehnung an die Nordwestecke der Residenz war das Hofgartentor gebaut worden, dem sich ein Basargebäude anschloß. Früher standen hier das bekannte Café Tambosi und die alte Turnier- und Reithalle, die angeblich Raum für 10000 Menschen geboten hatte. Sie hatte der Trassierung der Ludwigstraße im Wege gestanden und war deshalb der Spitzhacke zum Opfer gefallen.

Westlich dieser Gebäudefront war an Stelle des alten aufgeschütteten Walles ein weiter sandiger oder mit Kopfsteinpflaster versehener Platz geschaffen worden. Die Häuser, die sich einige Bürger, unter anderem Kobell, auf den letzten Resten der einstigen Bastionen des Schwabinger Tores gebaut hatten, mußten zu Beginn der Planungen Klenzes wieder abgerissen werden. Das Terrain wurde planiert.

An die Theatinerkirche angebaut erhob sich bis zur Einmündung der heutigen Brienner Straße bereits das Palais Moy. Jenseits des Straßenzuges der Brienner Straße weiter nach Norden zu stand auch schon das heute die Verkaufsstelle der Nymphenburger Porzellanmanufaktur bergende Haus, zurückgesetzt und den eigentlichen Odeonsplatz bildend das Odeon und das Leuchtenberg-Palais. Die Bebauung der nun beginnenden Ludwigstraße war bis zur Höhe des Max-Palais im großen und ganzen abgeschlossen. Mit dem Kriegsministerium, das dem Max-Palais schräg nach Norden gegenüberstand, endeten dann allerdings die bis zu Maxens Einzug in sein Palais fertiggestellten und von Klenze errichteten Bauten.

In den nächsten Jahren übernahm Gärtner den weiteren Ausbau der Ludwigstraße. In rascher Folge entstanden die Gebäude, die wir heute noch vor uns sehen bis zum nördlichen

Abschluß der Ludwigstraße mit dem Siegestor, das allerdings erst 1852 vollendet war. Wenn Herzog Max von seinem Palais nach Norden, zum Beispiel nach Biederstein oder über die alte Holzbrücke in seinen Bogenhausener Garten fuhr oder ritt, sah er sich also in der Hauptsache Baugruben gegenüber. Es war ein uns heute zur Genüge bekanntes Bild, wenngleich damals die Bautechnik noch weniger geräuschvoll war. Der Bogenhausener Garten, später Herzogpark genannt, wurde 1808 von Montgelas angelegt. Er lag zwischen der Isar und dem rechten Isarhang und erstreckte sich vom heutigen Kufsteiner Platz, wo sich das Eingangstor nahe dem Diana-Brunnen befand, bis in die Höhe des jetzigen Isarwehrs. Montgelas ließ diese noch völlig unberührte Auenlandschaft, in der sich im Schwemmkies Tümpel bildeten, die spärlich mit Eschen, Weiden und Pappeln begrünt war, kultivieren und Wege anlegen, zum Beispiel die heute noch vorhandene Allee längs der Isar. Das kleine Schlößchen, das er sich gebaut hatte, war verschwunden, als Herzog Max dieses Terrain kaufte. Es gab dann dort einen Weiher, ein Schweizerhaus und vor allem eine Gärtnerei, die sein Palais in der Ludwigstraße versorgte und bei festlichen Gelegenheiten die Säle »in ein Blumenmeer« verwandelte. Im übrigen aber scheint Max diese Landschaft nicht durch künstliche Anlagen verändert, sondern ihr im wesentlichen ihre Natürlichkeit gelassen zu haben. König Ludwig I. dichtet über den ›Herzog Maxischen Garten in Bogenhausen‹:

[Aussicht;
Was dich umgibt, es ist nicht das schönste, das schönste die
Ist's in dem Leben doch auch immer das was dir fern.

Aber die herzogliche Familie erfreute sich an dieser ungekünstelten Natur. Es wird berichtet, daß sie Sommer wie Winter gern Spaziergänge auf den windgeschützten Wegen machte. Im Sommer »blühten Veilchen in Menge an den sonnigen Hängen, Primeln bedeckten die Wiesen, Bächlein rieselten ...«

Das in den Jahren von 1822 bis 1826 von Klenze errichtete Palais des Herzogs Max fiel 1938 – als der damalige Chef des

Hauses, Herzog Ludwig Wilhelm, sich in den Vereinigten Staaten befand, von wo er erst nach Beendigung des Zweiten Weltkrieges zurückkehren konnte, und die Besitzungen des Herzoglichen Hauses von der nationalsozialistischen Herrschaft beschlagnahmt waren – der Spitzhacke Hitlers zum Opfer. An seiner Stelle steht heute das Gebäude der Landeszentralbank. Dieser Bau wurde noch in den Jahren 1938 und 1939 von Hitler für die Deutsche Reichsbank begonnen, als er daranging, München durch seine geschmacklosen und dem Münchner Stil zuwiderlaufenden Architekturen zu »verschönern«. Er blieb dann im Krieg unvollendet liegen und wurde erst in den Jahren zwischen 1949 und 1951 etwas verändert fertiggestellt.

Heute erinnern nur noch sechzehn Bilder des Psyche-Zyklus von W. Kaulbach aus dem einstigen Festsaal, jetzt in der Bayerischen Staatsbibliothek, und in fragmentarischer Form der in falscher Reihenfolge in der Eingangshalle der Landeszentralbank angebrachte Bacchus-Fries aus dem ehemaligen Speisesaal des Palais an die einstige prunkvolle Ausstattung des Klenzeschen Baues. Dieser Bacchus-Fries von Schwanthaler ist um so interessanter, als er dessen einzige erhaltene Arbeit ist, die seine meisterhafte Behandlung des weichen Materials Gips zeigt und eines seiner wichtigsten und reifsten Werke der späten zwanziger Jahre darstellt. Der dem Mythos entsprechend chronologisch geordnete Fries war in dem quadratischen Speisesaal unterhalb der Kassettendecke der im übrigen schmucklosen Wände angebracht. Einflüsse des römischen Aufenthalts Schwanthalers, der Antike sowie des Studiums der Werke Canovas und Thorwaldsens sind erkennbar, ebenso wie Schwanthalers Fähigkeit, »sich den gegebenen architektonischen Verhältnissen und dem antiken Thema anzupassen, gleichzeitig die Aufgabe in seinem Sinne zu gestalten«.

Was uns mit dem Abbruch des Max-Palais verlorengegangen ist, ersehen wir aus den Beschreibungen seiner architektonischen Gestaltung wie seiner inneren Ausstattung kompetenter Quellen, denen wir nachstehend absichtlich ausführlich und in vollem Umfang das Wort geben.

DAS HERZOGLICHE PALAIS

Zunächst lesen wir bei Michael Doeberl in seiner ›Entwicklungsgeschichte Bayerns‹ über die Baugeschichte:

... Der Bau dieses Palais wurde von Max Joseph angeregt, als er mit Wilhelm die Verlobung seiner jüngsten Tochter mit Max vereinbarte. Als dann Ludwig I. daranging, die ehemalige Schwabinger Landstraße zu einer Prachtstraße auszubauen, nahm er feste Gestalt an. Zuerst mußten Schwierigkeiten aus dem Weg geräumt werden, da diese Straße erst zu Beginn des Jahrhunderts mit Landhäusern besiedelt worden war, deren Eigentümer nun ihre kaum bezogenen Wohnsitze wieder räumen sollten. Dies konnte nur durch Opfer des Hofes, der Stadt und des Staates bewerkstelligt werden. Nach O. Hederer ›Die Ludwigstraße in München‹, übernahm Max gegen die Zusage der Erbauung eines Palais von der Stadt ein Grundstück zum Kaufpreis von 50 000 fl., das diese für 110 000 fl. erworben hatte. Auf diesem Grundstück, dessen Tiefe von der Ludwigstraße bis zur Fürstenstraße reichte, baute Klenze nun das imposante, sich im Stil an die Cancelleria (in Rom) anlehnende Palais für Max. Die dreigeschossige Hauptfassade zur Ludwigstraße mit Seitenrisaliten erhielt einen durch einen dreiachsigen Risalit betonten Mittelteil mit einem Dreibogenportal, wie es sich ähnlich an der von Klenze gleichzeitig erbauten Pinakothek findet. Bedeutende Künstler wurden mit der Ausschmückung der Räume beauftragt, unter anderem schuf Kaulbach die Fresken Amor und Psyche und Schwanthaler im Tanzsaal die Reliefs und Statuetten des Bacchuszuges.

Eine noch detailliertere Schilderung entnehmen wir dem Werk von Werner Mittlmeier über ›Die Neue Pinakothek in München‹:

Die dreigeschossige Hauptfassade zur Ludwigstraße hin bildet der Cancelleria ähnliche Seitenrisalite aus, die Pilaster der schmalen Joche sind zusammengezogen zu einer doppelten Pilasterstellung an den Ecken. Auch der Aufbau der Geschosse entspricht dem Vorbild. Der Mittelteil ist jedoch – und darin folgt die Fassade Klenzes der barocken Gewohnheit – noch einmal durch einen Risalit von drei Achsen betont, dessen von einer Säulenstellung mit Gebälk zusammengefaßtes Dreibo-

genportal wie eine Variation des Hauptportals der Cancelleria erscheint, das Domenico Fontana 1589 dem Bau angefügt hat. Auch hier ist das Säulen-Arkadenmotiv verwendet. Um den reichen Säulenaufbau mit der flachen Quaderwand des Erdgeschosses der Cancelleria zu verbinden, verkröpft Fontana ihn seitlich über einen Doppelpilaster, so daß ein nach der Wand zu abgestufter Grundriß entsteht. Klenze übernimmt nur das Mittelstück des Portals, das er verdreifacht. Die Art, wie sein Portikus kubisch hart und unvermittelt in die Wand einschneidet, bezeichnet die neue Stilhaltung Klenzes. Das Portal des Max-Palais entspricht fast genau der letzten, nach dem Streit mit Dillis und Gärtner entwickelten Lösung an der Pinakothek. Nur daß die hohe Sockelung der Säulen aufgegeben ist und die Säulenbasen beinahe unvermittelt auf dem Boden aufsetzen, der zum Portal hin allmählich aufsteigt. Das Max-Palais schließt sich mit der Pinakothek zu einer Gruppe innerhalb des Werkes von Klenze zusammen, deren Verwandtschaft in der gemeinsamen Beziehung zur Cancelleria besteht. Diese beiden Bauten bezeichnen bereits eine zweite Phase der Übernahme von Renaissance-Elementen im Werk Klenzes.

Klenze selbst schreibt über seinen Auftrag folgendes:

Es war hier die Aufgabe gestellt, auf einem von vier Straßen umgebenen Platze eine Wohnung für ein junges Fürstenpaar zu errichten, und zwar in der Art, daß der Herzog das Erdgeschoß und die Herzogin den ersten Stock bewohnen sollte, welcher zugleich ein nach Umständen und Belieben zu vergrößerndes oder verkleinerndes Fest-Appartement enthalten mußte.

Eine vollkommen bequeme und den häuslichen und geselligen Erfordernissen und Gebräuchen völlig angemessene Einteilung des Ganzen ward als Hauptbedingung einer reichen und künstlerischen inneren Ausschmückung vorangestellt, und eine paßliche Vereinigung dieser Erfordernisse war die Aufgabe, welche der Architekt zu erfüllen hatte.

Der Grundplan ward in der Art angeordnet, daß nach einem ersten Ehrenhofe ein zweiter Stallhof folgte, und rechts und links zwei kleine Diensthöfe angebracht wurden. Nach der Durchfahrt zwischen den Ställen folgt ein kleiner Gartenplatz.

Im Erdgeschoß des Hauptgebäudes liegt rechts des Einfahrtsvestibüls die Haupttreppe und links desselben die Wohnung des Herzogs.

Besondere Stallungen für Reit- und Wagenpferde, große Remisen usw. umgeben den zweiten Hof und bieten in einer Etage darüber hinlänglich Raum für die Wohnung des diensttuenden Personals dar. Wenn man die Marmortreppe zum ersten Stock hinaufgestiegen, findet man gegenüber die Eingangstür zum ersten Vorzimmer.

Aus dem zweiten Vorzimmer gelangt man in den Salon, von welchem rechts die Wohnzimmer der Fürstin, links die Festgemächer liegen.

Alle diese Zimmer haben reich cassettierte und verzierte Plafonds und Friese, und ihre Wände sind mit Seidenstoffen bespannt. Das Eck-Boudoir ist auf weißem Gipsmarmor mit farbigen Arabesken gemalt. Links des Eintrittssaales ist wie gesagt das Festgemach, und zwar der Empfangssalon besonders dargestellt; die Wände sind mit Gemälden als fresco, als ausgespannte Teppiche gestaltet, dekoriert. Sie stellen Aurora und die Nacht; Theseus, welcher die athenischen Mädchen und Jünglinge von dem Minotauros befreit; Herkules, welcher die Eurydike aus dem Hades herausführt und von Hebe den Nektarbecher empfängt, und endlich Orpheus dar, welcher durch die Töne seiner Lyra die Tiere der Wildnis bändigt. Fries und Decke sind mit reichen Vergoldungen und Ornamenten in lebhaften Farben verziert. Die historischen Malereien sind von dem Direktor von Langer ausgeführt.

Die Wände sind mit bläulichem Stuckmarmor bedeckt. Der Fries nebst seinen Ornamenten und Statuen der neun Musen und ihre Mutter Mnemosyne, Pallas, Hera, Diana und die drei bekleideten Grazien darstellend, sind so wie die Verzierungen der Decke ganz in weißem Stuck ausgeführt, welche in den Vertiefungen und Kassetten durch hell- und himmelblaue Gründe hervorgehoben werden. Die Figuren und Reliefs in diesem Saale sind von dem Bildhauer und Professor Meyer ausgeführt.

Die Wände sind nach der Art der Antike mit Quadrierun-

gen von Marmor in hellblauer Farbe, von geschnitzten und vergoldeten Gliederungen umgeben, bedeckt. Über einem reichen Friese und der Corniche stehen in den beiden langen Seiten die Fenster; an den kurzen die Balkons für Musik und Zuschauer von vergoldeten Gittern eingefaßt. Zwischen den Fenstern der langen, und den Türen der kurzen Seiten sind vierzehn al fresco Bilder auf rotbraunem Grunde, die Geschichte der Psyche darstellend.

Die Decke ist mit Diagonal-Kassetten verziert, deren Gründe von tanzenden und schwebenden Figuren auf roten und blauen Gründen, und mit reichem farbigem Ornament, und Vergoldungen umgeben, eingenommen werden.

Die Bilder dieser Decke sind von dem Professor Zimmermann, die der Wände von Kaulbach ausgeführt. Die Reihe dieser Festgemächer wird von dem großen Eßzimmer und dem daneben befindlichen Buffetzimmer neben der Küchentreppe beschlossen. Der Fries, die Geschichte des Baccus darstellend (en relief), so wie die Decke mit ihren Stuckzierden sind ganz weiß. Dieser Fries ist von dem Bildhauer Professor Schwanthaler ausgeführt. Die Fußböden aller dieser Gemächer sind aus Ahorn-, Mahagoni-, Eben-, Atlas- und Nußbaumholz ... zusammengesetzt.

Selbst wenn man die großen Verluste historischer Bausubstanz, die der Zweite Weltkrieg mit sich bringen sollte, außer Betracht läßt, kann der kaltblütige Abbruch des Max-Palais im Dritten Reich nur als Kulturbarbarei empfunden werden. War dieser Bau doch bei dem ohnehin schon sehr gelichteten Bestand alter und auch im Innern noch erhaltener Paläste neben dem Leuchtenberg-Palais der einzige außerhöfische monumentale und von bestechender Ausstattung bestimmte klassizistische Wohnpalast Münchens.

Wie heute, so verstanden es die verantwortlichen Stellen auch damals schon, das schandbare Vorhaben zu verharmlosen und zu verschleiern. Am 29. August 1937 meldete ›Die Weltkunst‹ entschuldigend, daß das – seinerzeit nach dem Nachfolger des Bauherrn so genannte – Karl-Theodor-Palais, in dem zuletzt auch die Künstlergemeinschaft ›Kunst für Alle‹

7 Die Hochzeit des Herzogs Max in Bayern mit der Prinzessin Ludovika, Tochter König Max Josephs, am 9. September 1828 in der Schloßkirche Tegernsee verband die königliche und herzogliche Linie aufs neue sehr eng.

8 Als Liebhaber der höheren Reitkunst ließ sich Herzog Max (1808-88) hinter seinem Palais an der Ludwigstraße einen eigenen Zirkus errichten,

dessen Vorführungen von der Münchner Gesellschaft begeistert aufgenommen und vom Kabinettsmaler der Nachwelt überliefert wurden.

9 *Auf seiner Orientreise besuchte Herzog Max im Jahre 1838 auch die Ruinen von Theben. In seinem Gefolge befanden sich unter anderen sein Kammervirtuose Heinrich Petzmayer, der sich links hinter ihm zu Pferd mit*

einem Notenblatt in der Hand präsentiert, und links davon sein Kabinettsmaler Heinrich von Mayr, der die Ereignisse und Sehenswürdigkeiten der Reise in zahlreichen Bildern festgehalten und auch veröffentlicht hat.

10 Zur Erinnerung an ihre Geschwister und die gemeinsam verlebte unbeschwer
te Kindheit auf ihrem Lieblingssitz Possenhofen schenkte König Ludwig I. de
Herzogin Elisabeth, gerufen Sissy, aus Anlaß ihrer Hochzeit mit Kaiser Fran
Joseph von Österreich im Jahre 1854 dieses Bild seines Hofmalers Josef Stieler. E
zeigt auf der Terrasse von Schloß Possenhofen und vor dem Landschaftshinter

...rund des Starnberger Sees und der Bayerischen Alpen von links nach rechts: ...ophie, die spätere Herzogin von Alençon; Max Emanuel; Karl Theodor; Helene, ...ie 1858 den Erbprinzen Maximilian von Thurn und Taxis heiratete; Ludwig ...ilhelm (Louis) in der Uniform des 1. Chevauxlegers-Regiments; Mathilde, nach...als Gräfin Trani; und Marie, die 1859 Franz II., König beider Sizilien, ehelichte.

11, 12 Herzog Max, vom Volk liebevoll ›Zither-Maxl‹ genannt, wie ihn der offizielle Porträtist darstellte: elegant und charmant, heimatverbunden und volksmusikbegeistert – und wie ihn der Karikaturist Franz von Pocci sah: als tabakfreudigen, trinkfesten, ständig vom Leibmohren begleiteten Schnell-Kompositeur.

ihre Ausstellungsräume hatte, »seines baulichen Zustands wegen abgebrochen« werden müsse, und beschwichtigend hieß es weiter: »Der Neubau wird dieselbe Fassade erhalten.«

Dieses Versprechen sollte sich bald als plumpe Täuschung erweisen. Denn was dann die erstaunten Münchner alsbald aus dem Boden wachsen sahen, war ein grobschlächtiger Bau so ganz nach dem Geschmack der damaligen Machthaber. Selbst als er – nur bis zum Obergeschoß gediehen und dann unvollendet liegen geblieben – nach dem Krieg zu Ende geführt wurde, blieb leider nicht viel mehr zu machen, als die hölzerne Fassadenarchitektur im Detail etwas zu verändern und aufzulokkern.

Doch zurück zu Max. Alles was der junge Prinz unternimmt, hat eine klare Richtung; er versteht es schon in jungen Jahren, sein Leben nicht dem Zufalle zu überlassen, wie das besonders bei politischer Betätigung oft einzutreten pflegt. Er hat auch im Laufe seines Lebens nie die Zügel schießen lassen und war immer bestrebt, seiner Linie des Wittelsbacher-Pfälzischen Hauses die Rechte zu wahren, die er namentlich der königlichen Linie gegenüber als eine absolute Selbstverständlichkeit betrachtete. Doch zog ihn das nie in außerhalb seiner Interessen liegende politische Gebiete.

Während er im Oktober 1825 auf Schloß Banz weilte, traf dort die Nachricht vom Ableben König Max 1. Joseph ein. Wie wir gehört haben, war noch zu dessen Lebzeiten zwischen ihm und Wilhelm die Verlobung seiner jüngsten Tochter Ludovika mit Max verabredet worden. Max war damals erst 17 Jahre alt, so daß der Hochzeitstermin noch nicht festgesetzt wurde. Im Dezember 1827 wurde dann die Verlobung bekanntgegeben. Zu jener Zeit wurden Prinzen und Prinzessinnen nicht viel gefragt, wen sie zu heiraten wünschten. Ein sehr bezeichnender Ausspruch Wilhelms hierzu wird uns von Richard Sexau in seinem auf sehr genauen Studien und umfangreichen Briefwechsel mit Mitgliedern des Hauses Wittelsbach beruhenden Buch ›Karl Theodor, Fürst und Arzt‹ überliefert. Sexau schreibt:

Von Herzog Wilhelm steht, nach der mehrfach in den Aufzeichnungen der verschiedensten Nachkommen festgestellten Familienüberlieferung, ein anderer denkwürdiger Ausspruch außer Zweifel. Noch vor der Heirat von Max–Luise darauf aufmerksam gemacht, daß die jungen Leute, um ihre eigenen Wünsche nicht gefragt, sich keineswegs unwiderstehlich anzögen, stellte er kategorisch fest: »Cela est fort égal. Ils finiront par s'aimer.«

Diese Bemerkung Wilhelms ist nicht nur bezeichnend für die damalige Zeit, sondern nicht zuletzt auch für Wilhelms eigenen Charakter. Sein ganzes Streben ging ja zeitlebens dahin, seine Linie der späterhin von Napoleons Gnaden königlichen Linie anzugleichen, d. h. gleichzustellen. Seine eigene Ehe kam in Verfolg dieses Bestrebens zustande und zweifellos sollte nun durch die erneute Bindung an die königliche Familie die Stellung seines herzoglichen Hauses weiter gefestigt werden. Doch immer wieder muß er, gelinde gesagt, Nadelstiche des regierenden Hauses hinnehmen. Nachdem Max I. Joseph ihm bei Antritt seiner Regierung am 16. November 1799 den Rang eines ›Herzogs in Bayern‹ mit dem Prädikat ›Königliche Hoheit‹ für sein Gesamthaus verliehen hatte, benutzt der neue bayerische König Ludwig I. einen Monat vor der Hochzeit seiner Schwester Luise (Ludovika) mit dem Herzog Max in Bayern die Gelegenheit, den Rangunterschied zwischen seiner königlichen Linie und der von einer Witzleben abstammenden Linie der Herzöge in Bayern deutlich herauszustellen. Immer noch scheint der Groll gegen das Urteil Kaiser Karls VI. von 1715 nicht begraben. Ludwig I. erläßt am 7. August 1828 – geschmackvollerweise noch zu Lebzeiten des alten Herzogs Wilhelm – eine Verordnung an das Staatsministerium des königlichen Hauses und des Äußern mit der Überschrift: ›Die Titulatur des Herzogs Max in Bayern betreffend‹:

Bey Gelegenheit der Verehelichung Unseres vielgeliebten Vetters, des Herzogs Maximilian in Bayern, Hoheit, mit Unserer Prinzessin Schwester, Königliche Hoheit, ist bei Abfassung der Ehepakten die dem Herrn Herzog gebührende Titulatur streng einzuhalten, daher der Titel Herzog und Hoheit, nicht aber Prinz und Königliche Hoheit, welcher nur den Nachkommen aus der Königlichen Linie gehört, gebraucht werde.

Auch andere Spitzfindigkeiten der von Napoleon zu Königen gemachten älteren Linie finden sich bei Ludwig I., der am 26. September 1828, also kurz vor der Hochzeit, eine weitere merkwürdige Kabinettsorder folgen läßt:

Vor allem mit Rücksicht auf die in gerader Abstammung von der königlichen Linie zurückgehende Herzogin Luise werden dem Herzog Maximilian an seiner Wohnung in der Residenz als in andern Garnisonstädten zwei ständige Wachtposten zugestanden.

Den nachgeborenen Prinzen und Prinzessinnen dieser Nebenlinie aber, wenn erstere keine militärischen Stellen bekleiden, wodurch nach den Dienstvorschriften ihnen Wachtposten zustehen, soll weder in der Residenz noch in anderen Garnisonstädten ein Wachtposten gegeben werden.

In dem bemerkenswerten Buch von Sexau werden noch andere, man möchte heute sagen, höchst komische Anordnungen zitiert, in denen immer wieder der Versuch gemacht wird, der offensichtlich nicht ganz ›standesgemäßen‹ herzoglichen Linie die ›königlichen‹ Zähne zu zeigen.

Max hatte zum Beispiel am 28. Juli 1835 bei König Ludwig I. nach dem Ausscheiden seines bisherigen Hofkavaliers, des Leutnants Graf Rosen, den Leutnant von Heusler im Ersten Artillerie-Regiment für diesen Posten vorgeschlagen. Vom König erhielt Max alsbald den Bescheid, daß dieser Herr bei ihm – dem König – »nicht tafelfähig« sei, »Eure Hoheit sich daher bei solchen Gelegenheiten entweder der Begleitung Ihres Hofmarschalls, Freiherrn von Freyberg, oder des diensttuenden Kammerherrn bedienen« oder aber ein anderer Offizier, der dem König paßte, bestimmt werden müßte. Alle diese kleinlichen Sticheleien lassen den Herzog Max – zumindest äußerlich – kalt, während sein Großvater, der alte Wilhelm, aus solchen albernen Ausfällen wahrscheinlich eine Haupt- und Staatsaktion gemacht hätte.

Bezeichnend für die offensichtliche Aversion Ludwigs I. gegen die von dem jüngeren Bruder Christians II. abstammende herzogliche Linie ist ein Bericht des französischen Gesandten vom 31. März 1843, in dem es heißt:

... *Le roi Louis est, dit on, frappé de l'idée prèsque superstitieuse, que ses enfants n'auront point de postérité. Cette crainte, qui n'est fondée sur aucun calcul vraisemblable, a cependant motivé les instances faites auprès du prince Charles [jüngerer Bruder Ludwigs I., der nach unstandesgemäßer Ehe verwitwet war] pour qu'il se remarie et empêche que la couronne de la Bavière ne passe un jour à la ligne collaterale de Birkenfeld, dont le prince Max est le chef.*

Ludwig I. war beim Regierungsantritt seines Vaters Max Joseph dreizehn Jahre alt gewesen, hatte also in diesem gerade für emotionelle Eindrücke so empfänglichen Alter die ganzen dramatischen Ereignisse um Wilhelm, die wir bereits ausführlich geschildert haben, miterlebt. In dieser Zeit, in der Wilhelm von 1799 bis 1806 eine mehr oder minder umstrittene Rolle spielte, ist Ludwigs sowieso etwas sonderbares Wesen wahrscheinlich beeinflußt und gegen Wilhelm eingenommen worden, ja man kann möglicherweise hier die Wurzel seiner späteren Spitzfindigkeiten und Nadelstiche gegen die herzogliche Linie annehmen.

Am 9. September 1828 findet nun in der Schloßkirche zu Tegernsee die Hochzeit von Max mit der Prinzessin Ludovika statt. Nicht weniger als 228 Personen nehmen an der Feier teil, darunter »10 königliche Frauen und 5 königliche Herren«. Unter ihnen befanden sich die Kaiserin Charlotte von Österreich, eine Schwester Ludovikas, und natürlich auch König Ludwig I. von Bayern. Franz Xaver Nachtmann hielt die Zeremonie in einem ebenso anschaulichen wie seltenen Blatt fest.

Diese Hochzeit wurde zu einem wahren Volksfest. Ein aus allen Ständen gebildetes Comité hatte beschlossen, daß sich die »Festlichkeiten auf das Ländliche beschränken und im Sinn oder nach der Sitte des hiesigen Volkes aufgeführt werden sollten«. Die Miesbacher Musikanten zogen auf, Burschen und Mädchen in ihrer malerischen Tracht bildeten Spalier, alle Armen wurden gespeist. Schließlich setzten sich sechzig Schiffe von ihrem Sammelplatz zwischen Abwinkel und Wiessee in

Bewegung und zogen mit brennenden Fackeln im Halbkreis auf das Schloß Tegernsee zu. Dort angelangt, überreichten die Vorsteher der Gemeinden dem jungen Paar ihre Festgaben: einheimische Produkte aller Art.

Die Teilnahme der Bevölkerung nicht nur von Tegernsee, sondern der ganzen Umgegend dokumentierte so recht die enge Verbundenheit der Landbevölkerung mit den Wittelsbachern, die seit den Tagen von Max I. Joseph so gerne am Tegernsee weilten. Diese Tradition setzten die späteren Generationen bis in unsere Tage fort. Wir werden noch davon hören.

Unter den sicher unzähligen Glückwunschadressen, die Max zu seiner Hochzeit erhielt, befand sich auch ein Schreiben seines ehemaligen Erziehers Dr. Holland, der mit großer Befriedigung vermerkt, er habe auf seinen Glückwunsch vom 7. September bereits am nächsten Tag eine längere Antwort erhalten, die mit den Worten schließt:

1000 Dank für Ihre liebevollen Wünsche, die mich an die Stunden unseres Beisammenseins lebhaft mahnen, welche mich in die Tage meiner Kindheit wieder versetzen, deren treuer Schirmer nur Sie allein waren. Meine Liebe zu Ihnen tilgt nur der Tod.

1830 wird Max Oberstinhaber des Dritten Chevauxlegers-Regiments, nachdem ihm Ludwig I. schon bald nach seinem Regierungsantritt den Hubertusorden verliehen hatte. Im gleichen Jahr 1830 bezieht Max mit seiner jungen Frau sein neues Palais in der Ludwigstraße, und 1834 überträgt ihm Ludwig die Stelle eines Kreiskommandanten der Landwehr des damaligen Isarkreises. In dieser Position setzte Max, unbekümmert wie er war, die Inspektion seiner Truppe oftmals sonntags zwischen zehn und elf Uhr in der Ludwigstraße an. Da im Norden dieser Straße die Ludwigskirche, im Süden die Theatinerkirche lag, störten solche Paraden und Besichtigungen naturgemäß den sonntäglichen Kirchgang und erregten den Unwillen der Geistlichkeit des damals noch fast ganz katholischen München. Dies führte schließlich so weit, daß sich der Erzbischof von München beim König scharf beschwerte. So wenig Max auch Soldat war, in dieser Sache blieb er hart und reichte sofort seinen Abschied ein. König Ludwig I. nahm diese Demission nicht an, und Max blieb in seiner Stellung. Ebenfalls 1834 übergab ihm sein Großvater Wilhelm die Leitung seiner Hausangelegenheiten und alle seine Besitzungen und Apanagen mit dem Vorbehalt eines ›Austrages‹. Sein Vater Pius hatte bereits neun Jahre vorher gegen eine jährliche Rente von 40000 Gulden auf alle Rechte zugunsten seines Sohnes verzichtet. Max ist nun mit sechsundzwanzig Jahren noch zu Lebzeiten seines Vaters und Großvaters das Haupt der Familie. Nach dem Tode beider im Jahre 1837 kommt er in den Vollgenuß der seiner Linie zustehenden Apanage von jährlich 250000 Gulden und aller Besitzungen und Vermögen seines Hauses.

Und er verstand das Leben mit offenem Sinn für alles, was es zu geben hatte, zu genießen. Vor allem wollte er die Welt kennenlernen.

Reisen

1828, noch vor seiner Hochzeit, unternahm er seine erste größere Reise nach Frankreich, England und Belgien. Sein Hofmeister, Freiherr von Freyberg, begleitete ihn. Er besuchte alle Sehenswürdigkeiten von Paris und London, wurde in Paris von Karl X., in London von Georg IV. empfangen und nahm teil am gesellschaftlichen Leben beider Städte. Daneben kümmerte er sich um die ausgedehnten Besitzungen im Département Pas de Calais, vor allem in Beaulieu bei Noyon, um die schönen Wälder von Bohain und Beaurevoir bei Saint Quentin und Vitry-le-François, die er von seiner Mutter geerbt hatte. Er entschloß sich kurz darauf zum Verkauf dieser Ländereien und erwarb dafür 1834 die Schlösser und Hofmarken Possenhofen und Garatshausen am Starnberger See, dann 1838/39 das von der Leyensche Brauhaus in Kühbach, das dortige ehemalige Benediktinerinnenkloster, die Hofmark Motzenhofen und Rapperzell mit einem kleinen Schlößchen und schließlich das mit seinem Jagdrevier an die ausgedehnten Kühbacher Liegenschaften angrenzende, an der Regensburger Landstraße gelegene Schlößchen Unterwittelsbach. 1841 ließ er in Kühbach durch einen einheimischen Maurermeister ein neues Bräuhaus mit den dazugehörigen Ökonomiegebäuden errichten, wobei zunächst das neue Gewölbe infolge eines Konstruktionsfehlers wieder einzustürzen drohte, so daß ein Maurermeister aus München zugezogen werden mußte. Bei der feierlichen Grundsteinlegung, an der die Kühbacher und Aichacher Honoratioren teilnahmen, wurde eine kupferne Büchse eingemauert, die die Baupläne, ein Goldstück mit eingeprägtem Bildnis des Herzogs, einige seiner Kompositionen und ein Bockglas enthielt.

Die Wasserburganlage Unterwittelsbach wird bereits im 12. Jahrhundert genannt; sie war im 14. und 15. Jahrhundert im Besitz der Familie von Sandizell, von 1533 bis 1781 gehörte sie dem Reichsstift Sankt Ulrich und Afra in Augsburg. Max kaufte das heute unter Denkmalschutz stehende Schlößchen aus dem 17. Jahrhundert von dem Regierungspräsidenten Ritter von Link. Er ließ den auch heute noch von einem Wassergraben umgebenen Bau unverändert, lediglich die alte baufällige kleine Schloßkapelle wurde abgetragen und durch ein Gotteshaus in neugotischem Stil ersetzt. Sein Hofmaler Heinrich von Mayr soll an diesem Bau beteiligt gewesen sein. Diese Kapelle war geschmückt mit Figuren nach Schwanthaler und barg Erinnerungen an die Reise des Herzogs ins Heilige Land: seinen schön geschnitzten Pilgerstab und Dornenzweige aus Palästina. Die Einweihung wurde mit Wasser aus dem Jordan vorgenommen.

Während sich Max in Unterwittelsbach gern zur Jagd aufhielt und ungezwungenen Verkehr mit der einheimischen Bevölkerung liebte, wurde Possenhofen sein und seiner Familie Lieblingssitz. Das alte, von Herzog Wilhelm IV. von Bayern 1536 erbaute Schloß mit seinen vier Ecktürmchen wurde renoviert, die es umgebende Ringmauer mit Graben beseitigt und nach Nordwesten zu durch einen Kapellentrakt mit einem Neubau verbunden, der allerdings keinen Anspruch auf architektonische Schönheit machen kann. Er ist wohl hauptsächlich aus praktischen Erwägungen entstanden, um Raum zu schaffen für die große Familie des Herzogs und seine Hofhaltung.

Eine zweite Reise – allerdings aus wenig erfreulichem Anlaß – wurde Ende Oktober 1831 angetreten. Und zwar mußte Max mit seiner Familie vor der in München grassierenden Cholera zunächst in die Schweiz ausweichen. Diese erzwungene Abwesenheit von München war für ihn aber auch der Anlaß, Italien kennenzulernen. Mitte November ist er in Mailand, Genua, Florenz, Anfang Januar bis Frühlingsanfang in Rom, wo er mit seiner Frau von Papst Gregor XIV. in Audienz empfangen wird und auch hier an den gesellschaftlichen Vergnügungen teilnimmt. Weiter ging es nach Neapel. Dort ließ er seine Familie zurück und begab sich nach Sizilien. Im Juni war man wieder in München.

Doch das größte Erlebnis ist die Erfüllung seines Jugendtraums: eine Reise nach dem Orient!

Diesmal sollten mich Ägyptens glühende Winde umhauchen, sollte es mir vergönnt sein, am Fuße der Pyramiden den Übermut der menschlichen Unternehmungskunst anzustaunen und am hl. Grabe des Heilands die göttliche Gnade des Schöpfers der Welten anzubeten. Ich sollte den alten klassischen Boden Griechenlands betreten, an dessen moralischer und politischer Wiedergeburt mein erhabener König und Schwager den tätigsten Anteil nahm und selbst den eigenen Sohn Otto dahin berief, damit er es sei, der die erhabene Aufgabe löse, ein jahrhundertlang unglückliches Volk den Reihen freier Bürger wieder einzuverleiben, schreibt er voller Begeisterung und Vorfreude im ›erhabenen‹ Stil seiner Zeit. Mit einem kleinen Gefolge, dem Hauptmann Theodor Hügler, der Griechenland bereits kannte, den beiden Baronen Karl und Fritz von Buseck, dem Leibarzt Dr. Bayer (der dann in Nazareth an der Pest starb), dem Hofmaler Heinrich von Mayr, dem viele treffliche Reisebilder zu verdanken sind, dem Hofkavalier Baron von Heusler und, nicht zu vergessen, dem Kammervirtuosen Johann Petzmayer, von dem wir noch hören werden, wurde die Reise am 20. Januar 1838 angetreten.

Folgen wir einem Bericht von Aloys Dreyer über den Reiseweg in seinem einfühlsamen Lebensbild ›Maximilian, Herzog in Bayern‹:

Am 20. Januar 1838 nahm Herzog Max von den Seinen bewegten Abschied. In zwei österreichischen Eilwagen fuhr die Gesellschaft über Mittenwald nach Innsbruck und von da über die Brennerstraße nach Verona und Venedig. Von Triest aus brachte der Dampfer ›Kolowrat‹ die Reisenden nach Korfu, Patras und Athen. Die Landung im Piräus versetzte ihn in eine »wahrhaft feierliche Stimmung«. Von da aus steuerte sein Schiff nach Syra, und mit dem Dampfer ›Fürst Metternich‹ traf er am 16. Februar in Alexandrien ein, wo ihm der Minister Boghas-Bey wesentliche Dienste für die Weiterreise leistete. Nach sechstägiger Fahrt auf dem Nil kamen die Reisenden in Kairo an. Hier hatte ihm der Vizekönig Mehemed Ali für seinen achttägigen Aufenthalt das schöne Palais Ibrahim Paschas eingeräumt. Beim Anblick der Stadt, die damals noch ein ganz orientalisches Gepräge trug, glaubte sich der Herzog in ein Märchen von Tausend und einer Nacht entrückt. Vizekönig Mehemed Ali gab ihm zu seiner Fahrt nilaufwärts nach Oberägypten bis zum zweiten Katarakt dieses Stromes drei schöne Barken mit der erforderlichen Schiffsmannschaft. Bei dem Städtchen Girgeh kreuzte der wunderliche Freiherr von Hallberg-Broich (der Eremit von Gauting) den Weg des hohen Reisenden.

Am 28. März stand Herzog Max vor dem zweiten Nilkatarakt und freute sich, daß er als der erste europäische Prinz bis in das Land Dongola vorgedrungen war. Erst auf dem Rückweg wurden verschiedene ägyptische Bauwerke besichtigt, so der Tempel von Den, die ägyptischen Königsgräber und die Memnonsäulen. In Kairo kaufte er auf dem Sklavenmarkte vier junge Neger und nahm sie in die Heimat mit. In der damaligen »Kleinstadt« München erregten die Mohren des Herzogs, die in der Frauenkirche von Erzbischof von Gebsattel getauft wurden, ungewöhnliches Aufsehen.

Hier muß sich der Berichterstatter allerdings geirrt haben. Nach Ausweis der Taufmatrikel des Doms zu Unserer lieben Frau in München wurden am Karsamstag, dem 30. März 1839, morgens zwischen halb neun und halb zehn Uhr die fünf von Herzog Max (andere Quellen nennen die Freiherren von

Buseck als Käufer eines dieser fünf) erworbenen Mohren im Beisein des Dompfarrers und des übrigen Klerus vom Domkapitular Balthasar Speth (und nicht vom Erzbischof) getauft. Als Paten fungierten einmal natürlich der Herzog selbst, der sich aber durch Karl von Buseck vertreten ließ, dann – ebenfalls in Abwesenheit – Herzogin Theodolinde von Leuchtenberg, Graf Jenison, der ehemalige Wagenfabrikant Georg Lankensperger und schließlich der Philologe Karl Tutschek, der als Lehrer die fünf Mohrenknaben im Deutschen unterwies und zugleich die Gelegenheit benutzte, den von den Buben gesprochenen arabischen Dialekt zu studieren und seine Ergebnisse in einer Abhandlung über die Galla-Sprache im Jahre 1841 der Akademie der Wissenschaften vorlegte.

Die Mohren erhielten bei der Taufhandlung natürlich christliche Namen und hatten recht unterschiedliche Schicksale.

Der bildungsfähigste, Akafed-e-Dalle alias Osman, der bei der Taufe den Vornamen Theodor erhielt, segnete schon bald das Zeitliche und starb im Mai 1841.

Der kleine Schwarze, den die Barone von Buseck mitgebracht hatten – es dürfte sich dabei wohl um den im Taufbuch Morgàn genannten und Alexander getauften handeln – und der auf dem freiherrlichen Gute zu einem ausgezeichneten Gärtner herangewachsen war, erbat – von unüberwindlichem Heimweh gepackt – später seinen Abschied.

Auch Djalo Djondan Aré, alias Bellal und Karl getauft, überfiel die Sehnsucht nach seiner Heimat. Er war zunächst als Freiwilliger in die Bayerische Armee eingetreten, hatte als Wachtmeister eines Chevauxlegers-Regiments in Dillingen gedient und sich eines Tages auf französisch empfohlen. Als dann, wie Hyacinth Holland in dem Lebensbild des Herzogs Max (in der Allgemeinen Deutschen Biographie) berichtet, »im Kriege 1870 drei bairische Soldaten in französische Gefangenschaft geriethen und nach Algier verbracht werden sollten, staunten sie nicht wenig, eines Tages von einem schwarzen Spahi in echter Münchener Mundart angeredet zu werden: der stolze Fez- und Burnusträger verkündete ihnen die Freiheit und

Heimkehr, mit dem besonderen Auftrage, stehenden Fußes nach ihrer Rückkehr sich in das Palais in der Ludwigstraße zu begeben und Sr.kgl.Hoheit seine tiefe ergebenste Dankbarkeit zu vermelden.«

Während uns über das weitere Ergehen von Mussalam Mote-Kutu alias Salim, getauft Georg, nichts berichtet erscheint, wurde der originellste Kopf des Quintetts, Denka Awan (wahrscheinlich der beim Kauf in Kairo Hassan genannte und in München auf den Namen Max getaufte), zum treuesten Diener seines Herrn. Als solcher erscheint er auch auf den Abbildungen, die Herzog Max als Kommandeur der Landwehr zeigen, und auf den zahlreichen Karikaturen, die Graf Pocci über so manche heiteren Vorfälle im Leben der Alt-Anglia mit leichter Hand aufs Papier warf. Dieser Leib- und Lieblingsmohr des Herzogs war immer wieder Anlaß zu köstlichen Begebenheiten, Mißverständnissen und Anekdoten, wie wir noch hören werden.

Aber kehren wir wieder zur Orientalischen Reise zurück, über die Aloys Dreyer weiter erzählt:

Nach einigen Rasttagen, die dem Besuche der heulenden Derwische und der Pyramiden von Gizeh gewidmet waren, brach der Herzog am 28. April an der Spitze einer Karawane von 115 Kamelen und Dromedaren nach der Libyschen Wüste auf und betrat am 7. Mai voll tiefer Rührung den Boden des heiligen Landes. In Jerusalem wurde er zum Ritter vom hl. Grabe geschlagen und umgürtete sich mit dem Schwerte Gottfried von Bouillons. Seine nächsten Ausflugsziele, Bethlehem, das galiläische Meer, der Jordan und Nazareth, hinterließen in seiner Seele ebenfalls unauslöschliche Erinnerungen. Die an allen diesen Stätten schrecklich wütende Pest zwang ihn aber zu den größten Vorsichtsmaßregeln. In Saida (Sidon) verlebte er »verzweiflungsvoll« 19 Tage in Quarantäne. Auf Athen und Konstantinopel mußte er auf der Rückreise verzichten. Nach achtmonatiger Abwesenheit traf er am 17. September 1838 wohlbehalten in München ein.

Max selbst gab über diese Reise 1839 ein Buch im Druck heraus, das mit den Worten beginnt:

Schon längst nährte ich den sehnlichsten Wunsch, den heiligen Boden jenes Landes zu betreten, an welches sich die ersten Erinnerungen der Kindheit knüpfen, das die Wiege unserer Religion, das mit Einem Worte, wenn ich mich so ausdrücken darf, das Vaterland unseres Erlösers war. Doch nicht Dies allein war es, was mich zu dieser Reise bewog. Es trieb mich ein unwiderstehliches Gefühl, ein nicht zu besiegendes Drängen, aus der ewigen Einförmigkeit des bis zur Unbequemlichkeit bequemen Alltagslebens, bei welchem man nicht mehr lebt, sondern nur vegetiert; denn ein Daseyn ohne Schatten und Licht gleicht einem schaalen Gemälde, das spurlos an der Wand eines Zimmers verbleicht. Leider gibt es Leute, die sich kaum einen Begriff davon machen können, wie man sich zu einer ähnlichen Wanderschaft entschließen konnte. Ich bedaure diese ruheliebenden Geschöpfe, diese Leibeigenen ihrer Gewohnheiten, die in der Regel das Leben und die Menschen und deren Sitten nur aus todten Büchern oder durch die dritte Hand kennen zu lernen glauben.

Bei diesen für sein Wesen so aufschlußreichen Worten muß man unwillkürlich an seine Frau Ludovika denken, die so ganz in ihrem häuslichen Kreis aufging und von der es heißt, daß sie in späteren Jahren sich abends, während sie strickte, von ihrer Hofdame den ganzen Gregorovius vorlesen ließ und regelmäßig darüber einschlief.

Max fährt in seiner lesenswerten ›Wanderung nach dem Orient‹ fort:

Schlüßlich muß ich noch bemerken und den geneigten Leser bitten, dieses kleine Werkchen nur als flüchtige Skizze zu betrachten und um Alles in der Welt nicht als ein wissenschaftliches Produkt. Das wäre die Eitelkeit von meiner Seite zu weit getrieben, ja das wäre mehr als eitel, das wäre förmlicher Übermuth. Ich wollte blos das, was ich gesehen, erlebt und empfunden, zu Papier bringen. Alles andere gehört den Gelehrten an, und ihnen mich anreihen oder in's Handwerk pfuschen zu wollen, steht mir nicht zu und fiel mir auch nicht ein. Dies sei nur im Vorbeigehen gesagt, damit ich mich gleich im Voraus den scharfen Pfeilen der Kritiker entziehe, welche nur allzubereit sind, namentlich einen Mann meines Standes in den Schmutz herabzuziehen und von der eigentlichen Sache aus böswilligen Gründen auf die Person abzuspringen.

Lebendig, unprätentiös und einfach erzählt er denn auch von seinen Erlebnissen, etwa von den Strapazen der Reise, als er gleich zu Anfang in Sterzing bei eiskalter Nacht – in der er sich nicht erinnerte, jemals »dergestalt gefroren zu haben« – schließlich im Gasthof zur Krone in ungeheiztem Zimmer, in dem er mit vieler Mühe den Ofen in Gang bringen mußte, übernachtete. Oder von dem Sturm, in den er auf der Fahrt von Syra nach Alexandrien geriet:

Furchtbar heulte der Wind; die empörten Wogen schlugen mit riesiger Kraft an das schwankende Schiff, so daß es bald pfeilschnell in die Höhe, bald blitzschnell in die Tiefe schoß oder sich, an allen Enden krachend, nach der Seite hin und her wiegte. Stühle und Koffer stürzten auf dem Boden der Kajüten übereinander. An ein Aufrechterhalten war gar nicht zu denken, ja ich mußte mich krampfhaft im Bette mit Händen und Füßen anklammern, um nicht weithin herausgeschleudert zu werden. Alle meine Bücher und Hefte, Schreibzeug und Federn bedeckten den Boden, dazwischen flogen Kleidungsstücke und Mantelsäcke durcheinander.

Offene Augen hat er für alles, was ihm unterwegs begegnet, nicht nur für die Zeugnisse der altägyptischen Kultur, die er voller Ehrfurcht und Bewunderung betrachtet, wobei es an Seitenhieben auf die Baumeister seiner Zeit nicht fehlt, die seiner Ansicht nach »wohl schwerlich im Stande sein würden, diesen Reichtum von Schmuck mit dennoch so edler und würdiger Einfachheit zugleich zu vereinigen«. Er berichtet von kleinen Episoden im bunten Leben der Bazare der orientalischen Städte – wo er in Girgeh eine Anstalt zum künstlichen Ausbrüten von Hühnereiern entdeckt –, schildert das Feilschen und Handeln auf den Sklavenmärkten, er besucht überall, wo sich ihm Gelegenheit bietet, Theater, besichtigt militärische Schulen, Festungsbauten und nicht zuletzt Gestüte. Pferde und Musik stehen natürlich im Vordergrund seines Interesses, so etwa begeistert er sich für eine Kunstreiter-Vorstellung im

Theater Malibran in Venedig, die er bedauert vorzeitig verlassen zu müssen, da er sich zur Weiterfahrt nach Triest auf sein Dampfboot begeben mußte. Aber auch über die Aufzucht und das Zureiten der arabischen Pferde auf dem Gestüt des Ibrahim Pascha in Kairo gibt er sein sachgemäßes Urteil.

Natürlich werden ihm zu Ehren überall Empfänge und Bälle gegeben, die ihn aber meistens langweilen. In Syra beklagt er sich über »die ohrenzerreißenden Straußischen Walzer einer Maltesischen Musikbande, welche dem genügsamen Publikum harmonie- und taktlos aufspielten«, die Damen gleich Wachsfiguren im Saale umhersaßen und es ihm trotz aller Mühe nicht gelang, eine Silbe aus ihnen herauszubringen. Nachdem er im Schweiße seines Angesichts einen Walzer von wenigstens einer guten halben Stunde »abgethan« hatte, »mußte ich im Nebenzimmer in Mitte der Damen, trotz alles meines Sträubens eine lange Pfeife Tabak rauchen. Ganz allein mitten auf dem breiten Sopha sitzend, im Halbkreis um mich herum die Damen, saß ich gravitätischer da, als vielleicht der ehrsame Sultan selbst«.

Immer wieder, besonders natürlich an den heiligen Stätten der Christenheit, offenbart sich seine tief religiöse Natur, die jedoch nicht blind ist für »manche Mißbräuche und geflissentliche Verbreitung des Aberglaubens« und auch Andersgläubigen Achtung zollt, »denn es ist mein fester Grundsatz, jede Religion und sei sie auch noch so sehr abergläubisch oder widernatürlich, äußerlich wenigstens zu ehren«.

In Kairo wohnte er der religiösen Waschung eines Gläubigen bei, worüber er schreibt:

Es freute mich, zu sehen, wie wenig er sich durch unsere Neugierde in seinem frommen Treiben irre machen ließ. Unter den Christen giebt es, namentlich in unserm jetzigen Zeitalter, manche, die sich schämen, die Gebote der Religion vor den Augen Anderer auszuüben. Das mag hauptsächlich wohl darin seinen Grund haben, weil es heut zu Tage fast zum sogenannten guten Ton gehört, dergleichen entweder als Heuchelei oder Beschränktheit auszulegen. Denn man findet leider viele, welche sich zu schämen scheinen, Religion zu besitzen, indess bei

Völkern andern Glaubens vielmehr ein Jeder Ehre und Pflicht darein setzet, Gott auch öffentlich seine Verehrung zu beweisen.

Sein ruheloser Geist verlangt immer nach neuen Eindrücken — das Schlimmste ist für ihn, zur »Langeweile«, das heißt zur Untätigkeit, verurteilt zu sein, wie etwa auf der recht langen und einförmigen Fahrt nilaufwärts oder während der einundzwanzigtägigen Quarantäne auf Malta, Fort Manuel, die er wegen der im Heiligen Land herrschenden Pest über sich ergehen lassen mußte. So schreibt er kurz vor Erreichen des zweiten Katarakts in Wady-Halfa:

Leider mußten wir den Rest des Tages unthätig verweilen, da erst um Thiere geschickt werden mußte, die uns am folgenden Morgen zu Lande nach der Katarakte bringen sollten, da mit unseren Barken nicht mehr hingerudert werden konnte. Verdrüßlich schlenderte ich im nahen Dorfe umher und ließ mir durch meine Vernunft Geduld predigen, eine schwere Aufgabe für einen Mann, der noch nicht ganz dreißig zählt und der überdieß von Jugend an gewöhnt oder besser verwöhnt ist, daß ihm auf den ersten Wink Alles zu Gebot steht.

Oder bei anderer Gelegenheit:

Ich beneidete, wie schon öfters, das glückliche Phlegma mancher Menschen, deren ruhiges Blut kein Sturm des Lebens aus seinem gewöhnlichen Kreislaufe zu bringen vermag, die sich in Freud und Leid fast immer gleich bleiben, während mich sanguinischen Menschen die Zudringlichkeit einer Fliege in Harnisch bringt.

Von den vielen Menschen, die ihm unterwegs begegneten, machten drei einen besonders tiefen Eindruck auf ihn: Mehemed Ali, der Vizekönig von Ägypten, Karl Theodor Freiherr von Hallberg zu Broich, der sogenannte ›Eremit von Gauting‹, und der Großherzog Karl Friedrich von Sachsen-Weimar.

Mehemed Ali, 1769 in Kavala in Makedonien geboren, lernte in seiner Jugend weder schreiben noch lesen, wurde nach einem Aufstand in Kavala, wo er als Vierzehnjähriger 1783 durch sein kluges Verhalten Aufsehen erregte, 1787 zum Offizier der irregulären Miliz ernannt und brachte es, nachdem er

IV

Inspizierung des Bürgermilitärs
von München und der Vorstadt Au
durch Herzog Max
in der Ludwigstraße 1842

Kolorierte Lithographie von Gustav Wilhelm Kraus. *Münchner Stadtmuseum.*

Sehr zum Verdruß der Kirchgänger nahm Herzog Max, auf dem Bild links inmitten einer Reitergruppe vor seinem Palais stehend, die Besichtigung der Landwehr, der er seit 1834 als Kreiskommandant vorstand, gerne am Sonntag vormittag vor.

1798 beim Einbruch der Franzosen in Ägypten im Truppenkontingent seiner Vaterstadt sich durch Tapferkeit ausgezeichnet hatte, zum Befehlshaber des Arnautenkorps in Ägypten. Er ließ sich zum Vizekönig von Ägypten ausrufen und wurde von der Pforte als solcher anerkannt. (Ägypten stand damals unter türkischer Hoheit.) Es gelang ihm, durch glückliche Kriege seine Herrschaft über große Teile Arabiens auszudehnen und sich Nubien zu unterwerfen. In eine kurze Friedenszeit zwischen seinen kriegerischen Unternehmungen, die sich späterhin mit mehr oder weniger Erfolg auch gegen die Türkei richteten, fiel der Besuch von Max. Mehemed Ali stellte ihm für seinen Aufenthalt in Kairo das Palais seines Sohnes Ibrahim Pascha zur Verfügung und bereitete ihm einen prunkvollen und ehrenvollen Empfang. Max ist überaus beeindruckt von diesem außergewöhnlichen Mann:

Bevor ich meine Skizzen über Egypten schließe, muß ich noch der mehr als freundschaftlichen Aufnahme erwähnen, die mir von Seite Mehemed Ali's zu Theil wurde, welches mir um so schmeichelhafter war, da ich sie von einem Manne genoß, dessen gewaltiger Unternehmungsgeist Egypten um einige Jahrhunderte früher seiner Civilisation näher rückte. Was er zur Beförderung des Fabrikwesens, des Handels, was er in militärischer und namentlich in polizeilicher Hinsicht Gutes und Außerordentliches geleistet, erfüllt den aufmerksamen Reisenden mit Bewunderung für einen Fürsten, dessen heller Geist binnen wenigen Jahren ein so zu sagen wildes Volk auf eine solch' überraschende Stufe der Bildung zu schwingen vermochte ... Möge der Himmel seine Bemühungen krönen, möge er diesen wahrhaft großen Mann diesem Reiche noch lange erhalten.

Ganz anderer Art war die Begegnung mit dem Baron von Hallberg-Broich. Max war nicht wenig erstaunt, als er in dem kleinen Städtchen Girgeh in Oberägypten auf der Straße von einem Europäer in deutscher Sprache angesprochen wurde, der sich als eben dieser Baron von Hallberg entpuppte, über den, wie Max schreibt, in der Heimat »viel gelacht und gewitzelt«

wurde, was aber seiner Meinung nach hauptsächlich von seiner »bis auf's Höchste getriebenen einfachen Lebensweise« und dem »etwas Sonderbaren seines Äußeren« herrührte.

Denn in unserm lieben Deutschland ist es leider heut zu Tage zur Sitte geworden, die Menschen blos nach dem Schnitte ihres Rockes zu beurtheilen; ebenso wie die politischen Meinungen nach Zusammenstellung der Farben und dem Schnitte der Bärte taxiert werden.

Max lud den sonderbaren Baron zum Abendessen auf seine Barke ein und fand großen Gefallen an der Unterhaltung mit ihm, »da er mit ruhiger Einsicht und biederer Offenheit sprach«.

Worum sich das Gespräch der beiden drehte, verrät Max nicht, ebensowenig ob er wußte, von welch völlig aus der Reihe tanzenden Ideen besessen der Baron um die ganze Welt getrieben worden war, bis er sich schließlich nach den tollsten Abenteuern – verfolgt, vertrieben und ausgewiesen – als ehemaliger Untertan des wittelsbachischen Jülich in den Schutz Max I. Joseph begeben und in Schloß Fußberg bei Gauting, »nahe der Reismühle, dem vermutlichen Geburtsort meines verehrten Freundes, des deutschen Kaisers Karl des Großen«, ein Refugium gefunden hatte. Seine politischen Ambitionen hatten ihm kein Glück gebracht. Er war mit seinen hartnäckigen Vorschlägen zum Widerstand gegen Napoleon dem Kaiser in Wien lästig geworden und hatte das Pech gehabt, von den Engländern abgefangen zu werden, gerade als er den Bey von Tunis für seine Ideen gewonnen hatte. Durch seinen Versuch, Herzog des inzwischen an Preußen gefallenen Jülich zu werden, war der König von Preußen sein Feind geworden, und der Einfall, auf Grund entfernter Verwandtschaft mit den Wasa den König Bernadotte von Schweden zu stürzen und sich selbst auf den Thron zu setzen, hatte ihm die Ausweisung aus Schweden eingetragen.

In Gauting nun gab die Landbevölkerung seiner auffallenden Erscheinung in pelzverbrämtem, mit allen Orden und Ehrenzeichen geschmücktem Rock, zinnoberroten Juchtenstiefeln, einer überdimensionalen Bärenmütze auf dem hageren

Kopf und lang herabwallendem Bart den Spitznamen ›Eremit von Gauting‹, den er mit Vergnügen akzeptierte.

Von den weiteren Abenteuern seines Lebens, in die er sich erneut stürzte, da er das einförmige ›Eremiten‹-Leben in dem abgeschiedenen Gauting nicht lange aushielt, interessiert in unserem Zusammenhang zweierlei: einmal das Projekt, das Erdinger Moos trockenzulegen, in dessen Verlauf er sich zwischen Freising und Ismaning Moosgrund, Torfstiche, Schilf und saures Gras kaufte, im Schlößchen Birkeneck wohnte und die Kolonie Hallbergmoos gründete, die noch heute an ihn erinnert, und zum anderen eben die Begegnung mit Herzog Max auf einer seiner Reisen um die Welt, die er nach wie vor unternahm.

Im Gegensatz zu der Unvoreingenommenheit und Aufgeschlossenheit, mit denen der junge Herzog Max auf seiner großen Reise dem Orient begegnete und diese für ihn neue Welt entweder bewunderte oder wenigstens in ihrer Andersartigkeit tolerierte, war Baron Hallberg-Broich auf seinen vielen Reisen zum Griesgram geworden, eher dazu geneigt, sich über die unliebsamen Zustände zu echauffieren als über das Schöne zu freuen. Im selben Jahr 1839, als der Reisebericht des Herzogs Max erschienen ist, veröffentlichte der Baron in Stuttgart unter einem sehr ähnlich klingenden Titel seine ›Reise nach dem Orient‹, in der er des Zusammentreffens mit Herzog Max mit wenigen, aber freundlichen Worten gedenkt. Sonst gefällt er sich in mokanten Glossen und meint etwa: »Das Langweiligste, was sich in der Welt denken läßt, ist eine Fahrt auf dem Nil zu den hochberühmten Alterthümern.« Das Fazit, das der ennuyierte Globetrotter aus seinen Reisen in den Süden ziehen zu müssen glaubt, ist ernüchternd: »Ich freue mich, die Türkei, einen Theil Griechenlands und Egypten gesehen zu haben, aber Alles ist nicht des Sehens werth. Das Reisen in diesen Ländern ist eine wahre Qual, überall Mangel an Allem und gar kein Genuß ...« Schließlich bekennt er offen: »Es gibt nichts eckelhafteres, als einen Reisebericht zu schreiben«, und erteilt seinen gutmütigen Lesern, »welche von Egypten etwas wissen wollen«, den höchst phantasievollen Rat, »selbst hinzugehen.«

Auf der Rückfahrt lernte Herzog Max dann noch in Neapel den Großherzog Karl Friedrich von Sachsen-Weimar kennen, den Sohn und Nachfolger Karl Augusts. 1783 geboren, war er noch ein Zeitgenosse Goethes. Max schreibt:

Sein Umgang war für mich so belehrend so wie seine persönliche Liebenswürdigkeit nie meinem Gedächtnis entschwinden wird. Er besitzt in vollem Maße die herzgewinnende Gabe, den Fürsten und den schlichten Privatmann auf die gefälligste Weise in sich zu vereinigen.

Eigenschaften also, die ohne Zweifel Max selbst nicht minder zu eigen waren.

Der Bericht von seiner Orientalischen Reise, den Herzog Max nach seiner Rückkehr der Öffentlichkeit übergeben hat, fand eine bildhafte Ergänzung durch zwei Ansichtenwerke, die der künstlerische Reisebegleiter Heinrich von Mayr – der schon kurze Erwähnung fand – nach seinen zahllosen Reiseskizzen herausbrachte.

Der am 22. Februar 1806 in Nürnberg geborene Künstler, der 1825 nach München gekommen war, pflegte vor allem die Schlachten- und Pferdemalerei. Diese Vorliebe brachte ihn mit dem Herzog zusammen, der ja als Pferdeliebhaber weit und breit bekannt war. Er fand an dem jungen Mayr solches Gefallen, daß er ihn mit dem Titel eines herzoglichen Kabinettsmalers in seine Dienste nahm und ihm bald in wahrer Freundschaft zugetan war.

Auf der Orientalischen Reise zeichnete Mayr unermüdlich Landschaften, die Reisegesellschaft bei der Besichtigung der antiken Monumente – wobei er sich, alter Malersitte gemäß, zuweilen selbst mit ins Bild setzte –, Genreszenen aus dem Alltagsleben und studierte auch mit Hingabe die kleinsten Details von Waffen, Kostümen, Schmuck- und Gebrauchsgegenständen. Die schönsten und köstlichsten Motive – wie etwa den hoch zu Kamel durch die Wüste reitenden Zithervirtuosen Petzmayr – führte er zu Hause in Öl aus. Einige dieser Bilder, die hauptsächlich für den Herzog selbst gedacht waren, wanderten als Dankgeschenk an hohe Gastgeber wie Mehemed Ali nach Ägypten, andere erwarb vor allem König Wilhelm I. von Württemberg, der eben zu jener Zeit mit dem Plan eines morgenländischen Badhauses, der späteren, im letzten Weltkrieg weitgehend zerstörten ›Wilhelma‹ bei Bad Cannstatt, umging. Das Karussell der historischen Stile, das sich im Zeitalter des Historismus nun immer schneller zu drehen begann, war gerade bei der orientalischen Kunst angelangt, und es wurde nach der mittelalterlichen Burgenromantik nun große Mode, maurische Kioske und türkische Bazare zu errichten und stilgemäß auszustatten. Da kam Heinrich von Mayr – als Augenzeuge und Künstler dazu – gerade recht. Für die ›Wilhelma‹ entwarf er einen großen Kiosk und gestaltete ihn mit authentischen Stoffen und Geräten aus, die er von seiner Reise mitgebracht hatte; ein ähnliches exotisches Ambiente fertigte er später noch für Schloß Berg am Starnberger See und sogar für Petersburg.

Im Jahr 1839 veröffentlichte er sein erstes Prachtwerk mit dem Titel ›Malerische Ansichten aus dem Orient‹. Das in mehreren Lieferungen erschienene Album umfaßte neben einem knappen Einführungstext insgesamt sechzig Blätter, die von Friedrich Kaiser nach den teilweise sehr spontan hingeworfenen Skizzen Mayrs lithographiert worden waren. Eine zweite im Großroyalformat gehaltene und von Peter Herwegen eindrucksvoller und sorgfältiger lithographierte Serie von 48 Tafeln wurde von der Verlagshandlung Ebner & Seubert in Stuttgart herausgebracht. Sie kam in acht Folgen zwischen den Jahren 1844 und 1850 unter dem Titel ›Genre-Bilder aus dem Oriente‹ auf den Markt und enthielt auch längere Kommentare zu den einzelnen Szenen, die ein Kenner des Orients, der damals in Petersburg lebende deutsche Arzt Dr. Sebastian Fischer, beisteuerte. Einzelne Exemplare seiner Ansichtenwerke hat wohl Heinrich von Mayr für hohe Auftraggeber selbst koloriert, wie eine in der Bayerischen Staatsbibliothek verwahrte Nobelausgabe der ›Malerischen Ansichten‹ beweist.

Neben diesen Sammelwerken erschienen auch noch einzelne Lithographien mit Reisebildern im Handel, von denen die Szene mit ›Herzog Max nebst Gefolge in den Ruinen von

Theben‹, von Friedrich Kaiser auf Stein gezeichnet und im Stadtmuseum München verwahrt, eine der eindrucksvollsten Darstellungen ist.

Heinrich von Mayr, der uns mit seinen Blättern von Reitervorführungen die wohl einzigen Dokumente vom Innern des herzoglichen Zirkus überliefert und sich neben seiner künstlerischen Tätigkeit auch mit ernsthaften keramischen Experimenten beschäftigt hat, starb in München am 5. April 1871.

1844 war Max noch einmal einige Wochen in Paris. Er hätte sich am liebsten inkognito dort aufgehalten, aber es hieß, wenn er sich dem König Louis-Philippe nicht vorstelle, werde er ausgewiesen. So fügte er sich und wurde von dem König sehr liebenswürdig aufgenommen. Auch seine Tante Marie Elisabeth, Wilhelms Tochter und Witwe Berthiers, sah er bei dieser Gelegenheit.

Gesellschaftliches Leben

Zwischen seinen Reisen brachte der immer frohgelaunte Herzog Max, der »liebenswürdigste, heiterste und ungezwungenste Gesellschafter«, frischen Wind in das einförmige Münchner Hofleben. »Die lustigsten Veranstaltungen waren die des Herzogs Max in seinem Palais in der Ludwigstraße ... immer ersann er etwas Neues«, heißt es. Sein Palais war der Mittelpunkt des gesellschaftlichen Lebens in München. Große Bälle mit Quadrillen, Theateraufführungen und Bauernhochzeiten lösten sich ab mit kleineren Festlichkeiten in seinem Appartement, wobei die Honneurs von Frau von Heusler, der Frau seines Hofmarschalls, gemacht wurden. Oder er gab ›Soupers à quatre‹ draußen in seinem Landhaus in Bogenhausen, von denen der Freiherr von Völderndorff schwärmt. Er veranstaltete Korsofahrten in der Ludwigstraße. In der Fastenzeit gab es Konzerte in seinen in ein Blumenmeer verwandelten Festräumen, bei denen er gelegentlich selbst seine Zuhörer mit seinem Zitherspiel erfreute. Den Höhepunkt aber bildeten die während des Faschings wöchentlich einmal stattfindenden Bälle:

Der lustige Herzog Max brachte siebenhundert Tänzer und Tänzerinnen zu seinem Maskenfest auf das Parkett seines Palais und die Stimmung war glänzend bis in die frühen Morgenstunden hinein. Er selbst führte eine Quadrille von ungarischen Bauern und Bäuerinnen an ... Zwölf Offiziere stellten Grenadiere mit Riesenköpfen dar, die sich plötzlich in Aragonesen verwandelten und deren Tänze vorführten.

Ein anderes Mal wurden »große Pappschachteln in Form von Tassen, Zuckerdosen, Kaffeekannen in den Saal gebracht, denen Rokokodamen und -herren als Porzellanfiguren entstiegen und Tänze ihrer Zeit tanzten«. Die Herzogin Auguste von Leuchtenberg (Schwester Ludwigs I.) notiert in ihrem Tagebuch, ihre Tochter Theodolinde habe mit dem Herzog Max einen »pas espagnol vraiment à ravir« getanzt, der König sei entzückt gewesen. Max gab den Figaro auf einem unter dem Motto ›Figaros Hochzeit‹ stehenden Maskenball. Die Aufzählung solcher Veranstaltungen, von denen uns Kunde ist, ließe sich noch lange weiter fortführen.

Es gab aber auch noch andere Überraschungen, die der Herzog, dem immer etwas Neues einfiel, seinen Gästen bot und die an Originalität seine Ballfeste noch übertrafen! Er ließ hinter dem zweiten, von Stallgebäuden und Remisen eingeschlossenen Hof seines Palais auf dem zur Fürstenstraße hin spitz zulaufenden Grundstück einen mit Logen und Sperrsitzen ausgestatteten ›Zirkus‹ errichten. Er selbst war ein hervorragender Dressurreiter, besaß ein ausgezeichnetes Pferdematerial und ritt seine Pferde, denen er nicht nur in seinem Zirkus, sondern auch in der freien Natur viel abverlangte, selbst zu. Nur wenn er länger abwesend war, wie zum Beispiel auf seiner Orientreise, mußte er das allerdings vorzüglich geschulten Bereitern überlassen. Diese seine Reitkunst ist sicherlich scharf abzugrenzen gegenüber den ›Reiterdivertissements‹, die in seinem Zirkus vorgeführt wurden, an denen Max aber natürlich die gleiche Freude hatte wie am Reiten und Zureiten edler Pferde. Mitunter gab er auch selbst Proben seines Könnens während der circensischen, von ihm erdachten Kunststücke, die das Publikum besonders erfreuten. Da sprang zum Beispiel einmal eine Hirschkuh über eine Barriere, ein Pferd tanzte Walzer, es gab Reiterquadrillen, Carroussels und Grotesktänze der Hoftheater-Ballettänzer. Den Höhepunkt aber bildeten jedesmal spektakuläre Pantomimen mit Knalleffekten wie ›Die Pulverthurmexplosion von Szigeth‹ oder der ›Fall von Missolonghi‹, die nicht nur bei den Gästen, die auch aus Bürgerkreisen geladen wurden, begeisterten Anklang fanden, sondern über das halbe München hin hallten und zu hören waren, wie uns zeitgenössische Berichte versichern. Diese Vorführungen hatten natürlich mit der höheren Reitkunst nichts zu tun, der sich Herzog Max ja, wie wir oben betonten, mit besonderer Passion widmete.

Angesichts dieser von Max inspirierten Flut von Vergnügungen fragt man sich unwillkürlich, war er etwa das, was man heute einen ›Playboy‹ nennen würde? Doch nimmt man diesen Gedanken gleich wieder zurück, denn abgesehen davon, daß es ein schiefes Bild gäbe, wollte man die Gesellschaft von damals mit der heutigen gleichsetzen, darf man nicht vergessen, daß diese Veranstaltungen nur eine Seite seines so vielseitig schillernden Wesens zeigen. Gewiß, er nahm zwar pflichtgetreu an den Sitzungen der Reichsratskammer teil, erregte dort einige Male durch seine Stellungnahme den Unwillen des Königs, trat aber im übrigen politisch nie in nennenswerter Weise hervor. Seine militärischen Posten, in denen er 1848 zum Generalleutnant, 1857 zum General der Kavallerie aufrückte, füllten ihn nicht aus. Was blieb ihm da als Glied der zahlreichen Wittelsbacher Familie ohne bestimmte Aufgabe anderes übrig, als Ventile für seinen Tatendrang, sein überschäumendes Temperament und vor allem für seine vielseitigen Begabungen zu suchen? Er fand sie nicht nur in seinen gesellschaftlichen Veranstaltungen, mit denen er die ganze Hofgesellschaft einschließlich des Königs entzückte, er fand sie nicht zuletzt auch in der Pflege von Literatur und Musik, in der Gesellschaft von Künstlern und Gelehrten. Neben seinen schriftstellerischen Arbeiten wandte er sein Interesse der Musik zu, hauptsächlich dem Volkslied und der Zither.

Ein Konzert des damals bereits in weiten Teilen des Reichs

bekannten und gefeierten Zithervirtuosen Johann Petzmayer in Bamberg weckte seine Begeisterung für dieses Instrument. Petzmayer, genannt ›Heiling Jean‹, am 18. Januar 1803 in Zistersdorf bei Wien geboren, war ein Naturtalent. Er hatte aus der in Altbayern, Tirol und der Steiermark bereits bekannten einfachen Alpenzither ein Instrument entwickelt, das mehr Ausdrucksmöglichkeiten bot, und später noch die Streichzither erfunden. Nachdem er sich mit seinen Vorträgen in Wien, auch bei Hof, einen Namen gemacht hatte, unternahm er ausgedehnte Konzertreisen, die ihn unter anderem auch nach Berlin und schließlich im Jahre 1837 nach Bamberg führten. Max war so begeistert von seinem Spiel, daß er ihn am 27. Oktober 1837 mit einer feierlichen Urkunde zu seinem Kammervirtuosen ernannte, in welcher Position Petzmayer bis zu seinem Tode am 24. April 1871 verblieb. Er begleitete Max auf allen seinen Reisen. Während der langen Wagenfahrten verkürzte er dem Herzog die Zeit mit seinen musikalischen Vorträgen. Überall erklang sein Spiel, am Fuße der Pyramiden, bei allen festlichen Gelegenheiten wie zum Beispiel der Fürstenversammlung in Tegernsee oder in der Tafelrunde des Herzogs. Dieser selbst brachte es unter der Anleitung Petzmayers zu beachtlicher Virtuosität auf der Zither und machte sie in weiten Kreisen, insbesondere bei der bayerischen Landbevölkerung, populär. Es machte ihm Spaß, inkognito in Dorfwirtshäusern den Gästen vorzuspielen, wobei er freilich zu seinem Mißfallen oft erkannt wurde. Gelegentlich begleitete ihn seine Tochter Elisabeth (Sissi). Nach den musikalischen Darbietungen des »fahrenden Musikanten« sammelte das hübsche »Madl« die Spenden der Zuhörer ein. Als Kaiserin soll sie später gesagt haben, dies sei das einzige selbstverdiente Geld in ihrem Leben gewesen.

Franz von Kobell, der die Begeisterung des Herzogs Max für Mundartdichtung und Volksmusik teilte, vermittelte so manche Bekanntschaft mit dichtenden und komponierenden Naturtalenten aus dem Oberland, darunter die mit dem 1843 bis 1845 als Schullehrer in Birkenstein wirkenden Johann Evangelist Hager. Anläßlich eines Besuches von Herzog Max,

Johann Petzmayer,
Kammervirtuose des Herzogs Max

Kobell und Hofrat Daxenberger soll auch, wie uns der zwar nicht immer zuverlässige, hier aber durch andere Quellen weitgehend gestützte August Sieghardt berichtet, der einfallsreiche Schulmeister, vom fröhlichen Wettstreit im gemeinsamen Musizieren inspiriert, das ›Lied vom Wendlstoa‹ spontan zum besten gegeben haben. Es gefiel allen so sehr, daß sich der Stegreifkomponist sogleich bestürmt sah, Melodie und Text alsbald zu Papier zu bringen. Das neue Lied machte rasch die Runde und über kurzem war es praktisch Gemeingut des ganzen Leitzachtals geworden. Auch als 1858 König Max II.

im Verlauf seiner berühmten Fußreise, die er in Begleitung von Kobell, Wilhelm Heinrich Riehl und Friedrich von Bodenstedt nebst größerem Gefolge vom Bodensee nach Berchtesgaden unternommen hat, den Wendelstein erklomm, ertönte – wie Bodenstedt erzählt – Hagers Lied, von versteckten Mädchen mit frischen, hellen Stimmen stets von neuem intoniert, während des ganzen Aufstiegs. Das Lied wurde zur echten Volksweise, über deren Beliebtheit ihr Schöpfer praktisch vergessen worden ist: schon Herzog Max, der sie in seine Sammlung oberbayerischer Volkslieder aufgenommen hat, verschwieg den Namen des Autoren geflissentlich.

Die Passion des Herzogs Max für die Zither fand Ausdruck in seinem folgenden Gedicht:

Meine Zither

Das Liebste auf der weiten Welt
Ist mir der trauten Zither Spiel,
Ich schätz' es mehr, als alles Geld
Und kostet's auch der Mühe viel.

Bin froh und guten Muthes ich,
So freut sie sich mit ihrem Herrn,
Und fühl' ich trüb' und traurig mich,
So theilt sie meinen Kummer gern.

Drum ist mir wohl bei ihr allein,
Weil sie, die Einz'ge, mich versteht,
Ich lass' die Menschen Menschen sein
Und spiel' auf ihr von früh bis spät.

Die Menschen treiben auch ein Spiel,
Doch ist's ein andres Instrument,
Sie spielen auf dem Menschen viel,
Der ihre Falschheit noch nicht kennt.

Als passionierter Waidmann mit den Gebirglern und der Landbevölkerung verbunden, sammelte Max Volkslieder, die er 1846 unter dem Titel ›Oberbayerische Volkslieder mit ihren Singweisen‹ herausgab. Eine Sammlung von ›Posthornklängen

Oberbayerische Volkslieder

mit ihren Singweisen.

Gesammelt und herausgegeben

von

H. M.

Zweite Auflage.

München, Georg Franz.
1858.

Gleich seinen Freunden Franz von Kobell und Franz von Pocci sammelte auch Herzog Max mit Begeisterung oberbayerische Volkslieder. 1846 veröffentlichte er seine Sammlung erstmals, zu der Pocci die Titelvignette schuf für das Chromatische Horn‹ folgte. Aber nicht allein auf das ›Sammeln‹ beschränkte sich Max. Seine Zeit, die späte Romantik, war eine sehr mitteilsame und gesellige Zeit, in der man nicht nur im Dichten, Schriftstellern und Musizieren, sondern auch im Komponieren dilettierte und mit den Widmungen seiner Elaborate seine ganze nähere und fernere Verwandtschaft und natürlich auch hochgestellte Persönlichkeiten, denen man sich verbunden glaubte, bedachte. So widmete Ludwig Hammerl dem Herzog Max ›Steyrer Ländler‹ und eine ›Frühlingspolka für Zither‹, J. Haunstetter ein Potpourri für Zither mit dem bezeichnenden Titel ›Die Gemütlichen‹, Karl Ferdinand Wendler ›Zwei Polka-Mazurka‹ und gar noch einen ›Banzer Terrassen-Walzer‹ für Pianoforte, K. B. von Perfall ›Gebirgsklänge‹. Herzog Max selbst stand in seinen freigebigen Widmungen nicht zurück und dedizierte ›Winterspenden‹ an Franz Graf von Pocci, seine ›Wiener Ländler‹ op. 24 an Henri Vieuxtemps, den ›Abendklänge-Walzer‹ op. 7 an die Sangesrunde der Künstlergesellschaft Neu-England, den ›Eugenia-Walzer‹ op. 3 von 1841 an Fürstin Eugenia von Hohenzollern-Hechingen, die Ländler op. 32 ›Feld-Bloama‹ an Gräfin Karoline von Waldbott-Bassenheim, geb. Fürstin von Oettingen-

Wallerstein, dann den ›Marienwalzer‹ von 1841 an Prinzessin Marie von Baden, die ›Bayerischen Oberländer-Tänze‹ op. 31 an Graf Max Arco-Zinneberg, die ›Original-Zither-Ländler‹ von 1841 – das überhaupt ein sehr produktives Jahr war – an Franz von Kobell, sein Klavierstück op. 22 ›Die Brüder‹ an seine Reisegefährten im Orient, Karl und Fritz Freiherren von Buseck. Sehr pathetisch klingt die Widmung der ›Oberländer-Tänze‹ op. 21: »Den Bewohnern des bayerischen Hochlands«. Auch sein Lehrer Petzmayer durfte nicht fehlen, dem er die ›Steyrer Ländler‹ op. 23 widmete, während dieser sich wieder mit dem ›Nilfahrt‹-Walzer und anderen Stücken erkenntlich zeigte und auch die Herzogin Ludovika mit einem ›Louisen-Walzer‹ beglückte. Schließlich sorgte Herzog Max nicht nur als Kommandeur für seine Landwehr, sondern auch als Komponist mit einem ›Defilir-Marsch für das Pianoforte, componirt und der K.B. Landwehr von Oberbayern achtungsvoll gewidmet von H.M.‹ (op. 38). Und eine seltsame Programm-Musik scheint der Titel zu verheißen: ›Das Grab der Gefallenen des K.K. 10ten Jaeger Bataillon auf dem Friedhofe von Sta Lucia‹, op. 36. Den Namen des Herzogs im Titel tragen eine ›Maximilians-Polka‹ von Franz Seraph Barraga und ein ›Maximilians-Walzer‹ von Petzmayer.

Nicht minder eifrig wurde gedichtet. Zu allen möglichen Gelegenheiten widmete man sich gegenseitig mehr oder minder gelungene Verse. Besonders beliebt war dieser Brauch in den für jene Zeit charakteristischen, sich bald nach den Freiheitskriegen aus Kreisen des aufstrebenden Bürgertums und Vertretern aller Zweige der aufblühenden Wissenschaften bildenden Herrengesellschaften, die sich Namen gaben wie zum Beispiel ›Die Berufenen‹, ›Die Zwanglosen‹, oder bei den alljährlich einmal stattfindenden Bockpartien des Professors der Mineralogie an der Münchner Universität, Franz von Kobell. Dort und besonders in der Gesellschaft ›Alt-England‹ und später in der Tafelrunde des Herzogs Max würzte manch launiger Vers das fröhliche Beisammensein, dort fanden auch viele Vertreter des höchsten Adels eine gewisse geistige Heimat und ein Gegengewicht gegen das immer noch steife zeremonielle Leben des Hofes.

Besonders gern besuchte Max die Veranstaltungen von ›Alt-England‹ in ihrem Versammlungslokal im Englischen Kaffeehaus, das etwa an der Stelle des heutigen Bernheimer-Hauses am Lenbachplatz stand. Hier lernte er lange vor seinem eigentlichen Eintritt 1845 den ›Hausdichter‹ Alt-Englands, Franz von Kobell, kennen, der seinem Talent für launige Dialektdichtungen 1839 in folgenden, Max gewidmeten Versen Ausdruck gab:

Dem Lord
Maximilian in Bayern

Schenkt ein vom allerbesten Wein,
Den fröhlichsten, den schenket ein
Und schwingt das Glas für Weiß und Blau.
Das ist die schönste Farbenschau,
Und grüßend es erklingen laßt
Dem liebsten Wirth, dem liebsten Gast,
Dess' Name freudig stets genannt,
Dem Herzog Max im Bayerland!

Ein Altbayer:

Lieber Herzog Maximilian,
Schau i' woass nit, wie und wann
Justement a' gmoana Mo'
Enk a' Sprüchl sagn ko',

I' probirs und wünsch' Enk halt
Werds a' hundert Jahrln alt
Und diewei' so guat der Stamm,
Kriegts a' Duze'd Prinzn z'amm,
Denn des Guati hat ma' gern,
B'sunders an die großn Herrn,
Schau' gnä' Herr, so bring' i's aus,
Hoch dees ganzi Herzoghaus!

Ein Pfälzer:

Dess Bescht
Bei'm e' Fescht
Un' was e' jedi Handlung krönt,
Dess is, daß mer's vun Herze meent,
Un' weil dess wohr, derf ich' aach wage'
Euer Königliche' Hoheit gehorschamst zu sage,
Daß mei' Wunsch nor der allee,
Es soll Ihne alsfort recht gut geh'
Un' soll der Baam, der vum uralte' Scheure'
Sei' Aescht ausstreckt über's glückliche Bayre',
In all' seine Branche' blühe' und grüne'
Un' mir d'ra' wimmle', wie luschtige Biene',
Königlichi Hoheit, ich empfehl' mich Ihne'.

Kobell wurde Max ein besonders lieber Freund. Diese Freundschaft hielt ein Leben lang bis zu Kobells Tod 1882 an.

Es würde zu weit führen, all die vielen Namen bekannter Persönlichkeiten aus Adel und Bürgertum zu nennen, die sich in Alt-England zusammenfanden, da das den Rahmen unserer kurzen Darstellung von Alt-England sprengen würde. Soviel sei nur noch gesagt, daß auch Max, wie alle anderen Mitglieder der Gesellschaft, die sich ›Lords‹ nannten, natürlich ein Wappen erhielt. Für besondere Leistungen, auch für Gedichte oder besonders gelungene, damals überaus beliebte ›Leberreime‹, wurden goldene Nägel verliehen, die innerhalb der Gesellschaft als eine Art Pour le mérite galten. Oft waren die Mitglieder von Alt-England auch Gäste des Herzogs wie zum Beispiel am 27. Februar 1853. Die Speisenfolge des fulminanten Diners dieses Abends finden wir auf Seite 267. Herzog Max begrüßte seine Gäste mit dem folgenden launig-besinnlichen Gedicht:

> *So biet' ich denn, nach eines Jahr's Verfluß,*
> *O Anglia, auch heute Dir auf's Beste,*
> *Mit freudigem Gefühle meinen Gruß*
> *An unseres Bundes heit'rem Stiftungsfeste.*
> *Vereint seh' ich hier Geister aller Art,*
> *Wie auf dem Schiff gesellt zu gleicher Fahrt;*
> *Und jener Pol, nach dem sich lenkt die Nadel,*
> *Ist Wissen, Kunst, Gemüth und Seelenadel.*
> *Ich sehe Freunde um mich hier gereiht,*
> *Die ihre Kraft dem Edelsten geweiht,*
> *Die sich durch Geist, Talent und reges Streben*
> *Wie Eichen über das Gebüsch erheben.*
> *Ich sehe Männer, die zu ihrem Ruhme*
> *Die Kunst, des Menschengeistes feinste Blume,*
> *Gleich zart besorgten Gärtnern liebend warten,*
> *Daß schöner prang' des Erdenlebens Garten.*
> *Ich sehe Künstler, deren Genius*
> *Sich schaffend regt im glühenden Erguß;*
> *Hier sind Gelehrte, Forscher, Bildner, Dichter,*
> *Staatsmänner, Räthe, Krieger, Fürsten; – Lichter*
> *Von hellem Glanz, die Deutschland anerkennt,*
> *Und deren Namen oft mit Stolz es nennt.*
> *Ich sehe Meister in dem Reich der Töne,*
> *Und andre Lieblingsjünger der Camöne;*
> *Kurz Alles, was den Gott in uns verkündet,*
> *Das seh' ich hier auf's Traulichste verbündet.*
>
> *Zwei Jahre floh'n, seit ich in Eurem Kreise*
> *Erschien auf seltsam wunderliche Weise;*
> *Ich fehlte damals auf der Gäste Liste,*
> *Da öffnet sich urplötzlich eine Kiste,*
> *Aus der – (wer hätte jemals es geglaubt?) –*
> *Ich sprang, wie Pallas einst aus Jovis Haupt. –*
> *Für diesmal sei ein andrer Scherz vergönnt,*

MENU

Munich, le 27. Fevrier 1853

Dîner

de Son Altesse Royale Monseigneur le Duc.

Huitres aux citrons.
Potage à la Carnaval.
Crives poëtes.
Langues de veau en petites corbeilles.
Saumon du Rhin à la genevoise.
Côte de boeuf braisé à la Strasbourg.
Timbal des légumes à la printanière.
Tête de veau à la Perigord.
Nachmaul en Majonaise.
Faisans rotis garnis au cresson.
Terinne de foie gras.
Crêmes de marrons à l'Egyptienne.

Glace.

Ariadne sur lionne.
Rosier en buisson.
Tête de cerf.
à la Printanière.

Vins.

Chablis.
Madère.
Bordeaux.
Rudesheimer.
Champagne.
Oporto.
Teneriffa.

Herzog Max war für seine aufwendigen Feste in großem Rahmen ebenso bekannt wie für seine üppigen Diners im kleinen Kreis gleichgesinnter Freunde seiner ›Artus-Runde‹ oder von der ›Alt-Anglia‹

Den Ihr (ich hoff' es) mir verzeihen könnt!
Denkt, edle Lords, heut ist es mein Bestreben,
Euch insgesammt einmal den Korb zu geben.
Den Korb? – so fragt ihr – und ich sage:
Ja wohl: den Korb – ganz keck auf Eure Frage.
Doch Euer Zorn und Staunen wird sich legen,
Tritt das Corpus delicti Euch entgegen;
Denn seht – es ist kein Korb, wie sonst so mancher;
Sein Inhalt – er besteht nur aus – Champagner!
Wo man nicht gießt – so dacht' ich – da verdorrt's,
Drum bracht' ich ihn Euch mit, hochedle Lords.

Doch mahnend oft bei Fröhlichkeit und Lust,
Beenget auch des Lebens Ernst die Brust. –
Was ist nicht Alles in dem Jahr gescheh'n,
Seit wir uns hier zum letzten Mal geseh'n?!
Geschwunden sind so manche süßen Bande,
Die freundlich mich gefesselt einst hierher,
Entrückt ist, was ich werth und theuer nannte,
Und der Palast – er steht jetzt öd' und leer!
Von Vielem, ach! woran ich einst mich sonnte,
Und was ich stets mit Freuden wiedersah,
Ist jetzt an Münchens weitem Horizonte,
Wohin das Auge schweift, fast nichts mehr da!

Nichts mehr? O nein! Noch lebt ja Anglia,
Mir die umflorten Blicke zu erhellen!
Noch sind die alten, lieben Freunde da,
Den Busen mit Begeist'rung mir zu schwellen!
So lange Euer edles Herz noch schlägt, –
Altenglands Lords, – und unsre Banner weh'n,
Wird sich der Freund, vom alten Drang bewegt,
Zu Euch unwiderstehlich hingezogen seh'n! –
Und sind wir All' dahin, so laßt, Ihr Theuern,
Im Jenseits uns das Jubiläum feiern. –

Doch lassen wir das Jenseits noch bei Seit'!
Und heiter nur die Gegenwart bedenken. –
Ich lud Euch freundlich ein, seit langer Zeit,

Nach meiner Burg den Wanderstab zu lenken;
Im Geiste sah ich Euch schon Alle dort;
Jedoch von Allen – hielten Vier nur Wort!
Dank Denen, die getreulich es gehalten,
Euch andren aber, die stets abgehalten,
An Euch richt' ich ein Wort ernstester Mahnung, –
Mir reißt nun die Geduld – ich sag's Euch offen –
Ihr, die umsonst mich warten ließ't und hoffen! –
Wenn Ihr erscheint, erdonnern die Carthaunen,
Burgglöcklein klingt, Trompeten und Posaunen
Entwickeln ihre hellsten Freudenklänge;
Laut tönen Bardenlieder und Gesänge,
Hüfthorn und Jayd, hatzlust'ge Rüden, Rosse,
Waldmeister – Alles gibt's auf meinem Schlosse;
Festbanner flattern lustig von dem Erker;
Sie fehlen dort so wenig als der Kerker –
Und wer beim Humpen träg sich finden ließe,
Der fänd' sogleich Quartier im – Burgverließe!
Hoch oben aber, von der höchsten Zinne –
Ein Glas der alten, schönen Zeit der Minne!
Von Berg und Thal, von Wald und Feld umgeben,
Sollt ihr wie Götter im Olympe leben.
Werft dort nur einen Blick auf diese Welt,
Und seht, ob sie nicht besser Euch gefällt!

Jetzt Hand an's Glas und lustig zum Finale,
Ruf' ich Euch zu mit schäumendem Pokale:
    Die Leber ist von einem Hecht
    Und nicht von einer Gemse,
    Drum lebt jetzt hoch und zecht nicht schlecht,
    Ihr Männer von der Themse!

Am 3. Dezember 1881, dem Vorabend des Geburtstages von Max, bedankten sich seine Freunde für die so oft genossene Gastfreundschaft mit dem von Kobell verfaßten Gedicht:

    Wär unser Herzog nicht geboren,
    So säßen wir heute gewiß nicht hier
    Und wären die Schampusflaschen verloren,

Die seiner Tafel liebliche Zier,
Und spielt' uns kein Petzmayer lustig die Zither
Und akkompagnierte kein Blumschein den Tanz...
Drum hat ein glücklicher Stern gewacht,
Als der Storch den kleinen Prinzen gebracht,
Den wir freudig als Herzog verehren
Und der uns manch schönes Symposium schuf...

Von 1843 an hatte der Herzog eine ›Tafelrunde‹ mit vierzehn, wie er sie nannte, ›Rittern‹ wöchentlich einmal bei sich zu Gast. Vielleich hängt der Beginn dieses genießerischen Brauchs damit zusammen, daß der Herzog sich langsam von den lauten, vordergründigen Vergnügungen zurückzuziehen begann: Anfang der vierziger Jahre soll ja auch der Zirkus verschwunden sein. Max selbst stand dieser Tafelrunde vor und bezeichnete sich als ›König Artus‹. In dieser, dem Witz und dem Vergnügen gewidmeten Gesellschaft hatten alle Teilnehmer besondere Namen. Es gab zunächst einen ›Kanzler‹, der als ›Popo von Ammerland‹ niemand anders war als der immer zu Scherz und Fröhlichkeit aufgelegte Graf Pocci. Dann gab es natürlich einen ›Truchseß‹, hinter dem sich der Advokat von Schauß verbarg – er machte sich später im Reichstag und im Bayerischen Landtag einen Namen. ›Schenk‹ war Joseph Schilcher aus sehr wohlhabender Familie, bei der der Herzog einige Male in Dietramszell zur Jagd weilte; ›Jäger‹ und ›Falkenmeister‹ war der Graf Arco von Zinneberg; der Hofmarschall des Herzogs, Baron Heusler, trat als ›Marschalk‹ auf, während sich der Architekt Friedrich von Gärtner als ›Pfaff‹ ansprechen lassen mußte. Schließlich wollen wir, um nicht alle Teilnehmer zu nennen, uns damit begnügen, den Herrn von Kobell als ›Meistersänger‹ zu erwähnen. Die Reihe der Ritter wurde hin und wieder und vor allem in späteren Jahren durch andere Herren, so den Generalstabsarzt Dr. von Lotzbeck, Kaspar Braun, den Begründer der bekannten ›Fliegenden Blätter‹, Professor Dr. Holland von der philosophischen Fakultät der Münchner Universität, durch Maler, Theologen und auch durch bekannte Großkaufleute ergänzt oder sie wurden besonders geladen. Oft schrieb der Herzog den Eingeladenen, die noch nicht in die Gebräuche im Palais in der Ludwigstraße eingeweiht waren, eigenhändig: »Man erscheint in Straßentoilette.«

Die Geladenen wurden Schlag 7 Uhr mit Wagen abgeholt und auf gleiche Weise heimbefördert. Zuerst führte der Herzog seine Gäste »auf Reisen«, indem er prächtig beleuchtete Stereoskopbilder und Photographien ferner Länder schauen ließ. Nach dem Mahl entspann sich eine lebhafte Unterhaltung bei Bier und Zigarren, wobei die neuesten illustrierten Zeitschriften, Bücher und Musikalien von Hand zu Hand wanderten. Ernste Gespräche wechselten mit heiteren Scherzreden, Deklamationen und Klavier- und Gesangs- oder Zithervorträgen; zuweilen spielte der Herzog selbst mit Petzmayer Zitherduette oder sang Schnaderhüpfel. Zuletzt wurde Champagner gereicht.

Als ›Mummenschanz‹ wird in einem zum hundertjährigen Geburtstag des Herzogs im ›Bayerland‹ abgedruckten Artikel diese Tafelrunde bezeichnet. ›Mummenschanz‹ erscheint uns ein wenig abwegig, da ja auch ernste Gespräche durchaus ihren Platz behaupteten, namentlich, als Persönlichkeiten hinzutraten, die sich zu einem ›Mummenschanz‹ schwerlich hergegeben hätten. Wir möchten dagegen die Tafelrunde des Herzogs Max fast als eine Art Vorläufer zu den späteren ›Symposien‹ des Königs Max II. bezeichnen. Während der König in seiner Vorliebe für alles, was aus dem Norden kam, fast ausnahmslos ›Ausländer‹, im Volksmund ›Nordlichter‹ genannt, zu seinen Symposien zuzog, bevorzugte Herzog Max ganz offensichtlich die Gesellschaft ›Eingeborener‹ bei seiner Tafelrunde, in der natürlich Witz und gute Laune, die durchaus mit ernsten Gesprächen vermischt waren, ihren ersten Platz hatten. Wie hätte es anders sein können, wenn der Herzog als König Artus seinen Rittern befahl:

> *Vergeßt in meiner Halle,*
> *Was euch das Herz betrübt;*
> *Vergeßt der Leiden alle,*
> *Die euch das Leben gibt.*

> *Denkt nur an Freud' und Wonne,*
> *Versenkt den Gram im Wein,*
> *Der perlet aus der Tonne,*
> *Gereift im Sonnenschein.*

Nicht nur in seinem Münchner Palais waren die Freunde seiner Tafelrunde und von Alt-England bei dem Herzog zu Gast; er lud sie auch des öfteren, wie er in seinen Versen gelegentlich des Anglia-Diners vom 27. Februar 1853 erwähnt, zu fröhlichem Jagen und Zechen auf seine ›Burg‹ ein. Damit ist wohl das kleine, von einem großen Jagdrevier umgebene, idyllisch gelegene Wasserschlößchen Unterwittelsbach gemeint, das er 1838 erworben hatte. Seine Tochter Elisabeth soll ebenfalls gelegentlich in Unterwittelsbach gewesen sein, jedenfalls wird heute noch dort ein ›Sissy-Zimmer‹ gezeigt. Sie war ihrem Vater von allen seinen Kindern im Wesen wohl am ähnlichsten. Ausgerechnet dieses Menschenkind mit seiner natürlichen, ungebundenen Natur mußte in die ihm absolut konträre Atmosphäre der spanisch steifen Wiener Hofgesellschaft geraten. Kein Wunder, daß ihr Leben den bekannten tragischen Verlauf nahm. Sie soll keineswegs begeistert von der Werbung des österreichischen Kaisers gewesen sein und – als man ihr sagte, einem Kaiser dürfe man keinen Korb geben – geseufzt haben, ohne sich natürlich noch der Tragweite dessen, was ihr bevorstand, bewußt zu sein: »Wär' er doch ein Schneider!«

Unterwittelsbach war wohl eine Art Refugium für Max, wo er ganz ungestört, fernab von jedem konventionellen Zwang und – der Familie!, seinen Neigungen leben konnte. Dr. Benedikt Holland, nun wieder ganz eingenommen für seinen ehemaligen Zögling, nachdem der Herzog ihn seit 1840 in seinen Kreis von, wie Holland sagt, »Gelehrten, Künstlern, Notabilitäten« gezogen hatte, erzählt begeistert von einem fünftägigen Besuch in Unterwittelsbach, »einem freundlichen Landsitz, der alle Lieblichkeit stillen Landlebens gewährt«. Er ist entzückt von der »Geistes- und Herzensbildung« des Herzogs und seiner »einfachen, natürlichen, frohem Lebensgenuß hingegebenen Lebensweise«. Vormittags widmet sich Max nach Hollands Schilderung des Tagesablaufes der Lektüre, dem Schreiben, dem Zitherspiel, unternimmt Spaziergänge im Garten oder Ausflüge zu Pferd oder im Wagen in die Umgebung. Nach dem Mittagessen um zwölf Uhr gibt er sich den gleichen Beschäftigungen hin, die Abende verbringt er in »freier, fröhlicher Konversation« in Aichach oder Kühbach in Gesellschaft der dortigen Beamten und Geistlichen.

Fände auch das Herz seine volle Befriedigung ... so könnte dem vollendeten Glück nichts fehlen, aber hier scheint eine Lücke zu sein, schließt Holland tiefblickend und einsichtig seine Aufzeichnungen über seinen Aufenthalt in Unterwittelsbach im August des Jahres 1840.

Wir neigen freilich zu der Annahme, daß dem unruhigen, immer nach Abwechslung drängenden und von neuen Einfällen erfüllten Temperament des Herzogs die von Holland gepriesene »Lieblichkeit stillen Landlebens« nicht unbedingt lag, zum mindesten nicht ausschließlich und sicher nicht für längere Zeit und nicht, ohne sie mit allerhand Zerstreuungen zu würzen. Wir fanden einige Anekdoten, die uns die Richtigkeit unserer Vermutung bestätigen. So machte sich der Herzog zum Beispiel einen Spaß daraus, manches bei der Feldarbeit oder im Streit mit seiner besseren Hälfte recht unfromm fluchendes und den Teufel anrufendes Bäuerlein dadurch zu erschrecken, daß er einen der von seiner Orientreise mitgebrachten Mohren als leibhaftigen Beelzebub mit drohenden Gebärden auftauchen ließ, bis der reuige Sünder Besserung gelobte. Überall wo sie erschienen, erregten die Mohren, die stets in seiner Begleitung waren, zum Vergnügen des Herzogs Aufsehen. So auch einmal in Ulm, als Max unerkannt beim Wirt ›Zum goldnen Lämmle‹ Quartier nahm und plötzlich ein Mohr mit einer großen Kiste erschien. Auf seine Frage, wohin er den Koffer Seiner Hoheit bringen solle, wurde dem erschrockenen Wirt erst klar, mit wem er sich ganz selbstverständlich zu Tisch gesetzt und den bestellten Champagner als selbstgeladener Gast mitgetrunken hatte.

Das unbeschwerte, ungezwungene Leben in Unterwittelsbach fand ein plötzliches Ende durch ein tragisches Ereignis.

Während eines fröhlichen Zusammenseins mit den Honorationen von Kühbach und Aichach, die der Herzog am 11. November 1850 zu sich ins Schloß eingeladen hatte, wurde der Stadtgerichtsdirektor Geyer bei Tisch vom Schlag getroffen und fiel tot um. Der Herzog war so erschüttert von diesem jähen Ende seines kleinen Festes, daß er die Freude an diesen Zusammenkünften und überhaupt an seinem Besitz verlor. Das Schloß stand von nun an meistens verwaist, Kühbach und Rapperzell verkaufte er 1862 an die Freiherren von Beck-Peccoz.

Heiratspolitik

Für den stets den Freuden dieser Welt zugewandten Max wird das Leben mit dem Heranwachsen der Kinder ernster; die gesellschaftlichen Veranstaltungen nehmen allmählich ein Ende, schließlich bleibt nur die Tafelrunde.

Das Schicksalsjahr 1848 brachte die von Max mit Tränen und Protest hingenommene Abdankung Ludwigs I. »Bald weinten alle, auch der König selbst«, heißt es. Der König erklärte, »nachdem er dreiundzwanzig Jahre regiert habe, wie er es für richtig fand, könne er sich an keine neue Methode gewöhnen, wohl aber an einen Nachfolger«.

Max, der schon 1830 eine goldene und eine silberne Medaille in zwei Größen zur Förderung von Kunst und Wissenschaft gestiftet hatte, wandte sein Interesse in zunehmendem Maße der Malerei und dem Studium der Geschichte zu. Er sammelte Stiche und Porträts, war aufgeschlossen für die Werke der neueren Malerei. Seine historischen Studien betrieb er mit solchem Eifer, daß seine Bibliothek allmählich 27 000 Bände umfaßte.

In den nun langsam an ihn herantretenden Sorgen um eine gute Verheiratung seiner Kinder schloß er sich den vornehmlich von Standesrücksichten bestimmten Ansichten seiner Frau Ludovika sicherlich nicht immer an.

Allerdings war es für ihn ebenso wie für seine Frau unbegreiflich und unfaßbar, daß ihr ältester Sohn, Herzog Louis, sein Erstgeburtsrecht aufgeben will und sich von seiner Geliebten, der Schauspielerin Henriette Mendel, nicht mehr trennen kann.

Schon in jungen Jahren war Louis ein schwieriger Charakter gewesen. Sein Erzieher, ein Graf Spreti, war zweifellos nicht die richtige Persönlichkeit für den schwer erziehbaren Jüngling, und die Eltern hatten sich entschlossen, Louis nach Sachsen zu den Kindern von Amélie, der Schwester Ludovikas, zu geben. Dort in Dresden übernahm Prinz Johann die Erziehung, besonders den Unterricht in Geschichte, nachdem König Ludwig I. seine Zustimmung gegeben hatte. Diese Zustimmung war davon abhängig gemacht worden, daß Louis einen katholischen, keineswegs einen protestantischen Geschichtslehrer erhalte.

Ein Skandal im herzoglichen Hause bahnt sich nun an: Am 24. November 1858 schenkt Henriette Mendel einer Tochter das Leben. Alle Versuche der Eltern von Louis, diesem Verhältnis mit der jungen Schauspielerin ein Ende zu setzen, scheitern an der Starrköpfigkeit von Louis, der wohl auch keine Neigung dazu hatte, sich eines Tages nach dem Ableben seines Vaters den Aufgaben des Hauptes der herzoglichen Linie zu stellen.

Wie dem auch sei, ein halbes Jahr nach der Geburt seiner Tochter läßt sich Louis am 28. Mai 1859 im Hause des Augsburger Bischofs Pankratius von Dinkel mit Henriette Mendel trauen. Alsbald werden ihr und ihrer Tochter vom König Name, Titel und Rang einer Freifrau bzw. Freiin von Wallersee verliehen. Die an sich in Standesfragen ja sehr empfindliche Mutter von Louis reist nach Augsburg, um dort die jungen Eheleute zu treffen. In großer Haltung tritt sie ihrer Schwiegertochter gegenüber, die ihr einen guten Eindruck macht. Henriette erfüllte denn auch in ihrer Ehe die Hoffnung, die ihre Schwiegermutter damals aussprach, nämlich, »daß Henriette die ungeheuren Opfer, die er (Louis) ihr gebracht hat, erkenne und ihrer würdig sei«.

Die standesgemäße Verheiratung ihrer Kinder spielt nun eine immer größere Rolle in Ludovikas Leben. Elisabeth hatte am 24. April 1854 Kaiser Franz Joseph von Österreich geheiratet, was immerhin nach vier Generationen den einstigen Pfalzgrafen von Birkenfeld-Gelnhausen, jetzigen Herzögen in Bayern, eine sehr erheblich gesteigerte Bedeutung ihres Hauses einbrachte. Die nächste Sorge der Eltern galt dann der standesgemäßen Verheiratung von Elisabeths älterer Schwester Helene, in der Familie Néné genannt. Ursprünglich war sie Franz Joseph zugedacht gewesen. Bei der ersten Begegnung in Bad Ischl, an der auch Elisabeth teilnahm, hatte sich Franz Joseph jedoch in diese verliebt und kurz darauf um ihre Hand angehalten.

In den Kreis der Bewerber um Helene trat dann, knapp zwei Jahre nach der Hochzeit Elisabeths mit Franz Joseph, ein Prinz nicht unbedingt fürstlichen Geblüts. Und zwar taucht in München ein Herr von Wolffen auf, der aus Brüssel stammt und dessen Stellung unklar ist. Nachdem er wohl von Brüssel aus die politischen Ansichten Bayerns in jenen Jahren recht genau studiert hat, nimmt er zuerst mit dem bayerischen Minister des Auswärtigen, Freiherrn von der Pfordten, Verbindung auf. Nicht umsonst, denn Herr von Wolffen erzielt bereits bei der ersten Besprechung mit von der Pfordten den erwünschten Erfolg. Pfordten, besorgt um die politische Zukunft Bayerns, möchte sich an Frankreich anlehnen, und da Wolffen für den Prinzen Napoleon, einen Vetter des derzeitigen Kaisers der Franzosen, Napoleon III., um die Hand Helenes wirbt, klammert sich von der Pfordten an dieses Heiratsprojekt. Der Prinz Napoleon, 1822 geboren, war der Sohn von Napoleons I. jüngstem Bruder Jérôme, einstmals König von Westfalen und mit einer württembergischen Prinzessin verheiratet.

Der bayerische Außenminister, in der Hoffnung, sein Land auch nach Westen absichern zu können, stößt aber mit seinem Heiratsprojekt bei Herzog Max, seiner Frau und schließlich auch bei Helene auf Widerstand. In einem Schreiben von der Pfordtens an Herzog Max wird diesem der Wortlaut einer Eingabe an den König um Genehmigung dieser Heirat empfohlen, in welcher es heißt:

Es ist der Wunsch des Kaisers Napoleon, daß der Prinz Napoleon die Hand der Prinzessin Helene erhalte und der

Prinz bewirbt sich um diese, jedoch noch nicht offiziell. Ich habe es dem freien Willen Helenes überlassen, sich zu entscheiden. Sie scheint der Sache nicht besonders geneigt zu sein, hat sich aber bereit erklärt, den Prinzen zu sehen.

Herzog Max scheint trotz seiner Abneigung gegen eine solche Verbindung diese Eingabe an den König gemacht zu haben, aber gottlob bewahrt ein gnädiges Schicksal Helene vor dieser Ehe. Der König windet sich nämlich aus der Sache heraus, indem er über Herzog Max die Ansicht von dessen Schwiegersohn Kaiser Franz Joseph einholen will. Auch dieser lehnt eine Stellungnahme ab, und da Max dem Projekt sowieso ablehnend gegenübersteht, reist der scheinbar auch etwas anrüchige Herr von Wolffen unverrichteter Dinge wieder ab.

Nach der etwas komödienhaft anmutenden Bewerbung des Napoleonsprosses scheint es so, als ob Helene alle Ehegedanken aufgab. Aber sie war zweifellos zu schön, zu apart, als daß sie übersehen werden konnte. Ihr Bild neben ihrem Bruder Louis gibt uns den Eindruck einer wahrhaft königlichen Frau.

Als nächster Bewerber tritt der Erbprinz von Thurn und Taxis auf. Das Geschlecht della Torre gewann etwa ab 1512 in Bayern immer größeren Einfluß. Es stammte ursprünglich aus der Gegend von Bergamo. Nach einem bei Bergamo liegenden Berg nahmen sie auch den Namen ›Tasso‹ an, aus dem später ›Taxis‹ entstand; aus ›Torre‹ wurde in Deutschland ›Thurn‹. Nachdem Kaiser Maximilian im Jahre 1512 dem Geschlecht der nunmehrigen Grafen Thurn und Taxis den rittermäßigen Reichsadel bestätigt hatte, wurde von einem Franz von Taxis, der ein erfinderischer Kopf war, aus eigener Initiative eine dauernde, regelmäßig verkehrende Post zwischen Wien und Brüssel errichtet. Damit kamen die Taxis, die sich später in Brüssel, Frankfurt und in Regensburg festsetzten, zu immer höherem Ansehen und entsprechenden Einkünften: Ende des 16. Jahrhunderts waren sie bereits Reichspostmeister.

Das Geschlecht stieg in die deutsche fürstliche Ebenbürtigkeit auf, als Kaiser Leopold I. 1686 den bisherigen Reichsgrafen Eugen Alexander zum erblichen Reichsfürsten erhob. In erster Linie durch Kauf erwarben die Taxis ein sehr großes

Gebiet, und ihr Reichtum kam alsbald dem der Wittelsbacher nahezu gleich.

Als nun der Erbprinz Maximilian von Thurn und Taxis Anfang 1858 um die Hand der Prinzessin Helene bat, entstanden sofort Schwierigkeiten. Die Könige von Bayern und die Regensburger Fürsten standen in keinem besonders guten Verhältnis zueinander. Der Münchner Hof war dem Glanz der neuen Regensburger Fürsten anscheinend nicht sehr gewogen. So war denn auch der neue König Max II. dieser Verbindung keineswegs zugetan, wenn auch die Taxis – so sagt man – in Regensburg einen Hof führten, der dem von München an Glanz und Reichtum gleichkam. Aber die Regensburger waren eben nur Standesherren, die als Inhaber eines bayerischen Kronamtes der Krone Bayerns unterstanden.

Doch diese Bedenken, die uns heute etwas komisch anmuten, wurden schließlich dadurch überwunden, daß die jungen Leute sich mögen und alles getan wird, um die bevorstehende Hochzeit mit allem Glanz, über den das Haus Taxis verfügt, auszustatten. Auch behält Helene den Titel ›Königliche Hoheit‹ bei, und so wird am 24. August 1858 in Possenhofen eine Hochzeit gefeiert, die dem Rang und der Schönheit der Prinzessin einen außerordentlich prächtigen Rahmen verleiht.

Erhebliches Unglück schwebte dagegen über dem Leben der jüngeren Schwester von Helene. Marie, Herzogin in Bayern, hatte einen schweren Lebensweg zu gehen, und es ist nahezu unverständlich, daß man sie in solche Verhältnisse, wie sie in Neapel herrschten, ziehen ließ. Als der bayerische Gesandte am Vatikan, Freiherr von Verger, von dem Plan einer Heirat des Kronprinzen Franz von Neapel aus dem Hause Bourbon mit Marie Kenntnis erhielt, sandte er an den bayerischen Außenminister von der Pfordten warnende Berichte, die man aber anscheinend nicht genügend beachtete. In diesen Berichten wird von der völligen Unfähigkeit des Kronprinzen gesprochen, späterhin die Krone Neapels zu tragen. War es an sich schon schwer, sich in dem immer unruhigen Neapel zu behaupten, so konnte man dies am wenigsten dem schwachen Kronprinzen zutrauen, dessen Erziehung zudem viel dazu beitrug, sich in Gedankengängen zu bewegen, die allerorts als überholt galten. Verger schrieb am 3. Mai 1857 an den bayerischen Außenminister von dem Kronprinzen, daß dieser am Hof von Neapel wie ein »sechzehnjähriges Kind« behandelt und alles von ihm ferngehalten werde, was zur geistigen und körperlichen Entwicklung notwendig sei. Allen Staatsgeschäften blieb er fern, obwohl er zum Staatsrat ernannt worden war.

Verger warnt weiter und schreibt in dem soeben genannten Bericht in bezug auf eine Vermählung des Kronprinzen mit Prinzessin Marie:

Freilich tritt man manchmal eine Partie bei gutem Wetter an und kommt wieder nach Hause bei Sturm und Regen. Glücklich, wenn man dann ein »zu Hause« hat und nicht fremdes Gnadenbrot essen muß.

Doch alle diese und andere Warnungen wurden seltsamerweise von Herzog Max und seiner Frau nicht beachtet. Man spricht davon, daß es »eine in jeder Hinsicht so schöne Parthie« werden könne, und Ludovika ist wohl geblendet von der Hoffnung, zu ihrem kaiserlichen Schwiegersohn nun noch einen königlichen zu erhalten.

Von Wien her wird das Heiratsprojekt lebhaft unterstützt. Es wird eine Begegnung in Bad Ischl verabredet, bei welcher jedoch der König und die Königin von Neapel es seltsamerweise vorzogen, ihren Sohn, den Kronprinzen Franz, nicht mitzubringen. Eine recht unglückliche Situation für die vorgesehene Braut trat ein.

Aber trotz aller Warnungen und Bedenken teilte Herzog Max am 2. September 1857 dem König von Bayern die bevorstehende Verlobung Maries mit dem neapolitanischen Kronprinzen mit. Daß Marie ihren Zukünftigen noch nicht einmal kannte, spielte offensichtlich keine große Rolle. Es war von Neapel vorerst nur ein Bild von Franz in Aussicht gestellt. Verständlicherweise erfüllte dies alles Marie mit einer berechtigten Angst um ihre Zukunft.

Am 3. Februar 1859 heiratete Kronprinz Franz die ihm an Tatkraft überlegene Marie trotz aller politischen Unsicherheiten, die sich überall im Königreich Neapel bemerkbar machten. Ein besonderes Unglück für sie war der plötzliche Tod ihres Schwiegervaters, des Königs Ferdinand II., nur wenige Monate nach ihrer Hochzeit.

Marie blieb nur ein Jahr in relativem Frieden in Neapel. Der von Garibaldi geschürte, schon lange schwelende Brand gegen die Herrschaft der Bourbonen in Neapel brach zuerst in Palermo in hellen Flammen aus. Er war nicht mehr zu löschen.

Als die eigene Marine zu meutern begann, faßte Franz II. den Entschluß, mit Hilfe eines spanischen Schiffes Neapel zu verlassen. Am 6. September 1860 begab er sich mit seiner jungen Frau Marie übers Meer in die Seefestung Gaeta, während am 7. September bereits Garibaldi in Neapel einzog. Es ist nur noch ein ganz kurzes Trauerspiel, in dem sich die Königin von Neapel, Marie, voller Tapferkeit und Energie bemüht, die Not auf allen Gebieten zu lindern. Bald sieht Franz II. ein, daß Gaeta nicht zu halten ist. Am 16. Februar 1861 übermittelt der k.u.k. Geschäftsträger in Neapel, ein Graf Szechenyi, der nach Rom ausgewichen war, folgendes: »Le Roi et la Reine de Naples arrivés ici matin et moi cette nuit.«

Wenn es auch die Person der nunmehr ehemaligen Königin von Neapel nicht berührt, so dürfte doch von großem Interesse sein, was der bayerische Minister von der Pfordten am 14. Februar 1861 seinem Tagebuch anvertraute:

Das ist die Kapitulation der legitimen Monarchie und des historischen Rechts in Europa. Nun beginnt die Herrschaft der demokratischen Volkssouveränität in Gestalt des militärischen Imperialismus mit dem Gaukelspiel der suffrage universelle.

Vor der unglücklichen Sophie und dem letztgeborenen Max Emanuel, von deren Lebenswegen wir noch hören werden, war dem Herzogspaar am 20. September 1843 eine Tochter Mathilde geboren worden. Wie in der ganzen Kinderschar des Herzogs Spitznamen üblich waren und bis ins Alter gebraucht wurden, erhielt Mathilde den Namen ›Spatz‹.

Um die Vermählung der zwanzigjährigen Prinzessin war im elterlichen Haus ein erheblicher Wirbel entstanden. Ausge-

V

Kaiserin Elisabeth von Österreich
(1837-1898)
als Prinzessin-Braut
zu Possenhofen 1853

Ölgemälde von Carl Piloty (Porträt und Staffage) und Franz Adam (Pferd). *Regensburg, Schloß des Fürsten Thurn und Taxis.*

Die sechzehnjährige Sissy heiratete 1854 Kaiser Franz Joseph von Österreich. Am Weihnachtsabend des vorhergehenden Jahres überraschte sie ihren Bräutigam mit diesem Bild, das sie hoch zu Roß im Park ihres Lieblingsaufenthaltes Possenhofen darstellt.

rechnet aus Italien, in dem Cavour und Garibaldi mehr und mehr eine ausschlaggebende Rolle bei der Befreiung des Landes von seinen vielen spätfeudalistischen Fürsten spielten, war kurz nach der Hochzeit von Marie die Nachricht gekommen, daß sich der Prinz Ludwig von Bourbon-Sizilien, Graf von Trani und Halbbruder des Königs Franz II. von Neapel um die Hand Mathildes bewerbe.

Zweifellos war es in erster Linie die Königin Marie von Neapel, die – im Verein mit ihrer Mutter – als erste die Heirat von Mathilde mit dem Grafen von Trani ins Auge gefaßt hatte. Sie sehnte sich nach der nur zwei Jahre jüngeren Schwester und wollte sie in ihrer Nähe haben. Während der sich immer stärker bemerkbar machenden Anzeichen eines Umsturzes in Italien und der völlig unsicheren Lage des Königreiches beider Sizilien mußte aber die Verlobung trotz bereits getroffener Hochzeitsvorbereitungen mehrmals verschoben werden. Erst als die Nachricht kam, daß das Königspaar von Neapel in Rom, wahrscheinlich in dem von Frankreich geschützten Kirchenstaat, dem ›Patrimonium Petri‹, eingetroffen und in Sicherheit war, konnte man sich in Possenhofen der Angelegenheit der Prinzessin Mathilde wieder zuwenden. Die Herzogin Ludovika scheint dieses Heiratsprojekt in den Mittelpunkt ihres Denkens gestellt zu haben.

Unterdessen traf der zukünftige Ehemann Mathildes in Zürich ein, wo sich baldigst auch ihr älterer Bruder Karl Theodor einfand, um seinen künftigen Schwager kennenzulernen. Wahrscheinlich kamen auch Ludovika und Mathilde in Zürich mit dem Grafen von Trani zusammen. Jedenfalls schreibt Ludovika am 21. Mai 1861 ihrer Schwester, der Erzherzogin Sophie, einen Brief, in dem es heißt: »Spatz und er [Trani] scheinen sich immer näher zu kommen.« Auch ihre Briefe an ihre andere Schwester, Marie von Sachsen, sind erfüllt von der bevorstehenden Hochzeit Mathildes – der Umsturz in Italien scheint sie weniger zu beeindrucken als die Verheiratung ihrer Tochter. Diese Briefe und der Eifer, mit welchem das Zustandekommen dieser Heirat betrieben wird, sind ein typisches Beispiel für die Einstellung jener Zeit, in der im hohen Adel zum mindesten der weibliche Teil nahezu ungefragt einem Mann anvertraut wurde, der zunächst nichts anderes zu bieten hatte als seine sogenannte Ebenbürtigkeit.

Der Termin der Hochzeit wird eiligst für den 5. Juni 1861 festgesetzt. Sie findet in München statt, und die Herzogin Mutter schwelgt im angeblichen Glück ihrer Kinder, die zunächst nach Marseille fahren, dann aber in das nun fast geeinigte Königreich Italien weiterreisen, um ihren Wohnsitz in Rom zu nehmen.

Ob Herzog Max an dem Eifer seiner Frau, ihre Töchter an den Mann zu bringen, sonderliche Freude hatte, sei dahingestellt. Als nun aber Ludovika ihre Heiratspläne auch auf den Sohn und künftigen Chef des Hauses, Karl Theodor, erstreckt, wird er aggressiv. Es mag ihm, Max, vieles, was seine Frau angerichtet hatte, nicht gepaßt haben, aber nun, wo es um den künftigen Chef des Hauses geht, greift er ein. Als er erfährt, daß Ludovikas Planung in Richtung auf das fürstliche Haus Hohenzollern (Sigmaringen) geht und Karl Theodor auf ihre Veranlassung hin – ohne sein Wissen sozusagen auf ›Brautschau‹ – abgereist ist, schreibt er am 23. Juni 1861, kaum daß seine Tochter Mathilde – möglicherweise ohne seine restlose Zustimmung – verheiratet war, einen fast groben Brief an den Oberhofmarschall von Wulffen. Er will wissen, worin der Zweck dieses Besuchs bestehe, und schreibt weiter, daß er jede eigenmächtige Handlung ohne vorherige Genehmigung von seiner Seite als null und nichtig ansehen werde. Seitenhiebe auf seine Frau fehlen des weiteren in Briefen vom August 1861 nicht. Er sieht wohl nun selbst, wohin die Ehestifterei seiner Frau führt und daß die schnellen Heiraten seiner Töchter nicht gerade von Glück begünstigt sind. So schreibt er, seinen Mißmut nicht verbergend, von »weiblichen Mächten, die neuerdings zu einer verfrühten Bindung drängen, denen es theils ein Bedürfnis ist, dergleichen Angelegenheiten zu betreiben, mögen sie im Palais oder einfacheren Gemächern wohnen, und welche anderntheils in dem verkehrten Wahn leben, daß ein so junger und heißblütiger Mensch durch eine Heirat zum moralischen Mann umgestempelt werden könne«. Hieraus dürfte wohl die Erinnerung an seine eigene Jugend und seine frühe, von seinem Großvater inszenierte Heirat mit Ludovika sprechen. Er war damals neunzehn Jahre alt und ist in seiner Ehe – ganz im Gegensatz zu den stets überschwenglichen Lobreden loyaler Biographen und Hofchronisten – wohl nie sonderlich glücklich gewesen. Wie Ludovika bezeichnenderweise einmal schrieb:

Wenn er dann zu mir gekommen ist, hab' ich wohl gemeint, so, jetzt halt' ich ihn. Aber – am anderen Morgen – huit, da war er wieder weg.

Merkwürdig ist nur, daß der Zorn in Max erst ausbrach, als es um seinen Sohn ging und seine Töchter bis auf Sophie alle durch Ludovika verheiratet worden waren.

Sophie wurde als siebentes Kind des Herzogpaares am 22. Februar 1847 in Possenhofen geboren. Wie über den Lebenswegen ihrer älteren Schwestern – abgesehen von Helene Taxis – unglückliche Sterne stehen, so begleiten auch die schöne und gewiß liebenswerte Sophie dunkle Wolken. Wie schon gesagt, hatten in der Mitte des vorigen Jahrhunderts Prinzessinnen im allgemeinen ihr Leben nicht selbst zu bestimmen. Man sah lediglich auf Rang, fürstliche Würden und politisch zweckmäßige Verbindungen, ohne auf das persönliche Glück und Unglück oder gar die Gefahr einer Inzucht Rücksicht zu nehmen. Aus solchen Käfigen auszubrechen und ihr Leben nach eigener Ansicht und Einsicht zu gestalten, war den Töchtern fürstlicher Häuser nahezu unmöglich.

So war Sophie, fast noch ein Kind, bereits im Gespräch als zukünftige Braut eines Herzogs Philipp von Württemberg. Selbst der portugiesische König fühlte auf diplomatischem Weg vor und ließ mit dem bayerischen Ministerresidenten in Brüssel, einem Grafen Marogna, Verbindung aufnehmen, ob die Prinzessin eventuell für ihn in Frage käme. Doch diese Projekte lösten sich in Nebel auf. Ernsthafter erschien eine Werbung des Bruders des österreichischen Kaisers, Ludwig Viktor, der 1842 geboren war. Für diese Heirat setzte sich

Ludovika ebenso ein wie deren Schwester und Mutter Ludwig Viktors in Wien, Erzherzogin Sophie.

Indessen wird die politische Situation für Bayern immer bedrohlicher, so daß hierdurch Heiratspläne für die einzig noch ledige Tochter von Max und Ludovika vorerst in den Hintergrund gedrängt werden. An der von Bismarck hochgespielten Schleswig-holsteinischen Frage entzündete sich der immer offener zutagetretende Dualismus zwischen Preußen und Österreich zum Deutschen Bundeskrieg. 1866 rückt Preußen in Böhmen ein, eine weitere preußische Armee ist im Begriff, sich gegen Hannover, Nassau und schließlich gegen Bayern zu wenden. Ludwig Viktor, der von Sophie abgewiesene Freier, die damit ihren Willen gegen ihre Familie durchgesetzt hat, wird im Juni 1866 zu einer Mission nach Sachsen geschickt und berichtet, daß alle wehrfähigen Sachsen noch rechtzeitig über die böhmisch-österreichische Grenze geführt werden konnten, um dem Schicksal zu entgehen, in die preußische Armee eingezogen zu werden.

Aber den neuen König Ludwig II. von Bayern, der 1864 neunzehnjährig nach dem plötzlichen Tod seines Vaters Max II. zur Regierung gekommen war, stören die heraufziehenden Gefahren zunächst nur wenig. Selbstverständlich ist er gegen einen Krieg, aber man muß gerechterweise zugeben, daß er damals noch nicht erkennen konnte, daß diese seine Kriegsverdrossenheit der Anfang vom Ende seines souveränen Königreiches sein würde.

Betrachtet man das im Jahre 1865 von Ferdinand Piloty gemalte Bild des jungen Königs, so muß einem aufmerksamen Betrachter doch mancherlei auffallen. Gewiß war es eine Art ›Paradebild‹, aber man kann die weichlichen Züge seines Gesichts, die ganze theatralische, fast feminine Aufmachung, in der er sich präsentiert, nicht verkennen. Selbstverständlich beginnt man alsbald, für den König eine Frau zu suchen, während er selbst nicht im geringsten eine Ehe anstrebt. Er war von Kindheit an seiner Kusine, der um acht Jahre älteren Kaiserin Elisabeth von Österreich, der Tochter des Herzogs Max, schwärmerisch ergeben, wenn auch von eigentlicher

Liebe keine Rede sein konnte. Von Schloß Berg, das Ludwig alsbald bewohnte, konnte er das am Westufer des Starnberger Sees gelegene Schloß Possenhofen sehen, und er wußte, wer dort gelegentlich weilte. Immer wieder kam er nach Possenhofen, wenn er Elisabeth dort wußte. Dieser waren seine sich oft über halbe Nächte erstreckenden Besuche gar nicht sehr angenehm. So schrieb sie 1864 nach einem solchen Besuch des Königs an ihre erst neunjährige Tochter Gisela nach Wien:

Gestern hat mir der König eine lange Visite gemacht und wäre nicht endlich Großmama dazugekommen, so wäre er noch da. Er hat mir die Hand so viel geküßt, daß Tante Sophie, die durch die Tür schaute, mich nachher fragte, ob ich sie noch habe.

Diese Tante Sophie ist die Frau, mit der wir uns nun beschäftigen wollen. Sie schwärmte ebenso wie der König für Wagner. Das zog den König an, dessen seltsame, begeisterungsfähige Natur in – man kann beinahe sagen – pathologischer Schwärmerei für Wagner und dessen Musik aufging. Er glaubte in Sophie die Frau zu finden, die diese Schwärmerei teilte. Sein Interesse galt sicherlich weniger ihrer Person als ihrer ›Kunst‹, ihrem wahrscheinlich nicht bedeutenden Musizieren, bei welchem sie Ludwig mit Vorliebe Wagnersche Arien vorsang. Die vielen Briefe, die im Anschluß an die Possenhofener Musikabende zwischen Ludwig und Sophie hin und her gingen, geben absolut keinen Beweis dafür, daß sich aus dieser gemeinsamen Schwärmerei für Wagner von Ludwigs Seite so etwas wie Liebe für Sophie entwickeln würde. In erster Linie kam es Ludwig auf die Musik Wagners an, der er so völlig ergeben war, daß andere Gefühle kaum zum Durchbruch kommen konnten.

Doch die vielen, aus nichts anderem als einem, wie schon gesagt, jugendlichen und überschwenglichen Enthusiasmus für Wagners Kompositionen getroffenen Abendbesuche erregten dann doch die Münchner Gesellschaft, und die Klatschgeschichten hierüber drangen sogar in die Ministerien. Es war völlig natürlich, wenn Sophies Eltern diesem etwas seltsamen Treiben mit gemischten Gefühlen zusahen. Ob Herzog Max persönlich eingriff, um die Gerüchte über eine Verlobung seiner Tochter mit Ludwig klarzustellen, ist nicht bekannt. Indessen möchten wir fast annehmen, daß Ludovika, die ja immerfort Schicksal spielen will, ihre Hand im Spiele hatte. Nur unterlief ihr in ihrem Streben nach einem königlichen Schwiegersohn während eines Besuchs von Ludwig in Possenhofen am 12. August 1866 anscheinend eine grobe Ungeschicklichkeit. Anders ist der nachfolgende Brief, den er am folgenden Tag an Sophie schrieb, nicht zu verstehen:

Liebe Cousine! Wie schauderhaft mißlungen war mein gestriger Besuch, wie unangenehm die Unterbrechung. Der Eindruck, den ich erhielt, war für mich ein so fataler, daß ich wahrscheinlich im ganzen heurigen Sommer nicht wieder hinüber kommen werde – sage das aber niemanden! Um Eines ersuche ich Dich noch, zweifle deshalb nicht an meiner treuen und aufrichtigen Freundschaft für Dich.

Es tut mir wirklich leid, Dich jetzt längere Zeit nicht mehr zu sehen, aber unter den gegebenen Umständen ist mir das Kommen sehr verleidet.

Dir, liebe Cousine, von ganzem Herzen einen vergnügten Sommer und guten vergnügten Landaufenthalt wünschend, bleibe ich zeitlebens Dein treuer
Vetter Ludwig.

Wenn nun im Auftrag der Herzogin Ludovika dem König durch ihren Sohn Karl Theodor auch die Unterlassung weiteren Briefwechsels nahegelegt wurde, so kümmerten sich Sophie und Ludwig offensichtlich nicht darum. Sophie schrieb alsbald an Ludwig, wie traurig sie sei, daß seine Besuche unterbleiben würden. Ob sie beginnt, Ludwig zu lieben, oder ob sie lediglich danach strebt, gleich ihren Schwestern Elisabeth und Marie einen Thron einzunehmen, sei dahingestellt. Jedenfalls scheint sie mit echt weiblichem Instinkt und Geschick in ihren Briefen das auszusprechen, was den König vielleicht am meisten berührt: Sie deutet die Möglichkeit einer endgültigen Trennung und Entfernung von ihm an und bringt anscheinend auch ihren früheren Bewerber Ludwig Viktor wieder ins Spiel, um die

Eifersucht des Königs zu wecken. Diese Taktik hat Erfolg. Ludwig schreibt ihr am 15. August 1866:

Wie traurig wäre es, wenn Du wirklich in Kürze von mir scheiden wolltest; ganz unbegreiflich, daß Deine Eltern Ludwig Viktor noch nicht verschmerzen können.

Dieses mehr als tragikomische Spiel, das Ludwigs unberechenbarer Natur entsprang, ging weiter. Bei einer Ballveranstaltung wenige Monate später verfiel er auf den Gedanken, Sophie nun doch zu heiraten. Er hatte viel mit ihr getanzt und so mag während der folgenden Nacht in ihm der Entschluß gereift sein, in aller Frühe zu seiner Mutter zu eilen, um ihr mitzuteilen, daß er Sophie heiraten werde.

Die Berichte über dieses Ereignis sind jedoch sehr verschieden oder widersprechen sich. Ob es zutrifft, daß sich Ludwig morgens um acht Uhr in das herzogliche Palais begab, um sich Sophies Jawort zu holen, möchten wir bezweifeln. Eher wahrscheinlich wäre, daß beide sich bereits bei dem Tanzfest verlobt hatten. Den Münchnern bleibt noch bis zum Abend des 22. Januar 1867 Zeit, die Verlobung ihres Königs zu erfahren. Während einer Vorstellung im Hoftheater holte Ludwig Sophie in die Königsloge. Beide verbeugten sich vor dem vollbesetzten Haus und nahmen nebeneinander Platz. Das bedeutete für die Theaterbesucher nichts anderes, als daß nunmehr ihr König sich mit der Prinzessin Sophie verlobt habe.

Sehr bald jedoch begann sich Ludwig vor den Konsequenzen, die dieser Verlobung folgen mußten, zu fürchten. Während eines Balls beim Ministerpräsidenten Fürst Hohenlohe verließ er nahezu fluchtartig und fast über die Hintertreppe – ohne sich von seiner Braut zu verabschieden – die Gesellschaft. Sophie wurde dem König nach und nach langweilig, und er versuchte, sie mit Plattitüden hinzuziehen. Ein Brief von ihm an ›Elsa‹, wie er Sophie in seinem romantischen Enthusiasmus für Wagner nannte, hatte folgenden bezeichnenden Inhalt:

Meine liebe Elsa!

Meinen wärmsten Dank für Dein gestriges liebes Briefchen. Vollkommen kann ich Dich beruhigen über Deinen am Schluß

Deines Billetts ausgesprochenen Zweifel. Von allen Frauen, welche leben, bist Du mir die teuerste, von den Verwandten Wilhelm [Prinz Wilhelm von Hessen, Ludwigs Vetter], von meinen Untertanen ist mir Künzberg einer der liebsten, der Gott meines Lebens aber ist, wie Du weißt, R. Wagner.

Noch merkwürdiger und nahezu grotesk ist der Brief, den der König am 9. März 1867 alsbald nach den Zeilen an seine Braut an den ja offensichtlich nur nach Geld drängenden Wagner schrieb, als dieser seinen Besuch angemeldet hatte:

Einzig geliebter Freund! mein Erlöser! mein Gott!

Ich jduble vor himmlischem Entzücken, ich rase vor Wonne; als ich heute meiner Sophie Ihren göttlichen Brief mitteilte, der mir Ihr Kommen meldet, erglühten ihre Wangen in Purpurröte, so innig fühlte sie meine Freude mit. – O, nun bin ich glücklich, nicht mehr verlassen in trostloser Öde, da ich den Einzigen in meiner Nähe weiß; o, bleiben Sie nun da, Angebeteter, für den einzig ich lebe, mit dem ich sterbe.

O Tag des Heiles! Wonnezeit. In ewiger Liebe, in unerschütterlicher Treue *Ihr Eigen*
Ludwig.

Um den Hochzeitstermin begann eine Art Tragikomödie, die der Umwelt nicht verborgen bleiben konnte. Die Hochzeit war zunächst für den August festgesetzt, wurde dann auf Oktober verschoben, und der König begann, seiner Braut immer merkwürdiger zu werden. Bei Theaterbesuchen saß das Brautpaar zumeist wieder getrennt, was natürlich nicht unbemerkt blieb. Der zufällig im September bei einer Probe anwesende Liszt machte die fast spöttische Bemerkung, daß er an eine Hochzeit nicht glaube und daß diese wohl für immer vertagt werde.

In Wirklichkeit verlor Ludwig offensichtlich den Kopf; er bekam immer mehr Angst vor dieser Ehe. Daß er homosexuell veranlagt war, wußte er wohl selbst nicht. Jeder Tag dieser Verlobung wurde ihm zur Qual, aus der er keinen Ausweg fand. Bei seiner Veranlagung merkte er nicht, daß seine Braut immer unglücklicher wurde. Er kam immer seltener nach

Possenhofen, und schließlich gab Sophie in einem Brief ihren Bräutigam frei.

Wankelmütig, in seinem inneren Wesen völlig zerrissen, ein kranker Schwächling, seiner verhängnisvollen Veranlagung kaum gewahr, versuchte Ludwig daraufhin die Verlobung zwar aufrecht zu erhalten, den Hochzeitstermin aber auf den Dezember zu verschieben.

Sophies Vater hatte diesem merkwürdigen Spiel lange in einer geradezu stoischen Ruhe zugesehen. Aber nun stand allmählich der Ruf seiner Tochter auf dem Spiel, und er stellte Ludwig eine Art Ultimatum. Leider scheint dieser Brief verloren gegangen zu sein, ist aber durch ein Schreiben der Herzogin Ludovika an die Königin Mutter einigermaßen zu rekonstruieren.

Max war nicht mehr bereit, das Verhalten des Königs hinzunehmen und eröffnete ihm am 3. Oktober 1867, ein weiteres Hinausschieben der Hochzeit sei ihm, Max, und seiner Familie besonders im Hinblick auf die Ehre seiner Tochter Sophie unmöglich. Er bitte daher den König um Einhaltung des Novembertermins oder aber Sophie freizugeben und die Verlobung als ungeschehen anzusehen. Schließlich sagte Max noch deutlich, es sei nie seine noch seiner Familie Absicht gewesen, Sophie dem König aufzudrängen.

Es war dem merkwürdigen Wesen Ludwigs eigen, sich sofort nach Erhalt dieses Briefes in die Pose des Herrschers zu werfen und jede Schuld an der gescheiterten Verlobung von sich auf Sophies Vater zu schieben, der sein Untertan sei und dem es nicht zukäme, ihm, dem König, in einem solchen Ton zu schreiben. Er erging sich in Wutanfällen gegen Max und verlor völlig die klare Besinnung. Es lag ihm fern, in seinem unmöglichen Verhalten eine eigene Schuld zu erkennen, und die ersten Anzeichen geistiger Verwirrung machten sich bemerkbar. Kurz nach der Entlobung schrieb er Anfang Oktober an seinen Freund Wagner, er fühle sich »genesen wie nach einer lebensgefährlichen Krankheit«.

Und einige Monate später schrieb er an Cosima Wagner, mit der er seit langem in Briefwechsel stand:

Ich kannte sie [Sophie] von Jugend auf, liebte sie stets als eine treue Verwandte, treu und innig wie eine Schwester, schenkte ihr mein Vertrauen, meine Freundschaft, aber nicht Liebe! Sie können sich denken, wie entsetzlich für mich der Gedanke war, den Vermählungstag immer näher und näher heranrücken zu sehen, erkennen zu müssen, daß dieser Bund weder für sie noch für mich glückbringend sein könnte. Und doch war es schwer, sollte ich wieder zurück.

Die zerfahrenen Merkwürdigkeiten des Königs beweist uns am besten eine Eintragung in seinem Tagebuch am 7. Oktober 1867:

Sophie abgeschrieben. Das düstere Bild verweht; nach Freiheit verlangte mich, nach Freiheit dürstet mich, nach Aufleben von qualvollem Alp.

Auch hier nimmt er keinerlei Rücksicht auf Sophie und sieht alles nur durch seine eigene Brille.

Wie Sophies Geschwister über ihn denken, dafür genügt nur ein kurzer Auszug aus einem Brief der Kaiserin Elisabeth an ihre Mutter:

Wie sehr ich über den König empört bin und der Kaiser auch, kannst Du Dir vorstellen. Es gibt keinen Ausdruck für ein solches Benehmen. Ich begreife nur nicht, wie er sich wieder sehen lassen kann in München, nach allem, was vorgefallen ist. Ich bin nur froh, daß Sophie es so nimmt, glücklich hätte sie weiß Gott mit so einem Mann nicht werden können.

Bei aller Objektivität bleibt uns über Ludwig II. kein anderes Urteil, als daß dieser Mann bereits in jungen Jahren weder voll regierungsfähig noch bereit und willens war, die Verantwortung für die Folgen seiner Handlungen bis zur letzten Konsequenz zu tragen. Es ist nicht unsere Aufgabe, die in sich zerrissenen Gedankengänge in Ludwigs Wesen und Briefen weiter zu erforschen. Selbst wenn man sich einigen Darstellungen seiner Verlobung und Entlobung anschließt, die Ludwigs Verhalten damit entschuldigen wollen, daß er »überrumpelt« worden sei, so ist eigentlich schon in der Tatsache, daß er sich überrumpeln ließ, eine Schwäche seines Charakters zu erkennen.

Nach der gescheiterten Heirat mit dem König lebt der Drang der Mutter schnell wieder auf, für ihre bisher so glücklose, einzig noch unvermählte jüngste Tochter Sophie so schnell wie möglich eine andere geeignete Partie zu finden. Sie nimmt mit dem nach allen Richtungen verschwägerten Haus Coburg Verbindung auf; Briefe gehen hin und her, und es wird sorgfältig vorgefühlt, ob sich vielleicht durch die Vermittlung von Coburg eine geeignete Partie für Sophie finden ließe. Es ist erstaunlich, mit welcher Gewandtheit die Mutter Sophies das alles einfädelt und natürlich mit allen Mitteln versucht, die peinliche Affäre mit dem Bayernkönig auszubügeln. Geschickt, wie sie gerade in Heiratssachen ist, wechselt sie unzählige Briefe, bis sie ihr Ziel erreicht hat. Man kann dieser Frau, die mit ihrem Mann nicht sonderlich gut steht und dessen Interessen nicht teilt, eine Bewunderung dafür nicht versagen, wie sie ihre Töchter unterbringt. Wobei sie freilich ihr Hauptaugenmerk – wie wir oft genug sahen – weniger auf das persönliche Glück ihrer Kinder, sondern darauf legt, sie möglichst mit Kaisern und Königen oder zumindest mit Söhnen aus regierenden Häusern zu verheiraten. Kaum eine der Ehen ihrer Töchter ist glücklich geworden; nur Helene scheint mit dem Erbprinzen von Thurn und Taxis eine wirklich gute und harmonische Ehe geführt zu haben. Und gerade diese Heirat war, wenn sie auch infolge des Reichtums der Taxis ein glänzendes Leben bot, sicherlich nicht so ganz nach dem Geschmack von Ludovika.

Im Falle von Sophie führen nun ihre Bemühungen über Coburg zu dem Herzog Ferdinand von Alençon, einem Enkel des Königs Louis-Philippe von Frankreich, dessen Mutter eine Prinzessin von Sachsen-Coburg-Gotha war. Sophie wird zunächst einmal nach Pillnitz zu den sächsischen Verwandten geschickt, wo sich programmgemäß der Herzog von Alençon einstellt. Die beiden finden Gefallen aneinander, und die Hochzeit wird für den 28. September 1868 festgesetzt. Sie wird als eine staatspolitisch wie verwandtschaftlich hoch bedeutsame Angelegenheit in München gefeiert. Der Vater des Herzogs mit seiner Gemahlin sowie die ganzen französischen und coburgischen Verwandten erscheinen. Mitglieder des französischen Hochadels umrahmen das Bild. Ludovika kann zufrieden sein.

Im Frühsommer 1870 versammeln sich trotz der sich immer mehr verdunkelnden politischen Lage alle Kinder des Herzogpaares am Starnberger See. In Feldafing steigen die Alençons ab, für die Kaiserin Elisabeth wird das Schloß Bernried ermietet. Auch der Exkönig von Neapel mit seiner Gemahlin Marie treffen ein. Herzog Karl Theodor, der sich zu Besuch in Weimar aufhält, unterbricht seine weiteren Reisepläne und kehrt an den Starnberger See zurück, um seine Schwestern zu sehen. Aber der nun ausbrechende Krieg Preußens gegen das politisch höchst ungeschickt handelnde Frankreich macht der Wiedersehensfreude der Geschwister in und um Possenhofen schnell ein Ende. Da Bayern aus den mit Preußen geschlossenen Verträgen, die es nach dem unglücklichen Ausgang des Krieges von 1866 unterzeichnete, nicht ausbrechen kann, muß der sich zwar heftig sträubende König Ludwig II. wohl oder übel den Mobilmachungsbefehl für seine Armee unterzeichnen. Damit ist der Traum der Possenhofener Geschwister verflogen. Eiligst fahren die nun durch ihre Heiraten dem feindlichen Ausland angehörenden Schwestern ab, die Alençons nach Südtirol, das Ehepaar von Neapel ebenfalls nach Südtirol, nach Meran.

Alle Kinder des Herzogs Max und seiner Frau stehen, weil sie das kommende Unheil für Bayern sehen, gegen Preußen, vor allem auch die Kaiserin von Österreich. Als zu Ende 1870 der absolute Sieg der deutschen Truppen über Frankreich feststand, erhielt Ludovika von ihrer Schwester, der Erzherzogin Sophie, Mutter des Kaisers Franz Joseph, einen recht eigenartigen Brief, von dem anzunehmen ist, daß auch die Mitglieder der herzoglichen Familie im gleichen Sinn dachten. Dieser Brief, den die siebenundsechzig Jahre alte Erzherzogin am 29. Dezember 1870 schrieb, gibt uns Einblick, wie es um die deutsche Einheit wirklich stand:

Ich meine, sämtliche deutsche Monarchien wären in ihrem vollen Recht, wenn sie vereint dem König von Preußen bestimmt und fest erklärten, ihre Truppen zurückzurufen, da sie ihren Untertanen gegenüber diese schwere Verantwortung nicht länger tragen könnten. Die süddeutsche Armee hat Preußen zum größten Teil zu seinen Siegen verholfen, und nun sollte sie sich ganz verbluten, um dem König zu dem so sehr gewünschten Einzug in Paris zu helfen und dann doch noch die ganze Selbständigkeit ihrer Heimatlande der Unvernunft Preußens zum Opfer bringen. Das ist eine Knechtung, ein gewissenloses Spiel mit Menschenleben und Menschenglück, das, meine ich, nicht länger geduldet werden sollte und dem durch die gemeinsamen Kräfte und erste Einsprache aller deutschen Fürsten ein Ziel gesetzt werden kann und nach Pflicht und Gewissen werden muß.

Wenn wir uns auch den Gedankengängen des vorstehenden Briefes nicht anschließen können, so ist dessen Inhalt doch wohl das, was in allen Köpfen der Wittelsbacher umging.

Letzte Jahre

Im Laufe der Jahre bereiten dem Herzogspaar nun auch die verheirateten Kinder Sorgen. Sie sind fast alle nicht gesund, und ihre Ehen nehmen zum großen Teil keinen glücklichen Verlauf. Wenn Elisabeth in Wien nicht gerade glücklich ist, so lag das mehr oder minder an ihrem doch etwas steifbeinigen Ehemann und dem entsetzlichen Hofzeremoniell, das in Wien herrscht und Elisabeth unerträglich ist. Die Nerven der Kaiserin sind schwer angegriffen, sie verspinnt sich in die Phantasiewelt Heinrich Heines, der sie mehr und mehr erliegt. In ihrem Schloß Achilleion auf Korfu verliert sie sich völlig in eine gesteigerte Phantasie, aus der sie bis zu ihrem schrecklichen Ende am Genfer See kaum mehr herauskommt. Ihr Leben ist zu bekannt, als daß wir hier näher darauf eingehen wollen.

Auch Sophie von Alençon gibt Anlaß zu mancherlei Sorgen. Ihr Gemahl wendet sich 1887 wegen der zunehmenden hochnervösen Zustände seiner Frau an Karl Theodor, der vergeblich versucht, ihr zu helfen. Schließlich empfiehlt er einen Kuraufenthalt in dem Sanatorium des bekannten Psychiaters Freiherrn von Krafft-Ebing in Maria Grün bei Graz. Einen besonders tragischen, ja entsetzlichen Ausgang nahm das Leben dieser unglücklichen Prinzessin im Mai des Jahres 1897 in Paris. Beim Herzogspaar Karl Theodor in München traf eine zunächst etwas verworrene Nachricht von einer Brandkatastrophe in Paris ein. Es stellte sich heraus, daß die Herzogin von Alençon bei dem Brand, der am 4. Mai 1897 während eines Wohltätigkeitsbasars ausbrach, ums Leben gekommen war. Damit bewahrheitete sich auch an ihr die Prophezeiung jener Zigeunerin, die einst in Possenhofen den Jugendgespielen des königlichen und herzoglichen Hauses aus der Hand gelesen und geweissagt haben soll, Kronprinz Ludwig, der spätere Märchenkönig, habe sich vor dem Wasser, Prinzessin Elisabeth, die spätere Kaiserin, vor dem Eisen, Sophie aber vor dem Feuer zu hüten.

Auch die schwache Gesundheit Karl Theodors gibt den Eltern immer wieder Anlaß zur Besorgnis. Dem Leben und Wirken dieses unzweifelhaft bedeutendsten der vielen Kinder, der als Augenarzt in weitesten Kreisen bekannt und berühmt wurde, haben wir ein besonderes Kapitel gewidmet.

Zu erwähnen bleibt noch, daß auch die Ehe von ›Spatz‹ mit dem Grafen von Trani anscheinend keine glückliche war. Nach jahrelanger Trennung sahen sich die Ehegatten erst am Sterbebett Luigino Tranis wieder. Er hatte seine Frau und Tochter zu sich gerufen und starb im Juni 1897.

Erfreulicheres ist von Max Emanuel, dem letzten der großen Kinderschar, zu berichten, wenn auch eine schwere Erkrankung seinem Leben ein relativ frühes Ende setzte. Er wurde am 7. Dezember 1849, zwei Jahre nach der unglücklichen Sophie, geboren. Sein Name Max Emanuel wurde alsbald nach dem Brauch im Hause des Herzogs Max in ›Mapperl‹ umgewandelt und beibehalten. Zehn Jahre trennten ihn von seinem Bruder Karl Theodor. Als Erzieher erhielt er ebenso wie sein Bruder den späteren Oberhofmeister der Herzogin Ludovika, den Freiherrn Karl von Wulffen. In seinem katholischen Glauben unterrichtete ihn der Kanonikus Enzler von der Theatinerkirche in München.

1865, als Sechzehnjähriger, trat er in das Dritte Chevauxlegers-Regiment ein, wurde erst Leutnant, dann Oberleutnant

Villa Bernhofen, 1854.

VI
Possenhofen

Aquarell von Lorenz II Quaglio, 1854.
München, Staatliche Graphische
Sammlung.

Links das von vier Ecktürmen beherrschte Alte Schloß, rechts daneben der von Herzog Max errichtete Trakt des Neuen Schlosses, im Hintergrund der Starnberger See mit der Alpenkette. Vorstudie zu dem leicht verändert ausgeführten und mit Staffage belebten Blatt von 1855 im Münchner Stadtmuseum.

und machte in diesem Regiment die Kriege von 1866 gegen Preußen und von 1870/71 gegen Frankreich mit. Am 23. August 1875 wurde er zum Ersten Ulanen-Regiment nach Bamberg versetzt, 1884 zum Generalmajor befördert und 1889, nach einjährigem Kommando zur königlich preußischen Reitschule Hannover, Generalleutnant und Kommandeur der königlich bayerischen Equitationsanstalt in München.

1868, auf der Hochzeit seiner Schwester Sophie, hatte Max Emanuel die Prinzessin Amalie von Coburg kennengelernt. Diese Begegnung hatte tiefen Eindruck auf ihn gemacht. Er konnte die nicht gerade schöne Prinzessin nicht vergessen und heiratete sie sieben Jahre später am 20. September 1875 in Ebenthal bei Wien im Alter von sechsundzwanzig Jahren, was seine ältere Schwester, die Wiener Kaiserin, in einem Brief an ihre Mutter zu der Bemerkung veranlaßte, es sei »ein spaßiger Geschmack, wenn man so jung ist, seine Freiheit aufzugeben. Aber das, was man besitzt [sie meint die Freiheit des Mapperl], weiß man eben nie zu schätzen, bis man es verloren hat«.

Max Emanuel scheint seiner verlorenen Freiheit nicht nachgetrauert zu haben. Seine Ehe muß außerordentlich glücklich gewesen sein. Mit seiner jungen Frau wohnte er in Schloß Biederstein, das ihm seine Mutter Ludovika als Weihnachtsgeschenk am 30. Dezember 1876 notariell überschrieben hatte. Diesen von seiner Mutter übernommenen Besitz ließ er im wesentlichen unverändert; lediglich der Bau eines neuen, großzügig angelegten Pferdestalles mit Reithalle schwebte dem begeisterten Pferdeliebhaber und Kavalleristen von Anfang an vor. 1880 kaufte er für diesen Zweck ein nördlich des alten Biedersteiner Schlosses gelegenes Grundstück für 42000 Mark. Aus unbekannten Gründen konnte er seinen Plan aber erst 1889 verwirklichen. Möglich ist, daß er von seinem Vater, der 1888 starb, die Mittel dazu erbte.

Biederstein, nach dem Einzug von Max Emanuel und seiner Familie mit neuem Leben erfüllt, sah viele Gäste, unter anderen auch am 25. Juni 1892 den Fürsten Otto von Bismarck. Max Emanuels Wohltätigkeit und stete Hilfsbereitschaft ehrte die Schwabinger Gemeinde damit, daß sie einige Straßen wie die

Herzogstraße, die Emanuelstraße nach ihm und die Siegfriedstraße nach seinem ältesten Sohn benannte – Namen, die bis heute bei dem absolut konservativen Sinn des bayerischen Volkes trotz aller Umstürze niemals geändert wurden.

Der große Park und die anschließenden Isarauen, die immer mehr zu einem Park in englischem Sinne ausgestattet wurden, boten ein ideales Gelände für weite Ritte. Max Emanuel unternahm sie oft mit seinem Bruder Karl Theodor. Beide waren begeisterte Reiter, aber sonst in ihren Veranlagungen sehr verschieden. Max Emanuel scheint eine heitere und frohe Natur besessen zu haben; er war ein unbeschwerter Mann, den sein Soldatenberuf offenbar voll ausfüllte. Auch er hat sich – wie sein Vater, doch längst nicht so ernsthaft – mit dem Komponieren beschäftigt. Allein im Jahre 1881 erschienen von ihm ›II Kleine Klavierstücke, op. 1‹, ›III Lieder für eine mittlere Stimme mit Pianofortebegleitung, op. 2‹ und schließlich mit demselben Titel weitere drei Lieder. Und doch war es diesem heiteren und sorglos durch sein Leben gehenden Mann bestimmt, früher zu sterben als sein von Arbeitsüberlastung und immer wieder aufflackernder Krankheit geplagter älterer Bruder Karl Theodor.

Als sich Max Emanuel 1893 in Feldafing am Starnberger See aufhielt und dort im Hotel Strauch wohnte, bekam er plötzlich Magenblutungen. Sein Bruder Karl Theodor half ihm zunächst, aber am 12. Juni 1893 starb Max Emanuel im Alter von nur vierundvierzig Jahren. Seine untröstliche Witwe hatte nur den einzigen Wunsch, ihm baldigst im Tode folgen zu dürfen. Dieser Wunsch ging in Erfüllung, kaum ein Jahr nach seinem Ableben.

Vier Jahre vor Max Emanuel war sein Vater mit achtzig Jahren in seinem Münchner Palais gestorben. Am 9. September 1878 hatte er noch im Kreise seiner großen Familie seine Goldene Hochzeit in Tegernsee feiern können, ja sogar seine Diamantene Hochzeit hatte er noch erlebt, wenn auch in größter Zurückgezogenheit und infolge eines leichten Schlaganfalles, der ihn drei Monate vorher getroffen hatte, in angegriffenem Gesundheitszustand. Als sein in Wien weilender

Sohn Karl Theodor von einem zweiten Schlaganfall hörte, eilte er sofort nach München zurück, doch konnte er nicht mehr helfen. Am 15. November 1888 erlosch dieses reiche, so intensiv gelebte und mit Glücksgütern und Glücksstunden wie kaum ein anderes gesegnete Leben.

Vor der Überführung der sterblichen Hülle in die Familiengruft von Tegernsee fand am 18. November in der Theatinerkirche eine feierliche Vigil statt. Den Trauerzug führten militärische Abordnungen mit Musik, die Dienerschaft, Veteranen, der Klerus mit Choralmusik, die Hoftrompeter und Pauker, das erzbischöfliche Domkapitel mit dem Erzbischof, Beamte und Hofchargen an. Dem von Fackelträgern und Leibgarde-Hartschieren umgebenen sechsspännigen Trauerwagen folgten der Prinzregent und die Mitglieder des herzoglichen und königlichen Hauses sowie unter anderen Kronbeamte, Standesherren, Staatsminister, die höchsten Militärchargen, die Sankt-Georgs-Ritter, Hof- und Staatsbeamte, das Offizierskorps. Den Beschluß bildete ein Bataillon Infanterie mit Musik und eine Eskadron des Dritten Chevauxlegers-Regiments. In der Ludwigstraße, durch die sich der Trauerzug vom herzoglichen Palais zur Theatinerkirche bewegte, bildete Militär Spalier. Die Straßen und Plätze der Umgebung waren für den Trambahn- und sonstigen Verkehr gesperrt, um die reibungslose Formierung des Zuges und die Zu- und Abfahrt der Teilnehmer, die nach genauer Anordnung der Polizeidirektion erfolgte, zu gewährleisten.

Daß Max der Schwiegervater des Kaisers von Österreich, des Königs beider Sizilien und – beinahe – des Königs von Bayern geworden war, daß in der nächsten Generation die Töchter seines Sohnes Karl Theodor den Kronprinzen von Bayern und den Kronprinzen und späteren König von Belgien ehelichen sollten und durch diese Heiraten die herzogliche Familie mit fast allen Herrscherhäusern Europas verwandtschaftlich verbunden sein würde, alles das hat und hätte auf ihn, der in einer liberalen Atmosphäre aufgewachsen war und selbst ein so natürliches, unbeschwertes Wesen hatte, wahrscheinlich weniger Eindruck gemacht als auf seinen so tief in den Anschauungen des 18. Jahrhunderts wurzelnden und mit so vielen Komplexen »aus der Vergangenheit« belasteten Großvater, den Herzog Wilhelm.

Maxens Frau Ludovika, die Anstifterin so vieler nicht gerade glücklicher Ehen ihrer Töchter, lebte noch vier Jahre, bis sie ihrem Mann, den sie doch wohl auf ihre Art geliebt hatte, im Tode folgte.

Viel Glück hat wohl nie über dieser so langen Ehe gelegen. Die Charaktere waren zu verschieden. Ludovika soll oft resigniert gesagt haben: »Wir haben uns beide nicht heiraten wollen.« Das Los so vieler Fürstenehen, die ja aus was immer auch für Gründen mindestens bis zum Ausgang des vorigen Jahrhunderts fast immer nur von den Eltern der betreffenden jungen Leute arrangiert wurden, ohne nach deren Neigung oder Abneigung zu fragen. Bewundernswert ist im Falle von Ludovika und Max die Haltung, mit der beide ihr Schicksal trugen. Sie achteten die Persönlichkeit und Eigenheiten des anderen und ließen sich gegenseitig die Freiheit, danach zu leben.

6

HERZOG KARL THEODOR IN BAYERN

Der Weg zur Berufung

Da sein älterer Bruder Louis bei seiner Heirat auf seine Erstgeburtsrechte verzichtet hatte, wird nun Karl Theodor, am 9. August 1839 geboren, mit neunundvierzig Jahren Chef seiner Linie. Er steht auf der Höhe seiner Laufbahn als erfolgreicher Augenarzt und ist zweifellos neben Herzog Wilhelm die bedeutendste Persönlichkeit des herzoglichen Hauses. Seine Mutter soll im Grunde ganz zufrieden damit gewesen sein, daß er, ihr Lieblingssohn, Haupt der Familie wurde.

Wie seine Geschwister, zeichnete das freie, natürliche Leben in Possenhofen, fern jeder Konvention, seine Kindheit und Jugend. Und wie seine Geschwister fügte er sich zeitlebens nur ungern und nur, wenn es unbedingt erforderlich war, dem höfischen Zwang.

Über die Jugendjahre des Herzogs, der doch einmal ein so berühmter und geschätzter Arzt werden sollte, ist zunächst nicht viel zu sagen. Die Stimmungen, die ihn bewegen, wechseln mit Melancholie und fröhlicher Ausgelassenheit. Von Kindheit an verbindet ihn eine innige brüderliche Liebe mit seiner um ein Jahr älteren Schwester Elisabeth. Daß sie, nachdem sie kaum siebzehnjährig mit dem Kaiser Franz Joseph von Österreich vermählt worden war, mehr und mehr in die schon damals modrige Luft des Wiener Hofzeremoniells zu versinken droht, erfüllt ihn mit tiefer Sorge. Dem jungen Herzog wird sehr bald klar, daß seine lebenslustige, an ein natürliches, freies Leben gewöhnte Schwester alles andere als glücklich ist, und er begrüßt es freudig, als ein Wiedersehen dadurch ermöglicht wird, daß ihn das österreichische Kaiserpaar 1856 zu einem Treffen in Venedig einlädt, wo ein Staatsbesuch des Herrscherpaares geplant ist. Diese Reise führt Karl Theodor zunächst über den Brenner nach Verona, wo er als Gast des Generalgouverneurs und Militärkommandanten, des bereits neunzigjährigen Feldmarschalls Radetzky, eine Woche bleibt. Ob er eine reine Freude an diesem Aufenthalt gehabt hat, kann füglich bezweifelt werden, da ihn sein militärischer Begleiter, der Hauptmann von Orff, zu allen Schlachtfeldern in Oberitalien, an denen die österreichische Armee einst gekämpft hatte, schleppte. Ob die eingehenden Vorträge über den Verlauf der einzelnen Gefechte den militärisch nicht sonderlich begeisterten jungen Prinzen interessierten, sei dahingestellt. So verging die Veroneser Woche. Am 25. November 1856 trifft Karl Theodor dann das österreichische Kaiserpaar in Venedig. Er fährt seiner Schwester und seinem Schwager in der weiß-blaubeflaggten Barkasse des bayerischen Konsuls entgegen. Die Geschwister haben sich wieder, wenngleich durch die anspruchsvollen und zahlreichen Festlichkeiten ein wirklich ruhiges Zusammensein der beiden nicht möglich ist.

Anschließend tritt Karl Theodor eine Rundfahrt durch die Adria an. Repräsentative Aufgaben und Festlichkeiten lagen ihm auch im späteren Leben nicht. Hier auf dieser Fahrt hatte er als Siebzehnjähriger zum erstenmal völlig selbständig das königlich bayerische Haus zu vertreten. Als er im Hafen von Sebenico in Dalmatien, wo sein Schiff ›Curtatone‹ anlegt, schon von Bord aus die zu seinem feierlichen Empfang versammelte Menge sah, kann er es, sicher auch wegen seiner Jugend, nicht über sich bringen, sich dieser aufwendigen Aufgabe zu stellen. Er geht unerkannt von Bord, mischt sich unter die Menge und sieht zu, wie seinem militärischen Begleiter Orff nichts anderes übrigbleibt, als an seiner Stelle einzuspringen. Den späteren Vorstellungen Wulffens entzieht sich Karl Theodor aber nicht mehr, sondern erfüllt brav seine Repräsentationspflichten. Die ›Curtatone‹ trifft am Nachmittag des 22. Dezember wieder in Venedig ein. Am meisten interessierten Karl Theodor auf dieser seiner ersten Schiffsreise und bei häufigen Anlandungen das Leben, die Landschaft und die Geschichte des Landes. Weihnachten verbringt Karl Theodor gemeinsam mit seinem Schwager und seiner Schwester in Venedig, und dann geht die Fahrt weiter nach Mailand, einer

Stadt, die am schärfsten gegen die Habsburger Herrschaft eingestellt ist.

Wie schon in Venedig langweilen Karl Theodor nun auch die Festlichkeiten in Mailand, während ein Besuch im Mailänder Krankenhaus, zu dem ihn der kaiserliche Leibarzt Dr. Seeburger eines Tages einlädt, ihn tief beeindruckt. Er wird richtungweisend für sein späteres Leben.

Während sich das Kaiserpaar höfischer Repräsentation in Vicenza, Verona und am Gardasee nicht entziehen kann, trennt sich Karl Theodor von seinen Verwandten und fährt von Genua nach Livorno, um sich Florenz, Pisa und die Riviera di Levante anzuschauen. Noch einmal kommt er nach Mailand, um sich vom Kaiserpaar endgültig zu verabschieden. Am 30. Januar 1857 ist er wieder in München.

Eine Äußerung, die er später seiner zweiten Frau Marie José gegenüber machte, läßt darauf schließen, daß der Besuch im Mailänder Krankenhaus ihn nicht mehr losließ:

Bevor ich zum erstenmal das elterliche Haus für längere Zeit verließ, sagte man mir, ich sei nun fertig mit meinen Studien. Nachdem ich aber einen Blick in die Welt getan hatte und mit so manchem hervorragenden Manne in Berührung gekommen war, wurde mir – beschämend eindringlich – bewußt, daß ich jetzt erst so richtig anfangen müsse zu lernen und zu studieren.

Aber es war noch ein langer Weg für Karl Theodor, bis es so weit war. Wie jeder königliche Prinz ist auch Karl Theodor verpflichtet, den Soldatenrock anzuziehen. Am 9. März 1857 tritt er auf Wunsch seines Vaters als Kanonier in das Dritte reitende Artillerie-Regiment in München ein.

Am 3. Juni 1862 erhält er über die Person seines Onkels Karl eine Mitteilung des Königs, worin es etwa heißt, daß Seine Majestät, der König, in absehbarer Zeit ihn zum Rittmeister unter gleichzeitiger Versetzung zur Kavallerie befördern wolle. Freilich wird die Freude darüber dadurch gedämpft, daß er schlechte Nachrichten über den Gesundheitszustand seiner Schwester in Wien erhält. Voller Sorge fährt er mit entsprechendem Urlaub nach Venedig, um sie dort kurz zu besuchen.

Seine zweifellos dem verstaubten Hofleben in Wien auch deshalb nicht gewachsene Schwester wird – weil die Hofkamarilla sie fühlen läßt, daß sie angeblich nicht standesgemäß für das Haus Habsburg ist – von selbstquälerischen Anwandlungen heimgesucht. Sie fürchtet, ihrem Mann nur noch eine Last zu sein und geht so weit, ihren Tod herbeizusehnen. Diesen nahezu hysterischen Anfällen steht der Bruder machtlos gegenüber. So sehr er seine Schwester liebt, er muß nach München zurück, ohne daß es ihm gelungen wäre, ihr zu helfen.

In München erhält er am 24. August 1862 seine Beförderung zum Rittmeister mit gleichzeitiger Versetzung in das Erste Kürassier-Regiment, den späteren Schweren Reitern. Er wird dort Chef der Ersten Schwadron.

Am 10. März 1864 verstirbt nach ganz kurzer schwerer Krankheit König Maximilian II. Sein ältester Sohn Ludwig folgt ihm mit neunzehn Jahren auf dem Thron.

Der junge König Ludwig II. sucht mehr und mehr die Freundschaft seines immerhin sechs Jahre älteren Vetters Karl Theodor. Immer öfter kommt er nach Possenhofen herüber, und die Gespräche beider drehen sich um absonderliche Dinge. Besonders nach dem frühen Tod von Karl Theodors erster Frau, auf die wir noch zu sprechen kommen, wird das Band zwischen beiden immer enger. Die Gefühle der beiden füreinander verlieren mehr und mehr den Boden der Realität. Auf einem seiner langen Ritte mit Ludwig II. gibt Karl Theodor, wie berichtet wird, diesen überschwenglichen Gefühlen für seinen königlichen Freund Ausdruck, indem er ausruft:

Denn es ist mir oft so, als wenn ich durch eine unsichtbare Macht an Dich und an Dein Leben gefesselt wäre. Wenn Du mir aufrichtig zu reden erlaubst, so muß ich offen gestehen, daß ich oft egoistisch genug war und den Wunsch in mir nicht unterdrücken konnte, Du möchtest nicht König sein, weil ich Dich dann als Freund so ganz ohne allen Rückhalt lieben dürfte.

Ludwig II. seinerseits läßt sich dazu hinreißen, während seiner Verlobungszeit an seine Braut Sophie, die Schwester Karl Theodors, zu schreiben:

Gackel [Karl Theodor], für den ich alles Leid der Erde gern trüge, ist so verändert, o wie nagt mir das am Herzen. Keinen Menschen der Welt erkenne ich ober mir, keiner kann mir gebieten, aber wenn er regieren wollte, so würde ich den Thron verlassen, die Krone ihm sofort übertragen, ihm dienen, mit Freude ihm in Allem gehorchen, sonst keinem Menschen der ganzen Erde. ... o Gott, keinem Menschen der Erde kann er theurer sein als mir ... an seinen Tod zu denken, ist mir unerträglich, Wahnsinn würde mich erfassen.

Dieser Brief ist am 13. März 1867 geschrieben. Einige Tage vorher, am 9. März, war Karl Theodors Frau Sophie, eine geborene Prinzessin von Sachsen und seine richtige Kusine, nach nur zweijähriger, überaus glücklicher Ehe gestorben. Die neunzehnjährige Sophie von Sachsen hatte bei mehrfachen Besuchen in Possenhofen beziehungsweise Karl Theodors am sächsischen Königshof solchen Eindruck auf ihn gemacht, daß er sich entschloß, um sie anzuhalten. Merkwürdigerweise hatte er auch sofort die Einwilligung seines Vaters zu dieser Verbindung erhalten. Zumindest dieser hätte die Gefahren einer Heirat seines Sohnes und künftigen Chefs des Hauses in eine so nah blutsverwandte und überdies keineswegs gesunde Familie erkennen müssen. Zwei ältere Schwestern der Braut waren bereits in jungen Jahren an Lungenleiden gestorben. Sophie traf nun nach kurzer Ehe das gleiche Schicksal.

Der oben zitierte Brief Ludwigs II. ist unter dem ersten Eindruck dieses seinen Freund zutiefst erschütternden Ereignisses geschrieben. In der Folge versucht Ludwig II., Karl Theodor von seiner Trauer abzulenken, indem er seinen Rat in gewissen politischen Fragen erbittet. Dies gibt Karl Theodor den Gedanken ein, in der Politik eine ernsthafte Lebensaufgabe finden zu können, nach der er bisher vergeblich gesucht hatte. Auch in den Musikstudien, die er während seiner Ehe gemeinsam mit seiner Frau eifrig betrieb, hatte er sie nicht gefunden. Er findet sie nun auch nicht in der Politik, denn Ludwig II. kommt zu dem Schluß, daß Karl Theodor »von Regierungsgeschäften keinen Schein eines Begriffes besitzt«. Für die militärische Laufbahn hatte er kein Interesse. Daß er später in dem

Studium der Medizin und als praktizierender Arzt seine Lebensaufgabe fand, damit begab er sich ganz aus dem Rahmen des damals Üblichen.

An dem 1866 für Bayern so unglücklichen Feldzug gegen Preußen hatte Karl Theodor letztlich nur im Stabe seines Onkels, des Feldmarschalls Prinz Karl, teilgenommen. Die sehr zögernde Führung dieses Prinzen mag Karl Theodors Unlust zum militärischen Beruf noch verstärkt haben. Eine eigene Truppe innerhalb der bayerischen Armee war ihm nicht anvertraut worden, obwohl er sowohl bei den Schweren Reitern in München wie bei den Chevauxlegers in Regensburg eine Stellung besaß, die ihn eigentlich hätte zwingen müssen, den Krieg bei einem dieser Regimenter mitzumachen.

Am 16. Oktober 1867 übergibt sein Vater Max ihm die Verwaltung eines Teils des Besitzes der herzoglichen Linie. Man könnte sich vorstellen, daß nun diese Aufgabe ihn voll befriedigt hätte. Das Gegenteil ist der Fall. Karl Theodor belegt in einer geradezu ungezügelten Begierde, sich nunmehr durch ein Studium an der Universität München doch noch eine Aufgabe zu schaffen, eine Fülle von Lehrfächern, die er niemals bewältigen kann: Physik, Chemie, Mineralogie, Botanik, Philosophie. Er überstürzt sich geradezu in seiner verzweifelten Suche nach einem Lebensinhalt. Bei diesen Bemühungen, sich eine wissenschaftliche Basis zu schaffen, die ihm eine Stellung in der Welt geben könnte, tauchen Erinnerungen an den vorjährigen Feldzug und seine blutigen Opfer auf. Er erinnert sich an seinen Besuch in der großen Mailänder Klinik, der ihm anscheinend einen unvergeßlichen Eindruck gemacht hat. Spontan findet er den richtigen Weg: Er will der leidenden Menschheit helfen. So wirft er alle seine bisherigen Entschlüsse bezüglich seines Studiums um und beschließt kurzerhand, Medizin zu studieren.

Leicht wurde dem Prinzen das Studium nicht gemacht. Man legt ihm Steine in den Weg, und in den Kreisen der Münchner Universität verstehen sowohl die Professoren wie die Medizinstudenten in damaliger Zeit nicht, daß ein Prinz aus dem Hause Wittelsbach sich wirklich ernsthaft dem Studium der Medizin widmen will. Aber Karl Theodor setzt sich durch mit einer Zähigkeit, die an seinen Urgroßvater Herzog Wilhelm erinnert. Doch während Wilhelm gesundheitlich widerstandsfähig war, machen sich bei Karl Theodor die Folgen der Inzucht bereits bemerkbar. Er beachtet seine zarte Konstitution nicht und mutet sich zuviel zu. Zu seinem medizinischen Studium, das er mit geradezu fanatischer Ausdauer verfolgt, kommen Reichsratssitzungen, zu deren Teilnahme er verpflichtet ist. Es werden ihm dabei in den Jahren 1868 und 1869 besonders schwierige Referate zugewiesen. So erkrankt er bald nach Beginn seines Studiums an einer schweren Gelbsucht, die er lange nicht überwinden kann.

Die Zeit bis zum Ausbruch des Krieges von 1870/71 ist ausgefüllt mit sehr eifrigen medizinischen Studien. Die Befriedigung hierüber gibt ihm auch die Kraft, auf den Wunsch seiner Mutter wieder an Geselligkeit und Bällen teilzunehmen. All dies läßt Karl Theodor kaum die Zeit, sich mit der immer mehr zuspitzenden Situation zwischen Frankreich und Preußen zu befassen. Doch wird es ihm wohl immer klarer geworden sein, daß der Bündnisvertrag zwischen Bayern und Preußen auch für ihn einen herben Einschnitt in den Fortgang seines Studiums bedeuten wird.

Die Abneigung der Wittelsbacher gegen Preußen haben wir bereits erwähnt. Sie ist überdies zu bekannt, als daß hierüber noch im einzelnen einzugehen ist. Die Kriegserklärung Frankreichs an Preußen am 19. Juli 1870 zwang Ludwig II. jedoch, seiner Armee den Mobilmachungsbefehl zu erteilen. Wenn auch Karl Theodor jedem – auch dem nunmehr ausbrechenden – Krieg ablehnend gegenübersteht, so drängt er doch, gegen den Wunsch seiner Eltern, darauf, an ihm teilzunehmen: Es ginge nicht an, sich nicht an dem Feldzug zu beteiligen, da er sich sonst in den Augen der Welt unmöglich machen würde, schreibt er unter anderem an seine Mutter. Er kommt nun in den Stab des XII. Sächsischen Armeekorps, das sein Schwager Albert von Sachsen führt. Da dieses Korps einen entscheidenden Anteil an dem siegreichen, wenn auch sehr verlustreichen Angriff gegen den rechten Flügel der westlich Metz in verkehrter Front stehenden Franzosen hatte, konnte Karl Theodor einen sehr starken Einblick in die hohen Blutzoll erfordernden Kämpfe gewinnen. Am 20. August 1870, als die Schlacht bei Metz endgültig gewonnen war, schreibt er seiner Mutter einen kurzen Brief, der seine seelische Labilität gegenüber allem, was eben ein Krieg mit sich bringt, offenbart.

Nachdem der Kronprinz Albert von Sachsen mit seinem XII. Armeekorps eine sehr glückliche Hand in der Führung zeigte, wurde ihm alsbald eine neu zu bildende Vierte Armee, die aus dem XII. Armeekorps, Teilen der preußischen Garde und anderen Truppen bestand, übertragen. Durch den berühmten Rechtsabmarsch Moltkes in Richtung Sedan, an dem auch die neu gebildete Armee des Kronprinzen Albert teilnahm, kam Karl Theodor in den Bereich der Einkesselungsschlacht bei Sedan, die das Schicksal Napoleons III. endgültig besiegelte. Auch an den vorhergehenden Kämpfen bei Beaumont hatte Karl Theodor teilgenommen. Er erhielt daraufhin den Sächsischen Militär-Sankt-Heinrichs-Orden verliehen. Indessen finden Karl Theodors Kriegsdienste bereits nach einem Vierteljahr ein Ende. Infolge einer Furunkulose muß er am 13. September 1870 die Armee verlassen und kehrt über Dresden nach München zurück. Dort widmet er sich erneut seinem Studium, in erster Linie in dem damals neu gegründeten Physiologischen Institut, an dem auch Lindwurm arbeitet.

Kurz unterbrochen wird diese Arbeit durch die pflichtgemäße Teilnahme am Einzug der aus Frankreich zurückkehrenden sächsischen Truppen in Dresden. Indessen kann er sich nicht entschließen, dem Einzug der von dem preußischen, jetzt deutschen Kronprinzen als dem Oberbefehlshaber aller bayerischen Kontingente angeführten bayerischen Truppen in München beizuwohnen.

Doch verfolgen wir nach diesen unerfreulichen politischen Dingen Karl Theodor auf seinem weiteren Lebensweg. Am 1. August 1872 wird in München mit ungeheurem Prunk die 400-Jahrfeier der Ludwig-Maximilian-Universität begangen. Von den Wittelsbachern scheinen nur Prinz Ludwig und Herzog Karl Theodor an ihr teilgenommen zu haben. Von einer Anwesenheit des Königs beziehungsweise anderer Mitglieder des königlichen Hauses wird nichts berichtet. Jedenfalls werden bei dem anschließenden Festessen im ›Odeon‹ nur die beiden Prinzen Ludwig und Karl Theodor rechts und links des Rektors sitzend erwähnt. Von allen Festreden wollen wir hier kurz die Rede Karl Theodors erwähnen, der der deutschen Universitäten gedenkt. Er nennt die Ludwig-Maximilian-Universität seine zweite Heimat und Brennpunkt des wissenschaftlichen Lebens für das Volk, in dessen Boden sie ihre Wurzeln senkte, aufs engste verwachsen mit seiner Entwicklung und Geschichte. Anschließend sprach Professor Dr. Seitz, der Dekan der medizinischen Fakultät, lobende Worte auf Karl Theodor und daß, wie er sich ausdrückte, »ein Sprosse unseres geliebten Wittelsbacher Regierungshauses sich mit seltenem Fleiß und großem Erfolg dem Studium der Wissenschaften, insbesondere der Anatomie und der Psychologie, gewidmet hat«. Im Anschluß an diese Rede überreichte der Dekan Karl Theodor die Ehren-Promotion zum Doctor medicinae und schloß mit den Worten: »Gestatten mir nun Ew. Königliche Hoheit, Sie zuerst ehrfurchtsvoll als collega zu begrüßen.«

Ludovika, Karl Theodors Mutter, war natürlich bestrebt, ihren verwitweten Sohn baldmöglichst in einer neuen Ehe zu wissen. Ihre eifrigen Bemühungen um eine geeignete Partie scheitern jedoch an Karl Theodors Widerstand. In diesem Falle wird von ganz anderer Seite die zweite Ehe Karl Theodors zustande gebracht. Es gelingt dem Exkönig von Neapel, der inzwischen zu einer klaren, völlig selbstsicheren Persönlichkeit herangereift ist und mit seiner Frau Marie über dem Starnberger See in Garatshausen wohnt, seinen Schwager nach heftigem Sträuben dahin zu bringen, sich die junge Marie José Braganza/Portugal anzusehen.

Die Braganza leben in einem Löwensteinschen Schloß, sind zur Zeit aber in Offenbach bei Isenburgschen Verwandten. Dort taucht eines Tages nach wohlvorbereiteter Verabredung mit der Mutter Marie Josés der König von Neapel auf. Hierüber wird berichtet, daß der König auf einem Spaziergang im Park wie von ungefähr der Mutter und Tante Marie Josés begegnete, die mit der jungen Prinzessin ebenfalls dort spazieren gingen. Franz von Neapel wurde von einem in den Augen der sechzehnjährigen Marie José bereits älteren Herrn begleitet, der sie in ein so fesselndes Gespräch verwickelte, daß sie nicht mehr auf Weg und Steg achtete und nicht bemerkte, daß sich die anderen entfernt hatten. Zu ihrer großen Überraschung erfuhr sie nach ihrer reichlich verspäteten Rückkehr ins Schloß, daß ihr Begleiter der Herzog Karl Theodor in Bayern war. Dieser ist so beeindruckt von dem jungen Mädchen, daß er noch am gleichen Tag um ihre Hand anhält. So schnell kann sich Marie José jedoch nicht entschließen. Enttäuscht fährt Karl Theodor mit seinem Schwager am 14. Mai 1873 an den Starnberger See zurück. Es ist erstaunlich, daß der nach dem Tode seiner ersten Frau besonders zurückhaltende Herzog sich so schnell in ein sehr junges Mädchen verlieben konnte. Nachdem seine Werbung zunächst erfolglos geblieben war, stürzt er sich mit doppeltem Eifer in seinen Beruf.

Enttäuscht über die zunächst mißglückte Verlobung ihres Sohnes ist auch Ludovika. Sie ruht nicht eher, bis am 25. Juli 1873 Karl Theodor, wieder mit seinem Schwager Franz, abermals zu den Braganza fährt. Nunmehr mit dem Erfolg, daß er das Jawort Marie Josés erhält.

Bald danach bricht in München die Cholera aus, vor der sämtliche Mitglieder des königlichen und herzoglichen Hauses in die Umgebung der Stadt flüchten. Nur Karl Theodor bleibt zurück; seine ärztliche Pflicht hält ihn in München fest.

Nach dem endgültigen Erlöschen der Seuche beginnen in Kleinheubach, einem Besitz der Fürsten von Löwenstein, die umfangreichen Hochzeitsfeierlichkeiten. Im Frühjahr 1874 vollzieht der Bischof von Mainz, Wilhelm Emanuel von Ketteler, die Trauung in der Schloßkapelle von Kleinheubach.

Nach zurückgezogen verlebten Wochen in Possenhofen zeigt sich das junge Paar auf Wunsch des Königs zum erstenmal in München am Fronleichnamstag 1874. Der König gab einen außerordentlich prunkvollen Empfang für Marie José. Ob sich dieser Empfang in demselben Rahmen vollzog wie etwa ein Jahr vorher das ›Königliche Bankett‹, das der König zur Begrüßung der Erzherzogin Gisela, Tochter der Kaiserin Elisabeth, anläßlich ihrer Vermählung mit seinem Vetter, dem Prinzen Leopold, im Hofballsaal der Residenz gab, ist uns nicht bekannt. Man kann sich kaum vorstellen, welches Zeremoniell nach spanisch-französischer Hofetikette noch im Jahre 1873 in der Münchner Residenz bei solchen Gelegenheiten üblich war. Die Beschreibung des ›Königlichen Banketts‹ zu Ehren der Erzherzogin Gisela, die Louise von Kobell in ihrem Buch ›Unter den ersten vier Königen Bayerns‹ gibt, ist für uns Heutige so amüsant, um nicht zu sagen komisch, daß wir es uns nicht versagen können, sie in vollem Wortlaut wiederzugeben:

Ich saß mit meinem Mann und den Kindern in einer Loge und sah auf der dreistufigen Estrade die von Gold- und Silbergeräten strotzende Tafel, in deren Mitte der von König Maximilian II. stammende ›Nibelungenaufsatz‹ prangte. Das künstlerisch mit Malereien ausgestattete menu lag neben jedem Gedecke.

> *Turtle-soupe.*
> *Attereaux de foie gras.*
> *Saumon du Rhin à la Béarnaise.*
> *Filet de boeuf aux haricots.*
> *Boudins à la Justine aux truffes.*
> *Langouste à la ravigote.*
>> *Maiwein.*
> *Chaponneaux et chevreuil rotis.*
>> *Asperges.*
> *Pommes à la Fontange.*
> *Gateau à la Portugaise.*
> *Glace aux epines vinettes, à la vanille et au muscat.*
> *Compote d'ananas.*

Vins.
- *Sherry.*
- *Chateau Yquem.*
- *Champagne, Veuve Cliquot.*
- *Bordeaux Chateau Lafitte.*
- *Steinberger Cabinet 1862.*

Liqueurs.
- *Anisette.*
- *Chartreuse.*

EIN BANKETT IN DER RESIDENZ

Die beiden sich gegenüberstehenden Schenktische trugen Kostbarkeiten aller Jahrhunderte; Becher und Pokale aus Bergkrystall, Jaspis und Bernstein, aus Lapis Lazuli, Steinbock- und Rhinozeroshorn, aus Nephrit und Onyx mit eingeschliffenen Blumen und Vögeln, Kredenzteller mit Amoretten, Delphinen und Masquerons, Schalen und Muscheln von Amethyst und Achat, Salzbüchschen von Chalcedon, Schiffchen aus Gold mit buntem Email. Gobelins, Palmen und Blumen schmückten die Wände. Hartschiere standen zur Seite der Schenktische und bildeten Spalier längs des Saales.

Gleichwie sich beim Sonnenaufgang die Luft bewegt, die Wolken eine andere Färbung annehmen, und sich allenthalben in der Natur eine gewisse Erwartung zeigt, so bekundet sich bei einem Feste eine eigentümliche Erregtheit, wenn die Hauptpersonen desselben nahen. Auch heute durchlief ein Flüstern die hinter den Hartschieren zirkulierende Volksmenge, die Menschen reckten und schoben sich, denn nur im Vorübergehen, vom Eingange bis zum Ausgange des Saales, durften sie die ›offene Tafel‹ besichtigen.

Die Flügelthüren wurden aufgerissen – ein Rauschen von Seide – ein Blitzen von Diamanten – der König in der Uniform eines Chevauxlegers-Obersten, die Prinzen in prächtigen Uniformen, die Prinzessinnen in kostbaren Schleppkleidern traten mit ihrem Gefolge in Hof-Gala und manteau de cour ein. Die Kämmerer rückten die Stühle, übernahmen die ihnen von den Hofchargen eingehändigten Hüte und Handschuhe der Prinzen und Prinzessinnen, der k. Oberstkämmerer und der Capitaine des Gardes, bedienten Se. Majestät, die Oberthofmeisterinnen und Hofdamen breiteten die Schleppen ihrer Herrinnen über die Stuhllehnen.

Ludwig II. hatte seinen Platz unter dem Baldachin eingenommen, ihm zur Rechten saß Prinzessin Gisela, zur Linken Prinz Leopold, daran reihten sich Prinz Otto, Prinz und Prinzessin Ludwig, Prinzessin Therese, Prinz Luitpold, Prinz Arnulph, Herzog Karl Theodor und Herzog Max Emanuel. Wieder ein Stoffrauschen, denn die Oberthofmeisterinnen und Hofdamen besetzten nun die Tabourets, welche im Halb-

*kreise um den Bankettisch standen. Die nicht beim Bankette
beschäftigten Herren stellten sich hinter die Damen. Da trat
der Prodekan von St. Cajetan an die Stufen der Estrade und
betete das Benedicite, wobei zwei Pagen respondierten. Hierauf
legte der k. Obersthofmarschall am Serviertische die Suppe
vor, Edelknaben übergaben sie dem Kammerdienst, dieser für
Se. Majestät dem k. Oberstkämmerer, für die Höchsten Herrschaften
den betreffenden Hofchargen. Von den Musiktribünen
ertönten Fanfaren. Nach der Suppe kostete nach uraltem
Brauche der Obersthofmarschall den Wein, der gleichfalls in
zeremoniellen Etappen den hohen Tischgenossen serviert
wurde.*

*Der König erhob sich und trank »auf das Wohl der durchlauchtigsten
Neuvermählten« – allgemeine Bewegung, die
Musik schmetterte einen dreifachen Tusch, hierauf erklang die
österreichische Nationalhymne.*

*Die Zuschauer hinter den Hartschieren schritten so langsam
wie möglich vorwärts. Manche Schaulustige möchte wie
eine Säule nicht von der Stelle wanken und weichen, aber sie
muß wider Willen weiter wandern. Und da und dort verschlingt
ein Tantalus mit seinen Augen die Speisen, ein Anderer
die Weine, das Höchste aber bleibt der Anblick des Königs, der
Prinzen und Prinzessinnen in den goldschimmernden Kleidern
mit den funkelnden Edelsteinen.*

Auch die in den Logen Sitzenden sind Aug und Ohr.

*Der Siegesmarsch von 1870 tost durch den Saal – der König
erhebt sich und bringt mit sonorer Stimme den Toast auf das
Österreichische Kaiserhaus aus. Prinzen und Prinzessinnen
verbeugen sich und trinken zustimmend, das menu nimmt
seinen Fortgang. Es ertönen schmelzende und feurige Weisen
aus Rheingold, aus Webers Jubelouvertüre, aus den Ruinen
von Athen. Die einschmeichelnden Klänge des ersten Glückstages
von Auber zeichnen eine selig fröhliche Stimmung vor,
aber die hohe Gesellschaft verharrt in feierlicher Förmlichkeit
und Unterhaltung. Ludwig II. lacht nicht, wie einst die spanischen
Regenten hielt er das Lachen unziemlich für einen König,
Prinz Otto ist wie in sich verloren, die beiden Herzoge verhal-*

ten sich zeremoniell ernst, die Neuvermählten tauschen glückliche Blicke mit den ihnen zunächststehenden Familiengliedern. Gastronomische Genüsse drängen sich mehr und mehr, Hochzeitsmärsche aus dem Sommernachtstraum und Lohengrin brechen zauberisch aus den Instrumenten hervor – die Kämmerer servieren den Gateau à la Portugaise – glace aux epines vinettes, à la vanille et au muscat – Compote d'ananas – der Steinberger Cabinet 1862 ist kredenzt – dann Anisette und Chartreuse. –

Der Prodekan tritt wieder an die Stufen der Bankettestrade und spricht das Dankgebet unter der stummen Teilnahme der Anwesenden. Hierauf begeben sich Seine Majestät und die K. Hoheiten unter Vorantritt der Herren des großen Dienstes, gefolgt von Herren und Damen des Hofes, unter den Klängen ›Heil unserm König Heil‹ nach dem Saale Karls des Großen, wo der Cercle stattfindet.

Es ist verständlich, daß den Herzog Karl Theodor derartige pompöse Festlichkeiten, die vielleicht hundert Jahre vorher im Zeitalter des Absolutismus angebracht waren, nicht nur langweilten, sondern ihm, der einem ernsten Berufsleben nachging, wesensfremd waren.

Den Münchner Feierlichkeiten schließt sich ein Besuch in Tegernsee bei dem Generalfeldmarschall Prinzen Karl von Bayern an, wo Marie José zum erstenmal ihren späteren Besitz Tegernsee mit Kreuth kennenlernt. Prinz Karl hatte seinen Gesamtbesitz seiner Schwester Ludovika vermacht mit der Bestimmung, daß dieser dereinst in die Hände seines Patenkindes Karl Theodor kommen sollte.

Während eines Besuches des Herzogs in Wien bei seinen Geschwistern, wo er seine junge Frau vorstellt, trifft die Nachricht ein, daß am 16. August 1875 der alte Feldmarschall Prinz Karl bei einem seiner gewohnten Morgenritte tödlich verunglückt ist. Ludovika gibt alsbald ihr Erbe an Karl Theodor ab, so daß er Herr über alle Besitzungen in und um Tegernsee wird. Damit geht die jahrhundertealte Verbundenheit der Wittelsbacher mit dem Tegernseer Tal nunmehr auf die herzogliche Linie über.

Die Erbschaft Tegernsee

Von den Huosi 746 gestiftet und nach der Säkularisation Herzog Arnulf des Bösen (um 925) von Kaiser Otto 978/79 zum zweiten Mal gegründet, erlebte das Kloster Tegernsee bis zur Säkularisierung 1803 eine weitsichtige und umsichtige Führung durch die dort wirkenden Benediktiner und Anfang des 18. Jahrhunderts unter Abt Bernhard Wenzl eine umfangreiche Erweiterung der Klosterbauten sowie Barockisierung der Kirche durch den Baumeister Antonio Riva. In dem Vertrag mit Riva über die geplanten Umbauten wird ›Herzog Maxens Zimmer‹, ein Zimmer des späteren Kurfürsten Maximilian I., erwähnt. Also schon damals ›Wittelsbacher am Tegernsee‹!

1803 setzte eine blindwütige Zerstörung ein. Der Kirchenraum wurde geplündert, von den Altären blieben nur drei erhalten, die übrigen wurden versteigert, die unersetzliche Bibliothek von 80000 Bänden, Handschriften und Wiegendrucken in alle Winde verstreut. 1805 kaufte der Generalpostdirektor von Drechsel die Gebäude und setzte sogleich das Zerstörungswerk in breitestem Umfang fort. Entweder 1817 oder zu einem wenig früheren Zeitpunkt sah König Max I. Joseph das in weiten Teilen bereits abgerissene Bauwerk. Er kaufte sofort die noch stehengebliebenen Reste, wobei der Freiherr von Drechsel kein schlechtes Geschäft machte und sich nicht scheute, obendrein noch den Grafentitel vom König zu erbitten, den er von dem gutmütigen Max Joseph auch erhielt.

Tegernsee wurde zum Lieblingsaufenthalt des Königs. Er ließ den erhalten gebliebenen Südwestflügel mit den Stukkaturen des Johann Baptist Zimmermann von 1728 im ehemaligen Refektorium zu einem seinen Bedürfnissen entsprechenden Sommersitz umgestalten. An Stelle der ehemals an der Südseite angebauten und von Herrn von Drechsel abgebrochenen drei Flügel der Klosteranlage trat der sogenannte ›Schmetterlingsgarten‹. Mit dem Umbau des Schlosses beauftragte der König 1823 Leo von Klenze, das durch ihn und seinen leitenden

Baumeister, den Hofbauinspektor Simon Mayr (der auch die Neubauten für Bad Kreuth errichtete), ein klassizistisches Gepräge erhielt. Es entstand die markante Doppeltreppe zum Haupteingang. Für die innere und äußere Ausschmückung des Schlosses wurde der Marmor aus Wildbad Kreuth verwendet, dessen Marmorbrüche der König hierfür wieder in Betrieb genommen hatte. Eine nicht unbedingt glückliche, jedenfalls oft angegriffene Maßnahme Klenzes war der Abbruch der barocken Turmzwiebeln der ehemaligen Abtei- und nunmehrigen Schloßkirche. Sie wurden durch Spitzhelme ersetzt.

Durch diese Bauarbeiten, die zeitweilige Hofhaltung der königlichen Familie in Tegernsee, verbunden mit einem regen gesellschaftlichen Leben, fand die nach der Säkularisation verarmte Bevölkerung wieder Verdienstquellen und gelangte zu neuem Wohlstand, dessen sichtbare Zeichen unter anderem der Neubau von Schulen und das Aufblühen des Kulturlebens waren. Was hätte wohl August von Platen zu dem regen Betrieb gesagt, der nun in das stille Tal einkehrte? Schon 1817 hatte er gelegentlich eines Besuchs von Tegernsee bemerkt:

Der Ort Tegernsee selbst würde mir zu lebhaft sein für einen längeren Aufenthalt. Er ist den Sommer über beständig mit Fremden angefüllt. In Städten bin ich dem Geräusche nicht feind, aber ich liebe die Stille auf dem Lande.

Die repräsentativen Festsäle des Schlosses: der Marmorsaal, der Kaisersaal, der Bankettsaal sahen oft hohe Gäste. So 1822 den Kaiser Alexander I. von Rußland und Kaiser Franz I. von Österreich sowie 1828 die uns schon bekannte Hochzeit des Herzogs Max in Bayern mit der Tochter des Königs. Dieses festliche Ereignis erlebte Max Joseph nicht mehr. Nur wenige Jahre hatte er sich seiner Besitzung erfreuen können; schon 1825 starb er.

Seine Witwe, die Königin Karoline, führte die Hofhaltung und das gesellschaftliche Leben in gewohntem Stil weiter. So war im November 1829 Paganini ihr Gast und gab im Bankettsaal ein Konzert. Karoline war so eng mit der Bevölkerung Tegernsees verbunden, daß sie ihr die Möglichkeit geben wollte, an diesem Ereignis teilzunehmen. Sie stellte hierfür den an den Bankettsaal anschließenden Marmorsaal zur Verfügung, wo alsbald die atemlos dem Spiel Paganinis lauschende Bevölkerung dicht gedrängt stand. Nach den Begeisterungsstürmen der nun durch Königinwitwe Karoline dem Musikleben wieder zugeführten Einwohner Tegernsees schreibt einer der Gäste:

Paganini, der bis zur Stunde keine Miene seines immer traurigen Gesichtes verzogen hatte, lächelte und verbeugte sich dankbar vor denen, die ihm in der Einfalt ihres Herzens die bis dahin schönste Huldigung seines an Ehrungen so reichen Lebens dargebracht hatten.

Mit Schloß und Kirche zu einem Gebäudekomplex verbunden ist das Bräuhaus, die ehemalige, auf eine rund tausendjährige Tradition zurückgehende Klosterbrauerei. Es wird uns überliefert, daß Heinrich von Treitschke unter dem Eindruck eines Besuchs von Tegernsee treffend bemerkte:

Hier hat man eigentlich das ganze Bayern unter einem Dach, das Gotteshaus, das Königshaus und das Bräuhaus.

Treitschke hatte den Nagel auf den Kopf getroffen: In Bayern gehörten seit eh und je Frömmigkeit, Anhänglichkeit ans Herrscherhaus und froher Lebensmut zusammen, und hier in Tegernsee waren diese drei Elemente tatsächlich unter einem Dach vereinigt, seitdem die pfälzischen Wittelsbacher auf ihrem Weg vom Land des Weins in das Land des Biers hier ihre Heimat gefunden hatten. Eugen Roth sagt von dem Bräuhaus:

Wer mit einem Kenner in das gewölbte Bräustüberl der einstigen Benediktiner tritt, dem mögen in einer glücklichen Stunde wenigstens die niedrigen Weihen altbayerischer Lebenskunde gereicht werden.

Signet des ›Herzoglichen Brauhauses Tegernsee‹

Den Wittelsbachern – namentlich dem Feldmarschall Prinz Karl und dem Herzog Karl Theodor – ist die Erhaltung und der Ausbau ihrer Brauerei mit dem Bräustüberl zu verdanken. Die zu klein gewordenen Sommerbier-Lagerkeller wurden erweitert, wobei man auf Fundamente der einstigen Salvatorkirche des 8. Jahrhunderts stieß. Die technischen Braumethoden wurden immer auf dem neuesten Stand gehalten. Unter Prinz Karl wurde 1864 zum erstenmal der nach dem Schutzpatron von Tegernsee benannte ›Quirinus-Bock‹ ausgeschenkt.

1818 hatte der König seine Besitzung Tegernsee durch den Ankauf von Kreuth mit dem darüber gelegenen Kurort Wildbad Kreuth und mit Siebenhütten erweitert. 1821 kam noch der ehemalige Klosterlehenshof Kaltenbrunn hinzu. Im Jahre der Säkularisation war Kaltenbrunn in den Besitz eines Bauern namens Max Aigner übergegangen, der den Hof 1821 für 44 000 Gulden an den König verkaufte. Kaltenbrunn wurde eine Art königliche Meierei, diente aber nicht zuletzt dem König und seinem Hof als Ort der Erholung und Entspannung. Oft zog Max seine Staatsminister zu zwanglosen Besprechungen in diese ländliche Umgebung. Mit prominenten Gästen wie zum Beispiel dem Kaiser Alexander I. von Rußland und dem Kaiser Franz I. von Österreich wurden Ausflüge dorthin unternommen. Den hohen Herrschaften wurde dann von der einzigartigen Aussicht, die der Blick von Kaltenbrunn auf den Tegernsee, das Schloß und die dahinter liegenden Berge bot, ein Schauspiel ganz besonderer Art geboten. Vom Paraplui – so genannt nach einem regenschirmartig überdachten Aussichtspunkt über dem Südende des Sees, zu dem Max Joseph gern Spaziergänge unternahm – kündigten Kanonenschüsse den Beginn eines riesigen Feuerwerks an. Auf den Bergen ringsum leuchteten Feuer auf, als deren Höhepunkt die Namenszüge Max Josephs und Karolines erstrahlten, während über den See zahllose illuminierte Boote zogen. Von Musikklängen begleitet, fuhren die hohen Gäste dann zunächst mit königlichen Schiffen zum Angermannbichl, einem königlichen Mustergut am östlichen Ufer des Sees. Von dort kehrten sie mit Wagen nach Schloß Tegernsee zurück.

VII

Schlafzimmer im Schloß Tegernsee

Aquarell und Gouache von Franz Xaver Nachtmann, zwischen 1828 und 1843.
Münchner Stadtmuseum.

Nachtmann war wiederholt beauftragt worden, Festlichkeiten und Ansichten von Schloß Tegernsee im Bild festzuhalten. Neben der Hochzeits-Zeremonie (Abb. 7 neben Seite 224) von Herzog Max im Jahre 1828 schuf er im selben Jahre wie auch um 1840 verschiedene Blätter vom Äußeren wie vom Inneren des Schlosses, die er zum Teil auch in Lithographien verbreiten ließ.

Das säkularisierte Kloster Tegernsee kam 1816/17 in den Besitz des Königs Max I. Joseph, der es umbauen und in klassizistischem Geschmack einrichten ließ. 1875 gelangte das Schloß durch Erbschaft an die herzogliche Linie.

Im Laufe der Jahre fanden zu festlichen Gelegenheiten zahlreiche derartige Veranstaltungen statt wie zum Beispiel am 13. Juli 1823 anläßlich des Geburtstages der Königin Karoline, am 29. November desselben Jahres zur Vermählung der Prinzessin Elisabeth, Tochter Max Josephs, mit dem Kronprinzen und späteren König Friedrich Wilhelm IV. von Preußen, oder am 9. September 1828 bei der Hochzeit der Prinzessin Ludovika mit dem Herzog Max in Bayern, ebenso fünfzig Jahre später zur Goldenen Hochzeit des Paares. Zu Ehren fürstlicher Gäste und Verwandter wurden regelmäßig große Feuerwerke dargeboten.

Am Vorabend des 72. Geburtstages, am 6. Juli 1867, und zum 80. des damaligen Schloßherrn, des allseits überaus beliebten Prinzen Karl von Bayern, stiegen ganz besonders prächtige und kunstvolle Gebilde der bereits hochentwickelten Pyrotechnik zum nächtlichen Himmel auf. Eine Kette von Bergfeuern auf den umliegenden Bergrücken bildete den Rahmen für dieses äußerst effektvolle Schauspiel.

Als Herzog Karl Theodor den Besitz 1876 übernahm, wurde dieses Ereignis ebenfalls mit einem großartigen Feuerwerk gefeiert, und zur Hochzeit seiner Tochter Amelie aus erster Ehe mit dem Herzog Wilhelm Karl von Urach wurden am 3. Juli 1882 noch einmal – und zwar zum letztenmal in dieser Pracht – Bergfeuer und Raketen entzündet.

Eines Mannes und einer Begebenheit müssen wir hier noch im Zusammenhang mit den prominenten Gästen gedenken, die die königliche Familie in Tegernsee besuchten. Max Obermayer, Bauerngastwirt in Gmund, hatte im September 1837 zum erstenmal aus der Schweiz Simmenthaler Vieh ins Tegernseer Tal gebracht, um der dortigen Viehzucht neues Blut zuzuführen.

Sein Unternehmen erwies sich als so erfolgreich, daß er die Einfuhr Simmenthaler Viehs nahezu ununterbrochen wiederholte und wahrscheinlich 1838 bereits eine stattliche Herde im Tegernseer Tal vorhanden war. Zar Nikolaus I., der Nachfolger Alexanders I., war gelegentlich eines Besuchs, den er der Königinwitwe Karoline 1838 in Tegernsee machte, von der

Qualität dieses Viehs so begeistert, daß er seine Gastgeberin bat, ihm eine Herde zur Verbesserung der russischen Viehzucht zu überlassen. Im Herbst 1838 erhielt nun Obermayer den Befehl, eine Herde Simmenthaler nach Rußland zu treiben – eine andere Transportmöglichkeit gab es damals noch nicht. Was blieb Obermayer anderes übrig, als sich trotz des bevorstehenden Winters, der ja bekanntlich in Rußland sehr viel strengere Formen annimmt als im Tegernseer Tal, auf den Weg nach Petersburg zu machen. Neun Monate stapfte er mit seinen Gehilfen hinter seiner Herde durch den immer tiefer werdenden Schnee. Als der Frühling des Jahres 1839 kam, war er glücklich und anscheinend ohne jeden Verlust an seinem Ziel angelangt. Die Ehrung, die ihm in Petersburg durch den Zaren zuteil wurde, mag ihm ein Lohn gewesen sein für die sicher an Entbehrungen reichen Strapazen, die er auf sich genommen hatte. Sein Andenken lebt noch heute durch ein Denkmal in Gmund.

Wildbad Kreuth, dessen Heilquellen von den Mönchen Tegernsees schon etwa seit 1480 benützt wurden, kam durch den König zu neuer Blüte. Er fand beim Ankauf das von den Äbten Tegernsees erbaute sogenannte Alte Badhaus und die 1707 geweihte Kapelle vor. Diesen veralteten Anlagen westlich gegenüber ließ er, durch einen Zaun getrennt, von 1818 bis 1824 neue, den Erfordernissen der Zeit entsprechende Gebäude errichten. Sie bilden einen langgestreckten Komplex bestehend aus zwei einander gleichenden Häusern, die durch einen kleinen Zwischentrakt miteinander verbunden sind. Ihnen schließt sich im Norden eine Säulenhalle an. Die mit allem Komfort der damaligen Zeit, mit Speisesälen, Konversations- und Billard- sowie Kursaal ausgestatteten neuen Kurgebäude ebenso wie die neu eingeführte Molkenkur zogen Gäste aus aller Welt an.

Der Anlaß des erwähnten Besuches Zar Nikolaus I. von Rußland 1838 in Tegernsee war der Kuraufenthalt seiner Gemahlin Alexandra, einer Tochter des Königs Friedrich Wilhelms III. von Preußen, in Wildbad Kreuth. Zur gleichen Zeit waren die verwitweten Kaiserinnen von Österreich – eine

Tochter Karolines – und Brasilien – Tochter der Herzogin von Leuchtenberg – sowie das preußische Kronprinzenpaar in Tegernsee zu Gast. Aus München kam König Ludwig I. mit der Königin, bei Tisch wurden achtzehn Verwandte gezählt. Natürlich fanden zu Ehren dieser Gäste zahlreiche festliche Veranstaltungen statt. Neben dem üblichen Feuerwerk auf dem See gab es Theatervorstellungen und lebende Bilder. Zur Aufführung von zwei einaktigen Schwänken erschien die Zarin in »einer Tunika aus weißem Crepe mit Goldborten und darüber drei Reihen Perlen bis zu den Knieen hinunter. Auf dem Kopf einen Turban.« Es wurden Ausflüge nach Kaltenbrunn und eine Fahrt zum ›Bauern in der Au‹ unternommen. Man ging das letzte Stück zu Fuß hinauf; die Zarin wurde wegen ihres angegriffenen Gesundheitszustandes in einem Tragsessel getragen. Oben erwartete ein in der Eile aus Brettern errichteter, mit Grün festlich geschmückter Teepavillon die illustren Gäste. Besondere Ereignisse für die Bevölkerung waren zwei von der Zarin veranstaltete Feste: ein Scheibenschießen mit kostbaren Preisen und ein Bauernball. Franz Xaver Nachtmann hat die Hauptereignisse in einer seltenen Serie von fünf köstlichen Lithographien, die man heute auch im Heimatmuseum von Tegernsee bewundern kann, der Nachwelt überliefert.

König Max Joseph hatte es sich aber auch nicht nehmen lassen, für die Armen des Tegernseer Tals zu sorgen. Er ließ das Alte Badhaus renovieren und stiftete nicht weniger als 50 000 Gulden dafür, daß auch die minderbemittelte Bevölkerung in die Lage versetzt wurde, die Kreuther Heilquellen zu benützen.

Der Arzt

Die von ihrer Mutter, der Königin Karoline, an sie vererbte, damals noch weit außerhalb Münchens in Schwabing idyllisch gelegene Besitzung Biederstein hatte Ludovika 1876 ihrem Sohn Max Emanuel überlassen. Karl Theodor machte, wenn er aus beruflichen Gründen in München war, oft weite Ritte mit seinem Bruder Max Emanuel in und um Biederstein. So schön die Umgebung und die gesunde Luft da draußen auch waren, machen sich bei Karl Theodor immer stärkere gesundheitliche Beschwerden bemerkbar. Er entschließt sich nach dem Wintersemester 1875/76 zu einem Aufenthalt an der Riviera und nimmt seine Frau sowie den ihm bekannten Pathologen Buhl dorthin mit. Während seines Aufenthaltes studiert er die Symptome der Lungenerkrankungen, wohl selbst erkennend, daß seine Anfälligkeit auf eine solche Erkrankung zurückzuführen ist. Eine Bestätigung hierfür erhält er alsbald nach seiner Rückkehr nach Possenhofen, als sich nach dem gewohnten Morgenritt zum erstenmal Blutungen aus der Lunge einstellen. Mit der eisernen Energie, die ihm eigen ist, ersucht er seinen Leibarzt Dr. Mayer, absolutes Stillschweigen über diesen Vorfall zu bewahren, was um so notwendiger ist, als Marie José kurz vor der Geburt ihres zweiten Kindes steht.

Immerhin gelingt es Karl Theodors Leibarzt, das Befinden seines Patienten so wesentlich zu bessern, daß er seine zahlreichen Kranken wieder besuchen kann. Daneben setzt er seine Studien und Arbeiten an der Anatomie weiter fort. Es ist klar, daß Karl Theodor sich in allem und jedem viel zu viel zumutet. Da ist zum Beispiel die Musik, die ihn nicht losläßt und die in Kammermusikabenden in Possenhofen besonders gepflegt wird. Neben Repräsentationspflichten in München, denen er sich nicht entziehen kann, stürzt er sich in Sprachstudien und nimmt auch das Studium der Philosophie wieder auf. Fast möchte man diesen übertriebenen Arbeitseifer als krankhaft bezeichnen, mit dem der Herzog versucht, sich über sein Lungenleiden hinwegzusetzen. Es ist anzunehmen, daß er durch diese nahezu unnatürliche Aktivität vor allem auch seine Frau und seine nächsten Angehörigen über seinen Gesundheitszustand zu täuschen versucht.

Am 25. Juli 1876 wird ihm seine zweite Tochter Elisabeth geboren, deren Patin die Kaiserin Elisabeth ist.

Wenige Wochen nach der Geburt dieser Tochter zieht die ganze Familie des Herzogs ins Tegernseer Schloß. Kaum ist Karl Theodor dort, nimmt er mit dem Distriktsarzt Dr. Rosner Verbindung auf, um in der Praxis dieses Arztes mitzuhelfen. Auch findet er noch Zeit zu regelmäßigen Fahrten nach München, um dort an der Anatomie zu arbeiten. Dieses Leben muß natürlich an seinen Kräften zehren, und er erreicht praktisch das Gegenteil von dem, was er bezweckt. Es ist erstaunlich, daß dieser Mann, gerade als Arzt, sich Pflichten auferlegt, die ihn nicht gesünder, sondern noch kränker machen. Aber vorerst hält sein zäher Wille noch durch. Seine Frau Marie José beobachtet mit steigender Sorge die fanatische Betriebsamkeit ihres Mannes und versucht, ihm zu helfen, wo sie nur kann.

Nachdem der Herzog und die Herzogin – ersterer wegen einer geringfügigen Erkrankung – im Frühjahr 1877 in Cannes weilten, verläuft das Jahr hinsichtlich des Gesundheitszustandes Karl Theodors einigermaßen befriedigend. Er ist in der Lage, im September 1877 an der 50. Tagung des deutschen Ärzte- und Naturwissenschaftlichen Verbandes in München teilzunehmen und dort mehrere Vorträge zu halten. In seiner Ansprache am 20. September stellt er die Verdienste Bayerns um die wissenschaftliche Forschung besonders heraus und gleitet dabei in eine bezeichnende politische Feststellung ab, indem er sagt:

Wir Deutsche haben kein Paris und können auch kein solches haben, da wir die wissenschaftliche Zentralisation, die alles Blut zum Herzen drängt und die Glieder nur zu leicht erkalten läßt, ebensowenig wie die politische zu ertragen vermöchten.

Karl Theodor wird zum Ehrenmitglied des Verbandes ernannt. Die schon früher von Karl Theodor mit großem Eifer betriebenen Studien in den philosophischen Wissenschaften werden erneut fortgesetzt. Sein unsteter Geist und sein ungewöhnlicher Drang, sich immer neue Wissensgebiete zu erschließen, führen ihn dazu, sich dem Studium der Psychiatrie zuzuwenden. Da es in München keine staatliche Anstalt zur Behandlung Geisteskranker gibt, nimmt er Verbindung mit dem Professor Bernhard von Gudden, dem damals in München bekannten Psychiater, auf, der sich ganz privat der Behandlung Geisteskranker widmet. Karl Theodor scheint die Absicht gehabt zu haben, diesen Zweig der ärztlichen Wissenschaft zu seinem Spezialgebiet zu machen. Ob er durch Erkrankungen in seiner eigenen Familie zu diesem außerordentlich schwierigen Studium angeregt wurde, ist unklar, aber immerhin möglich.

Alle seine weitläufigen und zahlreichen Studien wie Musik, Fremdsprachen, Anatomie, Philosophie, Psychiatrie, in die er sich verzettelt, werden jählings unterbrochen durch einen Blutsturz in der Nacht vom 18. zum 19. Januar 1878. Zwar erholt sich der Herzog sehr bald, wird aber nunmehr von den ihn behandelnden Ärzten, den Professoren von Ziemssen und Bauer, veranlaßt, sich beschleunigt an die Riviera zu begeben. Am 28. Februar 1878 fährt er in Begleitung seiner Frau nach Nervi, um dort in völliger Ruhe seine zweifellos sehr angegriffenen Lungen zu heilen. Sein unruhiger Geist zwingt ihn aber alsbald wieder, mit dem ihn begleitenden Professor Buhl sich mit medizinischen Forschungsarbeiten zu beschäftigen: Die ihm verordnete Ruhe läßt er außer acht.

Als ihm seine Ärzte den günstigen Heilungsprozeß bescheinigen, gibt ihm das Gelegenheit, etwa Mitte April 1878 nach Rom aufzubrechen, um Papst Leo XIII. zu besuchen. Statt sich nach der Erholungszeit in Nervi Ruhe zu gönnen, bleibt er mit Marie José volle zehn Tage in Rom. Er wird vom Heiligen Vater empfangen und bespricht mit ihm auch politische Fragen. Es bleibt Karl Theodor nicht erspart, auch im Quirinal seinen Besuch zu machen, ein Besuch, der naturgemäß recht distanziert verläuft. Noch sind die Ereignisse, wie zum Beispiel die Vertreibung des neapolitanischen Königshauses, nicht vergessen. Ohne sich die dringende Schonung aufzuerlegen, treibt es Karl Theodor zu den Sehenswürdigkeiten der Ewigen Stadt und sogar in die Campagna hinaus. Ruhelos geht es dann weiter über Florenz, Modena und Parma nach Possenhofen zurück.

Trotz Nervi fühlt sich der Herzog nicht viel wohler, was ja auch durch den unvernünftigen und für ihn viel zu anstrengenden Abstecher nach Rom ebenso wie durch die beschwerliche, tagelange Rückreise über vielerlei Städte Oberitaliens kaum zu vermeiden war. Er fühlt sich bedenklich geschwächt.

Am 8. September 1878, genau vier Wochen vor der Geburt seiner dritten Tochter, wird in Tegernsee in großem Familienrahmen die Goldene Hochzeit seiner Eltern Max und Ludovika gefeiert.

Trotz seines bedenklichen Gesundheitszustandes, den der Herzog immer mehr selbst erkennt und sich eingestehen muß und der ihm auch von dem 1878 nach Tegernsee zugezogenen Internisten Dr. von Cube bestätigt wird, setzt er seine unermüdliche Arbeit, besonders auch in der Verwaltung seines Besitzes Tegernsee, fort.

Seiner Familie gegenüber versucht er seinen Zustand zu verbergen. Es ist verwunderlich, daß er zu allen den vielen Ärzten und Professoren, die er bereits konsultiert hat und die alle mehr oder minder zu derselben Diagnose gekommen waren, nunmehr auch noch diesen ihm bisher unbekannten Dr. von Cube um Rat fragt. Er bringt Cube ein erstaunlich schnelles Vertrauen entgegen und entschließt sich auf dessen Rat zu einem abermaligen Kuraufenthalt an der Riviera, diesmal in Mentone. Es ist der zweite Aufenthalt an der Riviera innerhalb eines Jahres.

Kaum ist das dritte Kind, die Tochter Marie Gabriele, geboren, wird die Reise nach Mentone Ende November 1878 angetreten. Diesmal begleitet den Herzog Dr. von Cube.

In Mentone tritt die entscheidende Wendung für Karl Theodor ein, als er dort durch Vermittlung von Dr. von Cube den russischen Professor Alexander von Iwanoff, einen der bedeutendsten Augenärzte Rußlands, kennenlernt. Daß Iwanoff ein äußerst unliebenswürdiger Mensch ist, stört Karl Theodor in keiner Weise. Er sucht seine Gesellschaft, aber lediglich zu dem Zweck, sich von ihm über die Augenheilkunde eingehend orientieren zu lassen. Er ist von ihr fasziniert und wendet sich nun mit äußerster Zähigkeit ihrem Studium zu. In einem Brief schreibt er:

Die Augenheilkunde erscheint mir als das umfassendste medizinische Gebiet. Im Auge offenbart sich der körperliche Zustand, in ihm zeichnen sich Krankheiten ab, zum Beispiel der Nieren, noch ehe deren charakteristische Merkmale auftreten. Wie in einem Spiegel gewahrt man hier das Innere eines Menschen.

Nach München zurückgekehrt, findet er seinen Vater Max in bedenklichem Zustand. Er bittet ihn deshalb, nach Tegernsee zu kommen, weil er als Arzt erkennt, daß eine Luftveränderung für seinen Vater mehr als dringend ist. Der einst so lebensfrohe Max hat sich völlig in sein Palais an der Münchner Ludwigstraße zurückgezogen und verläßt es nicht mehr. Erst das ärztliche Zureden seines Sohnes veranlaßt den Vater, nach Schloß Tegernsee zu kommen.

Mit vierzig Jahren unterzieht sich Karl Theodor im Februar 1880 dem Staatsexamen, das er nahezu mit der Note 1 besteht. Die anstrengende Vorbereitung hierauf und die Prüfungen selbst haben die an sich schwache Gesundheit des Herzogs natürlich wieder angegriffen. Wenn man bedenkt, daß ihm in der Chirurgie, in der pathologischen Anatomie und in der Augenheilkunde ganz vorzügliche Kenntnisse bescheinigt werden, erkennt man seinen Arbeitseifer, der sich im übrigen auch bei den Prüfungen in Geburtshilfe und Hygiene erweist.

Seine wieder einmal überforderte Gesundheit verlangt nunmehr einen neuerlichen Aufenthalt in Mentone. Dort trifft er seinen alten Bekannten Professor Dr. Iwanoff wieder, mit dem er sich sofort in neue ärztliche Arbeit stürzt, statt sich zu erholen. Auch der berühmte Wiener Chirurg Professor Billroth, den Karl Theodor schon bei seinem ersten Aufenthalt in Mentone kennengelernt und mit dem er äußerst fruchtbare Gespräche geführt hatte, ist wieder da.

Mentone, das eigentlich seiner Gesundheit dienen sollte, ist nur ein kurzes, mit Arbeit ausgefülltes Zwischenspiel. Anfang Mai geht er wieder nach Zürich zu Professor Horner, wo er schon im Oktober 1879 vor seinem Staatsexamen gearbeitet hatte. Von Professor Iwanoff beraten, schrieb er damals, Mitte Oktober 1879, an den Augenarzt der Züricher Universität, Professor Horner, zunächst folgenden Brief:

Es ist mein Wunsch, zu meiner weiteren Ausbildung in der Augenheilkunde in praktischer, hauptsächlich operativer wie theoretischer Beziehung Sie um Ihre freundliche Führung zu ersuchen. ... Sollten Sie die Freundlichkeit haben, mich als Ihren Schüler aufzunehmen, so möchte ich mir nur die Frage erlauben, ob es in der Möglichkeit liegt, mir vieles operatives Material unter Ihrer Leitung zukommen zu lassen.

Nach zustimmender Antwort von Professor Horner war Karl Theodor mit seiner Frau zwei Monate in Zürich gewesen. Nun geht er 1880 abermals, diesmal für sechs Wochen, dorthin. Während eines dreiwöchigen Urlaubs überläßt Horner seine Praxis dem Herzog – ein Beweis des großen Vertrauens, das er seinem ehemaligen Schüler schenkt.

Am 17. Januar 1884 wird der langersehnte Stammhalter Ludwig Wilhelm geboren – ein Ereignis, das nicht nur Karl Theodor und seine Familie tief beglückt, sondern an dem auch die gesamte Bevölkerung des Tegernseer Tals freudigsten Anteil nimmt.

Bald danach jedoch stellt sich eine große Sorge ein: es besteht die Gefahr, daß Karl Theodors rechter Arm durch eine langwierige Lymphgefäßentzündung als Folge einer kleinen Verletzung, die er sich bei einer Operation zugezogen hatte, bewegungsunfähig bleiben könnte. Mit der ihm eigenen zähen Ausdauer und Energie übt er alle für seinen Beruf nötigen Handgriffe mit der linken Hand, so daß er später mit gleicher Geschicklichkeit sowohl mit der Linken wie mit der Rechten operieren konnte.

In den folgenden Jahren reist Karl Theodor, sich keinerlei Ruhe gönnend, fast ununterbrochen zwischen Mentone, Meran, München und Tegernsee hin und her, um seine Kranken, hoch und niedrig, wie immer kostenlos zu betreuen.

Auch versäumte er nie, jedes Jahr einige Wochen in Wien zu verleben. Auf Einladung seiner Geschwister wohnte er dort meistens in der Burg und setzte seine medizinischen Studien in Zusammenarbeit mit Billroth fort. Der Maler Adalbert Seligmann hat 1890 eine Vorlesung und Demonstration Billroths in einem – dem Zeitempfinden entsprechend – sehr realistischen Bild festgehalten. Auf ihm erscheint der große Chirurg im Kreise seiner Assistenzärzte, den Doctores Böttcher, Salzer, Distel, Eiselsberg, der später selbst zum bedeutenden Chirurgen werden sollte, Winter und – hochaufgereckt auf der Zuschauerbank – Herzog Karl Theodor vor einem vollen Audito-

*Herzog Karl Theodor in Bayern mit seiner zweiten Gemahlin,
Marie José von Braganza,
die auch im beruflichen Leben seine treueste Gefährtin wurde*

rium gespannt zusehender Studenten. Das Bild wurde noch im Jahr des Entstehens auf der Münchner Kunstausstellung gezeigt und hängt heute in der Bibliothek der Zweiten Chirurgischen Klinik des Allgemeinen Krankenhauses an der Spitalgasse zu Wien.

Jäh unterbrochen wurde 1888 Karl Theodors Aufenthalt in Wien durch die Nachricht von einem zweiten Schlaganfall seines Vaters, an dessen Folgen Max am 15. November 1888 verschied. Karl Theodor war sofort an sein Krankenbett geeilt, konnte aber seinem Vater nicht mehr helfen.

Tegernsee, Meran und schließlich München werden die drei Zentralpunkte seines Wirkens. In den Kliniken von Tegernsee und Meran bringt er seine Patienten unter, und es werden ihm die Operationsräume zur Verfügung gestellt. Dazwischen findet er sogar Zeit, noch Spezialstudien zu betreiben, deren Ergebnis sich in der Veröffentlichung ›Ein Beitrag zur pathologischen Anatomie des Auges bei Nierenleiden‹, erschienen 1887 im Verlag von J. F. Bergmann in Wiesbaden, niederschlug. Ab 1899 konzentrierte er sich ganz auf München, da sein gesundheitlicher Zustand das ununterbrochene Reisen zwischen seinen verschiedenen Wirkungsstätten nicht mehr erlaubte. Auch hier fand Karl Theodor eine Stütze an seiner Frau, die als aufopferungsvolle Assistentin ihrem Mann zur Seite stand, wie auch später seine Tochter Sophie.

Als erste der Geschwister stirbt im Mai 1890 Karl Theodors älteste Schwester Helene (Neńe), Witwe des Erbprinzen von Thurn und Taxis, in Regensburg. Der Herzog erhält die Nachricht in Meran und fährt mit seiner Frau zur Beisetzung nach Regensburg, kehrt aber seiner Patienten wegen sofort wieder nach Meran zurück. Kaum dort, entschließt er sich plötzlich, mit seiner Frau nach Banz zu fahren, da Marie José den großartigen Fürstensitz seines Urgroßvaters Wilhelm, hoch über dem Maintal gelegen, noch nicht kennt. Außerdem lag ihm natürlich daran, in Banz, wo er sehr lange nicht mehr gewesen war, nach dem rechten zu sehen.

Das unruhige Leben des Herzogs nimmt seinen Fortgang. Vom 4. bis 9. August 1890 findet in Berlin der Zehnte Internationale Medizinische Kongreß statt, an dem Karl Theodor teilnimmt. Ihm ist natürlich Professor Robert Koch, der seit acht Jahren an der Erforschung der Tuberkelbazillen arbeitet, bekannt. Mit ihm und Marie José zusammen fährt er zur Eröffnungssitzung des Kongresses, während welcher Professor Koch in seinem Vortrag bekanntgibt, daß er kurz vor dem Abschluß seiner Arbeit, der Entwicklung eines Serums gegen die verheerende Krankheit, steht. Am 5. August wird Karl Theodor Ehrenpräsident einer Abteilung der Chirurgie.

Während seines Aufenthalts in Berlin besucht er auch Koch in seinem Laboratorium und wird von ihm sogar dadurch ausgezeichnet, daß Koch ihm eine Probe seines Serums zu Versuchszwecken anvertraut. Bereits im Oktober 1890 ist Karl Theodor wieder in Berlin, in erster Linie zu Besprechungen mit Koch. Sein ruheloser Geist spielt mit dem Plan, in München ein Tuberkulosen-Krankenhaus zu bauen, was aber nicht verwirklicht wird. Wahrscheinlich sieht Karl Theodor selbst ein, daß er sich damit allzusehr zersplittern würde.

Ein Jahr nach dem Berliner Kongreß sagt Wilhelm II. seinen Besuch in München an – sehr zum Verdruß von Karl Theodor, der dadurch in seiner Arbeit empfindlich gestört wird, denn er ist natürlich gezwungen, an den verschiedenen zu Ehren des Gastes stattfindenden Festlichkeiten teilzunehmen. Es bleibt ihm auch nicht erspart, bei der großen Parade sein Regiment vorzuführen.

Wilhelm II. zeichnet Karl Theodor besonders aus, führt mit ihm politische Gespräche und verleiht ihm den preußischen Schwarzen-Adler-Orden. Einen besonderen Vertrauensbeweis des Kaisers in Karl Theodors ärztliche Kunst erhält der Herzog im Jahre 1897. Wilhelm II., der sich auf einer Fahrt mit seiner Yacht ›Hohenzollern‹ in den norwegischen Gewässern befindet, hatte einen Unfall erlitten und sich am Auge verletzt. Durch ein Telegramm ruft er den bayerischen Herzog vom Tegernsee zu sich nach Norwegen, um seinen ärztlichen Rat einzuholen. Karl Theodor begibt sich schnellstens an Bord der ›Hohenzollern‹, stellt fest, daß die Verletzung des Kaisers relativ harmlos ist und kehrt über Kopenhagen nach Tegernsee zurück.

In den Jahren von 1890 bis 1897, zwischen den beiden Begegnungen mit Wilhelm II., stehen sich Freude und Trauer dicht gegenüber. Amelie, die Tochter Karl Theodors aus erster Ehe, heiratet in Tegernsee am 4. Juli 1892 den Herzog Wilhelm von Urach, eine Verbindung, die von der ganzen Familie freudig begrüßt wird, nachdem sie nicht lange vorher von einem traurigen Ereignis betroffen worden war: Am 22. November 1891 war die von allen im Laufe ihrer Ehe hochgeschätzte Frau von Karl Theodors älterem Bruder Louis, Henriette, an einem schweren Krebsleiden gestorben. Schon am 25. Januar 1892 erlitt die herzogliche Familie erneut einen ganz besonders schweren Verlust: die Mutter Ludovika verschied in Possenhofen. Und am 12. Juni 1893 folgt im Alter von nur 44 Jahren Max Emanuel, der Bruder und Kamerad vieler fröhlicher Morgenritte um Biederstein.

Diese drei Todesfälle haben der an sich schon angegriffenen Gesundheit des Herzogs einen neuen schweren Stoß versetzt.

Im Spätherbst 1893 muß Karl Theodor, der inzwischen eine ziemlich nutzlose Kur in Tarasp hinter sich hat, nach Dresden, um an dem fünfzigjährigen Militärjubiläum seines ehemaligen Kommandierenden Generals und späteren Armeeführers im Krieg 1870/71, dem jetzigen König Albert von Sachsen, teilzunehmen.

Natürlich hat sich, wie vorauszusehen war, der Herzog wieder viel zu viel zugemutet. Noch ehe das Jahr 1893 endet, erkrankt er sehr ernstlich. Diesmal ist es eine doppelte Lungenentzündung. Nach Abklingen der akuten Erkrankung schickt der behandelnde Arzt, Professor Bauer, seinen Patienten zur Ausheilung wiederum an die Riviera, und zwar nach Kap Martin, wohl in der Erwägung, daß Dr. von Cube ihn von Mentone aus betreuen kann. Es ist erstaunlich, daß der Herzog in Kap Martin Patienten, die zu ihm kommen, behandelt, statt jede ärztliche Tätigkeit einzustellen. Er versagt sich auch nicht einem größeren Kreis von Verwandten, mit denen er täglich zusammen ist, oder die er zu seinen Mahlzeiten heranzieht. Schließlich kommt auch noch seine Schwester Elisabeth und schließt sich eng an den Bruder an, wohnt sogar im gleichen Hotel. Im Februar 1894 kommt auch sein Schwager Franz Josef. Auf der Jacht der Kaiserin Elisabeth werden lange Fahrten im Mittelmeer unternommen. So krank, wie er nach Ansicht seiner Münchner Ärzte war, kann entweder Karl Theodor nicht gewesen sein, oder aber er hat wieder einmal seine Krankheit überspielt.

Wie dem auch sei, der Herzog will unter allen Umständen den Fürsten von Monaco kennenlernen, da ihn dessen Tiefseeforschungsarbeiten interessieren. An Bord der Jacht ›Alice‹ des Fürsten von Monaco werden mit diesem zusammen ausgiebige Tiefsee-Forschungsfahrten unternommen. Die zutage geförderte Beute wird sogleich klassifiziert und von den an Bord anwesenden Malern in ihrer erstaunlichen Farbenpracht im Bild festgehalten.

Im nächsten Februar, 1895, als der Herzog nach arbeitsreichen Monaten in Meran und Tegernsee sich wegen erneut schwer angegriffener Gesundheit in den Süden begeben muß, unternimmt er von Mentone aus eine Fahrt nach Korsika. Seine Absicht, seine Schwester Elisabeth in Korfu zu besuchen, um ihr berühmtes Buen retiro, das Achilleion, kennenzulernen, wo sie in weltschmerzlicher Versunkenheit sich in die Welt Heinrich Heines zurückzieht, gibt er seiner Patienten in Mentone wegen auf.

In der zweiten Jahreshälfte 1895 wird Karl Theodor zu dem schwer erkrankten österreichischen Thronfolger Franz Ferdinand nach Schönbrunn gerufen. Die Diagnosen aller bisher den Thronfolger behandelnden Ärzte, tuberkulöse Erscheinungen, zweifelt Karl Theodor an, ja er setzt sich sogar in Gegensatz zu diesen und kommt nach längerer Untersuchung zu der Auffassung, daß Franz Ferdinand keineswegs in Gefahr schwebt, womit er auch recht behält. Karl Theodors Rat, in Ägypten Heilung zu suchen, gibt dem von allen Ärzten nahezu aufgegebenen Thronfolger die volle Gesundheit wieder.

1896, am 1. Januar, wird das Münchner Krankenhaus Karl Theodors mit einem Gottesdienst in der Kapelle der Klinik endgültig eingeweiht. Sie besteht noch heute als ›Augenklinik Herzog Carl Theodor‹ an der Nymphenburger Straße 43.

Für fünfundsechzig Kranke ist die neue Klinik des Herzogs eingerichtet, Ordensschwestern dienen als Pflegepersonal. Hier werden, wie berichtet wird, jährlich achthundert Kranke stationär und etwa fünftausend ambulant behandelt. Karl Theodor führt jährlich etwa dreihundert Staroperationen durch, bleibt aber offensichtlich auch Arzt für allgemeine Medizin und Chirurgie. Die stellvertretende Leitung wird dem langjährigen Assistenten Dr. Heinrich Zenker übertragen.

Dagegen sieht sich der Herzog genötigt, seine Praxis in der hierfür viel zu klein gewordenen, der Zahl der zuströmenden Patienten nicht mehr gewachsenen Villa Adels in Obermais aufzugeben. Auch die Meraner Klinik, in der ihm ein Operationssaal eingeräumt worden war, kann die Zahl seiner Patienten nicht mehr aufnehmen. Er will deshalb nach Meran, um sich dort nach geeigneten größeren Räumen umzusehen. Doch es kommt nicht dazu, und in der Folge wird das Projekt anscheinend aufgegeben. Zunächst muß der Vielgeplagte nach Wien, wo sein Schwager Karl Ludwig, der Bruder des Kaisers, schwer erkrankt ist. Er ist nicht mehr zu retten; als das Herzogspaar in Wien eintrifft, weilt Karl Ludwig nicht mehr unter den Lebenden.

Von Wien zurückgekehrt, feiert der ältere, 1884 geborene Sohn Karl Theodors, Ludwig Wilhelm, in der Possenhofener Schloßkapelle seine Erstkommunion.

Das unruhevolle Leben des Herzogs rächt sich; die alten Krankheitserscheinungen machen sich bemerkbar. Wenn Karl Theodor auch nicht auf sie achten will, so raten seine Ärzte um so dringender zu einem neuen Klimawechsel, und zwar zu einer Fahrt nach Nordafrika. Man ist wohl der Ansicht, daß die Riviera, die er so oft besucht hat, nicht mehr den notwendigen Heileffekt ausübt. Die Abreise wird für den 2. Dezember 1897 festgesetzt. Marie José und seine drei Töchter begleiten den Herzog; Fürst Radziwill und Graf Törring schließen sich an. Die beiden Söhne müssen der Schule wegen zurückbleiben.

Die ziemlich große Reisegesellschaft schifft sich in Marseille ein und kommt über das recht stürmische Mittelmeer nach El Guerra. Von dort gelangt man mit der Bahn zum Zielort Biskra. Warum man sich ausgerechnet diesen etwas trübseligen Ort am Südabhang des Aurûsgebirges ausgesucht hat, ist nicht zu ergründen. Möglicherweise war es Karl Theodors Schwester, die in Paris lebende Königin Marie von Neapel, die ihren Bruder auf das milde, heilsame Klima von Biskra aufmerksam gemacht hat. Ein Winteraufenthalt dort war anscheinend zu dieser Zeit in der Pariser Gesellschaft große Mode. Der Ort bestand zwar nur aus sieben mit Mauern umgebenen Berberdörfern und der französischen Besatzung, die im Fort Saint-Germain untergebracht war. Die Bevölkerung setzte sich zu dieser Zeit aus etwa siebentausend Eingeborenen und dreihundert Europäern zusammen. Ob es die Oase Beni war, die die Kurgäste anzog, ist wahrscheinlich, zumal sie nicht weit von dem höchst bescheidenen einzigen Hotel Viktoria lag.

Da der Herzog sein gesamtes ärztliches Instrumentarium mit auf die Reise genommen hatte und der Ruf seiner ärztlichen Kunst ihm vorausgeeilt war, wurde er von den Notabeln des Ortes alsbald um ärztlichen Rat und Hilfe gebeten. Auch die Bevölkerung nahm in steigendem Maße seine ärztliche Hilfe in Anspruch. Trotz der zunehmenden Anzahl von Winterkurgästen gab es nur einen einzigen Arzt am Platz, den französischen Dr. Diquemarre, der gleichzeitig Bürgermeister von Biskra war und Karl Theodor schließlich in seiner Bürgermeisterei Praxisräume zur Verfügung stellte.

Durch den notwendigen Höflichkeitsbesuch des Herzogs bei dem Agha von Biskra, einem reich begüterten Berberfürsten, der als französischer Beamter etwas außerhalb Biskra seine Residenz hat, ergibt sich ein lebhafter Verkehr mit den arabischen Würdenträgern. Den Höhepunkt bildet eine Einladung zu einem Diner bei dem Agha, dessen malerische Pracht bei dem Herzog und seinem Gefolge, das doch an Ereignisse solcher Art in Europa wahrlich gewöhnt ist, einen großen Eindruck hinterläßt.

Auf ausgezeichnet geschulten Pferden, die dem Herzog von einem Onkel des Agha zur Verfügung gestellt wurden, unternahm er mit seinen Töchtern Sophie und Elisabeth weite Ritte zur Erkundung der Umgebung von Biskra. Schließlich unternimmt man auch noch eine etwas abenteuerliche Expedition in die Wüste Tuggur, teils zu Pferd, teils auf Kamelen.

Ende März 1898, ehe die aufkommende Hitze die Kurgäste zu vertreiben beginnt, wird die Rückreise über Italien angetreten. Sie führt zunächst nach Tunis und weiter über Taormina und Messina vorerst nach Neapel. Überall hält man sich einige Tage auf, um das, was diese Orte an Kunstschätzen bieten, kennenzulernen oder sich an dem malerischen Leben und Treiben in den Gassen und dem südlichen Zauber der Umgebung zu erfreuen. Natürlich kann der kunstbegeisterte Herzog auch Rom nicht links liegen lassen, ebensowenig Monaco, wo er nach den Tagen in Rom und einer Audienz beim Heiligen Vater den Fürsten besucht.

Wenn es auch für den Herzog ein erheblicher Umweg ist,

den er seiner anfälligen Gesundheit wegen besser unterlassen hätte, so treibt es ihn noch nach Paris, wo seine Schwester Marie nun als Witwe lebt. Ihr Mann, Franz II. von Neapel, war bereits am 27. Dezember 1894 gestorben. Wenn zwar auch ihr junges Eheleben ein recht schweres gewesen war, so hatte sie an der Seite ihres Gemahls als Königin zunächst eine kurze glückliche Zeit in Neapel verlebt. Nach dem Verlust von Gaeta und damit des gesamten Königreichs Neapel hatte sich dann das Ehepaar noch enger zusammengefunden. Der Tod ihres Mannes hatte die Königin sehr hart getroffen. In ihrer Trauer war es ihr ein Trost, die Schwester Sophie, Herzogin von Alençon, in ihrer Nähe zu haben, die ebenso wie sie in Paris lebte. Nun aber war sie nach deren schrecklichem Ende noch weiter vereinsamt und begann sich aus aller Gesellschaft mehr und mehr zurückzuziehen. So begrüßte sie freudig den Besuch ihres Bruders, seiner Frau und der drei Töchter, zumal die Verwandten aus dem ihr unvergeßlichen Neapel kamen und sie Neues von dort zu hören erwartete. Karl Theodor konnte ihr denn auch berichten, daß das Andenken an die ehemalige Königin zum mindesten unter dem im Lande verbliebenen neapolitanischen Adel und den treu gebliebenen Bevölkerungsteilen keineswegs erloschen war. Unvergessen ist auch ihr mutiger persönlicher Einsatz bei der Belagerung von Gaeta geblieben, als sie trotz der hoffnungslosen Lage der königlichen Familie nicht aufgab, bis im Februar 1861 Franz II., der letzte König von Neapel, die Kapitulation unterschrieben hatte.

Gedenken wir, ehe ihr Bruder Karl Theodor sich wieder von ihr trennen mußte, der Worte, die Benedetto Croce über diese bayerische Prinzessin schrieb:

Sie kämpfte wie ein einfacher Soldat in Gaeta, Amazone und Krankenschwester, eine der heroischsten Frauengestalten der Geschichte, fromm und kriegerisch wie die Jungfrau von Orleans.

Nach der Rückkehr des Herzogpaares am 18. Juni 1898 wurde zunächst in München und in Tegernsee offiziell die Verlobung der ältesten Tochter Karl Theodors, Sophie, mit dem Grafen Hans Veit Törring gefeiert. Das junge Paar hatte sich bereits während der Afrikareise heimlich verlobt; die offizielle Verlobung konnte erst bekanntgegeben werden, nachdem die Einwilligung des Hauptes der Wittelsbacher, des Prinzregenten Luitpold, eingeholt worden war.

Elisabeth, die Kaiserin, kommt alsbald nach München, um das junge Brautpaar zu sehen. In Possenhofen trifft sie ihren Bruder. Es war das letzte Zusammensein der Geschwister, denn kurz darauf, am 10. September 1898, wird die Herrscherin während eines Kuraufenthalts am Genfer See von einem geisteskranken Anarchisten ermordet. Karl Theodor ist völlig verzweifelt über den grausamen und sinnlosen Tod seiner von ihm besonders geliebten Schwester, weiß sich aber, seiner ganzen Haltung entsprechend, so zu beherrschen, daß er bis zur Abfahrt nach Wien, wo die Beisetzungsfeierlichkeiten stattfinden, seine ärztliche Praxis in vollem Umfang ausübt.

Von den fünf Schwestern des Herzogs hatte eigentlich keine ein glückliches Schicksal, ja, man kann sagen, ihrer aller Leben war von Tragik gezeichnet:

Die bildschöne Helene Taxis war nur neun Jahre verheiratet, bis der Tod ihren Mann, den Erbprinzen von Thurn und Taxis, 1867 aus glücklicher und harmonischer Ehe abrief, im gleichen Jahr, als ihr jüngstes Kind geboren wurde. Ganze dreiunddreißig Jahre überlebte sie ihren Mann.

Die Herzogin von Alençon fand 1897 ein entsetzliches Ende bei dem Pariser Bazarbrand, von dem wir früher bereits gehört haben.

Marie, die gefeierte ›Heldin von Gaeta‹, mußte schon nach zwei Jahren, vertrieben von Garibaldi, ihre neue Heimat verlassen, fand aber in ihrem durch die Schicksalsschläge gereiften Mann Halt und Trost und in Paris eine neue Heimat. Auch ihr war eine lange Witwenzeit von einunddreißig Jahren auferlegt.

Das wenig glückliche Leben und tragische Ende der Kaiserin Elisabeth haben wir eben berichtet.

Wenig wissen wir allerdings von Mathilde, der Gräfin Trani. Auf jeden Fall hat auch sie in ihrer Ehe kein Glück gefunden, denn sie war ja lang getrennt von ihrem Gatten, den sie neununddreißig Jahre überlebte.

Am siebzigsten Geburtstag des Herzogs, dem 9. August 1909, ist es nicht zu vermeiden, daß gegen den Willen Karl Theodors unzählige Abordnungen im Schloß Possenhofen sich einfinden, um dem Jubilar ihre Glückwünsche darzubringen.

Bei der am Abend stattfindenden Festtafel äußert sich der Herzog zum ersten Mal darüber, daß er nun sein Lebenswerk beenden müsse. Er faßt seine kurze, inhaltsreiche Rede wie folgt zusammen:

Es läßt sich nicht leugnen, der rissige Stamm wird allgemach morsch. Naturgesetz. Die alten Bäume sind zum Schutz für die jungen da. Stehen die aber selbst einmal kräftig und aufrecht, keines bergenden Dachs mehr bedürftig, nun, so darf der Sturm den alten, morschen Stamm getrost hinwegräumen. Und es ist gut so. Damit die jungen Bäume sich ungehemmt entfalten. Nur müssen sie wirklich der alten entraten können und sie nicht mehr brauchen.

›Die jungen Bäume‹, das heißt, seine Kinder, hatten tatsächlich längst ihr eigenes Leben begonnen. Sophie, die älteste Tochter, hatte, am 26. Juli 1898 den Grafen Törring geheiratet, während zwei Jahre später am 10. Juli 1900 die jüngste Tochter Marie Gabriele mit dem Prinzen Rupprecht, dem späteren bayerischen Kronprinzen, in der Allerheiligen-Hofkirche in München getraut worden war. Die materiellen Schwierigkeiten, die dieser Verbindung zunächst im Wege standen, wurden dadurch behoben, daß Karl Theodor durch den Verkauf des Herzogparks am 5. Mai 1900 für vier Millionen seiner Tochter eine ansehnliche Aussteuer geben konnte. Karl Theodor hatte zu dem ererbten ›Bogenhausener Garten‹ entlang der Isar noch weiteres Gelände dazugekauft. Es mag sein, daß das alte Haus, in dem sich heute die Gastwirtschaft Sankt Emmeram befindet, in diesen neu erkauften Besitz miteinbezogen war und als Schankwirtschaft und Forsthaus diente. Jedenfalls wurden zu Karl Theodors Zeiten in diesem Gebiet noch Jagden abgehalten. Der Hochzeit von Marie Gabriele war am 2. Oktober 1900 die Trauung der Prinzessin Elisabeth mit dem Prinzen Albert von Belgien gefolgt. Aus diesen Ehen seiner Töchter wuchs bereits eine Schar von

13 Als Königin von Bayern sah das Volk bereits die Prinzessin Sophie Charlotte nach der übereilten Verlobung, die König Ludwig II. im Januar 1867 mit der Tochter des Herzogs Max eingegangen war. Anfang Oktober löste er sie wieder auf – und fühlte sich befreit »von qualvollem Alp«.

14
Herzog Karl Theodor
(1839-1909)
(unterste Sitzreihe:
dritter von links)
als Hospitant
bei einer
Demonstration
des Chirurgen
Theodor Billroth
1890 in Wien

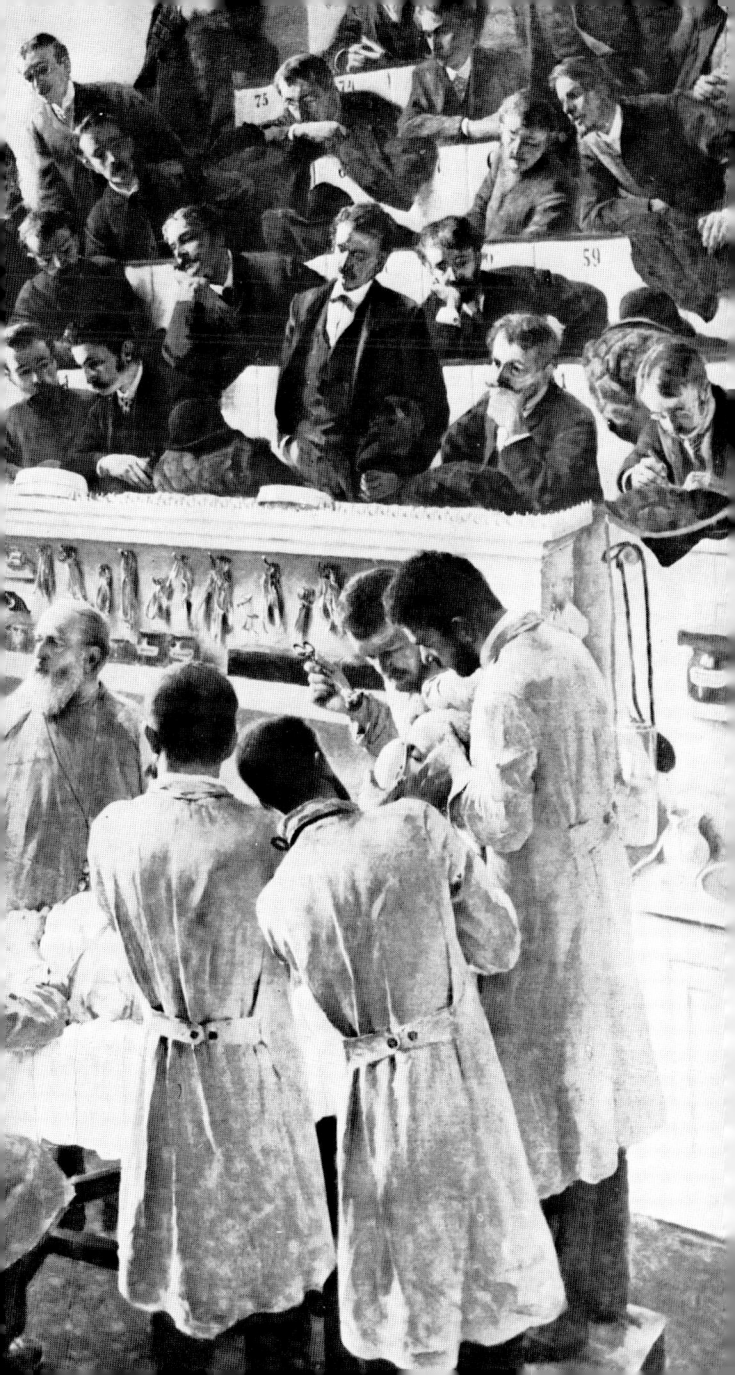

15 In der Tradition seines Großvaters Max pflegte Herzog Ludwig Wilhelm (1884-1968) mit Nachdruck altbayrische Sitte und Lebensart.

Enkeln heran. Auch die Söhne waren ins Leben getreten; Ludwig Wilhelm studierte in Zürich, und Franz Joseph stand bei den Bamberger Ulanen, deren Chef Kaiser Wilhelm II. war.

Nach den Feierlichkeiten zum siebzigsten Geburtstag geht der Herzog wie eh und je seinen ärztlichen Pflichten nach, denen er sich auch nicht verschließt, als sich die Zeichen körperlicher Überanstrengungen mehren. Seine Ärzte raten ihm, die ihn immer bedrohenden Wintermonate in einem absolut sicheren warmen Klima zu verbringen, und so wird ein Aufenthalt auf Ceylon geplant, ein Plan, dem sich aber merkwürdigerweise der Herzog mehr und mehr verschließt. Er ist für Kreuth, wo er dann auch im Kurhaus Wohnung nimmt. Gäste sind auch dort immer willkommen, und da die Hirschjagd beginnt, melden sich alsbald Prinz Rupprecht, Elisabeth mit ihrem Mann und schließlich auch sein alter Freund, der Fürst von Monaco, an.

Am 7. Oktober 1909 muß der Herzog Abschied nehmen von seinen Forsten, seinem Wild und der wunderbaren Umgebung von Kreuth. Am Abend dieses Tages wird er ernstlich krank. Trotz der Vielzahl von Ärzten, die herbeigerufen werden, stirbt der nimmermüde Karl Theodor, der seinem Leben einen vollen Inhalt gegeben hatte, am 30. November 1909 in Kreuth. Einen vollen Inhalt – den sein Vater vielleicht vergeblich gesucht hatte. Max soll kurz vor seinem Tode von einem Satz aus Mantegazzas ›Das nervöse Jahrhundert‹ (1888) sehr beeindruckt gewesen sein:

Die Nervosität der Nicht-Arbeitenden wird nur allmählich geheilt werden, sobald nämlich die Herzöge, Grafen und Barone ihren Kindern beibringen werden, daß die Arbeit der beste Adelsbrief und zugleich der sicherste Weg zu einem langen und glücklichen Leben ist.

Für Max war dazu die Zeit noch nicht reif. Was selbst noch für Karl Theodor ein außergewöhnlicher Schritt blieb – ernstes wissenschaftliches Studium – war für Max in seiner Jugend überhaupt nicht in Frage gekommen. Die Fähigkeiten zu einem ernsten Beruf hätte er ohne Zweifel gehabt, aber es stand eben damals noch außer jeder Debatte, daß ein Prinz aus königlichem Haus eine andere Laufbahn als die militärische ergriffen hätte.

Karl Theodor wurde in dem Marmorsaal des Schlosses Tegernsee in der Uniform seines alten Dritten Chevauxlegers-Regiments ›Karl Theodor‹, dessen Chef er einst gewesen war, zunächst aufgebahrt. Seinem Wunsch gemäß wird der Herzog, nur von seinen nächsten Angehörigen begleitet, in aller Stille in der Gruft des Schlosses Tegernsee beigesetzt.

Seine Witwe Marie José bat alsbald ihren Schwiegersohn, den kunstverständigen Prinzen Ruprecht, sie wegen eines würdigen Grabdenkmals für ihren heißgeliebten Gatten zu beraten. Ihr schwebte eine nach Ruprechts Auffassung zu pompöse Gestaltung dieses Denkmals vor, die auch Adolf von Hildebrand, an den sie sich auf Ruprechts Rat gewandt hatte, zunächst ablehnte. Prinz Ruprecht schrieb am 22. Januar 1910 an Hildebrand einen Brief, in dem es unter anderem hieß:

Ich verstehe völlig, daß Sie sich auf diese Sache nicht einlassen wollen, so wie das erste Projekt lautet, denn ich täte es auch nicht. Ich hasse alle Darstellungen nach Totenmasken und alle derartig naturalistischen Grabfiguren ... wie zum Beispiel die auf den Friedhöfen von Genua und Mailand, und habe meiner Schwiegermutter gesagt, was ich denke. Diese wollte nun an der Tegernseer Kirche eine eigene Kapelle anbauen, worauf ich ihr vorschlug, lieber im Garten ein kleines Mausoleum zu errichten. . . . Auch sagte ich meiner Schwiegermutter, sie soll Ihnen, falls Sie das Werk selbst übernehmen . . . volle Freiheit gewähren.

Hildebrand hat dann schließlich den etwas schwierigen Auftrag übernommen und mit seinen eigenen Ideen, wobei er die Wünsche der Herzoginwitwe so weit wie möglich berücksichtigte, eines seiner besten Werke geschaffen.

7

DIE LETZTE GENERATION

Die Söhne Max Emanuels

Nach dem Tode Karl Theodors wurde Ludwig Wilhelm, sein älterer, 1884 geborener Sohn, Chef des Hauses. Dem jüngeren Sohn Franz Joseph, einem lebenslustigen, vielversprechenden, bildhübschen jungen Mann und ausgezeichneten Reiter, war ein nur allzu kurzes Leben beschieden. Er starb 1912 als Leutnant im Ersten Ulanen-Regiment Kaiser Wilhelm II. im Alter von nur dreiundzwanzig Jahren ganz plötzlich drei Jahre nach seinem Vater.

Auf Ludwig Wilhelm und seinen drei Vettern Siegfried, Christoph und Luitpold, den Söhnen von Max Emanuel, genannt ›Mapperl‹, ruhte nun das Schicksal der herzoglichen Linie. Sie waren 1876, 1879 und 1890 geboren. Der Jüngste war also erst vier Jahre alt, als seine Mutter, ein Jahr nach seinem Vater, im Mai 1894 starb. Die so früh verwaisten Prinzen blieben zunächst unter der Obhut der Hofdame ihrer Mutter, Gräfin Fugger, im Biederstein. Nach der Volljährigkeit des Ältesten führte der Baron Max von Redwitz als dessen Adjutant das Haus. Alljährlich kam die alte Großmutter, Herzogin Klementine von Coburg, für mehrere Monate nach Biederstein und versuchte ebenso wie das Ehepaar Karl Theodor, den verwaisten Prinzen das Elternhaus zu ersetzen.

Siegfried und Christoph verband eine herzliche Freundschaft mit den gleichaltrigen Töchtern Karl Theodors. In Possenhofen verlebten sie zusammen fröhliche Zeiten bei gemeinsamem Segeln, Rudern, Tennisspiel und Reiten. Der Spielkamerad Luitpolds war der immer zu lustigen Streichen aufgelegte jüngste Sohn Karl Theodors, Franz Joseph.

Tragisch war das Schicksal Siegfrieds. Er scheint die Pferdeleidenschaft der Familie geerbt zu haben und ein erfolgreicher Rennreiter gewesen zu sein, bis er 1899 das Unglück hatte, bei einem Rennen so schwer zu stürzen, daß er bewußtlos vom Platze getragen werden mußte. Die schwere Gehirnerschütterung, die er bei diesem Sturz erlitten hatte, scheint die Ursache der merkwürdigen Veränderung seines Wesens gewesen zu sein, die sich in den folgenden Jahren mehr und mehr zeigte. Er verlobte sich zwar 1902 mit einer Tochter des Erzherzogs Karl Ludwig, doch kam eine Heirat nicht zustande, da die Braut, wohl infolge der merkwürdigen Veränderung des Bräutigams, die sich damals zum erstenmal zeigte, die Verlobung löste. Sein Zustand verschlechterte sich mehr und mehr, so daß er 1908 entmündigt und in die Privatheilanstalt Neufriedenheim gebracht werden mußte.

Herzog Christoph trat am 27. Oktober 1906 als Leutnant à la suite in das Erste Schwere Reiter-Regiment Prinz Karl von Bayern ein. Über seine Kriegsdienste liegen uns leider keine Nachrichten vor. In der Ehrenrangliste des ehemaligen Deutschen Heeres wird er bei Ende des Ersten Weltkrieges als Oberstleutnant a. D., jedoch ohne Titel ›Königliche Hoheit‹ geführt. Ob hier ein Druckfehler vorliegt, ist uns unbekannt. Wir müssen jedoch darauf hinweisen, daß diese Ehrenrangliste kein amtliches Werk darstellt, sondern vom Deutschen Offiziersbund im Jahre 1926 in der Aufmachung der alten preußischen Ranglisten herausgegeben wurde.

Christoph führte ein rein bürgerliches, zurückgezogenes Leben in seiner Villa in Bogenhausen, wohin er nach dem Verkauf von Biederstein gezogen war. Seine etwas altfränkische, aber sehr vornehme Erscheinung war in ganz Bogenhausen bekannt. Man wußte, daß es ein Wittelsbacher Prinz war, der gelegentlich in den kleinen Läden des Villenviertels seine Einkäufe selbst besorgte, wobei seine Frau, geborene Anna Sibig, die er 1924 geheiratet hatte, meistens zehn Schritte hinter ihm ging. Er starb in den sechziger Jahren, nachdem ihm seine Frau 1957 im Tode vorausgegangen war.

Die künstlerische Begabung Luitpolds kam in seiner Kinderzeit zum Ausdruck in den lustigen phantasievollen Spielen, die er mit seinem Vetter Franz Joseph veranstaltete. Hier zeigte sich zweifellos ein Erbe seines Großvaters Max. Als Siebenjähriger muß er bereits die Oper Lohengrin im Königlichen Hoftheater gehört und gesehen haben, denn zusammen mit Franz Joseph imitierte er zum Vergnügen der Geladenen in kindlicher Einfalt Elsa und Lohengrin oder Telramund und Ortrud, wobei der Schwan in Gestalt eines Federbettes erschien. Ihm entsprang ein Dachshund mit umgebundener Serviette als Graf von Burgund. Zur Fastnacht und anderen Gelegenheiten agierten die beiden als Indianer oder Harlekins und in anderen phantastischen Vermummungen.

Seine Erziehung erhielt Luitpold durch Hauslehrer, eine Schule scheint er nicht besucht zu haben. Er war, wie alle Herzöge in Bayern, ein sehr guter Reiter, spielte leidenschaftlich Tennis und war einer der ersten Skiläufer, als dieser Sport aufkam. 1911 trat er à la suite als Leutnant in das Königlich Bayerische Erste Ulanenregiment Kaiser Wilhelm II. ein. Mit diesem zog er in den Ersten Weltkrieg, mußte jedoch infolge einer Lungenentzündung den Frontdienst alsbald aufgeben.

Schon bald nach seinem Eintritt in das Regiment hatte er, begeistert von der Aussicht, die sich ihm vom Ringberg auf den Tegernsee und die umliegenden Berge bot, begonnen, Bauerngrund und Wälder aufzukaufen und eine Straße nach oben anzulegen mit der Absicht, sich auf der Höhe eine Burg zu bauen. Sein ganzes Leben blieb er von dieser Idee besessen, er betrachtete sie als seine Lebensaufgabe, seinen Lebensinhalt. Unverkennbar sind hier gewisse Parallelen zu der Bauleidenschaft Ludwigs II., wobei Luitpold aber nicht etwa dessen Bauten nachahmen wollte, sondern vollkommen nach seinen eigenen Ideen seine Burg schuf. Der Hauptbau, zu dem er selbst die Pläne entworfen hatte, stand bereits vor dem Ersten Weltkrieg. Etwa bis zu Beginn des Jahres 1939, von der Herrschaft der Nationalsozialisten anscheinend noch wenig berührt, baute er weiter. Die mannigfaltigen Eindrücke, die sich seinem künstlerischen Sinn auf den vielen Reisen einprägten, die er in den Jahren zwischen den beiden Kriegen unternahm, setzte er in Anbauten um, die er immer wieder an seiner Burg vornahm, so daß ein Konglomerat aus allen Zeit- und Stilepochen bis hin zum Jugendstil entstand.

Luitpolds Berater und Innenarchitekt war der Maler Friedrich Attenhuber, mit dem ihn eine enge Freundschaft seit der Zeit des gemeinsamen Studiums bei Heinrich Wölfflin an der Universität München verband. Luitpolds Doktorarbeit ›Die Fränkische Bildwirkerei‹ erschien 1926 im Kurt Wolff-Verlag in München. Attenhuber entwarf selbst Bildteppiche für die Innenausstattung von Ringberg. Herzog Luitpold hatte ihm dort ein Atelier zur Verfügung gestellt, wo er bis zu seinem Tode 1947 wohnte und arbeitete.

Schloß Biederstein, der väterliche Besitz, war nicht zu halten gewesen. Die drei Brüder hatten wohl auch nicht das nötige Interesse daran; ihre Lebensschicksale strebten auseinander in verschiedene Richtungen. Schon kurz vor dem Ersten Weltkrieg war das Gerücht von einem bevorstehenden Verkauf ihrer Besitzung Biederstein aufgetaucht. Er zögerte sich hin, bis dann 1928 das endgültige langsame Sterben dieses Idylls im Herzen Schwabings begann: Zuerst gingen die östlichen, an den Englischen Garten grenzenden Teile des Parks, im ganzen zwölf Tagwerk, in den Besitz der Stadtgemeinde über. 1929 wurden die restlichen vierzig Tagwerk der einst zweiundfünfzig Tagwerk großen Parkfläche zur Bebauung freigegeben. Es entstand hier eine Villenkolonie. Die renommierte Baufirma Heilmann & Littmann, die auch mit den Bauarbeiten an der Burg Ringberg betraut war, erhielt den Auftrag, das Neue Schloß Biederstein zu verkaufen. Als diese und weitere Bemühungen um eine andere Verwendung des Schlosses zu keinem Erfolg führten, wurde im September des Jahres 1930 der größte Teil des Inventars versteigert, und 1934 war es dann endgültig aus: das Neue Schloß Biederstein wurde abgerissen.

Herzog Luitpold wohnte zwischen seinen Reisen in seiner Burg oder in einem Münchner Hotel, bis er sich während und nach dem Zweiten Weltkrieg endgültig in Ringberg und Kreuth niederließ. Etwa 1943/44 wurde der Herzog gezwungen, das ererbte Possenhofen an die Nationalsozialisten zu verkaufen, die daraus ein Schulungszentrum machen wollten. Nach 1945 übernahm zunächst der Bayerische Staat das Schloß, das indessen vollbesetzt mit Flüchtlingen war. Der

Herzog nahm deshalb von dem ihm angebotenen Rückkauf Abstand und zog sich endgültig in das Tegernseer Tal zurück. Dort starb er 1973.

Burg Ringberg, sein Lebenswerk, dem er sich so restlos hingegeben hatte, daß er sich nie zu einer Heirat entschließen konnte, steht als eines der letzten Dokumente spätromantischen fürstlichen Bauwillens heute unter Denkmalschutz und ist, seinem letzten Willen gemäß, in den Besitz der Max-Planck-Gesellschaft übergegangen.

Herzog Ludwig Wilhelm in Bayern

Ludwig Wilhelm, der Herr auf der ›Kreuther Schanz‹, 1884 geboren, war ein echter oberbayerischer Waidmann, der sein Leben lang dem Wald, der Jagd und dem Gebirge engstens verbunden blieb. Sein vorzügliches Buch über ›Die Jagd im Gebirge‹ und alles, was damit zusammenhängt, ist noch heute überaus vorbildlich.

Nach Abschluß seiner Schulzeit trat er in das Dritte Chevauxlegers-Regiment ein, dessen Inhaber sein Vater war, schied aber bald aus dem aktiven Dienst, um am Polytechnikum in Zürich Maschinenbau zu studieren.

Im Ersten Weltkrieg stand er à la suite beim Dritten Chevauxlegers-Regiment Herzog Karl Theodor. Als alter Gebirgler und Jäger war natürlich auch eine gewisse Passion für den Soldatenberuf in ihm rege, und er blieb bei seinem Regiment, auch als man ihm eine Stellung in einem höheren Stabe anbot. Es würde seinem Charakterbild, wie wir es sehen, auch nicht entsprochen haben, wenn er sich von seinen Frontkameraden in höhere Stäbe zurückgezogen hätte.

Er liebte, wie erwähnt, die Jagd, das Jagdwesen und sein Gebirge, und zwar so sehr, daß er sich nach dem Ersten Weltkrieg ganz auf die Kreuther Schanz zurückzog. Da wir glauben, daß vielen Lesern der Name ›Auf der Schanz‹ nichts sagt, wollen wir hier eine kurze Erklärung der Herkunft dieser Bezeichnung geben. Wir müssen dabei einige Jahrhunderte zurückgreifen. Bereits zu Anfang des 18. Jahrhunderts, 1702, kurz nach Ausbruch des Spanischen Erbfolgekrieges, in dem sich der bayerische Kurfürst Max Emanuel gegen Kaiser und Reich auf die Seite Frankreichs gestellt hatte, fielen die Österreicher von Tirol aus in Bayern ein. Dieser Einbruch in bayerisches Gebiet erfolgte auch über die Kreuther Straße nach Kloster Tegernsee, das im Sommer 1703 von Tirolern überfallen wurde. Daraufhin beschloß der Kurfürst im Verein mit dem Abt von Tegernsee, eine Bastion gegen weitere Einfälle zu bauen. Diese Befestigungen, die an der engsten Stelle des Kreuther Tals entstanden, sollten der Abwehr von Überfällen dienen. Sie bestanden gemäß der Kriegskunst der damaligen Zeit aus Wällen, Palisaden und Türmen. Der Abt von Tegernsee, Quirin, legte natürlich den größten Wert auf die Errichtung dieser Befestigungen, nachdem er die Plünderung seines Klosters hatte erleben müssen. Anfang 1705 kam die Nachricht, daß der österreichische Kommandant der Festung Kufstein die sofortige Schleifung der Schanzen forderte, welchem Verlangen auch sofort wohl oder übel Folge geleistet wurde. Österreich hatte damals, nach der unseligen Schlacht bei Höchstädt, ganz Bayern besetzt, bis 1714 der Friede von Rastatt geschlossen und Bayern wieder an die Wittelsbacher restituiert wurde.

Ruhe kehrte nun ins Tegernseer Tal ein. Als jedoch 1741 der Österreichische Erbfolgekrieg ausbrach, marschierte Österreich erneut in Bayern ein. Zunächst erschienen im Zuge dieses neuen Krieges Pandurenstreifen. Was blieb also anderes übrig, als die alten Befestigungen in erweitertem Umfang schleunigst wieder aufzurichten. Im April 1745, als Kurfürst Maximilian III. Joseph eben mit Österreich Frieden geschlossen hatte, erschienen merkwürdigerweise in Kreuth nochmals österreichische Truppen – fünfzig kaiserliche Husaren unter ihrem Ingenieur-Obrist-Wachtmeister Hanns von Gumpp – mit dem kategorischen Befehl, daß die Schanzen völlig zerstört und niedergebrannt werden sollten. Trotz des eben geschlossenen Friedens baute die Regierung in Wien vor. Das Verlangen der Österreicher wurde von den Bayern so gründlich befolgt, daß von den Befestigungen nichts mehr übrig blieb. Die Reste der ehemaligen Schanzen hat die Natur überwuchert, nur der Name ›Auf der Schanz‹ erinnert noch an sie. Herzog Ludwig Wilhelm ließ in seiner Scheu vor der Öffentlichkeit sein Gebiet ›Auf der Schanz‹, das er sich zum Wohnsitz erkoren hatte, mit Zäunen und Gattern umziehen – eine moderne ›Schanz‹, diesmal aber nicht gegen Tiroler und Panduren, sondern gegen aufdringliche Fremde und ›Zuagroaste‹.

Am 17. März 1917 hatte Ludwig Wilhelm die verwitwete Fürstin Eleonore zu Schönburg-Waldenburg, eine geborene Prinzessin zu Sayn-Wittgenstein, geheiratet. Ihr Neffe, Prinz Franz zu Sayn-Wittgenstein, erzählt sehr anschaulich von seinen Besuchen und dem idyllischen Leben ›Auf der Schanz‹:

Als Kinder und junge Leute haben wir viele Häuser von Verwandten und Freunden kennengelernt, zum Teil schöne alte Schlösser, in denen bis zum Ausbruch des letzten Krieges große Gastfreundschaft gepflegt, noch ein gewisser Train geführt wurde, nicht aufwendig, doch in jeder Beziehung angenehm, wie es in solchen Häusern üblich gewesen und heute kaum noch möglich ist.

Ein Haus aber, das wir besonders liebten, war die ›Schanz‹ im Kreuther Tal bei Tegernsee, kein Schloß, sondern ein geräumiges oberbayerisches Chalet, das kurz nach dem Ersten Weltkrieg fertiggeworden ist. Es ist ein schlichter, einstöckiger Holzbau unter weit vorspringendem silbergrauen, mit Steinen beschwerten Schindeldach, mit einem breiten Balkon auf der Südseite. Hinter dem Haus steigt der Bergwald steil an, auf der anderen Seite fällt das Gelände jäh ab zur Straße nach Achensee, vormals eine schmale, staubige, weiße Chaussee, kaum befahren, heute eine breite, verkehrsreiche Autostraße.

Hier lebte Herzog Ludwig Wilhelm in Bayern, verheiratet mit der Tante Lory, Schwester meines Vaters. Eigentlich ist Schloß Tegernsee, die ehemalige berühmte Benediktinerabtei, Sitz der herzoglichen Linie des Hauses Wittelsbach, die sich zum Unterschied zur königlichen ›in‹ Bayern nennt. Das ist hübsch, denn die Herzöge lebten wirklich in der Mitte des bayerischen Volkes, fest mit ihm verbunden. Onkel und Tante zogen die verschwiegene, einst abseitige Lage der ›Schanz‹

gegenüber von Wildbad Kreuth dem weitläufigen, vom Verkehr umbrausten Tegernseer Schloß vor.

»Wir fahren auf die Schanz!« Das war eine höchst wünschenswerte Ankündigung. Am schönsten war damals noch die Fahrt im Landauer entlang der rauschenden Weißach durch den Fichtenwald über Dorf Kreuth. Wir sind die Strecke auch oft zu Fuß gegangen, und immer gab es etwas Neues zu sehen. Es war ein herrlicher Weg zu jeder Jahreszeit.

›Auf der Schanz‹ war es unermeßlich still. Bussarde riefen, Spechte klopften, und im Herbst hörte man den dröhnenden Schrei der Hirsche. Die grauen Wände der Blauberge schauten herein, sonst war nichts zu sehen als der ringsum stehende Wald.

Das Haus war sehr behaglich: viel Holz, bequeme Sessel, dicke Kachelöfen, Hunde, ein zahmes Stuck (Hirschkuh), das dem Ankommenden zur Begrüßung die Vorderläufe auf die Schultern legte. Man trieb sich im Gärtchen herum, kletterte die steilen Lehnen hinan, erfreute sich an den köstlichsten Walderdbeeren mit dickem Rahm, welche die ›Tirolerin‹ brachte, eine besondere Freundin der Tante Lory. Der Onkel war eine respekteinflößende Gestalt, stets in Joppe und Lederhosen, sehr belesen, Jäger und Heger, im ganzen Tal als der ›Herr Herzog‹ tief verehrt und geliebt. Denn er tat alles für die Erhaltung alter Volkskultur und hatte ein weites Herz für die einheimischen Bauern und Jäger. Die Tante war nicht nur eine der schönsten Frauen ihrer Zeit, sie war eine begabte Malerin, eine lustige, ausgeglichene Person mit viel Humor. Immer wieder bin ich auf die Schanz gekommen, immer fand ich die gleiche liebevolle Aufnahme. Wie oft saß ich dabei, wenn der Onkel, mein Vater, der Kiem Pauli, bekannter Sammler altbayerischen Liedgutes, der Jäger Vögele und der Reiter Hans musizierten. Zither, Kniegeige, Gitarre, Akkordeon oder Flöte klangen dann lustig und traulich durch die holzgetäfelte Stube.

Dann war es plötzlich aus, denn 1938 mußte das Paar fliehen. Der Onkel hatte aus seiner tiefen Abneigung gegen das Dritte Reich nie einen Hehl gemacht, und das blieb nicht ohne Folgen. Eines Tages wurde er gewarnt, daß die SS ihn festneh-

men wolle. Er nahm seine Büchse, stieg hinter dem Haus in den Wald hinauf und wartete. Freiwillig wollte er sich den Schergen nicht überlassen. »Ich hätt' vorher ein paar abgeschossen«, sagte er. Die SS-Männer kamen und fanden nur Tante Lory, die ihnen furchtlos und bestimmt entgegentrat: »Ich weiß nicht, wo der Herzog ist.« Unverrichteter Dinge, Drohungen ausstoßend, zogen sie schließlich ab. Onkel und Tante verließen am nächsten Tag die Schanz, gingen zu seiner Schwester, der Königin der Belgier, und dann nach Amerika, wo er sich als Berater für Landwirtschaft, sie als Malerin, ihr Brot verdienten. Die Schanz lag bis zum Kriegsende verlassen. Dann kehrte das Paar zurück, und das alte Leben nahm wieder seinen Lauf. Ich bin noch oft dort gewesen und fand die Atmosphäre so traulich und gemütlich wie eh und je.

Tante Lory starb und wurde in der Gruft der Tegernseer Klosterkirche begraben. Ihr Tod war wie ein Schlußstrich unter die alte Zeit, die längst unserer lauten ordinären gewichen ist, die auch das Tegernseer Tal zu seinem Nachteil verändert hat. Eigentlich sollte die Verstorbene nach altem Brauch auf einem von Pferden gezogenen Leiterwagen, begleitet von Bauern und Jägern in der Tracht nach Tegernsee geführt werden, doch lag zu viel Schnee. Die meisten Trauergäste waren in Tracht erschienen, im grauen Lodenanzug. Es war ein strahlender Wintertag. Die Berge standen weiß leuchtend vor einem tiefblauen Himmel, die Sonne schien durch die hohen Kirchenfenster in den barocken Raum. Dann wurde das Portal geöffnet; die Jägerei trug den Sarg durch das hohe Schiff in den Chor. Am Ende schritt allein und gebeugt der Onkel. Und doch war diese Trauerfeier mit Sonne und herrlicher Musik so heiter, so wie sie es gewesen war. Der Geistliche sprach von der Heiterkeit des Todes nach einem erfüllten Leben. Er habe nie etwas Ähnliches erlebt. »Und«, sagte er, »draußen die weißen Berge, die Sonne. Die ganze Natur, die sie so liebte, steht bereit, wenn die Herzogin in Bayern geht.«

Hatte Max Joseph sich die Herzen der Tegernseer Landbevölkerung durch seine Wohltätigkeit und die Jovialität erobert,

Wildbad Kreuth mit dem Alten Badehaus und der Badkapelle

wie den 1818-1824 errichteten neuen Kurgebäuden (rechts)

mit der er oft bei den Bauern einkehrte und wie ein einfacher Mann ihresgleichen an ihren Mahlzeiten teilnahm, so folgten die späteren Besitzer von Tegernsee diesem Beispiel auf ihre Art in schönster Weise. Karl Theodor durch seine ärztliche Kunst, die er selbstlos allen, die bei ihm Hilfe suchten, meist unentgeltlich, angedeihen ließ. Ludwig Wilhelm durch die Förderung der bodenständigen einheimischen Kultur und ihrer Erzeugnisse, denen neben der Pflege des Waldes und der Jagd seine besondere Vorliebe galt.

Seit Max Joseph Tegernsee zu seinem Lieblingsaufenthalt erkoren hatte, erlebte das Tegernseer Land einen wirtschaftlichen Aufschwung nicht zuletzt auch durch die Kolonie bedeutender Persönlichkeiten, denen sich durch ihre Verbindung mit dem Hof die Schönheit dieses Tals erschlossen hatte und die sich im Laufe der Jahre dort ansiedelten.

Den Anfang machte 1822 der Königlich Bayerische Staatsrat Ägid von Kobell. Ihm folgte 1829 der Königlich Bayerische Hofmaler Joseph Stieler. Während eines Aufenthaltes mit König Ludwig I. in Tegernsee hatte der König bemerkt: »Also Stieler, er baut sich hier ein Sommerhaus«, was dieser denn auch willig tat. Sein bescheidenes Landhaus birgt heute noch eine kostbare Erinnerung an Felix Mendelssohn-Bartholdy: das Tafelklavier, auf dem er oft gespielt hat. Stieler ist noch heute einer der in weitesten Kreisen bekannten Münchner Porträtisten, dessen Bilder, wie das von Beethoven oder von Goethe, zum kulturellen Erbe nicht nur für Bayern, sondern für ganz Europa wurden. Am bekanntesten aber sind seine Porträts der Schönheitengalerie Ludwigs I.

Sein Sohn Karl (1842-1885) schrieb in seinem väterlichen Hause seine weithin bekannten Dichtungen und Erzählungen wie zum Beispiel das von der Tegernseer Atmosphäre inspirierte ›Wintermärchen‹. Die Gemeinde Tegernsee ehrte sein Andenken durch ein Denkmal gegenüber seinem Haus.

Als nächster ließ sich Ludwig Ganghofer in Tegernsee nieder. Sein Haus ist noch heute im Besitz der Familie.

Auch lebte die im Jahre 1867 geborene Hedwig Courts-Mahler bis zu ihrem Tode 1950 in Tegernsee.

Die bedeutendste der bekannten Persönlichkeiten – wie zum Beispiel Dr. Georg Hirth, der Begründer der Münchner Neuesten Nachrichten, Olaf Gulbransson oder Leo Slezak, die sich in unserem Jahrhundert im Tegernseer Tal ansiedelten – war ohne Zweifel Ludwig Thoma, der besondere Freund des Herzogs Ludwig Wilhelm. ›In der Tuften‹ am Südhang des Baumgartenstocks baute er sich sein Haus und ließ sich dabei von seinem Freund, dem Architekten Ignatius Taschner beraten. Taschner war ein urwüchsiger Altbayer; seine Holzschnitte zu Thomas Romanen sind heute eine bibliophile Seltenheit geworden. Thoma starb mit vierundfünfzig Jahren und wurde auf einem Leiterwagen, der mit Latschen geschmückt war, zu Grabe gefahren. Sein Freund Herzog Ludwig Wilhelm erwies ihm die letzte Ehre mit den Worten, die im Grunde seine tiefe Trauer verbargen: »An Thoma grab'n ma lusti ei«. Er beteiligte sich an dem letzten Weg seines Freundes, indem er die Pferde des Trauerwagens zum Egerer Friedhof führte. Dort liegt nun Ludwig Thoma begraben. Sein Nachbar im Tode ist Ludwig Ganghofer. Mit Thoma starb ein bedeutendes Stück des geistigen Lebens im Tegernseer Tal.

Ludwig Thoma, Thomas Baumgartner und der Kiem Pauli gehörten zum engsten Freundeskreis des Herzogs Ludwig Wilhelm. Der Herzog förderte Kiem Pauli mit allen Mitteln und ermöglichte ihm ein sorgenloses Leben in Kreuth. Die Volksliedersammlungen des Kiem Pauli, die nicht nur im Tegernseer Tal, sondern auch im ganzen Oberland und über dessen Grenzen hinaus mit Begeisterung aufgenommen wurden, sind nicht zuletzt dem Herzog zu verdanken. Kiem Pauli war der unermüdliche Sammler des heimischen Volksguts, er scheute sich nicht vor weiten anstrengenden Fahrten in die entlegensten Dörfer ganz Oberbayerns, um nicht mehr bekannte Lieder, Gstanzeln und Jodler aufzuspüren und zu sammeln. Sie wurden, von Thomas Baumgartner illustriert, herausgegeben. So war Kiem Pauli eine nicht nur für den Herzog, sondern für ganz Bayern einmalige und unersetzliche Persönlichkeit geworden.

Von der engen Volksverbundenheit des Kiem Pauli sowie des Herzogs gibt uns ein ›Rückschau‹ betitelter Artikel des

Ludwig Wilhelm Schanz, hinter dem sich niemand anders als der Herzog selbst verbirgt, einen lebendigen und humorvollen Eindruck, der durch das eigentümliche Schrift-Bayerisch des Autors noch eine besonders urwüchsige Note erhält:

Es war im Sommer 1910 beim Scheibenschießen auf der Weißach. Mittags kommt der Dengg mit drei Musikern mit Miesbecker Tellern am Kopf.

Einer war dabei, a ganz a magerer mit Brillen, mit am hellblauen Seidencravattl und mit a mordsgroßen Baßgitarr.

Ludwig Thoma sagt zu mir: »Setz ma uns a bißl zamm, die müssn jetzt was spieln.« Die fangen an, der Holl Carl von Rottach mit der Zither, der mir schon bekannt war, der andere, der Reiter Hans mit der Schoßgeigen auch, aber mehr als Schwarzfischer wie als Musiker, und der dritte, der Kiem Pauli, überhaupt nicht.

Gspielt hams gut und der Pauli auf seiner Gitarr ist mit die Händ und Finger auf dem Instrument umanandgwuzelt, daß ma alle Finger doppelt gsehn hat.

Nach a Zeit sagt der Doktor Thoma: »Geh Pauli, spieln ma a Solo!« Der fangt an, er wird immer schneller, er glangt nunter bis ans Schalloch und nauf bis an die Schrauben, spielt nach der alten Münchner Schul mit fünf Finger am Griffbrett und fahrt mitn linken Ellbogen rund um und um, daß mir ganz schwindli worn is und daß i schnell weggruckt bin, daß er mei Nasn net derwischt. Aber gspielt hat er wunderschön und keiner von uns hat je an Gitarristen was anders spieln hörn als Baß und Begleitung. Der Doktor war stolz auf sein Pauli und hat uns alle immer angschaut was mir für Gsichter machen und hat a bißl glacht, weil wir so dumm gschaut habn.

Von da an warn mir zwei oft beinand. Im Krieg habn wir uns einmal troffen, in Vimy beim großen Armee-Volksfest auf am großen Feld. Mitten drin kommen feindliche Flieger und alles is ausanandgstobn. Ich geh nauf auf die Bühn' zum Pauli, der net gwußt hat, daß i da bin. Mir habn uns fast umarmt und da sag i: »Bleibn ma da stehn, da geht's zu die Unterständ, und schau ma, wem's am meisten pressiert.« Da war's no lustiger als beim Theaterstück vom Weiß Ferdl, was grad hätt gspielt werden solln. Später hat der Pauli beim Luftangriff sei Gitarr übern Kopf ghalten, weil er gmerkt hat, daß das ein ausgezeichneter Schutz gegen Bomben ist.

Ausm Krieg is er glücklich heimkommen, aber im April 1921 hat er seinen Magen, der vom Krieg her verdorben war, in München im Josefinum operieren lassen. Der Doktor Thoma und ich habn ihn dort miteinander bsucht.

Am 26. August 1921 ist der Doktor gstorbn, was für uns alle ganz arg war. Der Pauli war noch bis 1924 mit dem Holl Carl und dem Reiter Hansl beisammen und dann ist er ins Bad-Kreuth kommen und da blieben. Dann hat er das Volksliedersammeln angfangen und im Jahr 1930 war das erste Preissingen in Egern. Das war der Anfang von einer langen, mühsamen Arbeit, die immer weitergeht und der wir verdanken, daß wir überhaupt noch bayrisch leben, trotz aller Verteutschungsbemühungen von halbseidenen Schlawinern ohne Charakter.

Wir alle müssen dem Pauli helfen in seiner Arbeit fürs Boarlandl, für uns ist er ein Vorbild, nie hat er sich gedreht, immer hat er seine gleiche Ansicht überall offen vertreten und ausgesprochen. Die meisten haben in den Zeiten ihre Farben geändert vom Schwarz über Braun zum Rot und durch alle Regenbogenfarben wieder zurück, der Pauli ist und bleibt immer unverändert wie sein hellblaues Cravattl, ganz gleich wen er vor sich hat.

Wenn uns der Herrgott nur zwei Dutzend solcher Männer schicken wollt, dann könnt aus unserm Bayerlandl wieder a richtigs boarisches Landl werden.

Herzog Ludwig Wilhelm war der Mittelpunkt und die Triebfeder der Erhaltung und Wiederbelebung des altbayerischen Volksgutes. Seiner Initiative ist letzten Endes nicht nur die, man kann sagen, weltweite Ausstrahlung der bayerischen Volkslieder, Schnaderhüpfeln, Jodler und Tänze zu verdanken, sondern auch die Verbreitung der bayerischen Trachten und der Aufschwung, den dadurch die Lodenindustrie in der ganzen Welt gefunden hat.

Beliebt im ganzen Tal von Tegernsee bis hinauf ›auf die

Schanz‹ starb Ludwig Wilhelm am 5. November 1968. Mit ihm und den Söhnen von Max Emanuel ist die direkte Linie der Herzöge in Bayern, die uns von der Pfalz zum Tegernsee führte, erloschen. Doch besteht das Haus weiter in Max Emanuel, dem zweiten Sohn des Herzogs Albrecht von Bayern, des derzeitigen Chefs der königlichen Linie. Max Emanuel wurde von Ludwig Wilhelm adoptiert. Durch seine Großmutter Marie Gabriele, der Tochter Karl Theodors, gehört er blutsmäßig dem Hause der Herzöge in Bayern in naher direkter Abstammung an und führt diese Linie, die wir hier versucht haben in den dreihundert Jahren ihres Bestehens zu zeichnen, fort.

8

DIE EINSTIGEN
BESITZUNGEN HEUTE

Forscht man nach den Schicksalen der Besitzungen und Schlösser all dieser Generationen, so ergibt sich eigentlich eine traurige Bilanz. Aus den meisten von ihnen ist das Leben gewichen, kaum irgendwo findet man Spuren ihrer einstigen Besitzer, viele sind ganz vom Erdboden verschwunden wie noch in neuerer Zeit das *Palais des Herzogs Max,* später auch *Karl-Theodor-Palais* genannt, in München.

Die frühen Residenzen

Von den frühen Residenzen ist *Bischweiler* zur Ruine geworden, *Birkenfeld* wurde 1802 von den Franzosen versteigert. Von diesem Stammsitz der königlichen und herzoglichen Wittelsbacher sind nur das mächtige Torgebäude, Reste der Türme, die Wohnung des Hofgeistlichen und die Schenke erhalten geblieben. Die übrigen einst so imposanten Baulichkeiten sind dem Erdboden gleichgemacht und in Parkanlagen verwandelt worden, von denen man einen herrlichen Blick auf das Birkenfelder Land genießen kann.

Der *Fürstenhof in Gelnhausen,* die Heimat der Birkenfeld-Gelnhausener Linie, existiert zwar noch heute, ist jedoch längst in andere Hände übergegangen. Leider konnten wir nicht ermitteln, wann und an wen er von den Nachkommen Johann Karls verkauft wurde. Auf einer Zeichnung von 1832, die wir auf Seite 17 abbilden, wird er als »v. Haimrodsches Anwesen« bezeichnet. 1814 soll Goethe dort abgestiegen sein. 1890 ist er in den Grundbuchakten als Eigentum des Landes Preußen eingetragen und dient heute als Sitz des Amtsgerichts Gelnhausen. Von seinen einstigen Besitzern findet sich praktisch keine Spur mehr.

Wilhelms Wohnsitze

Unter den ehemaligen Wohnsitzen Wilhelms findet man einzig in der *Residenz zu Landshut* in dem ›Birkenfeld-Appartement‹ noch annähernd die Atmosphäre seiner einstigen Bewohner. Die Zimmer sind teilweise in der alten, für Wilhelm und seine Familie geschaffenen Ausstattung erhalten; man findet Porträts, die bereits früher erwähnte ergreifende Büste des alten Wilhelm und Erinnerungsstücke an die Zeit seines Aufenthaltes dort.

Auch Wilhelms ›*Herzogsschlößchen*‹ droben an den Hängen der Trausnitz ist in gutem Zustand. Es dient jetzt als Depot für die Kostüme und sonstigen Requisiten der weithin bekannten ›Landshuter Hochzeit‹, die in Erinnerung an die prunkvolle Vermählung Herzog Georgs des Reichen im Jahre 1475 mit Prinzessin Jadwiga von Polen alle drei Jahre mit festlichem Umzug, Turnieren und Reiterspielen in Landshut gefeiert wird. Der ehemals von Sckell im Auftrag Wilhelms angelegte Park des Herzogsschlößchens ist allerdings, wie wir schon früher bemerkt haben, in arg verwildertem Zustand. Der von Wilhelm errichtete kleine klassizistische Rundtempel im Park ebenso wie das antiken Triumphbogen nachgebildete Einfahrtstor bedürften einer Renovierung.

Die imposanteste aller Besitzungen, die an Schönheit der Lage und in ihrer außerordentlich repräsentativen und harmonischen architektonischen Geschlossenheit Tegernsee noch weit übertrifft, *Banz,* ist zwar als Baukörper vollkommen erhalten. Aber die innere Einrichtung wurde beim Verkauf entfernt, die Sarkophage der herzoglichen Familie 1931 aus der Gruft nach Tegernsee überführt. Einzig Wilhelms Herz blieb, eingemauert in einen Wandpfeiler der Kirche, zurück. In dem einst vom höfischen Leben unter Wilhelm erfüllten weiträumigen Hof mit seiner großzügigen Auffahrtsrampe kreisen heute Dutzende von Mauerseglern und vollführen ein kreischendes, an die Vergänglichkeit alles Irdischen mahnendes Konzert.

Der Besitz wurde nach Wilhelms Tod von seinen Nachkommen nur noch selten bewohnt. Sie hatten in und um München immer mehr ihre Heimat gefunden und verständlicherweise wohl das Interesse an dem relativ weit abgelegenen Banz verloren. In späteren Jahren mögen auch die teuren Erhaltungskosten eine Rolle gespielt haben. Jedenfalls wurde in Banz zeitweise ein Trappistenkloster eingerichtet, 1933 ging es in den Besitz der ›Gemeinschaft von den heiligen Engeln e. V.‹ über. Nur der große Banzer Wald blieb im Besitz der herzoglichen Familie. Die ›Gemeinschaft von den heiligen Engeln‹ leistet Seelsorge und Missionsarbeit für die Deutschen im Ausland. Nur wenige Mönche sind ständig in Banz und bemühen sich in aufopfernder Weise um die Erhaltung des kostbaren Besitzes.

Als Sehenswürdigkeit wird noch das sogenannte ›Petrefacten-Cabinett‹ gezeigt, dessen Gründung auf eine private Sammlung des Pfarrers und Conventualen von Banz, Augustin Geyer, zurückgeht. Sie wurde im Laufe der Jahre weiter ergänzt und zeigt heute wertvolle und interessante Funde an Versteinerungen und Mineralien aus der Umgebung, besonders des Banzerberges. Hunderte seltener Exemplare von Tier- und Holzversteinerungen sind zu sehen, darunter der über zwei Meter lange Kopf eines Ichthyosaurus trigonodon, dessen gesamte Körperlänge auf elf Meter geschätzt wird. Es ist das größte Exemplar dieser Gattung, das in den Museen Europas zu finden ist.

Auch Erinnerungen an die Orientreise des Herzogs Max haben hier Platz gefunden: Ägyptische Mumien, Hieroglyphen-Handschriften, ein Nilkrokodil und manch andere Kuriosität.

Das in dem ehemaligen Wirtschaftsgebäude eingerichtete Schloßhotel bietet einen angenehmen Aufenthalt, von dem man viele schöne Spaziergänge in die Wälder zu bereits in frühen Zeiten von den Mönchen angelegten Aussichtspunkten und größere Ausflüge nach dem Tafelberg oder einem anderen Kleinod des Maintales, der Wallfahrtskirche Vierzehnheiligen, unternehmen kann. Tritt man aus der Kirche von Vierzehnheiligen auf die Treppenempore vor dem Portal, stockt der

Schritt: im Rahmen einer von den Zweigen der Bäume des Kirchplatzes geformten natürlichen Rocaille liegt Banz drüben in der Ferne auf der anderen Höhe des Maintales. Man sieht die langgestreckte Front des Klostertrakts, die beiden graziös und beschwingt zum Himmel strebenden, im Himmel sich verlierenden Türme seiner Kirche.

Imposant wie eh und je ist natürlich die *Neue Residenz in Bamberg,* Wilhelms Wohnsitz während so vieler Jahre. Wenn auch die persönlichen Wohnräume heute teils einer anderen Verwendung dienen, teils von den späteren Bewohnern wie dem Königspaar von Griechenland und dem Kronprinzenpaar Rupprecht von Bayern neu eingerichtet wurden, so sind wohl die großen Repräsentationssäle im wesentlichen unverändert geblieben. In ihnen ist manche Erinnerung an Wilhelms Zeit zu finden, zum Beispiel der Schreibtisch, an dem Napoleon in den ersten Oktobertagen des Jahres 1806 die Kriegserklärung an Preußen unterschrieb.

Zu den Bamberger Besitzungen, die König Max Joseph dem Herzog Wilhelm überlassen hatte, gehörte auch *Schloß Seehof.* Der mächtige, über quadratischem Grundriß entwickelte und von vier überkuppelten Ecktürmen beherrschte Bau war unter Fürstbischof Marquard Sebastian Schenk von Stauffenberg durch Antonio Petrini als Sommersitz weit draußen vor den Toren Bambergs errichtet worden und hatte nach ihrem Auftraggeber auch den Namen ›Marquardsburg‹ erhalten. Die 1687 begonnene und erst 1782 mit der Schweizerei vollendete Anlage war ebenso berühmt für ihre blendende Ausstattung wie für ihren ausgedehnten, großartigen Park, den Hunderte von Gartenfiguren aus der Meisterhand des Ferdinand Dietz schmückten. Das 1803 säkularisierte Schloß diente dann ab 1806 den Herzögen in Bayern als Nebensitz, den Herzog Wilhelm wohl nur kurzfristig benützt haben dürfte, während er seinen Sohn Herzog Pius über längere Zeit beherbergt hat. 1840 verkaufte Herzog Max den gesamten Komplex an Friedrich Freiherrn von Zandt. 1951 starb der Letzte des Geschlechtes, und damit begann eines der traurigsten Kapitel deutscher Schlössergeschichte, das »nur mit dem Brand der Würzburger

Residenz zu vergleichen ist« (Kunstchronik). Die Erben betrieben ein volles Vierteljahrhundert hin einen gigantischen Ausverkauf und versilberten alles, was nicht niet- und nagelfest war: Gemälde und Möbel, Lüster, Spiegel und Öfen, Teppiche, Tapeten und Gobelins, Vertäfelungen und Wandbespannungen – um ein Haar wäre sogar das große Deckenfresko von Josef Appiani im Weißen Saal noch abgenommen und nach den USA verbracht worden. 1975 erwarb der Staat das ausgeplünderte Schloß, in das bereits ein Jahr später die Außenstelle Bamberg des Bayerischen Landesamtes für Denkmalpflege einziehen konnte. Schon laufen die Planungen, den alten Glanz des geschändeten Kulturdenkmals bis 1985 wiederherzustellen, so weit dies überhaupt im Hinblick auf die in alle Winde zerstreute Einrichtung noch möglich ist. Zunächst sollen der lange vernachlässigte und verwilderte Park restauriert und ein großer Teil der Dietz-Plastiken, der zurückgekauft werden konnte, wieder aufgestellt werden.

Längst vom Erdboden verschwunden ist das ehemalige *Malteserpalais,* für kurze Zeit Wilhelms Eigentum und Wohnsitz in *München.* Es hatte bereits ein wechselvolles Schicksal hinter sich, ehe es Max Joseph seinem Schwager Wilhelm schenkte. Im Auftrag von Kurfürst Karl Albrecht 1741 von François Cuvilliés für die Gräfin Fugger-Zinneberg, spätere Gräfin Fürstenberg begonnen, aber erst im Jahre 1759 unter Max III. Joseph fertiggestellt, war dort später die Alte Akademie untergebracht, bis es unter Karl Theodor den Maltesern übereignet wurde und nach deren Auflösung 1799 in den Besitz von Wilhelm überging. Schon 1806 verkaufte er es wieder an den König. Es war dann eine Zeitlang königliches Gästehaus, in dem auch Wilhelms Schwiegersohn, Marschall Berthier, öfter wohnte. 1827 ist das Palais im Besitz der Familie Cotta von Cottendorf, nach der es dann ›Palais Cotta‹ hieß, 1886 kauft es die Bayerische Hypothcken- und Wechselbank und 1896 vollendet sich sein Schicksal: es wird abgebrochen und durch einen Neubau ersetzt. Im letzten Krieg zerstört, steht heute dort der Mitteltrakt der wiederaufgebauten Hypo-Bank mit der bekannten Hypo-Passage. Einzig eine Tür des alten Palais zeugt im Bayerischen Nationalmuseum von der ehemaligen Schönheit des Cuvilliés'schen alten Baus.

Wilhelms Residenz in *Düsseldorf* war schon früher zerstört worden. Des 1530 begonnenen, 1559 vollendeten, oftmals erweiterten und umgestalteten sogenannten ›Alten Schlosses‹ hatte sich Wilhelm – trotz der rasch in Angriff genommenen Wiederherstellungsarbeiten nach der Bombardierung von 1794 – sowieso kaum erfreuen können: Er mußte es 1806 seinem Nachfolger von Napoleons Gnaden, Joachim Murat, überlassen. Dann beherbergte es unter anderem die Königlich preußische Münze, das Ständehaus und die 1777 von Kurfürst Karl Theodor gestiftete Kunstakademie, der Peter Cornelius vor seiner Berufung durch König Ludwig I. nach München im Jahre 1825 als Direktor vorstand. 1872 wurde das Schloß durch einen gewaltigen Brand völlig vernichtet. Nur der Schloßturm hat überdauert und hält heute noch die Erinnerung an die einstige Wittelsbacher-Residenz wach.

Das 1756 bis 1769 auf Befehl von Karl Theodor durch Nicolas de Pigage als eine der feinsinnigsten frühklassizistischen Schöpfungen Deutschlands errichtete *Schloß Benrath,* das Wilhelm bis zur Wiederherstellung des Düsseldorfer Stadtschlosses bezogen hatte, konnte dagegen alle Fährnisse der Zeit glücklich überstehen. Mitten in seinem gepflegten Park gelegen, zieht es heute wie vordem Scharen von Kunstfreunden und Ausflüglern aus der nahen Rheinmetropole an.

Die Erwerbungen des Herzogs Max

Von den zahlreichen Besitzungen und Ländereien, die Max aus dem Erlös der von seiner Mutter ererbten französischen Güter erworben hatte, ist nichts mehr im Besitz der herzoglichen Familie.

Ein Trauerspiel ereignete sich um das mit so vielen Erinnerungen an die herzogliche Familie verbundene *Schloß Possenhofen.* Nachdem, wie wir gehört haben, Herzog Luitpold von dem ihm angebotenen Rückkauf keinen Gebrauch gemacht hatte, verkaufte es der Bayerische Staat an die Priessnitz A.G.

Deren Hauptgesellschafter, Bagusat, verlegte entgegen den Kaufbedingungen einen Teil seiner Motorenwerke nach Possenhofen. Das neue Schloß wurde eine Zeitlang als Montagebetrieb benutzt. Die Projekte der Besitzer für eine andere Verwendung von Possenhofen wurden von den Baubehörden vor allem aus Gründen des Denkmalschutzes abgelehnt. Nachdem rührige heimatverbundene Kreise herausgefunden hatten, daß dem Freistaat Bayern bei der Veräußerung bis März 1976 ein Rückkaufsrecht eingeräumt worden war, schien sich eine Lösung zur Rettung dieses anmutig gelegenen Anwesens anzubahnen. Doch fand sich, wie es hieß, kein wirtschaftlich vertretbarer Nutzungszweck, so daß schließlich der günstige Termin wieder verstrich. Damit ist die Zukunft des Schlößchens weiter ungewiß, oder besser, in Anbetracht des fortschreitenden Verfalls, ziemlich besiegelt.

Eine Idylle dagegen ist immer noch das von Max gleichzeitig mit Possenhofen erworbene *Schloß Garatshausen* am Starnberger See. Es war eine Zeitlang Absteigequartier seiner Töchter und Schwiegersöhne bei Familienzusammenkünften, bis es Max seinem ältesten Sohn Louis übertrug. 1869 verkaufte dieser das Schloß an die Gattin Kaiser Ferdinands I., eine Tochter Viktor Emanuels von Sardinien, die es 1870 ihrem Neffen, dem König Franz II. von Neapel, dem Schwiegersohn von Max, schenkte. Dann gelangte es an die Thurn und Taxis, die es heute noch besitzen und den Haupttrakt zuweilen bewohnen. Ein mit modernen Erweiterungsbauten versehener Teil des Schlosses dient heute als Krankenhaus und Altersheim.

Unterwittelsbach verkaufte Herzog Ludwig Wilhelm im Jahre 1955 mit siebzehn Tagwerk Park und drei Weihern an die Gräfin von Pfetten-Niederstotzingen. Zweihundert Tagwerk Wald und hundertfünfzig Tagwerk Ackerland und Wiesen wurden anderweitig vergeben. 1955 wurde das Schloß innen und außen restauriert. Es ging in den Besitz der Familie Rindfleisch aus München über, die es heute bewohnt und für festliche Zwecke gelegentlich zur Verfügung stellt.

Kühbach hatte Max, wie wir bereits gehört haben, schon 1862 verkauft, und auch die ehemalige fuldische Propstei

Holzkirchen bei Würzburg war nur kurze Zeit in seinem Besitz gewesen. 1842 entledigte er sich des einstigen Klostergutes samt der großartigen Zentralkirche von Balthasar Neumann und den Wäldern wieder. Schon der vorhergehende oftmalige Besitzerwechsel hatte erwiesen, daß das Gut nicht mit Erfolg zu bewirtschaften war. Bis nach dem letzten Krieg war es Eigentum der Grafen Castell. Heute erlebt es nach langen Jahren des stetigen Verfalls durch eine sorgsame Restaurierung eine glückliche Auferstehung.

An den einstigen *Herzogpark* in München erinnert nur noch der Name des heute zum großen Teil mit eleganten Villen bebauten Viertels des Stadtteils Bogenhausen.

Schon vor dem Ersten Weltkrieg begann die am 28. April 1900 gegründete ›Terrain-Aktiengesellschaft Bogenhausen-Gern‹ im Inneren des Geländes Villen zu bauen, nach dem Zweiten Weltkrieg auch Eigenheim-Reihenhäuser. Im großen und ganzen ist aber der Charakter eines stillen Villenviertels mit großen Gärten gewahrt. Thomas Mann wohnte dort seit 1913 in der Mauerkircherstraße 13, ab 1925 dann in der Poschingerstraße 11. Die Spaziergänge mit seinem Vierbeiner Bauschan, die er in seinem kunstvollen Erzählungsbericht ›Herr und Hund‹ schildert, unternahm er in den Isarauen des ehemaligen herzoglichen Parks. Der einzige Rest aus der Zeit des Herzogs Max, die Gärtnerei, ist im Verschwinden begriffen; auf ihrem Gelände sind zur Zeit Bagger am Werk.

Es bleibt noch das durch Erbschaft an die herzogliche Linie gelangte Biederstein zu erwähnen, von dessen Verkauf durch die Brüder Siegfried, Christoph und Luitpold wir schon gehört haben. Von dem einst so schönen Besitz ist heute keine Spur mehr zu finden. An Stelle des abgebrochenen Neuen Schlosses steht seit 1947 das Haus des mit dem C. H. Beck-Verlag fusionierten Biederstein-Verlags. Da wo einst das im Zweiten Weltkrieg verbombte Alte Schloß sich befand, sind in den Jahren 1951, 1952 und 1955 Studentenwohnheime entstanden, und der vielbefahrene Mittlere Ring, der über den trockengelegten einstigen See hinwegführt, zerreißt das Gelände des ehemaligen Parks.

Im Tegernseer Tal

Erfreulicheres ist von den ererbten Besitzungen in und um Tegernsee zu berichten, die heute noch Eigentum des herzoglichen Hauses sind und zum großen Teil eine der heutigen Zeit angepaßte neue Verwendung gefunden haben.

Schloß Tegernsee diente während des Zweiten Weltkrieges als Lazarett und Krankenhaus. Der Streit um den Verbleib des seit 1945 dort untergebrachten Gymnasiums und Internats scheint jetzt – im Herbst 1976 – zugunsten von Tegernsee entschieden zu sein.

Bedauerlicherweise hat der jetzige Herzog Max *Kaltenbrunn* an die Firma Schörghuber verkauft, die dort ein großes Touristenzentrum errichten will. Was dann aus den historischen Gebäuden werden würde, ist noch offen. Kaltenbrunn, das einstige Mustergut Max Josephs, mit seiner ländlichen Atmosphäre voller Tradition, mit dem einmaligen Blick auf den See und das Panorama der ihn rahmenden Berge, war bis vor kurzem eines der beliebtesten Ausflugsziele für Fremde und Einheimische. Nach den schweren Kriegs- und Nachkriegsjahren, in denen der Wirtschaftsbetrieb geschlossen werden mußte, war es von der herzoglichen Güterverwaltung erneut verpachtet worden und zog wie eh und je die Gäste aus nah und fern in seinen Bann.

Seit 1961 war Kaltenbrunn eine besondere Attraktion für Pferdeliebhaber geworden. Herzog Ludwig Wilhelm hatte nach Aufgabe der Landwirtschaft die ehemaligen Ökonomiegebäude und acht Tagwerk Grund dem ›Wiesseer Fahr- und Reitclub‹ überlassen. Der einstige Stall, in dem Simmenthaler Vieh aus den Herden des rührigen Max Obermayer gestanden hatte, beherbergte nun an die dreißig Pferde edelster Rassen, teils in Privatbesitz, teils Eigentum des Clubs. Es wurde eine offene Reitbahn geschaffen, ja sogar in der ehemaligen Scheune eine gedeckte Reithalle eingerichtet. Und für Ausritte ins Gelände konnte man sich kaum eine schönere Umgebung denken als die von Kaltenbrunn.

Schloß Ringberg, die Schöpfung Herzog Luitpolds, wurde

von diesem testamentarisch der Max-Planck-Gesellschaft vermacht mit der Bestimmung, daß der Besitz unverändert erhalten und wissenschaftlichen Zwecken zugeführt werden soll. Während die Max-Planck-Gesellschaft ihr Vorhaben, in dem Schloß ein Symposiumhaus für Wissenschaftler einzurichten, aus finanziellen Gründen bisher noch nicht durchführen konnte, hat *Wildbad Kreuth* bereits eine ähnliche Verwendung gefunden. Im Unterschied zu der beabsichtigten wissenschaftlichen Arbeit auf Schloß Ringberg dient Wildbad Kreuth jedoch politischer Bildung. Herzog Max verpachtete die mit wertvollen alten Möbeln eingerichteten Gebäude aus der Zeit Max Josephs für jährlich 55 000 DM auf dreißig Jahre an die 1967 gegründete und nach dem bayerischen Ministerpräsidenten der Jahre 1957 bis 1960 benannte Hanns-Seidel-Stiftung, die dort ein Schulungszentrum für politische Bildung einrichtete, dessen außenpolitischer Berater Otto von Habsburg ist. Bei weitgehender Erhaltung des historischen Charakters wurden die Räumlichkeiten mit allen technischen Einrichtungen ausgestattet, die uns heute für derartige Zwecke sowie für die Unterbringung der Gäste zur Verfügung stehen.

In dem ehemaligen Kurbad Kreuth, das noch bis 1973 bestand, finden nun heute politische Diskussionen statt, die im Zeichen der Sorge um die Zukunft Europas stehen. In seiner Begrüßungsansprache zur feierlichen Eröffnung, die im Oktober 1975 in Anwesenheit des bayerischen Ministerpräsidenten Alfons Goppel, von Franz Joseph Strauß und vierhundert Festgästen aus dem In- und Ausland stattfand, bemerkte der Erste Vorsitzende der Hanns-Seidel-Stiftung, Staatsminister Dr. Fritz Pirkl:

So wie der Mensch der Kur zur Erhaltung seiner Gesundheit bedarf, so ist die politische Bildungsarbeit ein Beitrag zur Sicherung des lebensfähigen demokratischen Rechtsstaates.

Unter dem Motto ›Für ein Europa der Regionen‹ stand eine Tagung im März 1976, an der Politiker und Wissenschaftler fast aller christlich-demokratischen Staaten Europas zu der Frage Stellung nahmen, wie man die Einigung Europas vorantreiben könne. Ein Problem, über das in den freien Staaten

Europas zwar viel diskutiert, aber nichts erreicht wird. Wie recht hatte der bayerische Minister Streibl, als er wörtlich erklärte:

Im Verhältnis zwischen den einzelnen nationalen Mitgliedsstaaten und der Europäischen Gemeinschaft ergeben sich ähnliche fachliche politische Grundprobleme, wie sie im föderalen Bundesstaat zwischen den eigenstaatlichen Ländern und dem Bund bestehen.

Europa verschließt sich durch den Souveränitätsdünkel der einzelnen Nationalstaaten der Einigung und geht, wenn nichts geschieht, seinem eigenen Untergang blinden Auges entgegen.

Drüben, jenseits der Wiese, wacht das kleine alte Bad-Kirchlein, eingebettet in den stillen Frieden der es umgebenden Wälder und Berge, über den neuen Geist von Bad Kreuth. Kein Laut ist zu hören. Nur die Heilquelle zum Heiligen Kreuz plätschert leise in ihr Becken und eilt dann als kleines Bächlein hurtig zu Tal. Seit 1707 steht es da, das kleine Kapellchen, dem Heiligen Kreuz geweiht, verschmolzen zu einer Einheit mit dem altbayerischen Bauernhaus des ›Alten Bads‹, bis zur Säkularisation eine beliebte Wallfahrt, von seinen späteren Besitzern liebevoll erhalten und gepflegt.

Den größten Zauber entfaltet jedes Jahr das Kirchlein am Heiligen Abend, wenn sich die ganze ›Bad Kreuther Familie‹ bei der Christmette trifft, vom Herzog über den Kiem Pauli bis zum Holzknecht: ein Stück echtes Altbayern. Zu dieser intimen Feier wird eine Weihnachtskrippe aufgestellt. Die Herzogin selbst hat alle Figuren geschnitzt und bekleidet. Die Modelle dazu suchte sie sich aus der Kreuther Bevölkerung – Kiem Pauli zum Beispiel ist ein knieender Hirte – und alle tragen die Tegernseer Tracht, stilecht bis zum letzten Schuhnagel. (Franz Prinz zu Sayn-Wittgenstein)

Der Herzog und die Herzogin sind tot und nur wenige, die mit ihnen sich einst zur Christmette im Bad Kreuther Kirchlein zusammenfanden, werden heute noch leben. Daß die Atmosphäre dieser intakten Welt noch heute über dem Tegernseer Tal und vor allem über Wildbad Kreuth liegt, das ist nicht zuletzt dem Leben und Wirken der Herzöge in Bayern und besonders dem letzten der direkten Linie, dem Herzog Ludwig Wilhelm, zu danken.

Möge der Genius loci von Wildbad Kreuth die Menschen, die sich hier in der Sorge um die Zukunft der freien Welt zu einer modernen Wallfahrt zusammenfinden, auf einen fruchtbaren Weg zur Rettung Europas führen und sich damit der Wunsch Max Josephs, seine Schöpfung, das Neue Bad, möge für immer eine Wohltat für die leidende Menschheit sein, in unserem heutigen Sinne erfüllen.

NACHWORT

Die von Hermann von Witzleben anfangs nur aus familiengeschichtlichem Interesse begonnene Studie über die Anfänge der herzoglichen Linie des Hauses Wittelsbach und die erstmals von ihm eingehender untersuchte große Auseinandersetzung zwischen der Pfalzgräfin Esther Maria von Birkenfeld-Gelnhausen mit ihrem Schwager, Pfalzgraf Christian II., weiteten sich im Laufe seiner Forschungen zu einer kleinen Geschichte der Herzöge in Bayern aus, die sicherlich in Anspruch nehmen darf, weit über das ursprüngliche private Anliegen hinaus das Interesse einer breiteren Öffentlichkeit zu erregen.

Es war eine große Freude für ihn, daß der Prestel-Verlag sich entschloß, sein Werk in die Reihe seiner ›Liebhaberbücher‹ aufzunehmen. Aber es war ihm nicht mehr beschieden, das Erscheinen seines Buches noch zu erleben, an dem er trotz hohen Alters und schwerer Krankheit bis zuletzt mit unermüdlicher Schaffenskraft gearbeitet hat. Er starb am 27. August 1976, nachdem er an seinem letzten Lebenstag noch die große Genugtuung erleben durfte, die mit Spannung erwarteten ersten Druckfahnen in Händen zu halten.

In Dankbarkeit gedenke ich der überaus anregenden Zusammenarbeit mit Hermann von Witzleben. Den Dank an alle, die uns bei unserer mühevollen Arbeit mit Rat und Tat behilflich waren, möchte ich in dem Wortlaut folgen lassen, wie er ihn selbst noch zuletzt aufgesetzt hat:

Wir schulden ganz besonderen Dank Ihrer Königlichen Hoheit, der Prinzessin Pilar von Bayern, sowie der langjährigen Mitarbeiterin des Prinzen Adalbert von Bayern, Fräulein Margot Sundheimer, für ihre liebenswürdige Unterstützung unserer Bemühungen, dann Franz Prinz zu Sayn-Wittgenstein für die einfühlsame Schilderung seiner Besuche auf der Schanz bei seinem Onkel, Herzog Ludwig Wilhelm in Bayern, die er uns dankenswerterweise zur Verfügung stellte.

Ganz besonderen Dank möchten wir dem Lektor des Verlages, Herrn Josef H. Biller aussprechen, der uns bei der Beschaffung vieler entlegener Quellen ganz wesentliche Hilfe erwies.

Ferner danken wir im Verein mit dem Verlag für mancherlei wertvolle Auskünfte, Hinweise und Unterstützung Seiner Hoheit, Herzog Alexander von Württemberg auf Schloß Altshausen, Frau Professor Carola Baumgartner in München, den Herren Kurt Becher und Hans Roth vom Bayerischen Landesverein für Heimatpflege, Herrn Dr. Volker Duvignau und Fräulein Reichenwallner vom Münchner Stadtmuseum, Herrn Arthur Eidler von der Kgl. priv. Münchener Künstler-Genossenschaft, Frau Priorin M. Leonia Götz von Kloster Altomünster, Herrn Kreisheimatpfleger Professor Toni Grad in Aichach und seinen heimatkundlichen Mitarbeitern, den Herren Hans Schmid und Rudolf Wagner, dann dem Schriftführer des Altertums-Gau-Vereins Tegernsee, Herrn Hans Halmbacher, Herrn Prof. em. Dr. Oswald Hederer in Gmund am Tegernsee, Graf Henckell-Donnersmarck, Fräulein Lore Weiß und Herrn Lankes von der Herzoglichen Hauptverwaltung in Tegernsee, dem Verlag Max Hirmer in München, der die Offsetfilme zu Farbtafel VI aus seinem Werk von Eugen Roth ›Damals in Oberbayern‹ entgegenkommenderweise zur Verfügung stellte, dem Leiter der Abteilung Monacensia der Stadtbibliothek München, Herrn Ludwig Hollweck, weiter Herrn Ludwig Krafft, dem ehemaligen Leiter der Puppentheatersammlung des Münchner Stadtmuseums, Herrn Dr. Lersch vom Zentralinstitut für Kunstgeschichte in München, Frau Professor Erna Lesky vom Institut für Geschichte der Medizin der Universität Wien, Herrn Dr. Georg Meitinger von der Bauabteilung des Max-Planck-Institutes, der Redaktion der Zeitschrift ›Tegernseer Tal‹ in Rottach-Egern, Herrn Professor Dr. Hans Rall, Direktor des Geheimen Hausarchivs, Frau Dr. Ulrike Schmundt-von Hase, Erlangen-München, Frau Dr. Traudl Seifert und Herrn Hans Aumüller von der Bayerischen Staatsbibliothek, Herrn Dr. Georg Spitzlberger, Direktor des Stadtarchivs sowie des Kreis- und Stadtmuseums Landshut, Herrn Direktor Dr. Waißenberger und Herrn Dr. Schöny vom Historischen Museum der Stadt Wien, Herrn Dr. Wild vom Staatsarchiv München, Herrn Christian Wirth, Herrn Dr. Carl Zenker von der Augenklinik Herzog Carl Theodor sowie verschiedenen Damen und Herren, die ungenannt bleiben möchten, und schließlich allen im Quellen- und Bildnachweis aufgeführten Archiven, Bibliotheken, Instituten, Museen und Sammlungen, die historische Dokumente und Bildvorlagen zur Verfügung gestellt und deren Wiedergabe freundlicherweise gestattet haben.

Leider stand das herzogliche Archiv in Tegernsee nicht zur Verfügung, das gewiß viel Wertvolles und Unbekanntes zur Geschichte der herzoglichen Familie, ihres kulturellen und gesellschaftlichen Wirkens sowie ihrer Bautätigkeit und ihres Mäzenatentums hätte beitragen können.

München, im Oktober 1976   Ilka von Vignau

LINIE: NEUBURG

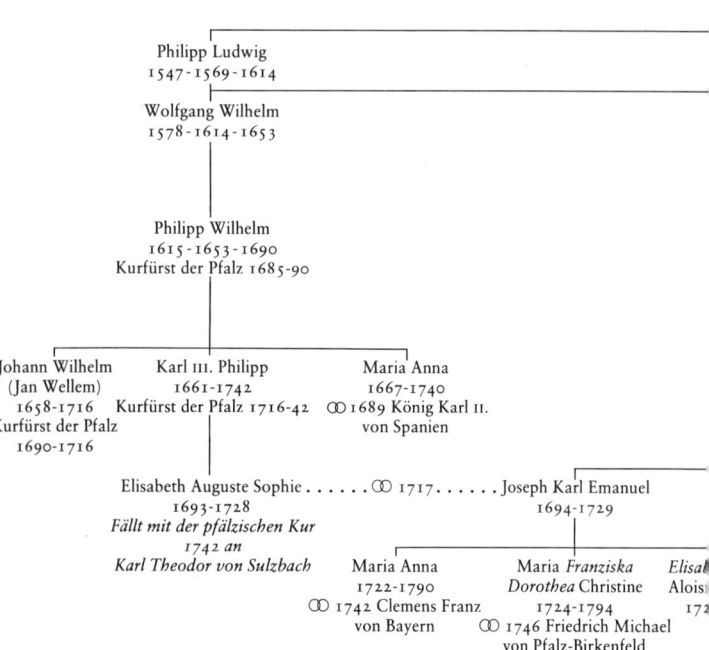

I

DIE PFÄLZISCHEN WITTELSBACHER DES HAUSES ZWEIBRÜCKEN UND SEINER NEBENLINIEN

Im Interesse besserer Übersichtlichkeit sind in dieser Tafel neben den Regenten der einzelnen Linien nur die für den Zusammenhang des Buches wichtigen Personen berücksichtigt. Von den Jahreszahlen ohne nähere Erläuterung bezieht sich die erste auf Geburt, die letzte auf den Tod und — soweit erforderlich — die mittlere auf den Antritt der Pfalzgrafschaft bzw. des Königtums.

382

SULZBACH	HILPOLTSTEIN	ZWEIBRÜCKEN	LANDSBERG	KLEEBURG	SULZBACH HILPOLTSTEIN	PARKSTEIN-WEIDEN VOHENSTRAUSS	BIRKENFELD	
		Wolfgang I. von Zweibrücken-Veldenz 1526-1532-1569 *Erhält 1557 Neuburg und 1559 Birkenfeld*						Sophia Amalia Pfalzgräfin von Zweibrücken 1646-1695
		Johann I. 1550-1569-1604			Otto Heinrich II. 1556-1569-1604 *Fällt 1604 an Philipp Ludwig von Neuburg*	Friedrich 1557-1569-1597 *Fällt 1597 an Philipp Ludwig von Neuburg*	Karl I. 1560-1569-1600	Magdalena Juliana 1686-1720 ⊕ 1704 Joachim Friedrich Herzog von Hollstein-Norburg und Plön Vormund der Kinder von Johann Karl und Esther Maria von Birkenfeld-Gelnhausen
August 1582-1614-1632	Johann Friedrich 1587-1614-1644 *Fällt 1644 an Neuburg zurück*	Johann II. 1584-1604-1635 ⊕ 1604 Katharina von Rohan-Fontenay	Friedrich Kasimir 1585-1611-1645	Johann Kasimir 1589-1611-1652 ⊕ Katharina, Tochter Karls IX. von Schweden			Georg Wilhelm 1591-1600-1669	
Christian August 1622-1632-1708		Magdalena Katharina 1607-1648 ⊕ 1630 Christian I. von Birkenfeld	Friedrich 1616-1635-1661	ZWEIBRÜCKEN–LANDSBERG Friedrich Ludwig 1619-1645-1681 *Erbt 1661 Zweibrücken*	Karl Gustav 1622-1652-1654 König Karl X. von Schweden 1654-60 *Tritt 1654 Kleeburg an Adolf Johann ab*	Adolf Johann 1629-1654-1689		Karl Otto 1625-1669-1671 *Fällt 1671 an Christian II. von Birkenfeld-Bischweiler Rappoltstein*
Theodor Eustach 1659-1708-1732			Sophie Amalie II. ⊕ Johann Karl von Birkenfeld-Gelnhausen *Fällt 1661 an Friedrich Ludwig von Landsberg*	Wilhelm Ludwig 1648-1675 *Fällt 1681 an Karl XI. von Schweden*	Karl XI. 1655-1681-1697 König von Schweden 1660-97 *Erbt 1681 Zweibrücken*	Gustav Samuel Leopold 1670-1689-1731 *Erbt 1718 Zweibrücken* *Fällt 1731 an Christian III. von Birkenfeld-Bischweiler*	
Johann Christian 1700-1732-1733				Karl XII. 1682-1697-1718 König von Schweden 1697-1718 *Zweibrücken fällt 1718 an Gustav Samuel von Kleeburg*			
⊕ 1742 Karl Theodor 1724-1733-1799 Kurfürst der Pfalz 1742-77 Kurfürst von Bayern 1777-99 *Fällt 1799 an die Linie Birkenfeld-Zweibrücken*						Karl August 1746-1775-17	Ludwig Wilhelm (Louis) Herzog in Bayern 1831-1920 I ⊕ 1859 Henriette Mendel Freifrau von Wallersee II ⊕ Antonie von Bartolf, geb. B.
								Amalie 1865-1912 ⊕ 1892 Herzog V von Urach

2
DIE PFALZ
VON BIRKENFELD
UND HERZÖG

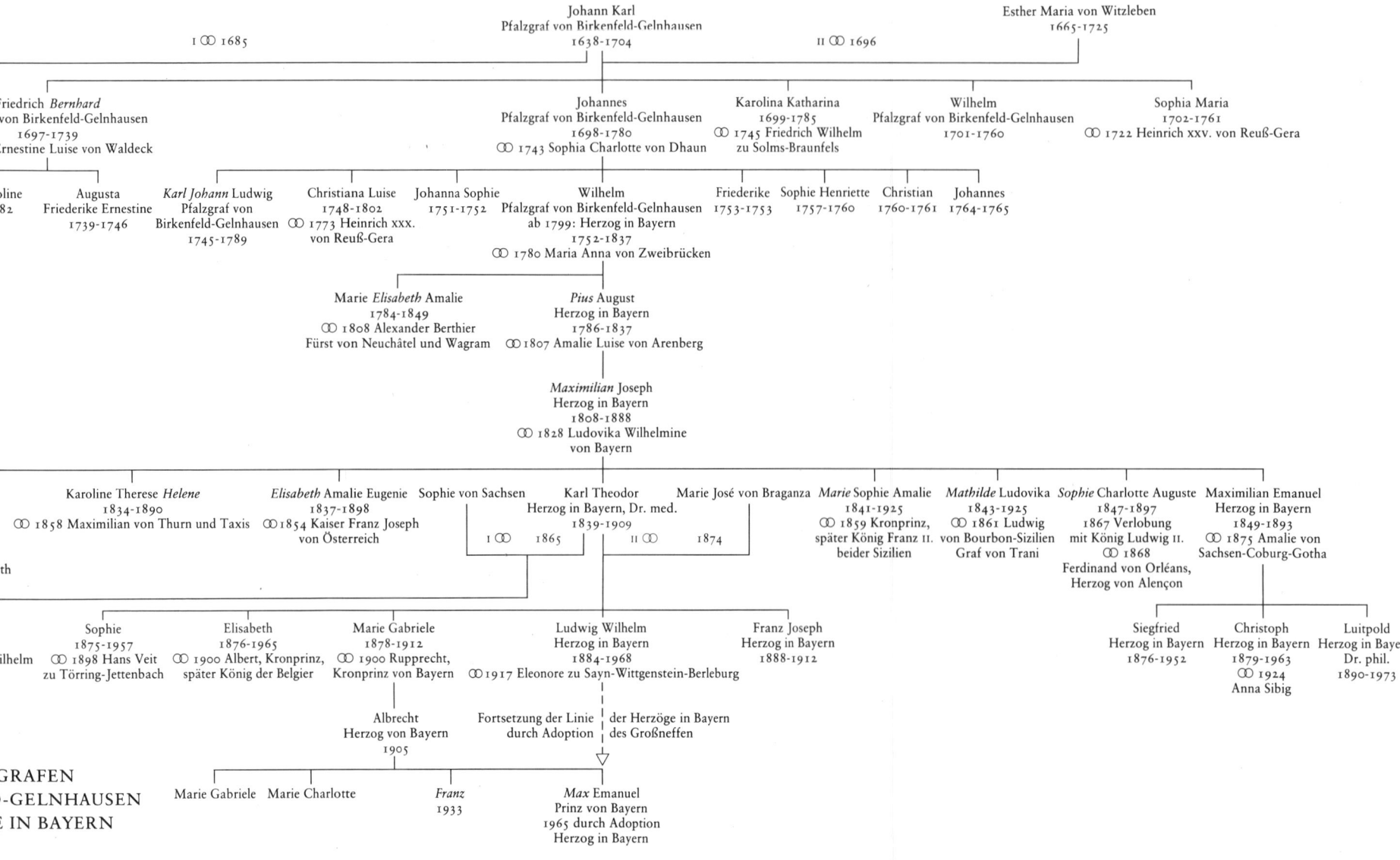

VERZEICHNIS UND NACHWEIS DER ABBILDUNGEN

Farbtafeln

I Esther Maria von Witzleben. Moderne Kopie nach einem zeitgenössischen Porträt auf Schloß Angelroda in Thüringen, das seit 1945 verschollen ist. *Karatschi, Privatbesitz.* (Seite 73)
II Herzog Wilhelm von Birkenfeld-Gelnhausen. Ausschnitt aus einem Gemälde von Johann Georg Edlinger im Kabinett der Birkenfeld-Zimmer der Stadtresidenz Landshut. *Landshut, Stadt- und Kreismuseum; Foto: Fotoma, Landshut.* (Seite 145)
III Herzog Max und Prinzessin Ludovika als junges Ehepaar am Tegernsee. Ölgemälde von Joseph Stieler, 1830. *Tegernsee, Privatbesitz; Foto: Sandro Callimici, Gmund.* (Seite 209)
IV Inspizierung des Bürgermilitärs von München und Au durch Herzog Max in der Ludwigstraße 1842. Kolorierte Lithographie von Gustav Wilhelm Kraus. *Münchner Stadtmuseum.* (Seite 248-249)
V Kaiserin Elisabeth von Österreich als Prinzessin-Braut zu Possenhofen 1853. Ölgemälde von Carl Piloty (Porträt und Staffage) und Franz Adam (Pferd). *Regensburg, Schloß des Fürsten Thurn und Taxis; Foto: Wilkin H. Spitta, Regensburg.* (Seite 281)
VI ›Villa Possenhofen‹. Aquarell von Lorenz II Quaglio, 1854. *München, Staatliche Graphische Sammlung.* (Seite 296-297)
VII Schlafzimmer im Schloß Tegernsee. Gouache und Aquarell von Franz Xaver Nachtmann, zwischen 1828 und 1843. *Münchner Stadtmuseum.* (Seite 320-321)

Einfarbige Bildtafeln

1 Pfalzgraf Christian II. im Alter von 69 Jahren. Kupferstich von Johann Adam Seupel, 1706. *Kurpfälzisches Museum, Heidelberg.* (Seite 105)
2 Die Stadt Düsseldorf gegen Ende des 18. Jahrhunderts. Kolorierte Umrißradierung von Johann Ziegler nach Lorenz Janscha aus dem 1798 im Verlag von Artaria & Comp. in Wien erschienenen Album ›Malerische Ansichten des Rhein-Stromes von Speyer bis Düsseldorf‹. *Düsseldorf, Stadtmuseum.* (Seite 106-107)
Das kurfürstliche Schloß, links im Bild, war nach seiner Beschädigung beim französischen Bombardement im Jahre 1794 durch Herzog Wilhelm wiederhergestellt und bereits 1804 als Residenz bezogen worden.
3 ›Wilhelm Herzog in Baiern‹. Lithographie mit Tondruck von Sebastian Scharnagel, um 1820/30, nach der im Historischen Museum der

Stadt Bamberg verwahrten seitenverkehrten Bleistiftvorzeichnung. *Münchner Stadtmuseum.* (Seite 108-109)

4 ›Bamberg von der Nordseite‹. Radierung von Friedrich Carl Rupprecht aus dem Jahre 1817. *Bamberg, Historisches Museum der Stadt; Foto: Emil Bauer, Bamberg.* (Seite 110-111)

5 Marschall Alexander Berthier. Anonyme Lithographie vom Anfang des 19. Jahrhunderts. *Bamberg, Staatsbibliothek; Foto: Emil Bauer, Bamberg.* (Seite 112)

6 Der Fenstersturz des Marschalls Berthier aus der Bamberger Residenz am 1. Juni 1815. Zeitgenössische kolorierte Lithographie, wiedergegeben nach einem Druck in Nummer 31/1902 der Zeitschrift ›Das Bayerland‹. *München, Bayerische Staatsbibliothek.* (Seite 112)

7 ›Vermählung des Herzogs Maximilian in Bayern mit Louise Wilhelmine, Königlichen Prinzessin von Bayern, gefeiert in Tegernsee den 9ten September 1828‹. Lithographie von Franz Xaver Nachtmann nach seinem für die Königin Karoline geschaffenen Gemälde. *Tegernsee, Heimatmuseum; Foto: Sandro Callimici, Gmund.* (Seite 225)

8 ›Innere Ansicht des Circus (im Hofraume des Palais von Herzog Max) mit Produktion‹. Tuschzeichnung von Heinrich von Mayr, um 1830. *Münchner Stadtmuseum.* (Seite 226-227)

9 ›Herzog Maximilian in Bayern nebst Gefolge in den Ruinen von Theben‹. Lithographie von Friedrich Kaiser wohl nach einer Vorzeichnung von Heinrich von Mayr, um 1840. *Münchner Stadtmuseum.* (Seite 228-229)

10 ›Die Geschwister der Kaiserin Elisabeth von Österreich‹. Ölgemälde von Joseph Stieler, 1855. *Wallsee/Niederösterreich, Privatbesitz; Foto: Fotothek des Zentralinstitutes für Kunstgeschichte, München.* (Seite 230-231)

11 Herzog Max in Bayern als Zitherspieler. Lithographie von Leo Schöninger, um 1840. *Münchner Stadtmuseum.* (Seite 232)

12 ›Der Herzog Max als Tonsetzer: Telegraphenklänge, zwölf Ländler für die Zither in fünf Minuten componiert und k. b. Ministerialsections-Rath Steinheil zum Abschied gewidmet von H.-M. (bei Falter & Sohn)‹. Aquarell-Karikatur von Franz von Pocci aus dem dritten Stammbuch (1849-1851) der Münchner geselligen Vereinigung ›Alt-Anglia‹. *München, Kgl. priv. Münchener Künstler-Genossenschaft; Foto: Christian Wirth.* (Seite 232)

In feiner Ironie spielt hier Pocci auf verschiedene Schwächen des Herzogs Max an. Er persifliert die Kompositionswut seines Freundes ebenso wie dessen rasche Arbeitsweise, auch seinen Hang zur ewig glimmenden Tabakspfeife und zu einem guten Trunk, den sein Leibmohr im Laufschritt zu servieren hat. Darüber hinaus spielt der Karikaturist auf den Abschied des gemeinsamen Alt-Anglia-Freundes Karl August Steinheil an, der damals gerade als Vorstand des österreichischen Departements für Telegraphie nach Wien berufen worden ist. Schließlich kleidet der boshafte Pasquillant die ganze Erklärung noch in den nachahmenden Wortlaut jener Titel, die Herzog Max seinen im Münchner Musikverlag von Falter & Sohn veröffentlichten Kompositionen zu geben pflegte.

13 ›König Ludwig II. von Bayern, mit Allerhöchstdessen Braut: Sophie Charlotte, Herzogin in Bayern‹. Lithographie von Max Lang, 1867. *Münchner Stadtmuseum.* (Seite 341)

14 ›Im Hörsaal Theodor Billroths‹. Ausschnitt aus einem Gemälde von Adalbert Franz Seligmann, 1890. *Wien, Allgemeines Krankenhaus, Bibliothek der II. Chirurgischen Klinik; Foto: Bruckmann-Archiv, München.* (Seite 342-343)
In der Mitte des Bildes Theodor Billroth, umgeben von seinen Assistenzärzten Dr. Böttcher (links von ihm, zum Betrachter gewendet), Dr. Salzer, Dr. Distel, Dr. Eiselsberg, dem späteren berühmten Wiener Chirurgen) und Dr. Winter (sämtliche rechts von Billroth). Als dritter von links in der linken vorderen Reihe verfolgt Herzog Karl Theodor in Bayern die Demonstration des großen Chirurgen.

15 ›Herzog Ludwig Wilhelm in Bayern‹. Bleistiftzeichnung von Thomas Baumgartner, dem langjährigen Freund des Dargestellten, aus dem Jahre 1953. *Tegernsee, Heimatmuseum; Foto: Sandro Callimici, Gmund.* (Seite 344)

Abbildungen im Text
Die Ziffern am linken Rand beziehen sich auf die Seite

4 Wappen der Herzöge in Bayern aus der ersten Hälfte des 19. Jahrhunderts. Ausschnitt aus dem Titelblatt des ›Louisen-Walzers‹ von Johann Petzmayer. *München, Bayerische Staatsbibliothek.*

13 Schloß Birkenfeld. Kupferstich aus der ›Topographia Palatinatus Rheni‹ von Matthäus Merian, Frankfurt am Main, 1645. *München, Bayerische Staatsbibliothek.*

15 ›Das herzogliche Schloß zu Bischweiler Anno 1737‹. Ausschnitt aus einer neuzeitlichen Federzeichnung nach einer zeitgenössischen Vorlage. *Straßburg, Musées de la Ville, Château de Rohan, Bibliothèque et Cabinet des Estampes.*

17 Der Fürstenhof in Gelnhausen. Ausschnitt aus einer Bauaufnahme von 1832 in den ›Bau- und Kunstdenkmälern im Regierungsbezirk Cassel‹, Band 1: ›Der Kreis Gelnhausen‹, Marburg 1901. *München, Zentralinstitut für Kunstgeschichte.*

23 Wolfgang I., Pfalzgraf bei Rhein, Herzog zu Neuburg. Kupferstich von Johann Peter Laminit in Augsburg, um 1800, nach einem älteren Vorbild. *Münchner Stadtmuseum.*

30 Christian I., Pfalzgraf bei Rhein, Graf in Veldenz und Sponheim. Ausschnitt aus einem Kupferstich aus der Mitte des 17. Jahrhunderts von Peter Aubry. *Münchner Stadtmuseum.*

41 Rappoltsweiler im Elsaß. Ausschnitt aus einem Kupferstich in Matthäus Merians ›Topographia Alsatiae‹, Frankfurt am Main 1663. *München, Bayerische Staatsbibliothek.*

ANHANG

48/49 ›Bad Elgersburg in Thüringen‹. Ausschnitt aus einer Lithographie von B. Plockhorst aus der ersten Hälfte des 19. Jahrhunderts. *München, Privatbesitz.*

85 Unterschrift von Pfalzgraf Christian II. unter seiner Bittschrift an Kaiser Karl VI. vom 20. Juni 1715. *Wien, Österreichisches Staatsarchiv.*

86 Unterschrift der Pfalzgräfin Esther Maria von Birkenfeld-Gelnhausen unter ihrem Dankschreiben vom 4. Juli 1715 an Kaiser Karl VI. *Wien, Österreichisches Staatsarchiv.*

91 Wappen des Geschlechtes Witzleben. Federzeichnung aus dem Gothaischen Taschenbuch des Adels. *München, Privatbesitz.*

129 Taufe des Prinzen Pius 1786 in Landshut. Ausschnitt aus einem Huldigungsblatt auf die im selben Jahr erfolgte Geburt der Prinzen Pius August und Ludwig August, radiert von J. Anton Heus und verlegt von dem Buchhändler Johann Georg Bullmann in Augsburg, 1786. *Münchner Stadtmuseum.*

158 Kurfürst Max IV. Joseph. Kupferstich in Punktiermanier von Josef Vockerodt, um 1800. *Münchner Stadtmuseum.*

165 Schloß Benrath. Aufriß nach einer Zeichnung des Architekten Nicolas de Pigage für die von ihm geplante ›Architecture Palatine‹. *Düsseldorf, Kunstmuseum.*

183 Maximilian Joseph Graf von Montgelas. Ausschnitt aus einem Kupferstich von Karl Ernst Christoph, 1816, nach einem Gemälde von Joseph Hauber. *Münchner Stadtmuseum.*

215 Theaterzettel zur Aufführung der Alpenszene ›Der Fehlschuß‹ von Herzog Max im Münchner Hof- und Nationaltheater am 26. Februar 1847. *München, Theatermuseum; Foto: Klaus Broszat, München.*

259 ›Johann Petzmayer, Kammer-Virtuos Sr. Kgl. Hoheit des Herzogs Maximilian in Bayern‹. Lithographie von Erich Correns aus dem Jahr 1849. *Münchner Stadtmuseum.*

261 Titelblatt zur zweiten Auflage der ›Oberbayerischen Volkslieder mit ihren Singweisen‹, gesammelt von Herzog Max. *München, Bayerische Staatsbibliothek.*

262 Titelblatt zu dem Walzer ›Die Brüder‹ op. 22 von Herzog Max. *München, Bayerische Staatsbibliothek.*

263 Titelblatt zur ›Marien-Polka‹ op. 14 von Herzog Max. *München, Bayerische Staatsbibliothek.*

267 Speisenfolge zu dem von Herzog Max am 27. Februar 1853 seinen Freunden von der Gesellschaft ›Alt-Anglia‹ gegebenen Diner. *München, Staatsarchiv München (Pocci-Archiv).*

301 Vignette mit den Initialen von Herzog Max. Ausschnitt aus dem Titelblatt der ›Souvenir-Quadrille‹ op. 62 von Herzog Max. *München, Bayerische Staatsbibliothek.*

318 Signet des ›Herzoglichen Brauhauses Tegernsee‹.

331 Herzog Karl Theodor mit seiner zweiten Gemahlin, Marie José von Braganza. Xylographie von F. Tegetmeyer von etwa 1875. *Münchner Stadtmuseum.*

356-357 ›Die Molken- und Bad-Anstalt Kreuth‹. Lithographie von Carl Heinzmann, 1829, aus dem 1832 in München erschienenen Führer von Johann Joseph von Obernberg ›Das Bayerische Alpengebirge ...‹ *München, Bayerische Staatsbibliothek.*

Schutzumschlag-Gestaltung von Eugen Sporer unter Verwendung der unter Nummer 11 aufgeführten Lithographie für die Vorderseite, einer kolorierten Lithographie ›Stammbaum des Königs-Hauses Bayern von der Linie Pfalz-Birkenfeld-Zweybrücken 1836‹, zusammengestellt von Franz Xaver Zottmayr und graviert von Peter Mettenleiter und Ferdinand von Harscher, für die Rückseite sowie des für Seite 4 nachgewiesenen Wappens für den Rücken.

QUELLEN- UND
LITERATURVERZEICHNIS

Ungedruckte Quellen

München, Archiv der Kgl. priv. Münchener Künstler-Genossenschaft: *Stammbücher* der geselligen Vereinigung ›Alt-Anglia‹.
–, Bayerische Staatsbibliothek, Handschriftenabteilung: *Akten und Briefe über die Erziehung des Herzogs Max in Bayern im K. Erziehungsinstitut zu München 1817-1824* und *Sechs Briefe an Prinz Max* (Hollandiana, Schachtel XXIV).
–, ebenda: *Petzmayeriana*.
–, Erzbischöfliches Diözesanarchiv: *Taufbuch der Dompfarrei Unserer Lieben Frau* für 1839 (fol. 172v/173r).
–, Geheimes Hausarchiv: *Vergleich der Esther Maria, Pfalzgräfin von Birkenfeld-Gelnhausen, mit Christian II. vom 22. September 1716* sowie *Korrespondenz der Pfalzgrafen Johann und Wilhelm von Birkenfeld-Gelnhausen betr. Tod ihrer Mutter* (Kasten 104, Lade 3).
–, Staatsarchiv München: Materialien zur Geschichte der geselligen Vereinigung ›Alt-Anglia‹ von Franz von Pocci (Enkel), (Pocci-Archiv).
Wien, Österreichisches Staatsarchiv, Abt. Haus-, Hof- und Staatsarchiv: *Prozeßakten des Wiener Reichshofrats betr. Prozeß der Esther Maria gegen Christian II.* (Reichshofrat, Denegata antiqua, Karton 568, Relationen Karton 137).

Literatur

Adalbert, Prinz von Bayern: *Max I. Joseph von Bayern*. München 1957.
–, *Die Herzen der Leuchtenberg*. München 1963.
–, *Als die Residenz noch Residenz war*. München 1967.
–, *Das Haus Bayern*. Manuskript.
Allgemeine Zeitung, Nr. 364 vom 30. Dezember 1853.
Amira, Karl von: »Montgelas über seine innere Politik«, in: *Süddeutsche Monatshefte*, 1910.
Amrhein, A.: »Geschichte des ehemaligen Benediktinerklosters Holzkirchen«, in: *Archiv des Historischen Vereins von Unterfranken und Aschaffenburg*, Band 38, Würzburg 1896.
Anonym: »Du a Maß und Sie a Halbe«, in: *Tegernseer Tal*, 1. Jg., 1953, Heft 5.
–, »Kaltenbrunn wieder eröffnet«, in: *Das Tegernseer Tal*, 1. Jg., 1930, Nr. 8.
–, »Max Obermayer, der Wirt von Gmund«, in: *Tegernseer Tal*, 1. Jg., 1953, Heft 8.

Banz. Kirchenführer. München (Schnell und Steiner) 1964.
Barnstedt, August Erich Julius: *Beschreibung des Fürstentums Birkenfeld*. Birkenfeld 1845.
Bickell, L.: *Bau- und Kunstdenkmäler im Kreis Gelnhausen*, in der Reihe: Bau- und Kunstdenkmäler im Reg. Bez. Kassel, Band 1, Marburg 1901.
Blunt, Wilfrid: *König Ludwig II. von Bayern*. München 1970.
Böhm, Gottfried von: »Das Ende des Marschalls Berthier«, in: *Bayerland*, 13. Jg., 1902, Nr. 31 ff.
Bone, Carl: »Geschichte der Stadt Düsseldorf«, in: Forst, Hermann: *Geschichte der Stadt Düsseldorf in 12 Abhandlungen*. Festschrift, Düsseldorf 1888.
Borst, Josephine: »Die Zither und ihr fürstlicher Förderer«, in: *Bayerland*, 11. Jg., 1900, Nr. 23.
Bortenlänger, Otto: »Tegernseer Schloßumbau-Pläne fertig«, in: *Münchner Merkur* vom 23. April 1976.
Bosl, Karl (Hrsg.): *Bayern*. Handbuch der Historischen Stätten Deutschlands. 2. Auflage, Stuttgart 1965.
Burkhardt: *Stammtafeln der ernestinischen Linien des Hauses Sachsen*. O. O. u. J. (Weimar 1885).
Burmann, Hildegard: »Trauerspiel in Schloß Possenhofen«, in: *Münchner Merkur* vom 24./25. Januar 1976.
Chlingensberg, Max von: *Das Königreich Bayern*. München 1843.
Chroust, Anton (Herausgeber): »**Gesandtschaftsberichte aus München** 1814-1848«. – Abt. I: »Die Berichte der französischen Gesandten«, Band I-V, in: *Schriftenreihe zur Bayerischen Landesgeschichte*, Band 18-19, 21-23. München 1935 und 1936. – Abt. II: »Die Berichte der österreichischen Gesandten«, Band I-III, in: *Schriftenreihe zur Bayerischen Landesgeschichte*, Band 33, 36, 37. München 1939, 1941, 1942. – Abt. III: »Die Berichte der preußischen Gesandten«, Band I-IV, in: *Schriftenreihe zur Bayerischen Landesgeschichte*, Band 39-42. München 1949, 1950, 1951.
Cramer, Peter A.: *Ein glückhaftes Tal*. Aus der Geschichte des Tegernseer Tals. Bad Wiessee 1974.
Danhauser, Konrad: »Herzog Maximilian von Bayern erwirbt Kloster Kühbach und die Brauerei«, in: *Aichacher Heimatblatt*, 3. Jg., Nr. 5, November 1955
–, »König Ludwig I. fährt durch Aichach. Aus dem Erinnerungsbuch von Stadtpfarrer Konrad Danhauser«, in: *Aichacher Heimatblatt*, 3. Jg., Nr. 5, November 1955.
Dehio, Georg, Handbuch der deutschen Kunstdenkmäler (Neue Folge): *Hessen*. Bearbeitet von Magnus Backes. München und Berlin 1966.
Doeberl, Michael: *Entwicklungsgeschichte Bayerns*. 3 Bände. München 1916-1937.
Dombart, Theodor: »Schloß Biederstein«, in: *Oberbayerisches Archiv*, Band 87, München 1963.
–, »Schloß Biederstein bei München«, in: *Bayerland*, 25. Jg., 1914, Nr. 16.

Dreyer, Aloys: »Maximilian Herzog in Bayern«, in: *Lebensläufe aus Franken,* hrsg. von Anton Chroust. Band 1, München und Leipzig 1919.
–, *Herzog Maximilian in Bayern.* München 1909.
–, »Ein Wittelsbacher als Augenarzt«, in: *Bayerland,* 20. Jahrgang, 1909, Nr. 46.
–, »Zum 100. Geburtstage Sr. Kgl. Hoheit Herzog Maximilians in Bayern«, in: *Bayerland,* 20. Jg., 1909, Nr. 14.
–, »Franz von Kobell. Sein Leben und seine Dichtungen«, in: *Oberbayerisches Archiv,* Band 52, Erstes Heft, München 1904.
Dunan, Marcel: »Nouveaux Documents sur l'Allemagne napoléoniénne. Lettres du Roi de Bavière au Marechal Berthier 1806-1813«, in: *Revue historique,* I, CLXXXV, Juillet/Sept. 1939.
–, *Napoléon et l'Allemagne.* Paris o. J. (1948).
Eid, Ludwig: »Die wittelsbachisch-zweibrückische Fürstengruft in Meisenheim«, in: *Bayerland,* 3. Jg., 1892, Nr. 46.
Ersch, J. S. und J. G. Gruber (Hrsg.): *Allgemeine Encyclopädie der Wissenschaften und Künste.* Leipzig 1818-1889.
F. M.: »Eine Kaiserreise«, in: *Tegernseer Tal,* 4. Jg., 1956, Nr. 3.
Fahrmbacher, Ludwig: »Eine Rechnung vom Fürstentum Bamberg«, in: *Forschungen zur Geschichte Bayerns.* Band 7, Berlin 1899.
Fleischmann, Adolf: *Zur Geschichte des Herzogtums Sachsen-Koburg-Hildburghausen.* Hildburghausen 1880.
Freyberg-Eisenberg, Max von: *Denkwürdigkeiten des bayer. Staatsministers M. Grafen v. Montgelas 1799-1817.* Stuttgart 1887.
Fröhlich, Hugo: »Pfalzgraf Christian von Birkenfeld (1598-1654) einstmals ›Der Birkenfelder‹ genannt«, in: *Mitteilungen des Vereins für Heimatkunde im Landkreis Birkenfeld.* 30. Jg., Nr. 1 und 2, April 1906.
G. L.: »Kaltenbrunn«, in: *Tegernseer Tal,* 6. Jg., 1958, Nr. 4.
Geiger, Eberhard: »Der Streit um Schloß Possenhofen«, in: *Münchner Merkur* vom 6./7. März 1976.
–, »Die Posse um Schloß Possenhofen geht weiter«, in: *Münchner Merkur* vom 4. März 1976.
Götze, Alfred: *Führer auf die Steinsburg bei Römhild.* Hildburghausen 1922.
Gremmel, Carl: *Geschichte des Herzogtums Neuburg,* hrsg. v. C. A. Finweg. Neuburg 1871.
Grübl, Josef: »Vom Klosterbier zum Quirinus-Bock«, in: *Tegernseer Tal,* 13. Jg., 1965/66, Nr. 55.
Hallberg-Broich, Theodor Hubert Freiherr von (Eremit von Gauting): *Reise nach dem Orient.* Stuttgart 1839.
Hardt: *Wilhelm, Herzog v. Bayern, biogr. Darstellung aus der Zeit seines öffentlichen Lebens.* Bamberg 1838.
–, »Pius August, Herzog in Baiern«, in: *Neuer Nekrolog der Deutschen.* XV. Jg., 1837.
Hartmann, Karl: *Geschichte der Stadt Bayreuth im 19. Jahrhundert.* Bayreuth o. J. (1954).

Hase, Ulrike von: *Joseph Stieler 1781-1858. Sein Leben und sein Werk –* Kritisches Verzeichnis der Werke. Materialien zur Kunst des 19. Jahrhunderts. München 1971.

Hashagen, Justus; Karl J. Narr, Wilhelm Rees und Edmund Strutz: *Bergische Geschichte.* Remscheid 1958.

Häuserbuch der Stadt München. Hrsg. vom Stadtarchiv München. Band II: Kreuzviertel. München 1960.

Häusser, Ludwig: *Geschichte der rheinischen Pfalz.* 2 Bände. Heidelberg 1845.

Häutle, Christian: *Genealogie des Erlauchten Stammhauses Wittelsbach.* München 1870.

Hederer, Oswald: *Die Ludwigstraße in München.* München 1942.

–, *Leo von Klenze.* München 1964.

Heider, Josef (Hrsg.): *Neuburg, die junge Pfalz und ihre Fürsten.* Neuburg 1955.

Historischer Atlas von Bayern. I. Teil: Altbayern, Heft 2 (Gertrud Diepolder: Das Landgericht Aichach); Heft 3 (Dieter Albrecht: Das Landgericht Starnberg); Heft 4 (Dieter Albrecht: Das Landgericht Weilheim). München 1950, 1952.

–, II. Teil: Franken, Heft 10 (Wilhelm Störmer: Das Landgericht Marktheidenfeld), München 1962.

Hoffmann, E. Th. A.: *Die Elixiere des Teufels.* Berlin 1912.

Holland, Hyazinth: »Maximilian, Herzog in Bayern«, in: *Allgemeine deutsche Biographie,* Band 52, Leipzig 1906.

–, »Johann Petzmayer«, ebda, Band 25, Leipzig 1887.

–, »Karl Theodor Maria Hubert Freiherr von Hallberg-Broich«, ebda, Band 10, Leipzig 1879.

–, »Heinrich von Mayr«, ebda, Band 21, Leipzig 1885.

–, *Lebenserinnerungen eines 90jährigen Altmünchners.* München (1921).

Holle, J. W. und G.: *Geschichte der Stadt Bayreuth.* Bayreuth 1901.

Hopf, Georg Wilhelm: *Bayerische Geschichte in Zeittafeln.* Nürnberg 1865.

Hotz, Joachim: »Zur Baugeschichte des Klosters Banz«, in: *Berichte des Historischen Vereins Bamberg,* Band 103, Bamberg 1967.

Hotz, Walter: *Gelnhausen,* Reihe: Die kleinen Kunstführer. Amorbach 1951.

Hübsch, G.: *Der fürstliche Lustsitz Eremitage bei Bayreuth.* Bayreuth 1924.

Hundrup, Ewald: »Gymnasium bleibt im Tegernseer Schloß«, in: *Münchner Merkur* vom 8. April 1876.

Hünerfeld, Rudolf: »Wird Kaltenbrunn am Tegernsee ein Nobelhotel?«, in: *Münchner Merkur* vom 25./26. Oktober 1975.

Husemann, Ralf: »Schloß Possenhofen bleibt privat«, in: *Süddeutsche Zeitung* vom 3. März 1976.

Imbert, Thérèse: *Chambord.* 1972.

Jablonski, Joannis Theodori: *Allgemeines Lexikon der Künste und Wissenschaften.* Königsberg und Leipzig 1748.

Jacob, G.: »Heinrich, Herzog von Römhild«, in: *Schriften des Vereins für Sachsen-Meiningische Landeskunde.* Heft 21, Hildburghausen 1856.

Joannis, Georg: *Miscella Histor. Palatinae.* 1725.

Kamphausen, Alfred: »Schloß Benrath«, in: *Schriften des Historischen Museums und des Archivs der Stadt Düsseldorf.* Heft 2 (1931).

Keyser, Erich (Hrsg.): *Deutsches Städtebuch,* Handbuch städtischer Geschichte, Band II Mitteldeutschland, 8. Thüringen. Stuttgart-Berlin 1941.

–, Band IV Südwest-Deutschland, 1. Land Hessen. Stuttgart 1957.

Kleinert, Detlef: »Ein neuer Geist in einem alten Haus«, in: *Bayernkurier* vom 4. Oktober 1975.

Kleinschmidt, Arthur: »Der Vertrag von Gatschina«, in: *Forschungen zur Geschichte Bayerns.* Band 6, Regensburg 1898.

Kobell, Franz von: *Erinnerungen für seine Freunde in Altengland.* München 1876.

Kobell, Louise von: *Unter den ersten vier Königen Bayerns.* 2 Bände, München 1894.

Kress, Liane Freiin von: »Herzog Wilhelm«, in: *Unser Bayern,* Beilage der Bayerischen Staatszeitung, Januar 1953.

Kuhl, Josef: *Die Geschichte der Stadt Jülich.* 3. Band, Jülich 1894.

Kumpel, C.: *Die Steinsburg bei Römhild.* Band 1, 2. Leipzig 1922.

Kunstdenkmäler von Niederbayern (bearbeitet von Felix Mader). Band IV, 16: Landshut. München 1927.

Lammers, Marie-Helene: »Europäische Initiative der Hanns-Seidel-Stiftung«, in: *Bayernkurier* vom 27. März 1976.

Lampl, Sixtus: »Die Klosterkirche Tegernsee«, in: *Oberbayerisches Archiv.* Band 100, München, 1975.

Laubmann, G. (Hrsg.): *Denkwürdigkeiten des Grafen M. J. v. Montgelas über die innere Staatsverwaltung Bayerns 1799-1817.* München 1908.

Leher, Heinrich: »Am Grabe Ihrer Königl. Hoheit der Frau Herzogin Maximilian«, in: *Bayerland,* 3. Jg., 1892.

Lehmann, Johann Georg: *Vollständige Geschichte des Herzogtums Zweibrücken.* München 1867.

Leoprechting, Karl Freiherr von: *Stammbuch von Possenhofen, der Insel Wörth und Garatshausen.* München 1854.

Lickleder, Georg: »Kleinod in den Bergen«, in: *Tegernseer Tal,* 2. Jg., 1954, Nr. 7.

–, »Mein liebes Tegernsee«, in: *Tegernseer Tal,* 6. Jg., 1958, Nr. 3.

Ludewig, Johann Peter von: *Germania princeps, das Buch vom pfälzischen Hause.* O. O., 1752.

Ludwig I. König von Bayern: *Gedichte.* Vierter Theil. München 1847.

Ludwig Wilhelm, Herzog in Bayern: *Die Jagd im Gebirg.* 1. Auflage, München 1933; 2. Auflage, München 1969.

–, (= Ludwig Wilhelm-Schanz), »Rückschau«, in: Annette Thoma (Hrsg.): *Das Volkslied in Altbayern und seine Sänger.* München 1952.

Luitpold, Herzog in Bayern: *Die Fränkische Bildwirkerei.* München 1925.

Maximilian, Herzog in Bayern: *Wanderung nach dem Orient 1838.* München 1839.

Moeder, Gustave: »Les Princes Palatins de Birkenfeld et de Deux Ponts en Alsace«, in: *La Vie en Alsace.* Straßburg 1932.

Mohr, Sepp: »Nachruf auf einen Bauernhof«, in: *Tegernseer Tal,* Nr. 67, 1971/72.

Moschner, Gustl: »Reiterherzen schlagen höher«, in: *Tegernseer Tal,* 11. Jg., 1962, Heft 2.

Moulin-Eckart, Richard Graf du: »Aus den Papieren eines Illuminaten«, in: *Forschungen zur Geschichte Bayerns.* Band 3, Ansbach und Leipzig 1895.

–, »Eine Ehrenrettung«, in: *Forschungen zur Geschichte Bayerns.* Band 5, Ansbach und Leipzig 1897.

Mühlbach, L.: *Napoleon in Deutschland.* 1. Band, Rastatt und Jena. 2. Auflage, Berlin 1859.

Müller, Adolf: »Bayerische Politik und bayerische Diplomaten zur Zeit Karl Theodors und Max Josephs«, in: *Schriftenreihe zur Bayerischen Landesgeschichte.* Band 49, München 1954.

Müller, Karl Alexander von: »Der Kiem Pauli«, in: *Tegernseer Tal,* 5. Jg., 1957/58, Heft 1.

–, »Herzog Ludwig Wilhelm in Bayern«, in: *Schönere Heimat,* 53. Jg., 1964, Heft 1/2.

–, »Ein Marschall Napoleons in der Tegernseer Gruft«, in: *Tegernseer Tal,* 10. Jg., 1961, Heft 2.

Nebenius, C.: *Geschichte der Pfalz.* Mannheim 1873.

Nennecke, Charlotte: »In der Wildnis wuchsen Villen«, in: *Süddeutsche Zeitung* vom 9./10. April 1960.

Obernberg, Johann Joseph von: *Das Bayerische Alpengebirge ...* München 1832.

Otten, Frank: *Ludwig Michael Schwanthaler 1802-1848. Ein Bildhauer unter König Ludwig I. von Bayern. Monographie und Werkverzeichnis.* München 1970.

Petersen, Sönke: »... und der Herzog räumt der CSU sogar den Schnee weg«, in: *Abendzeitung* (München) vom 23. September 1975.

Platen, August von: »Diarien während meines Aufenthaltes am Schliersee von 1. Juni bis 12. Okt. 1817«, in: *Die Tagebücher des August v. Platen,* hrsg. von G. v. Laubmann und L. v. Scheffler, Band 1 (Memorandum meines Lebens), Stuttgart 1896.

Poelitz, Carl Heinrich Ludwig: *Die Geschichte der Staaten des Ernestinischen Hauses Sachsen.* Dresden 1827.

Polizeidirektion, Königliche: *Anordnung betr. feierliche Beisetzung Seiner Königl. Hoheit des Herzogs Maximilian in Bayern.* München 1888 (Bayerische Staatsbibliothek München).

Rall, Hans: »Kurbayern in der letzten Epoche der alten Reichsverfassung«, in: *Schriftenreihe zur Bayerischen Landesgeschichte.* Band 45, München 1952.

—, »Pfalzbayerns Probleme im Urteil der Zweibrücker Reformer«, in: *Zeitschrift für bayerische Landesgeschichte.* Band 18, 1955.
Redwitz, Marie Freiin von: *Hofchronik.* München 1924.
Reichlin-Meldegg, Hermann Freiherr von: »Herzog Wilhelm in Bayern«, in: *Bayerland,* 11. Jg., 1900.
Reisach, Johann Nepomuk Freiherr von: *Historisch-Topographische Beschreibung des Herzogtums Neuburg.* Regensburg 1780.
Rodewald, Heinrich: »Pfalzgräfin Dorothea von Birkenfeld«, in: *Blätter des Vereins für Mosel, Hochwald und Hunsrück.* Koblenz 1922.
—, Das Birkenfelder Schloß 1584-1717. Leben und Treiben an einer kleinen Fürstenresidenz. Birkenfeld [1927]. (Vorhanden in der Bibliothek des Vereins für Heimatkunde im Landkreis Birkenfeld, Birkenfeld.).
Sayn-Wittgenstein, Franz Prinz zu: *Erinnerungen an die Schanz,* Mskr.
Schilling, Friedrich: *Die Bücherei der Stiftskirche St. Marien in Römhild.* Coburg 1959.
Schöningh, Franz Josef: »So a freundliche Seel«, in: *Merian,* 9. Jg., 1956, Heft 1.
Schreiber, Wilhelm: *Geschichte Bayerns.* Band 2, Freiburg 1891.
Schuster, Anton: »Die Königliche Residenz in Bamberg«, in: *Bayerland,* 12. Jg., 1901, Nr. 1.
Sendtner, Kurt: *Rupprecht, Kronprinz von Bayern.* München 1954.
Sexau, Richard: *Fürst und Arzt.* [Herzog Karl Theodor in Bayern]. Graz 1963.
Sieghardt, August: »Dorfschulmeister Hager aus Birkenstein«, in: *Bayerische Heimat,* Unterhaltungsblatt zur ›Münchener Zeitung‹, 20. Jg., 1938, 1. Lieferung (1. Oktober).
Spengler, Karl: *Die Wittelsbacher am Tegernsee.* München 1970.
Spitzlberger, Georg: *Herzogsgarten und Herzogsschlößchen.* Manuskript.
Strich, Michael: *Marschall Alexander Berthier und sein Ende.* München 1908.
Stubenvoll, P. Beda: *Geschichte des Königl. Erziehungs-Instituts für Studirende in München.* München 1874.
75 Jahre Terrain-Aktiengesellschaft Herzogpark München. München 1976.
Theodori, Carl: *Geschichte und Beschreibung des Schlosses Banz.* München 1845.
Theodori-Favreau: *Kloster Banz.* Lichtenfels 1925.
Thoma, Annette (Hrsg.): *Das Volkslied in Altbayern und seine Sänger.* München 1952.
Trottmann, P.: »Schloß Banz. Zur Erinnerung an dessen 100jährigen Bestand als bayerisches Fürstenschloß«, in: *Der Sammler,* 77. Jg., 1908, Nr. 69.
Vehse, Eduard: *Bayerische Hofgeschichten,* hrsg. von Joachim Delbrück. Würzburg 1911.
Völderndorff, Otto Freiherr von: *Harmlose Plaudereien eines Alten Münchners.* München 1892.

Weiss, Joseph: »Bei den Ahnen«, in: *Bayerland*, 10. Jg., 1899, Nr. 20 ff.
Wichmann, Siegfried: *Wilhelm von Kobell 1766-1853*. Wissenschaftliches Gesamtverzeichnis. Münchner Forschungen zur Kunstgeschichte. München 1970.
Winkler, Leonhard: »Das franz. Infanterie-Regiment deutscher Abstammung Alsace und die Regimentsinhaber desselben aus dem Hause Wittelsbach«, in: *Bayerland*, 3. Jg., 1891, Nr. 14 f.
Winkler, Wilhelm: *Pfälzischer Geschichtsatlas*. Neustadt a. d. H. 1935.
Witzleben, Gerhard August und Karl Hartmann von: *Geschichte des Geschlechts v. Witzleben*. 1. Teil, Berlin 1880.
Wolf, Friedrich: »François de Cuvilliés«, in: *Oberbayerisches Archiv*, Band 89, München 1967.
Wolf, Georg Jakob: *Ein Jahrhundert München, 1800-1900*. Leipzig 1935.
Wolf, Joseph Heinrich: *Das Haus Wittelsbach*. Nürnberg 1845.
Zwehl, Hans Karl von: »Die Bayerische Politik im Jahre 1805«, in: *Schriftenreihe zur Bayerischen Landesgeschichte*. Band 64, München 1964.

- ⊙ Residenzen, Wohnplätze und Besitzungen der Pfalzgrafen von Birkenfeld-Gelnhausen und Herzöge in Bayern
- • Residenzen der Pfälzer Wittelsbacher

REGISTER

*Personen regierender oder im Text häufig erwähnter adeliger Häuser erscheinen unter ihren Vornamen.
Stichworte aus dem Anhang sind hier nicht berücksichtigt.
Sterne verweisen auf Seiten mit Textillustrationen.*

ADAM, Franz Farbt. V (Seite 281)
Albert, König der Belgier 340, 345
Albert, König von Sachsen 308, 309, 334
Albert I., Fürst von Monaco 334, 345
Alexander I., Kaiser von Rußland 317, 319
Alexander, Herzog von Württemberg 141, 142
Alexandra von Preußen, Gemahlin Nikolaus I. von Rußland 323, 324
Amalie von Coburg, Gemahlin des Herzogs Max Emanuel in Bayern 298, 300, 347
Amalie Luise von Arenberg, Gemahlin des Herzogs Pius August in Bayern 186, 197, 198, 211, 238
Amalie Marie Anna von Sulzbach, Gemahlin des Herzogs Clemens Franz von Bayern 122, 124
Amélie, Herzogin in Bayern, Gemahlin des Herzogs Wilhelm von Urach 333
Anna von Hessen, Gemahlin Wolfgangs I. von Zweibrücken 24
Anna Elisabethe von Oettingen, 3. Gemahlin Georg Wilhelms von Birkenfeld 28
Anna Magdalena von Birkenfeld-Bischweiler, Gemahlin des Grafen Johann Reinhard II. von Hanau-Lichtenberg 44
Ansbach 26, 172
Appiani, Josef 367
Arenberg, Ludwig Herzog von 161, 186
–, Amalie Luise von, *s. unter* Amalie

Attenhuber, Friedrich 350
Augusta Friederike Ernestine, Tochter Friedrich Bernhards von Birkenfeld-Gelnhausen 93, 94
Auguste von Bayern, Gemahlin des Eugène Beauharnais, Herzogs von Leuchtenberg 171, 173, 256

BAMBERG 91, 174, 176, 186, 366, Abb. 4
Banz, ehem. Kloster, dann Schloß 91, 128, 175, 190-192, 204, 332, 364-366, Abb. 3
Baumgartner, Thomas 359
Bayerische Akademie der Wissenschaften 119, 133
Bayerischer Erbfolgekrieg 125
Bayreuth 198, 199
Beauharnais, Eugène, Herzog von Leuchtenberg 171, 173, 202
Benrath, Schloß 164, 165*, 166, 175, 367, Abb. 5
Berchem, Max Freiherr von 118
Berg, Herzogtum 94, 95, 162-167, 172-176
Bergheim 43
Bernhard von Weimar 16, 30, 31
Berthier, Alexander, Herzog von Neuchâtel, Fürst von Wagram, Marschall von Frankreich 161, 188-190, 192-196, 366, Abb. 5, 6
Billroth, Theodor, Professor der Chirurgie 329, 330, Abb. 14
Birkenfeld 13*, 14, 22, 25-28, 39, 40, 42, 43, 363

Bischweiler 14, 15*, 29, 31, 39, 85, 96, 363
Bodenstedt, Friedrich von 260
Bogenhausener Allianzvertrag von 1805: 167, 169
Braun, Kaspar 270
Bretzenheim, Karl August Fürst von 140
Brüderlicher Teilungs-Receß von 1673: 43, 61, 74, 77, 78, 90
Brühl, Graf, preußischer Gesandter in Bayern 130
Brünner Vertrag von 1805: 171-173
Bühler, Baron von, Russischer Gesandter in Bayern 143
Burgk, Dr., Rechtskonsulent Esther Marias 64
Buseck, Karl und Fritz Freiherren von 240, 242, 262

CAMPO FORMIO, Friede von 135
Chambord 192
Charlotte von Bayern, Gemahlin Kaiser Franz I. von Österreich 186
Christian I., Pfalzgraf von Birkenfeld-Bischweiler 14, 15, 27-29, 30*, 31
Christian II., Pfalzgraf von Birkenfeld-Bischweiler 15, 31, 38, 39-44, 59-62, 65-71, 73-77, 81, 84, 85*, 86-90, 103, Abb. 1
Christian III., Pfalzgraf von Birkenfeld-Zweibrücken 42, 85, 86, 92, 93, 96, 103, 113, 114
Christian IV., Pfalzgraf von Birkenfeld-Zweibrücken 114, 126
Christian von Braunschweig-Lüneburg, Bruder der Dorothea von Birkenfeld 28
Christiana Henriette von Birkenfeld-Zweibrücken, Gemahlin Karl August Friedrichs von Waldeck 93
Christiana Louisa von Birkenfeld-Gelnhausen, Gemahlin Heinrichs XXX. Graf Reuß-Gera 99
Christoph, Herzog in Bayern 347, 348
Clemens Franz, Herzog von Bayern 119, 122
Croce, Benedetto 338
Cuvilliés, François de 366, 367

DAXENBERGER, Franz Sebastian von 259
Deutsch-Französischer Krieg von 1870/71: 293, 308, 309
Deutscher Bundeskrieg von 1866: 285, 293, 307
Dhaun 155
Dhaun, Wild- und Rheingrafen von 95
–, Leopold Joseph Graf 95, 98
–, Sophia siehe unter Sophia
Dientzenhofer, Johann Leonhard 190
Dietz, Ferdinand 366, 369
Dorothea von Braunschweig-Lüneburg, Gemahlin Karls I. von Birkenfeld 25-29
Dorothea von Solms-Sonnewalde, 1. Gemahlin Georg Wilhelms von Birkenfeld 28
Dorothea von Veldenz-Lützelstein, 1. Gemahlin Gustav Samuel Leopolds von Kleeburg-Zweibrücken 113
Dorothea Katharina von Birkenfeld-Bischweiler, Gemahlin des Grafen Ludwig von Nassau-Saarbrücken 63
Drechsel, Karl Joseph Freiherr von 316
Dreißigjähriger Krieg 15, 16, 20, 27, 28, 29, 44, 45, 50
Dupont, Pierre-Antoine Graf 174
Düsseldorf 94, 95, 163, 164, 166, 367, 368, Abb. 2

EDLINGER, Georg
Farbt. II (Seite 145)
Eleonore zu Sayn-Wittgenstein, Gemahlin Herzog Ludwig Wilhelms in Bayern 353-355, 372
Eleonore Magdalena von Pfalz-Neuburg, Gemahlin Kaiser Leopolds I. von Österreich 64, 70
Elgersburg in Thüringen 46, 48-49*
Elisabeth (Sissi), Herzogin in Bayern, Gemahlin Kaiser Franz Josephs I. von Österreich 258, 272, 275, 285, 286, 291, 293, 294, 298, 302-305, 334, Farbt. V. (Seite 281)
Elisabeth, Herzogin in Bayern, Gemahlin des Königs Albert der Belgier 325, 336, 337, 340, 345
Elisabeth Auguste Sophie von der Pfalz, Gemahlin Joseph Karl Emanuels von Sulzbach 100

›Eremit von Gauting‹, Karl Theodor Freiherr von Hallberg-Broich 241, 250-252

Erffa, Georg Friedrich von 55

Ernestine Luise von Waldeck, Gemahlin Friedrich Bernhards von Birkenfeld-Gelnhausen 93, 94

Esther Maria von Witzleben, Gemahlin des Pfalzgrafen Johann Karl von Birkenfeld-Gelnhausen 39, 45, 52, 54, 55, 57-85, 86*, 87-91, 94, 99, 100-103, 130, 179, 180, Farbt. 1 (Seite 73)

FAMILIENVERTRÄGE

Ansbacher Hausvertrag v. 1797: 132 f.

Erlangen, Vertrag von, 1783: 131, 133

Familienstatut von 1808: 187

Hausunion von 1766/71: 22, 130

Hausunion von 1774: 120, 123

Landshut, Vertrag von, 1784: 130-132

Karlsberg, Vertrag von, 1784: 132

Mannheimer Sukzessionsvertrag von 1733: 114

Pavia, Hausvertrag von, 1329: 18

Rupertinische Konstitution von 1395: 18, 24

Ferdinand II., König von Neapel 279, 280

Ferdinand, Herzog von Alençon 292

Ferdinand Maria, Kurfürst von Bayern 31-33

Ferdinand Maria, Herzog von Bayern 119

Forbach, Gräfin von (Maria Anna Fontevieux), Gemahlin Christians IV. von Zweibrücken-Birkenfeld 126

Franz II., römisch-deutscher Kaiser (als Kaiser von Österreich Franz I.) 118, 134, 168, 169, 186

Franz II., König von Neapel 278-280, 293, 310, 311, 338, 368

Franz Ferdinand, Erzherzog von Österreich 335

Franz Joseph I., Kaiser von Österreich 275-277, 302, 317, 319, 334

Franz Joseph, Herzog in Bayern 345, 347-349

Franziska Dorothea von Sulzbach, Gemahlin Friedrich Michaels von Birkenfeld-Zweibrücken 122, 126, 128

Freyberg, Max Freiherr von 214, 216, 235, 238

Friedrich II., König von Preußen 131

Friedrich IV., Kurfürst von der Pfalz 20

Friedrich V., Kurfürst von der Pfalz 16, 20

Friedrich von Birkenfeld 26-28

Friedrich von Parkstein, Sohn Wolfgangs I. von Zweibrücken 25

Friedrich Bernhard, Pfalzgraf von Birkenfeld-Gelnhausen 61, 92, 93, 95

Friedrich Michael, Pfalzgraf von Birkenfeld-Zweibrücken 122, 126

GAETA 280, 338

Ganghofer, Ludwig 358, 359

Garatshausen, Schloß 238, 310, 368

Garde, Marie Balthasar Pelletier Graf de la 198

Gärtner, Friedrich von 218, 270

Gatschina, Vertrag von 151, 182

Gelnhausen 17*, 18, 43, 44, 45, 60, 93, 94-96, 98, 363

Georg Friedrich, Markgraf von Brandenburg-Ansbach

Georg Wilhelm, Pfalzgraf von Birkenfeld 26, 27, 28, 39

Geyer, Augustin 365

Gisela, Erzherzogin von Österreich, Gemahlin des Prinzen Leopold von Bayern 286, 312

Goltstein, Graf von 136, 137

Gravenreuth, Karl Ernst Freiherr von 172

Grimmelshausen, Jakob Christoph von 45

Gustav Adolf, König von Schweden 29

Gustav Samuel Leopold, Pfalzgraf von Kleeburg-Zweibrücken 103, 104, 113, 114

HAGER, Johann Evangelist 258-260

Haimhausen, Sigmund Graf von 118, 119

Hallberg-Broich, Karl Theodor Freiherr von 241, 250-252

Hanau, Grafen und Fürsten von 17, 18, 45

–, Johann Reinhard II., Graf von Hanau-Lichtenberg 44

–, Philipp Reinhard, Fürst von Hanau-Lichtenberg 44

Hanstein, Maria Magdalena von, Gemahlin Georg Friedrichs von Witzleben 52

Heidelberg 16, 19, 20, 26

Heine, Heinrich 175

Heinrich, Herzog von Römhild 50-58
Helene (Néné), Herzogin in Bayern, Gemahlin des Erbprinzen Maximilian von Thurn und Taxis 276-278, 292, 332, 339, Abb. 10
Henriette Adelaide von Savoyen, Gemahlin des Kurfürsten Ferdinand Maria von Bayern 31-33
Herwegen, Peter 254
Hesshunius, Tilemann, Professor der Theologie 23
Heusler, Ludwig Baron von 235, 240, 270
Hildebrand, Adolf von 346
Hilpoltstein 25
Hofenfels, Johann Christian Freiherr von 131
Hoffmann, E. Th. A. 193
Holland, Benedikt 210-215, 237, 270, 272, 273
–, Hyacinth 242
Holzkirchen, ehemalige fuldische Propstei 369, 370
Hompesch, Freiherr von 173
Horner, Johann Friedrich, Augenarzt 329, 330
Hruby-Gélénie, Karl Eduard Freiherr von 197

ILLUMINATENORDEN 132, 177, 184
Iwanoff, Alexander von, Augenarzt 328, 329

JOACHIM Friedrich, Herzog von Hollstein[Holstein]-Norburg-Plön 42, 59, 64-66, 89
Johann I., Pfalzgraf von Zweibrücken 25
Johann II., Pfalzgraf von Zweibrücken 14
Johann von Neuburg, Sohn des Kurfürsten Ruprecht II. von der Pfalz 19
Johann, Prinz von Sachsen 274
Johann Karl, Pfalzgraf von Birkenfeld-Gelnhausen 15, 17, 18, 31, 38, 39, 42-45, 59-62, 76, 77, 78, 130
Johann Karl von Birkenfeld-Gelnhausen, ältester Sohn des Pfalzgrafen Johannes von Birkenfeld-Gelnhausen 121, 123
Johann Sobieski, König von Polen 34, 36
Johann Wilhelm, Kurfürst von der Pfalz 20, 60, 70, 93, 94

Johannes, Pfalzgraf von Birkenfeld-Gelnhausen 61, 94-97, 99-102, 121, 123, 125
Joseph I., römisch-deutscher Kaiser 36, 65-67, 77
Joseph II., römisch-deutscher Kaiser 124, 130
Joseph Ferdinand, Erbprinz von Bayern 34, 35
Joseph Karl Emanuel, Erbprinz von Sulzbach 99, 100, 122
Jülich 96, 97

KAISER, Friedrich 253, 255
Kaltenbrunn 319, 324, 370
Karl VI., römisch-deutscher Kaiser 36, 37, 77, 78, 113, 116
Karl XI., König von Schweden, Pfalzgraf von Kleeburg-Zweibrücken 70, 103
Karl XII., König von Schweden, Pfalzgraf von Kleeburg-Zweibrücken 70, 103
Karl II., König von Spanien 34, 35
Karl I. Ludwig, Kurfürst von der Pfalz 20, 33
Karl II., Kurfürst von der Pfalz 20
Karl, Erzherzog von Österreich 137, 138, 153
Karl I., Pfalzgraf von Birkenfeld 14, 25, 26
Karl, Prinz von Bayern, Feldmarschall 304, 307, 315, 319
Karl Albrecht, Kurfürst von Bayern (als römisch-deutscher Kaiser Karl VII.) 115-117, 366
Karl August, Pfalzgraf von Birkenfeld-Zweibrücken 124, 126, 131, 132, 134, 177
Karl Friedrich von Sachsen-Weimar 253
Karl Otto, Pfalzgraf von Birkenfeld 39, 43
Karl Philipp, Kurfürst von der Pfalz 16, 94, 95, 99, 100, 113, 114
Karl Theodor, Kurfürst von der Pfalz und Bayern 16, 18, 97, 114, 120-128, 130-132, 134-140, 159, 160, 164, 176, 177, 178, 331*, 366, 367
Karl Theodor (Gackel), Herzog in Bayern 282, 283, 287, 293-295, 300; Der Weg zur Berufung 302-315; Die Erbschaft Tegernsee 316-324; Der Arzt 324-346, 347, 358; Abb. 10, 14, Seite 331*

Karolina von Nassau-Saarbrücken, Gemahlin Christians III. von Birkenfeld-Zweibrücken 114

Karolina (Charlotte) Katharina von Birkenfeld-Gelnhausen, Gemahlin des Fürsten Friedrich Wilhelm zu Solms 61, 98

Karoline von Baden, Gemahlin Max I. Josephs von Bayern 126, 195, 204, 211, 292, 317, 318, 324

Katharina Agatha von Rappoltstein, Gemahlin Christians II. von Birkenfeld-Bischweiler 39

Katharina Pawlowna, Tochter Zar Pauls I. von Rußland 141, 144, 149, 151

Kaulbach, Wilhelm von 220, 221, 224

Khevenhüller, Ludwig Andreas Graf von 116

Kiem Pauli 354, 359-361

Kistler, Philipp Jakob, Reichshofratsagent 60, 69, 74-76, 78-80

Klementine, Herzogin von Coburg 347

Klenze, Leo von 217-219, 221-224, 316, 317

Koalitionskrieg
–, Erster 135
–, Zweiter 153, 154
–, Dritter 167-171

Kobell, Ägid von 358
–, Franz von 258-260, 263-265, 269, 270
–, Louise von 312 ff.
–, Wilhelm von 188, 218

Koch, Robert, Arzt 332

Kraus, Gustav Wilhelm Farbt. IV (Seite 248/49)

Kreuth, Wildbad Kreuth, Kreuther Schanz 319, 323, 324, 345, 350-355, 356*, 371-374

Küchel, Johann Michael 190

Kühbach 238, 239, 273, 274, 368

LANDSHUT 126-129, 133, 364

Langer, Johann Peter von 223

Leopold I., römisch-deutscher Kaiser 33-36, 64, 70

Leopold II., römisch-deutscher Kaiser 134

Lespilliez, Karl Albrecht von 127

Lotzbeck, Dr. von, Arzt 270

Louis (Ludwig Wilhelm), Herzog in Bayern 274, 275, 302, 368, Abb. 10

Louis-Philippe, König von Frankreich 255

Ludovika (Louise) von Bayern, Gemahlin des Herzogs Max in Bayern 204, 233-235, 244, 263, 274, 275, 279, 282-285, 287, 292, 293, 298, 302, 308, 310, 311, 315, 324, 328, 333, Abb. 7, Farbt. III (Seite 209)

Ludwig I., König von Bayern 92, 129, 141, 144, 149, 151, 159, 171, 200, 204, 217, 219, 234-238, 257, 274, 275, 288

Ludwig II., König von Bayern 285-291, 293, 305, 306, 308, 311, 312, Abb. 11

Ludwig, Prinz von Bayern, später König Ludwig III. 309, 310

Ludwig XIV., König von Frankreich 20, 33, 38-40, 92

Ludwig XVI., König von Frankreich 92

Ludwig III., Kurfürst von der Pfalz 18

Ludwig (Luigino), Prinz von Bourbon-Sizilien, Graf von Trani 282, 283, 295

Ludwig Viktor, Erzherzog von Österreich 284, 285

Ludwig Wilhelm (Louis), Herzog in Bayern, Sohn von Herzog Max 274, 275, 302, 368, Abb. 10

Ludwig Wilhelm, Herzog in Bayern, Sohn von Herzog Karl Theodor 219, 330, 336, 345, 347, 351, 353-355, 358-362, 370, 373, Abb. 15

Luise Dorothea, geb. Hofmann, 2. Gemahlin Gustav Samuel Leopolds von Kleeburg-Zweibrücken 113

Luise Karoline, Tochter Friedrich Bernhards von Birkenfeld-Gelnhausen 93, 94

Luitpold, Herzog in Bayern 347-351

Lunéville, Frieden von, 1801: 155, 162

Lützelstein 43, 133, 155

MAGDALENA Juliana von Birkenfeld-Gelnhausen, Gemahlin Joachim Friedrichs von Hollstein-Norburg-Plön 59, 66

Magdalena Katharina von Zweibrücken, Gemahlin Christians I. von Birkenfeld 14, 29

Magdalena Klaudia von Birkenfeld-Bischweiler, Gemahlin Philipp Reinhards von Hanau-Lichtenberg 44
Malteserorden 140-144, 152
Mannheim 16, 20, 94, 97
Maria Amalie, Gemahlin Karl Albrechts von Bayern 115, 118
Maria Anna, Gemahlin des Kurfürsten Maximilian I. von Bayern 32
Maria Anna, Gemahlin des Kurfürsten Max Emanuel von Bayern 34
Maria Anna von Birkenfeld-Zweibrükken, Gemahlin Herzog Wilhelms in Bayern 125, 126, 128, 164, 186
Maria Anna von Sachsen, Gemahlin des Kurfürsten Maximilian III. Joseph von Bayern 119
Maria Anna von Sulzbach, Gemahlin des Herzogs Clemens Franz von Bayern 119, 124
Maria Elisabeth von Sulzbach, Gemahlin des Kurfürsten Karl Theodor von Pfalz-Bayern 122, 125, 134
Maria Johanna, Gräfin von Helfenstein, 2. Gemahlin Christians I. von Birkenfeld-Bischweiler 29
Maria Karolina von Neuburg, Gemahlin des Herzogs Ferdinand Maria von Bayern 119
Maria Leopoldine von Modena-Este, 2. Gemahlin des Kurfürsten Karl Theodor von Pfalz-Bayern 134, 139
Maria Theresia, Kaiserin 117, 118, 123
Marie, Herzogin in Bayern, Gemahlin des Königs Franz II. von Neapel 278-280, 282, 293, 310, 336, 338, 339, Abbildung 10
Marie Elisabeth von Birkenfeld-Gelnhausen, Gemahlin Alexander Berthiers 128, 186, 189, 190, 192, 193, 195, 204, 255
Marie Elisabeth von Hessen-Darmstadt, Gemahlin des Herzogs Heinrich von Römhild 54, 57, 58
Marie Gabriele, Herzogin in Bayern, Gemahlin des Kronprinzen Rupprecht von Bayern 328, 336, 340
Marie José von Braganza, 2. Gemahlin des Herzogs Karl Theodor in Bayern 310, 311, 315, 325, 326, 331*, 332, 336, 346, 347
Mathilde (Spatz), Herzogin in Bayern, Gemahlin Prinz Ludwigs von Bourbon-Sizilien, Grafen von Trani 280, 282, 283, 295, 339, Abb. 10
Max I. Joseph, König von Bayern (Herzog von Zweibrücken, als Kurfürst von Bayern Max IV. Joseph) 134-144, 151-157, 158*, 159-162, 164, 166-174, 176, 178, 180, 187, 188, 190, 194f., 202, 204-207, 209, 217, 221, 233f., 316f., 319, 324, 355, 366f., 369
Max II., König von Bayern 257, 259, 271, 277, 278, 305
Max, Herzog in Bayern 192, 200, 202-205, 208
 Jugend und Heirat 209-238
 Reisen 238-255
 Gesellschaftliches Leben 255-274
 Heiratspolitik 274-294
 Letzte Jahre 294-302, 304, 306, 307, 328, 329, 331, 345, 365, 368-370
 Text-Abb. Seite 215, 261, 262, 263, 267, 301; Abb. 7, 9, 11, 12; Farbt. III (Seite 209), IV (Seite 248/49)
Max Emanuel, Kurfürst von Bayern 32-37, 41, 115, 352
Max Emanuel (Mapperl), Herzog in Bayern 295, 298, 300, 324, 333, Abb. 10
Max Emanuel, Herzog in Bayern, Sohn des Herzog Albrecht von Bayern 362, 370, 371
Maximilian I., Kurfürst von Bayern 20, 77, 368-370
Maximilian III. Joseph, Kurfürst von Bayern 18, 115, 117-120, 123, 124, 366
Maximilian, Sohn des Herzogs Ferdinand Maria von Bayern 119
Maximilian, Erbprinz von Thurn und Taxis 277, 278
Mayr, Heinrich von 239, 240, 253-255, Abb. 8, 9
Mehemed Ali, Vizekönig von Ägypten 241, 247, 248
Mendel, Henriette, als Freifrau von Wallersee Gemahlin des Herzogs Louis in Bayern 275, 333

Metternich, Klemens Fürst von 183
Meyer, Bildhauer 223
Monaco, Albert I., Fürst von 334, 345
Montgelas, Maximilian Joseph Graf von 131-133, 135, 137, 139, 142, 152, 156-162, 168, 169, 181, 182, 183*, 184, 187, 190, 205, 207, 219
Montjoie-Froberg, Max Graf von 184
Mosbach 19
Motzenhofen 238
München
   Biederstein, Schloß 298, 324, 350, 369, 370
   Herzogpark 219, 340, 369, 370
   Ludwig-Straße 217-219
   Malteser-Palais (Palais Cotta) 141, 366, 367, 368
   Palais des Herzogs Max 219-224, 256, 363, Abb. 8, Farbt. IV
   Universität 309, 310
Murat, Joachim, Großherzog von Berg, König von Neapel 174, 175, 185

NACHTMANN, Franz Xaver 236, 324, Abb. 7, Farbt. VII (Seite 320/21)
Napoleon I., Kaiser der Franzosen 15, 153, 155, 165-167, 171, 172, 188-190, 192-194
Napoleon, Prinz, Neffe Napoleons I. 276
Napoleonische Kriege 20, 153, 154, 167-171
Neuburg an der Donau 19, 20, 22, 25, 130
›Neuburger Deputat‹ 44, 60, 61, 62, 77, 83, 87, 88, 114
Neumann, Balthasar 190, 369, 370
Nikolaus I., Kaiser von Rußland 322, 323
Nogarola, Dinadan Graf von 138, 140, 168, 169
Noker (Nocker), Joseph und Georg 118

OBERMAYER, Max 322, 323
Österreichischer Erbfolgekrieg 116, 117, 352
Otto, König von Griechenland 200
Otto von Mosbach, Sohn des Kurfürsten Ruprecht II. von der Pfalz 19
Otto Heinrich von Sulzbach, Sohn Wolfgangs I. von Zweibrücken 25
Oxenstierna, Gabriel Graf von 70, 103

PAGANINI, Niccolò 317, 318
Pariser Meditationsakte von 1802; 157
Parkstein 25
Paul I., Kaiser von Rußland 140-143, 148-152, 154, 155
Petrini, Antonio 366, 369
Petzmayer, Johann 240, 258, 259*, 263, 271, Abb. 9
Pfälzischer Erbfolgekrieg 20, 41
Pfordten, Ludwig Freiherr von der 276, 280
Philipp Ludwig, Pfalzgraf von Neuburg 23, 25, 26
Pigage, Nicolas de 164, 367, 368
Piloty, Carl Ferdinand 285, Farbt. V (Seite 281)
Pius VI. Braschi, Papst 127, 128
Pius August, Herzog in Bayern 128, 129*, 146, 149, 163, 166, 173, 186, 193, 196-201, 211, 212, 238, 369
Platen, August Graf von 317
Pocci, Franz Graf von 243, 262, 270, Abb. 12
Polnischer Erbfolgekrieg 93
Possenhofen, Schloß 238, 239, 278, 286, 350, 351, 367, 368, 369, Abb. 10, Farbt. V (Seite 281), Farbt. VI (Seite 296/97)
Pragmatische Sanktion 116, 118
Praun, Tobias Sebastian von, Reichshofratsagent 42, 70-72, 75, 76, 79-81

QUAGLIO, Lorenz II
Farbt. VI (Seite 296/97)

RAPPERZELL 238, 274
Rappoltstein, Grafen von 39, 40, 85
Rappoltsweiler 40, 41*, 96
Rastatt, Frieden von 36, 37, 77, 136
Rechberg-Rothenlöwen, Alois Freiherr von 146, 147, 150, 152, 153, 181
Redwitz, Max Baron von 347
Reichlin-Medegg, Hermann Freiherr von 141
Reichsdeputationshauptschluß von 1803: 157, 159
Réunionskammern 20, 40
Ried, Vertrag von 194
Riehl, Wilhelm Heinrich 260

Ringberg, Schloß 349-351, 370, 371
Römhild 47, 50-57
Rostoptschin, Fedor Wasiljewitsch Graf von 148, 149
Roth, Eugen 318
Rupprecht, Kronprinz von Bayern 340, 345, 346, 366

SACKEN, russischer General 196
Schilcher, Joseph von 270
Schwanthaler, Ludwig von 220, 221, 224
Sckell, Friedrich und Matthäus von 128
Seckendorff, Friedrich von 116, 118
Seehof, Schloß 174, 366, 367, 369
Seitz, Franz, Professor, Dekan der mediz. Fakultät der Universität München 310
Schwarzenberg, Karl Philipp Fürst von 168
Seligmann, Adalbert 330
Seupel, Johann Adam Abb. 1
Siegfried, Herzog in Bayern 347, 348
Sieghardt, August 259
Simmern 19
Sophia Charlotte, Wild- und Rheingräfin von Dhaun, Gemahlin des Pfalzgrafen Johannes von Birkenfeld-Gelnhausen 95, 97, 121
Sophie, Herzogin in Bayern, Gemahlin des Herzogs Ferdinand von Alençon 282, 284-292, 294, 295, 339, Abb. 10, 13
Sophie, Herzogin in Bayern, Gemahlin des Grafen Hans Veit von Törring 332, 336-338, 340
Sophie von Bayern, Erzherzogin von Österreich 285, 293, 294
Sophie von Sachsen, 1. Gemahlin des Herzogs Karl Theodor in Bayern 306
Sophie Amalie von Zweibrücken, 1. Gemahlin des Pfalzgrafen Johann Karl von Birkenfeld-Gelnhausen 58, 59, 61
Sophie Marie von Birkenfeld-Gelnhausen, Gemahlin des Grafen Heinrich XXV. von Reuß Gera 61, 98, 99
Spanischer Erbfolgekrieg 21, 35, 36, 92
Spener, Philipp Jakob, Theologe 38
Sponheim, pfälzische Hälfte der Hinteren Grafschaft siehe Birkenfeld
Stadion, Friedrich Lothar Graf von 207
Stadler, David, Jesuit 119

Stanislaus Leszczyński, König von Polen 12, 93, 103, 104
Steigentesch, August Ernst Freiherr von 206
Stephan von Zweibrücken und Simmern, Sohn des Kurfürsten Ruprecht II. von der Pfalz 19
Stieler, Joseph 358, Abb. 10, Farbt. III (Seite 209)
—, Karl 358
Sulzbach in der Oberpfalz 20, 25, 130

TASCHNER, Ignatius, Maler und Graphiker 359
Tattenbach, Joseph Graf von 136
Tegernsee, Tegernseer Tal 211, 236, 237, 315-324, 346, 352, 355, 358, 370-373, Farbt. VII (Seite 320/21)
Teschen, Friede von 125, 130
Theodolinde von Leuchtenberg 242, 256
Theodor, Pfalzgraf von Sulzbach 70
Theodori, Carl, Geheimer Rat 162
Therese Kunigunde Karoline von Polen, Gemahlin des Kurfürsten Max Emanuel von Bayern 36, 115
Thoma, Ludwig 359-361
Thugut, Johann Amadeus Franz de Paula Freiherr von 136
Thurn und Taxis, Maximilian Erbprinz von 277, 278
Törring, Hans Veit Graf von 336, 338, 340
—, Ignaz Joseph Ferdinand Graf von 117
Trarbach an der Mosel 25, 26, 40
Treitschke, Heinrich von 318

UNTERWITTELSBACH 238, 239, 272, 273, 368

VERGER, Ferdinand Freiherr von 278, 279
Vögele, Jäger Herzog Ludwig Wilhelms in Bayern 354

WAGNER, Richard 286, 289, 290
Wickenburg, Anton Anselm Capello Graf von 136
Wilhelm II., Deutscher Kaiser 333
Wilhelm I., König von Württemberg 254

Wilhelm, Pfalzgraf von Birkenfeld-Gelnhausen 61, 78, 97-102
Wilhelm, Herzog in Bayern
  Unter Karl Theodor 121-139
  Unter Max I. Joseph 139-207, 208, 211-214, 217, 233, 234, 238, 364-369
  Abb. 3, Farbt. II (Seite 145)
Wilhelm, Herzog von Urach 333
Wittgenstein, Franz Prinz zu Sayn-Wittgenstein 353-355, 372
Witzleben, Geschlecht derer von 46, 91*
  –, Georg Friedrich von 47, 50-52, 54, 57
  –, Maria Elisabeth von 52, 63, 64
  –, Esther Maria, Pfalzgräfin von Birkenfeld-Gelnhausen 39, 45, 52, 54f., 57-85, 86*, 87-91, 94, 99, 100-103, 130, 179f., Farbt. I (Seite 73)
Wolfgang I., Pfalzgraf von Zweibrücken 12, 22, 23*, 24
Wulffen, Karl Freiherr von 283, 295, 303

Zastrow, Friedrich Wilhelm von 197, 198
Zedtwitz, Peter Emanuel Freiherr von 136, 137
Zenker, Heinrich, Augenarzt 335
Ziemssen, Hugo Wilhelm von, Arzt 327
Zimmermann, Clemens von 224
Zimmermann, Johann Baptist 316
Zinneberg, Graf Arco von 270
Zwackh, Franz Freiherr von 177-179
Zweibrücken 12, 19, 22, 23, 25, 103, 104, 113, 134